U0801961

税务干部业务能力升级学习丛书

纳税服务

《纳税服务》编写组 编

中国税务出版社

图书在版编目（CIP）数据

纳税服务/《纳税服务》编写组编. --北京：中国税务出版社，2020.1（2020.11重印）
ISBN 978－7－5678－0910－9

Ⅰ.①纳… Ⅱ.①纳… Ⅲ.①税收管理－中国－岗位培训－教材 Ⅳ.①F812.423

中国版本图书馆 CIP 数据核字（2019）第 256861 号

书　　名：纳税服务
作　　者：《纳税服务》编写组　编
责任编辑：唐　卿
责任校对：姚浩晴
技术设计：刘冬珂
出版发行：中国税务出版社
北京市丰台区广安路 9 号国投财富广场 1 号楼 11 层
邮政编码：100055
http：//www.taxation.cn
E-mail：swcb@taxation.cn
发行中心电话：（010）83362083/85/86
传真：（010）83362047/48/49
印　　刷：北京天宇星印刷厂
规　　格：787 毫米×1092 毫米　1/16
印　　张：30
字　　数：473000 字
版　　次：2020 年 1 月第 1 版　2020 年 11 月第 6 次印刷
书　　号：ISBN 978－7－5678－0910－9
定　　价：80.00 元

编 者 说 明

为满足税务系统学习培训的需要，帮助纳税服务相关岗位税务干部提升业务能力，我们结合税收实际工作，组织编写了《纳税服务》。

本书属于《税务干部业务能力升级学习丛书》之一，具有以下特点：一是内容全面，既系统解读纳税服务岗位的相关制度规定，又全面阐述纳税服务岗位所需掌握的专业技能。二是政策最新，全书按照《全国税务机关纳税服务规范（3.0 版）》相关政策要求进行编写，体现税务系统全力打造优质便捷税费服务体系的新要求。三是便于学习，全书设置知识架构、知识要点、习题演练、文件依据等板块，使读者学练结合，快速巩固纳税服务相关知识。

由于时间及能力所限，书中疏漏在所难免，不妥之处恳请读者批评指正。具体修改意见和建议，请填写书后调查问卷并发送至邮箱：ywnlcs@163. com，或者与 QQ：2676857559 联系，以便修订时更正。

编　者

CONTENTS 目 录

第一章　纳税服务导论　1

知识架构　3
第一节　纳税服务基本理论　3
第二节　纳税服务发展历程与现状　6
第三节　营商环境与服务创新发展　10
第四节　纳税服务社会协作　15
习题演练　22
文件依据　31

第二章　信息报告　33

知识架构　35
第一节　基础信息报告　36
第二节　制度信息报告　39
第三节　跨区域涉税事项报告　41
第四节　资格信息报告　42
第五节　特殊事项报告　48

习题演练 52
文件依据 68

第三章 发票办理 71

知识架构 73
第一节 发票印制 73
第二节 发票领用 75
第三节 发票代开 80
第四节 发票开具与保管 84
第五节 发票相关服务 87
习题演练 92
文件依据 107

第四章 申报纳税 109

知识架构 111
第一节 增值税申报纳税 112
第二节 企业所得税申报纳税 125
第三节 个人所得税申报纳税 142
第四节 社会保险费及非税收入申报 182
第五节 其他主要税种申报纳税 191
第六节 申报相关服务 230
习题演练 240
文件依据 269

第五章 优惠办理 271

知识架构 273
第一节 申报享受税收减免 273
第二节 税收减免备案 276
第三节 税收减免核准 281
第四节 跨境应税行为免征增值税报告 283
第五节 纳税人放弃免（减）税权声明 284
习题演练 284
文件依据 299

第六章 出口退税和国际税收 301

知识架构 303
第一节 出口退税 303
第二节 国际税收 315
习题演练 319
文件依据 323

第七章 证明办理 325

知识架构 327
第一节 开具税收完税证明 327
第二节 开具个人所得税纳税记录 329
第三节 转开印花税票销售凭证 330
习题演练 330
文件依据 338

第八章　税务注销　339

知识架构　341
第一节　清税申报与注销税务登记　341
第二节　税务注销即时办理　343
第三节　注销扣缴税款登记　345
习题演练　346
文件依据　355

第九章　纳税人权益保护与纳税信用管理　357

知识架构　359
第一节　纳税人权益保护概述　360
第二节　纳税人需求管理　363
第三节　纳税人满意度调查　365
第四节　纳税人涉税信息查询　368
第五节　纳税服务投诉管理　371
第六节　纳税人法律救济　376
第七节　纳税信用评价　381
习题演练　392
文件依据　409

第十章　宣传咨询　411

知识架构　413
第一节　税收宣传　413
第二节　培训辅导　416

第三节 咨询服务 418
第四节 12366 纳税服务 419
习题演练 422
文件依据 432

第十一章 文明服务 433

知识架构 435
第一节 服务环境 435
第二节 纳税服务制度 437
第三节 纳税服务素养 447
习题演练 454
文件依据 467

第一章 纳税服务导论

>> 知识架构

纳税服务导论	纳税服务基本理论	新公共管理理论	3个知识点
		客户关系管理理论	2个知识点
		税收遵从理论	2个知识点
	纳税服务发展历程与现状	我国纳税服务的发展历程	1个知识点
		现代纳税服务体系的科学构建	3个知识点
	营商环境与服务创新发展	优化税收营商环境	4个知识点
		纳税服务与创新发展	1个知识点
	纳税服务社会协作	纳税服务社会协作体系	1个知识点
		涉税专业服务监管	4个知识点
		严禁违规插手涉税中介经营活动	3个知识点
		其他社会协作管理	2个知识点

>> 第一节 纳税服务基本理论

一 新公共管理理论

【知识点 1】传统公共管理模式

传统公共管理产生于 19 世纪末期，代表是马克斯·韦伯的官僚制理论，其基本特征主要包括：

（1）合理的分工；

（2）层级节制的权力体系；

（3）依照规程办事的运作机制；

（4）形成正规的决策文书；

（5）组织管理的非人格化；

（6）适应工作需要的专业培训机制；

（7）合理合法的人事行政制度。

其缺点是：

（1）过分强调了层级节制体制，要求下级对上级在职务上绝对服从，忽视了下级人员的主动性和积极性，缺乏民主精神。

（2）过分强调组织利益和组织效率，难以应付社会个性化的发展要求，难以应付多样化的社会需求。

（3）过分强调专业分工和职能权限的划分，忽视了宏观协调以及消除本位主义的问题。

（4）过分强调人员的稳定性，无过失便终身任职的制度，最终造就出不求有功但求无过的管理人员，造成管理人员得过且过混日子的状况。

【知识点2】新公共管理理论

新公共管理理论产生于20世纪70年代初，代表是奥斯本和盖布勒的企业家政府理论。其基本特征是：

（1）政府是掌舵而不是划桨；

（2）重妥善授权而非事必躬亲；

（3）把竞争机制注入提供服务中去；

（4）改变照章办事的组织，做有使命感的政府；

（5）讲究效果，按效果而不是按投入拨款；

（6）要满足顾客的需要而不是官僚政府的需要；

（7）要做有事业心的政府，有收益而不浪费；

（8）要有预见，重预防而不是治疗；

（9）要重视参与协作；

（10）以市场为导向，通过市场力量进行变革。

【知识点3】新公共服务理论

新公共服务理论产生于21世纪初，代表是登哈特所提出的公共服务的消费者不仅仅是“顾客”，更重要的是“公民”的相关理论，其基本特征是：

（1）服务于公民而不是顾客；

（2）要追求公共利益；

（3）重视公民权胜过重视企业家精神；

（4）思考要具有战略性，行动要具有民主性；

（5）责任并不是单一的；

（6）服务而不是掌舵；

（7）重视人而不只是生产率。

二 客户关系管理理论

【知识点1】客户关系管理的特征

1. 客户关系管理是一种新的运作模式。

2. 客户关系管理是一项企业经营战略。

3. 客户关系管理是一种技术手段。

【知识点2】客户关系管理的核心价值

客户关系管理的核心价值为：客户是企业的一项重要资产，客户关怀是客户关系管理的中心，客户关怀的目的是与所选客户建立长期和有效的业务关系，在与客户的每一个“接触点”上都更加接近客户、了解客户，最大限度地增加利润和利润占有率。

三 税收遵从理论

【知识点1】税收遵从理论的基本概念

税收遵从，是纳税人基于对国家税法价值的认同或自身利益的权衡而表现出的主动服从税法的态度。纳税人行为与税收遵从的关系如图1-1所示：

【知识点2】税收遵从理论的具体运用

为促进纳税人提升税收遵从度，税务机关应当针对不同行为的纳税人采取不同的行动策略，引导纳税人向主动遵从转化。纳税人行为与税务机关策略的关系如图1-2所示：

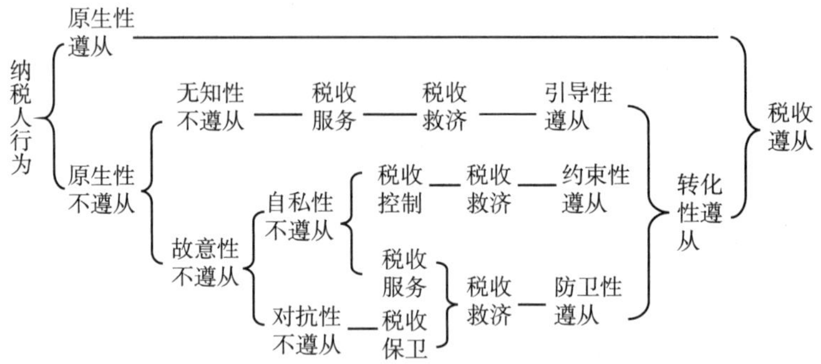

图1-1 纳税人行为与税收遵从的关系

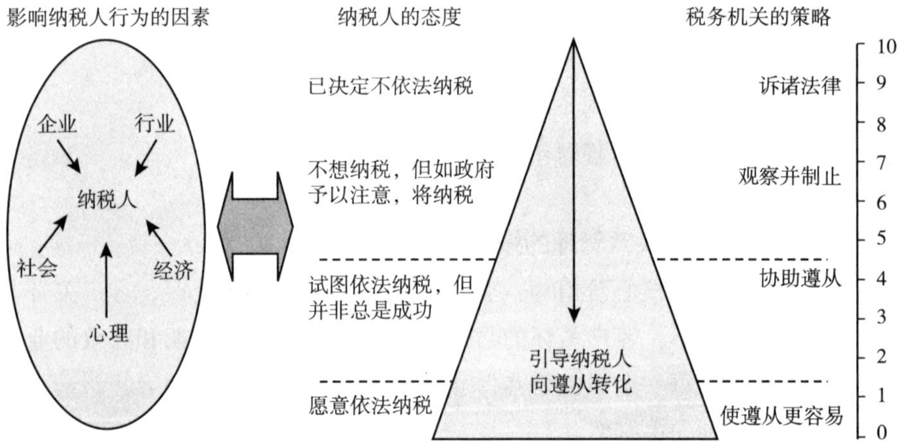

图1-2 纳税人行为与税务机关策略的关系

>> 第二节 纳税服务发展历程与现状

一 我国纳税服务的发展历程

【知识点】各阶段纳税服务的显著特点与具体标志

1. 第一阶段：纳税服务概念的引入和确立（1990—2001年）

2001年《中华人民共和国税收征收管理法》出台，将纳税服务确定为税务机关法定职责，纳税服务由原来的税务人员职业道德范畴上升到法律范畴。

2. 第二阶段：纳税服务工作起步（2002—2007 年）

2002 年 8 月，国家税务总局在征收管理司内成立纳税服务处，负责全国税务系统纳税服务行政管理工作。

2003 年 4 月，《国家税务总局关于加强纳税服务工作的通知》（国税发〔2003〕38 号），提出了加强纳税服务的十条指导性原则，对纳税服务工作提出具体要求。

2005 年 10 月，《国家税务总局关于印发〈纳税服务工作规范（试行）〉的通知》（国税发〔2005〕165 号），对税收工作中的税收征收、管理、检查和实施税收法律救济等环节的纳税服务工作做出了明确的规定。

2006 年 12 月，《国家税务总局关于进一步推行办税公开工作的意见》（国税发〔2006〕172 号），系统规范了税务系统推行办税公开工作的具体事项和要求，有效促进了纳税服务体系建设。

2007 年 5 月，第一次全国纳税服务工作会议召开，在系统总结纳税服务工作的基础上，对纳税服务工作的开展进行了全面的部署。

3. 第三阶段：纳税服务逐步发展和完善（2008 年至今）

（1）2008 年 7 月，国家税务总局设立了专为纳税人服务的司局级机构——纳税服务司，负责组织、管理、协调全国范围内的纳税服务工作。把服务工作提高到这样一个高度，在中国税收史上是第一次。

（2）2009 年 7 月，国家税务总局召开全国税务系统纳税服务工作会议，提出纳税服务和税收征管是税收工作的两个核心业务。9 月，全国税务机关全面实施纳税人满意度调查，推动建立以纳税人需求为导向的纳税服务体系。10 月，全国税务机关对区、县以上办税服务厅标识的名称、图案、颜色等基础元素进行了统一和规范。11 月，国家税务总局发布《关于纳税人权利与义务的公告》，便于纳税人全面了解纳税过程中所享有的权利和应尽的义务，帮助纳税人及时、准确地完成纳税事宜，促进纳税人与税务机关在税收征纳过程中的合作。

（3）2009 年《全国税务系统 2010—2012 年纳税服务工作规划》、2011 年《“十二五”时期纳税服务工作发展规划》，尤其是 2015 年《深化国税、地税征管体制改革方案》以及国务院印发的《2016 年推进简政放权放管结合优化服务改革工作要点》等文件陆续出台，以纳税人为中心，涵盖税法宣传、纳税咨询、办税服务、权益保护、信用管理和社会协作全过程，并贯穿“放管服”全环节的纳税服务制度体系基本形成。

（4）12366纳税服务热线迅速发展，北京、上海两大国家级中心相继成立，初步建成集纳税咨询、税法宣传、办税服务、投诉受理、需求管理、纳税人满意度调查六项功能于一体的综合性纳税服务平台。电子税务局建设快速推进，逐步打造全天候、全方位、全覆盖、全流程、全联通的智慧税务生态环境。

（5）2014—2016年税务总局陆续出台了纳税服务规范及升级版，统一了全国税务系统的纳税服务事项、服务要求和服务标准，为各级税务机关规范化开展纳税服务工作提供了有效的制度支撑，确保了全国税务系统征管一个流程、服务一个标准、执法一把尺子，真正实现了流程更优、环节更简、耗时更短、效果更佳的工作目标，标志着我国纳税服务工作逐步进入规范化发展快车道。

（6）2014年以来，税务总局“便民办税春风行动”持续推行，以纳税人为中心，以需求为导向，深挖服务资源，创新服务举措，推出一系列现代化便利服务举措，持续打造效能税务、智慧税务、便民税务、公平税务、协作税务，实现提速减负、创新服务、精准发力、公正执法、合力共赢的目标，促进纳税服务更加便捷普惠。

（7）2015年，深化国税、地税征管体制改革方案提出创新纳税服务机制。

（8）2018年5月1日，全国税务系统按照“稳定优先、分类推进、便捷办税、协同高效”原则，全面推行“一厅通办”“一键咨询”，切实推进国税地税办税服务融合。

（9）2018年6月15日，《办税服务厅整合工作方案》和《12366纳税服务整合工作方案》下发，逐步实现纳税人进一个厅、在一个窗口、拨一个号、面对一个税务人就能办理所有业务。12366对外实现一个号码、一个标识、一个口径，对内实现一套系统、一套制度、一套流程，最终实现办税服务厅“一个标识”“一厅通办”“一次办结”“一套资料”，热线税费咨询“一人通答”，电子税务局“一网通办”。

（10）2018年8—10月，省、市、县、乡四级税务机关三定到位，省、市税务机关成立纳税服务处（科）和纳税服务中心，县税务机关成立纳税服务科（股）和第一税务分局（所），纳税服务机构不断健全、纳税服务队伍不断壮大。

二 现代纳税服务体系的科学构建

【知识点1】纳税服务的内容

1. 税法宣传；
2. 纳税咨询；
3. 办税服务；
4. 权益保护；
5. 信用管理；
6. 社会协作。

【知识点2】纳税服务与税收征管的关系

1. 税收征管与纳税服务是相互依存的；
2. 税收征管与纳税服务是辩证统一的；
3. 税收征管与纳税服务是互相促进的。

【知识点3】纳税服务现代化

坚持问题导向，完善体制机制，深化“放管服”改革，为纳税人提供更优的办税便利，为创新创业打造更好的营商环境，是税收现代化的重要内容。纳税服务现代化的目标应紧跟经济、社会、文化现代化的潮流与步伐，在借鉴发达国家管理经验的基础上，结合我国国情，予以继承、发展和创新，形成具有中国特色的纳税服务理论体系、制度安排和管理实践，形成理念先进、制度完善、平台多样、标准统一、保障有力、考核科学的现代化纳税服务体系。

1. 形成自觉遵从的税收征纳关系；
2. 建成规范法治的纳税服务体系；
3. 建立持续改进的纳税服务机制；
4. 构建社会共治的纳税服务模式。

>> 第三节 营商环境与服务创新发展

一 优化税收营商环境

【知识点 1】世界银行与纳税有关的营商环境指标

世界银行在对世界各国和主要经济体的营商环境考察当中，与纳税有关的营商环境指标主要包括以下内容：

1. 纳税次数：纳税次数根据企业申报及缴纳主要税款和派款（包括社会保障费、住房公积金等）的总次数，反映缴纳方式的复杂程度及频率。如果全面实行且各个税种均实现电子申报，即使纳税人年内需多次申报，仍按税费种类计为一年一次。

2. 纳税时间：纳税时间包括每年累计准备、申报和缴纳主要税种（企业所得税、增值税、代扣代缴个人所得税）和代扣代缴社会保险费及公积金所需时间。不包括会计记账时间、财务人员在办税过程中因自身因素而中断或延误的时间。

准备时间包括会计账簿取数、收集相关资料，账簿分析及相关税务分析，计算应纳税额，更新会计账簿、学习新税法、与税务机关沟通，处理发票事宜（包括购买、认证等）等。

申报时间指的是填报与提交申报表耗用时间。

缴纳时间指去管理场所或网上缴税、办理退税等耗用时间。

3. 总税率和缴费率：总税率和缴费率根据企业实际承担的总税额（包括税款额和强制性缴费额）占企业税前商业利润的份额，反映企业的税费负担。

4. 报税后流程指数：报税后流程指数通过增值税退税合规所需时间、获得增值税退税时间、企业所得税审计合规所需时间、完成企业所得税审计合规所需时间，衡量企业所得税审计过程和增值税退税过程。

【知识点2】我国营商环境指标

2018年8月，国家发改委对国内外开展营商环境评价的情况进行了深入研究，在保留和丰富国际同行的评价指标基础上，融入中国改革的时代要求和地方特色，从衡量企业全生命周期、反映城市投资吸引力、体现城市高质量发展水平三个维度构建三维立体的评价指标体系。

【知识点3】优化税收营商环境相关工作要求

2018年国家税务总局制定了《全国税务系统进一步优化税收营商环境行动方案（2018年—2022年）》，方案的行动目标：深化税务系统“放管服”改革，加大税制改革力度，持续推进办税（缴费）便利化改革，到2022年，我国营商环境纳税时间指标国际排名达到上游水平，形成充满活力、富有效率、体验更好、更加开放的法治化、便利化、国际化的税收营商环境。具体的行动任务包括：

1. 强化顶层设计，减少纳税次数，打造集约化营商环境

实行主税附加税同步征缴。2019年6月底前，纳税人申报增值税、消费税，附征的城市维护建设税、教育费附加、地方教育附加自动计算申报，纳税人一次性完成主税附加税申报缴纳。

2. 实施精准服务，压缩纳税时间，打造便捷化营商环境

（1）简并资源税征期，将资源税按1日、3日、5日、10日、15日或1个月申报，调整为按月或按季申报。

（2）简化代扣代缴申报。将《代扣代缴、代收代缴税款报告表》《中华人民共和国扣缴企业所得税报告表》等由发生时按次申报改为按月汇总申报。

（3）取消部分行政审批事项。推动取消非居民企业汇总缴纳企业所得税机构场所的行政审批，将增值税专用发票最高开票限额审批调整为其他权力事项。

（4）优化汇总纳税企业企业所得税管理。完善汇总纳税企业企业所得税征管流程，推动汇总纳税企业企业所得税涉税信息跨省共享。

（5）取消纸质《车辆购置税完税证明》。实现车辆购置税完税信息与公安系统电子化交互，简化车辆购置税档案资料，实现无纸化管理。

（6）扩大税（费）优惠备查范围。现有各税种的备案类优惠事项、非税

收入优惠事项以及非居民纳税人享受税收协定待遇的备案事项，应以方便纳税人、缴费人同时兼顾防范税（费）风险为原则，逐步扩大备案改为附报资料备查、以申报代替备案的范围。

（7）简化出口企业退（免）税备案信息采集，2019 年 12 月底前，不再向纳税人采集《出口退（免）税备案表》中与工商登记重复的项目。

（8）清理涉税（费）证明。按照国务院相关要求，对税务证明事项进行全面清理，切实做到没有法律法规规定的证明事项一律取消。

（9）取消资源税管理证明。

（10）推行纳税记录网上查询和打印。完善电子税务局功能，2019 年 6 月底前，实现纳税人自主查询和打印纳税记录。

（11）精简涉税资料报送。清理纳税人向税务机关报送的资料，2019 年底前精简 25% 以上。实行涉税资料清单管理，清单之外原则上不得要求纳税人报送。

（12）便捷发票使用。继续扩大小规模纳税人自行开具增值税专用发票试点范围。将取消增值税发票认证范围扩大到所有纳税人。

（13）优化增值税代开发票管理。2019 年 12 月底前，实现税务机关网上代开增值税电子普通发票。

（14）取消增值税发票验旧。2019 年 12 月底前，除了特定纳税人及特殊情形外，取消增值税发票抄报税。

（15）推进“一网”办税。大力推进电子税务局建设，2020 年 12 月底前主要涉税服务事项 90% 实现网上办理。2022 年 12 月底前涉税服务事项基本上网办理，电子税务局对接各省级政务平台。

（16）推进“一门”办税。2018 年 12 月底前，将房地产交易、车辆购置税征收等与老百姓生活密切相关的、需与同级政府其他部门联合办理的事项优先进驻政务服务中心；对于具备条件的政务服务中心，办税服务厅整体进驻，90% 以上涉税事项实现可在政务服务中心办理。2019 年 12 月底前，在地方政府的支持下政务服务中心实现应进必进，进驻后的办税服务厅可办理全部涉税事项。

（17）推进“一次”办税。持续更新办税事项“最多跑一次”清单，推动实现“最多跑一次”省、市、县（区）、乡全覆盖。2018 年 12 月底前，

50%以上涉税事项实现一次办结，2019年12月底前70%以上涉税事项实现一次办结。

（18）推进“一窗”办税。所有办税服务厅实现“一窗一人”办税模式，综合窗口可办理所有各类涉税事项。

（19）编写税收制度分类指引。按税种、流程、行业等多维度编写税收分类指引，方便纳税人便捷查询所需税收制度，增强政策服务精准度。

（20）编写办事指南。建立办事指南发布机制，制定规范统一的线上、线下办事指南。

（21）开展对外投资税收咨询服务。深化国别税收信息研究工作，发布主要境外投资目的国税收指南。更新发布《“走出去”税收指引》。

（22）实现智能化、一体化税法宣传。以纳税人行为轨迹分析为基础，实现纳税人个性化信息自主定制，智能精准推送，逐步形成自主定制到智能推送的个性化宣传辅导模式。

（23）加强政策宣传解读。按季度举办税收政策解读视频会。实施税收政策发布、政策解读、政策宣传三同步，在政策发布时，同步政策解读，同步政策宣传，各地根据工作实际自行制作纳税人学堂专题培训辅导课件。

（24）规范纳税（缴费）咨询。加强12366网上咨询与热线咨询相互融合，搭建智能咨询平台，拓展12366受理渠道。建立智能咨询库，实现24小时咨询服务。统一办税（缴费）服务厅、12366等不同渠道的咨询答复口径，实现纳税（缴费）咨询规范统一。

（25）实现耕地占用税信息共享。与自然资源部门实现批地数据共享，实现耕地占用税网上缴税。耕地占用税网上缴税数据反馈至自然资源部门，作为纳税人在自然资源部门办理相关手续的电子凭证。

（26）选取信息共享基础较好的北京、上海开展房地产交易税收网上预审，减少窗口办税时间。

3. 加快税制改革，减轻税费负担，打造低成本的营商环境

（1）实施个人所得税改革。从提高基本减除费用标准，实施专项附加扣除政策，实行综合与分类相结合的个人所得税制等方面推进个人所得税改革。

（2）放宽个人免税权限制。其他个人代开增值税发票时，放弃免税权不受“36个月不得享受减免税优惠限制”，仅对当次代开发票有效，不影响以

后申请免税代开。

（3）公布相关系统接口规范。公布基于互联网税务端涉企系统接口规范，供纳税人自行开发使用，在符合安全要求的情况下，支持纳税人通过接口提交申报数据、申报表单和获取相关反馈信息。

（4）推动人民银行制发第三方缴税业务规范，明确业务流程。

（5）加强涉税专业服务监管。推进涉税专业服务实名信息采集和信用管理，完善涉税专业服务监管制度，规范涉税专业服务行为。

4. 创新管理手段，优化税后流程，打造高效能的营商环境

（1）优化多缴退税办理流程。推进多缴退税电子化，实现退税申请、退税审核、退库办理业务网上办理。

（2）拓展纳税信用查询渠道。提供公开便捷的纳税信用自助查询渠道，纳税人可实时查询自身纳税信用评价级别及纳税信用扣分明细。

5. 加强事后监管，规范税收执法，打造公平化的营商环境

（1）优化重大涉税事项辅导。针对涉及多地区或多税种的大企业重组涉税事项，推行大企业重组涉税事项纳税服务工作机制，依申请为大企业协调重组中的疑难事项；针对大企业重大交易事项，提供专业辅导，提出税收风险建议，降低大企业重大事项涉税风险成本。

（2）全面推行“三项制度”。制定《税务系统全面推行行政执法公示制度 执法全过程记录制度 重大执法决定法制审核制度的实施方案》。2019 年 12 月底前完成“三项制度”信息系统开发工作。

（3）推行税收权力和责任清单。2019 年 10 月底前国家税务总局制定税务系统权力和责任清单范本。各省税务机关参照制定本级权力和责任清单。

（4）联合实施失信惩戒。进一步推动纳税信用体系融入社会信用体系，应用“互联网＋监管”方式，推送纳税信用信息和税收违法“黑名单”至相关部门，强化联合惩戒。

【知识点 4】优化营商环境条例

2019 年 10 月 23 日，国务院总理李克强签署国务院令，公布《优化营商环境条例》，自 2020 年 1 月 1 日起施行。

二 纳税服务与创新发展

【知识点】新时期纳税服务主要创新发展的工作内容

新的历史时期，结合税收现代化建设的工作需求，税务总局提出了若干服务创新机制，主要体现在以下工作的部署及落实当中：

1. 税务系统“放管服”改革；
2. “便民办税春风行动”；
3. “互联网＋税务”行动计划；
4. 推行办税事项“最多跑一次”“全程网上办”服务等服务举措。

>> 第四节 纳税服务社会协作

一 纳税服务社会协作体系

【知识点】纳税服务社会协作体系的构成

纳税服务社会协作，是指除税务机关以外，其他营利性专业机构、非营利性专业组织以及税务机关联合其他政府部门和组织等，为指导、帮助和方便纳税人正确履行纳税义务而提供的各种服务的统称。

在我国，营利性专业机构主要是税务师事务所，专门从事与纳税人有关的纳税事宜，服务范围广泛，服务效率和专业化水准较高，还有一些会计师事务所、律师事务所、代理记账公司和其他财务税务咨询机构，根据自身业务擅长提供相对比较单一的服务。非营利性专业组织包括纳税服务志愿者协会，纳税人学校等，为纳税人无偿提供税务咨询、援助和培训等。“无缝化”纳税服务包括政府招商引资部门、海关、工商等部门相关纳税服务，以及税务代征机构等，方便纳税人提高办事效率，减轻负担。

二 涉税专业服务监管

【知识点1】涉税专业服务机构概述

1. 税务机关对涉税专业服务机构在中华人民共和国境内从事涉税专业服务进行监管。

2. 涉税专业服务机构，是指税务师事务所和从事涉税专业服务的会计师事务所、律师事务所、代理记账机构、税务代理公司、财税类咨询公司等机构。

【知识点2】涉税专业服务机构的主要业务

涉税专业服务机构可以从事下列涉税业务：

1. 纳税申报代理。对纳税人、扣缴义务人提供的资料进行归集和专业判断，代理纳税人、扣缴义务人进行纳税申报准备和签署纳税申报表、扣缴税款报告表以及相关文件。

2. 一般税务咨询。对纳税人、扣缴义务人的日常办税事项提供税务咨询服务。

3. 专业税务顾问。对纳税人、扣缴义务人的涉税事项提供长期的专业税务顾问服务。

4. 税收策划。对纳税人、扣缴义务人的经营和投资活动提供符合税收法律法规及相关规定的纳税计划、纳税方案。

5. 涉税鉴证。按照法律、法规以及依据法律、法规制定的相关规定要求，对涉税事项真实性和合法性出具鉴定和证明。

6. 纳税情况审查。接受行政机关、司法机关委托，依法对企业纳税情况进行审查，作出专业结论。

7. 其他税务事项代理。接受纳税人、扣缴义务人的委托，代理建账记账、发票领用、减免退税申请等税务事项。

8. 其他涉税服务。

上述第3~6项涉税业务，应当由具有税务师事务所、会计师事务所、律师事务所资质的涉税专业服务机构从事，相关文书应由税务师、注册会计师、律师签字，并承担相应的责任。

【知识点3】涉税专业服务机构的行政登记管理

税务机关应当对税务师事务所实施行政登记管理。未经行政登记不得使用“税务师事务所”名称，不能享有税务师事务所的合法权益。

税务师事务所合伙人或者股东由税务师、注册会计师、律师担任，税务师占比应高于50%，国家税务总局另有规定的除外。

税务师事务所办理商事登记后，应当向省税务机关办理行政登记。省税务机关准予行政登记的，颁发《税务师事务所行政登记证书》，并将相关资料报送国家税务总局，抄送省税务师行业协会。不予行政登记的，书面通知申请人，说明不予行政登记的理由。

【知识点4】涉税专业服务机构的相关管理规定

1. 涉税专业服务机构应当以年度报告形式，向税务机关报送从事涉税专业服务的总体情况。

税务师事务所、会计师事务所、律师事务所从事专业税务顾问、税收策划、涉税鉴证、纳税情况审查业务，应当在完成业务的次月向税务机关单独报送相关业务信息。

2. 税务机关应当建立信用评价管理制度，对涉税专业服务机构从事涉税专业服务情况进行信用评价，对其从事涉税服务人员进行信用记录。

税务机关应以涉税专业服务机构的纳税信用为基础，结合委托人纳税信用、纳税人评价、税务机关评价、实名办税、业务规模、服务质量、执业质量检查、业务信息质量等情况，建立科学合理的信用评价指标体系，进行信用等级评价或信用记录。

3. 涉税专业服务机构及其涉税服务人员有下列情形之一的，由税务机关责令限期改正或予以约谈；逾期不改正的，由税务机关降低信用等级或纳入信用记录，暂停受理所代理的涉税业务（暂停时间不超过6个月）；情节严重的，由税务机关纳入涉税服务失信名录，予以公告并向社会信用平台推送，其所代理的涉税业务，税务机关不予受理：

（1）使用税务师事务所名称未办理行政登记的；

（2）未按照办税实名制要求提供涉税专业服务机构和从事涉税服务人员

实名信息的；

（3）未按照业务信息采集要求报送从事涉税专业服务有关情况的；

（4）报送信息与实际不符的；

（5）拒不配合税务机关检查、调查的；

（6）其他违反税务机关监管规定的行为。

税务师事务所有上述第（1）项情形且逾期不改正的，省税务机关应当提请工商部门吊销其营业执照。

4. 涉税专业服务机构及其涉税服务人员有下列情形之一的，由税务机关列为重点监管对象，降低信用等级或纳入信用记录，暂停受理所代理的涉税业务（暂停时间不超过6个月）；情节较重的，由税务机关纳入涉税服务失信名录，予以公告并向社会信用平台推送，其所代理的涉税业务，税务机关不予受理；情节严重的，其中，税务师事务所由省税务机关宣布《税务师事务所行政登记证书》无效，提请工商部门吊销其营业执照，提请全国税务师行业协会取消税务师职业资格证书登记、收回其职业资格证书并向社会公告，其他涉税服务机构及其从事涉税服务人员由税务机关提请其他行业主管部门及行业协会予以相应处理：

（1）违反税收法律、行政法规，造成委托人未缴或者少缴税款，按照《中华人民共和国税收征收管理法》及其实施细则相关规定被处罚的；

（2）未按涉税专业服务相关业务规范执业，出具虚假意见的；

（3）采取隐瞒、欺诈、贿赂、串通、回扣等不正当竞争手段承揽业务，损害委托人或他人利益的；

（4）利用服务之便，牟取不正当利益的；

（5）以税务机关和税务人员的名义敲诈纳税人、扣缴义务人的；

（6）向税务机关工作人员行贿或者指使、诱导委托人行贿的；

（7）其他违反税收法律法规的行为。

涉税专业服务机构和从事涉税服务人员应当严格遵守税收法律法规及《涉税专业服务监管办法（试行）》的规定，不得借税收改革巧立名目乱收费，不得利用所掌握的涉税信息谋取不当经济利益，不得在办税服务厅招揽业务影响办税秩序，不得以税务机关的名义招揽生意，损害纳税人合法权益。

三 严禁违规插手涉税中介经营活动

【知识点1】税务人员严禁出现5类违规插手涉税中介经营活动的行为

税务人员严禁出现下列5类违规插手涉税中介经营活动的行为：

1. 直接开办或者投资入股涉税中介，在涉税中介挂名、兼职（任职）或者出借（出租）注册税务师等资格证书，以任何理由强行安置配偶、子女及其配偶在涉税中介机构就业；

2. 强制、指定或者变相强制、变相指定纳税人接受涉税中介服务；

3. 以任何名目在涉税中介报销费用、领取补贴（补助）或以其他形式取得经济利益；

4. 利用税收征管权、检查权、执法权、政策解释权和行政监管权，与中介机构合谋作出有关资格认定、税收解释或决定，使纳税人不缴税、少缴税或减免退抵税，非法获取利益；

5. 其他违反规定插手涉税中介经营活动的行为。

【知识点2】税务机关领导干部落实三项制度

税务机关领导干部落实下列三项制度：

（1）报告制度。副处级以上领导干部应在每年度《领导干部个人有关事项报告表》"配偶、子女从业情况""配偶、共同生活的子女投资非上市公司、企业的情况"和"配偶、共同生活的子女注册个体工商户、个人独资企业或者合伙企业的情况"栏中，按要求填报从事涉税中介经营活动的情况；

（2）回避制度。领导干部配偶、子女及其配偶在本人管辖的业务范围内从事与税收业务相关的中介活动，应该回避，经劝阻其配偶、子女及其配偶拒不退出或者本人不服从工作调整的，依规进行处理；

（3）职后从业限制制度。领导干部辞去公职或者退（离）休后3年内，不得到本人原任职务管辖的地区和业务范围内的涉税中介兼职（任职），或从事涉税中介营利性活动。

【知识点3】税务机关应切实履行的相关职责

1. 在举报、信访或检查中发现税务人员或上级领导干部及其配偶、子女及其配偶存在违规行为，应当及时将有关材料移送任免机关或者纪检监察部门，由任免机关或者纪检监察部门按照管理权限依法依规处理。各单位负责同志发现其工作人员存在违规违纪行为后不制止、不查处、不报告的，按干部管理权限由相关部门追究领导责任；

2. 严格按照《国家税务总局办公厅关于印发〈税务代理机构脱钩改制验收标准〉的通知》（国税发〔1999〕48号）要求开展清查工作，发现不符合脱钩改制要求的税务师事务所，坚决予以撤销并同时追究主要领导和相关责任人的责任；

3. 加强涉税中介监管，完善监管制度，强化行业自律，建立信用考评机制，引导涉税中介机构健康发展。严查违规干预税收执法行为，规范税务人员同涉税中介机构的关系。

四 其他社会协作管理

【知识点1】税务机关、涉税专业服务机构和纳税人三方沟通机制的主要内容

1. 沟通内容

（1）税务机关可以就税收法律、法规及政策的制定与修改听取意见建议；收集分析税收法律、法规及政策实施效果的评价；解答税收法律、法规及政策问题；回复改进纳税服务和征管工作的建议采纳情况；反馈针对税务机关及税务人员的投诉处理情况；通报涉税专业服务社会组织执业质量检查结果和执业问题整改情况等。

（2）纳税人、涉税专业服务社会组织及其行业协会可以就起草和执行中的税收法律、法规和政策提出修改意见和建议；就税收法律、法规及政策的实施情况进行反馈；就纳税服务和征管工作提出建议；就税收法律、法规及政策的适用进行咨询；就税收政策执行中与税务机关存在的分歧进行反映；就税务机关及税务人员的违规行为进行投诉等。

（3）纳税人可以就涉税专业服务社会组织的服务情况进行评价；就涉税专业服务社会组织存在的执业问题进行投诉等。

（4）涉税专业服务社会组织可以就纳税人税法遵从情况和履行纳税义务过程中遇到的困惑与需求进行反映等。

2. 沟通方式

（1）召开会议。

（2）走访调研。

（3）拓展渠道。

（4）业务合作。

【知识点2】纳税服务志愿者管理

1. 纳税服务志愿者、注册志愿者

纳税服务志愿者，是指不为物质报酬，基于良知、信念和责任，自愿为社会和他人提供纳税服务和帮助的人。

注册志愿者，是指按照一定程序在志愿者协会、税务部门注册登记、参加服务活动的志愿者。

2. 纳税服务志愿者的基本条件

纳税服务志愿者的基本条件有：

（1）乐于奉献，能够利用双休日、节假日等业余时间参与公益活动；

（2）身体健康，热心税收事业，具有吃苦耐劳精神；

（3）从社会招募的税收志愿者应具备相应的税法知识；

（4）遵纪守法，服从安排，具有较强社会公德意识。

3. 纳税服务志愿者的组成

以下人员可作为纳税服务志愿者：

（1）经所在单位同意，从事志愿服务活动的税务干部；

（2）在依法登记或备案的志愿者组织中注册的税务干部；

（3）税务机关招募的从事税收志愿服务活动的社会人员。

3. 纳税服务志愿者招募与注册

各省（区、市）税务机关根据各类志愿服务活动特别是税收志愿服务活动的需要，及时发布招募信息，明确志愿服务所需的条件和要求，组织开展经常性招募和应急性招募，并逐步建立完善注册管理系统和服务信息平台，实现互联互通、信息共享。

4. 纳税服务志愿者服务内容

纳税服务志愿者服务内容包括：

（1）集中或经常性税收宣传；

（2）办税服务厅内的一般性服务工作；

（3）参加社会其他公益性志愿服务活动。

以上（1）、（2）项内容由税务机关组织实施。

5. 纳税服务志愿服务活动原则

纳税服务志愿服务活动原则有：

（1）个人自愿原则。

（2）无偿服务原则。

（3）严格管理原则。

>> 习题演练

一 单项选择题

1. 第一次将纳税服务确定为税务机关的法定职责，纳税服务由原来的税务人员职业道德范畴上升到必须作为的法律范畴，这个标志事件是（　　）。

A. 1997 年，国务院批准国家税务总局的《深化税收征管改革方案》

B. 2001 年，全国人大常委会修订并重新颁布的《中华人民共和国税收征收管理法》

C. 2003 年初，国家税务总局下发《关于加强纳税服务工作的通知》

D. 2007 年，第一次全国纳税服务工作会议召开

【参考答案】B

【答案解析】2001 年全国人大常委会修订并重新颁布的《中华人民共和国税收征收管理法》，把为纳税人服务纳入税务机关的重要职责，明确了税务机关和纳税人双方的权利和义务，解决了征纳双方不对等的问题，为纳税服

务奠定了法律基础。第一次将纳税服务确定为税务机关的法定职责，纳税服务由原来的税务人员职业道德范畴上升到必须作为的法律范畴。

2. 标志着我国纳税服务工作逐步进入了规范化轨道的事件是（　　）。

A. 2009 年 12 月，国家税务总局下发《关于纳税人权利与义务的公告》

B. 2011 年 8 月，国家税务总局下发《“十二五”时期纳税服务工作发展规划》

C. 2014 年发布《纳税信用管理办法（试行）》

D. 2014 年《全国税务机关纳税服务规范》施行

【参考答案】D

【答案解析】为推进税收现代化建设进程，建立优质便捷的纳税服务体系，国家税务总局制定了《全国税务机关纳税服务规范》，自 2014 年 10 月 1 日起施行，标志着我国纳税服务工作逐步进入了规范化的轨道。

3. 国家税务总局另有规定的除外，税务师事务所合伙人或者股东由税务师、注册会计师、律师担任，税务师占比应（　　）。

A. 等于 50%　　B. 高于 50%　　C. 高于 40%　　D. 低于 40%

【参考答案】B

【答案解析】税务师事务所合伙人或者股东由税务师、注册会计师、律师担任，税务师占比应高于 50%，国家税务总局另有规定的除外。

4. 研究表明，在税收遵从成本和税收不遵从程度之间存在的相关关系是（　　）。

A. 负相关　　B. 无相关关系　　C. 线性相关　　D. 正相关

【参考答案】D

【答案解析】研究表明，在税收遵从成本和税收不遵从程度之间存在很强的正相关。这意味着，税收遵从成本越高，则税收不遵从的程度也越高，因而降低税收遵从成本有利于提高纳税人遵从水平。

5. 税收遵从理论以纳税行为和决策为研究对象，体现出它的时代特征。以下选项不符合税收遵从理论时代特征的是（　　）。

A. 关注纳税人个体特征　　B. 重视纳税人个体利益

C. 尊重和保护纳税人权利　　D. 关注税务机关运行效率

【参考答案】D

【答案解析】税收遵从理论以纳税行为和决策为研究对象，体现出关注纳税人个体特征、重视个体利益、尊重和保护纳税人权利等时代特征。

6. 税收遵从成本越高，纳税人的税外负担就越重，税收不遵从的风险就越高。为了降低税收遵从成本，提高纳税人遵从水平，根本在于（　　）。

A. 纳税人自身加强税务知识学习

B. 优化纳税服务，提高纳税服务水平

C. 对税收不遵从行为加大处罚力度

D. 对信誉度低的群体拒绝税务登记

【参考答案】B

【答案解析】优化纳税服务，提高纳税服务水平是降低税收遵从成本的根本。

7. 荷兰某酒店以温馨家园著称，“那种感觉太美妙了，使我重温了少时亲情的感觉”等是客人惯常的描述。这种描述说明了服务的（　　）特征。

A. 生产和消费的同步性　　B. 无形性

C. 易消失性　　D. 异质性

【参考答案】B

【答案解析】无形性，是指服务是由一系列活动所组成的过程，而不是实物，人们无法像感觉有形商品那样看到或者触摸到服务。

8. 纳税人没有按照税法规定而采取行动的行为，无论此种行为出于故意还是非故意，都称这种行为是（　　）。

A. 税收违法行为　　B. 税收不遵从

C. 税收过失　　D. 税收违规行为

【参考答案】B

【答案解析】税收不遵从，是指纳税人没有按照税法规定而采取行动的行为，无论此种行为出于故意还是非故意。

9. 以下时间当中，属于《优化营商环境条例》施行时间的是（　　）。

A. 2019 年 10 月 1 日　　B. 2019 年 12 月 1 日

C. 2020 年 1 月 1 日　　D. 2020 年 3 月 1 日

【参考答案】C

【答案解析】2019 年 10 月 23 日，国务院总理李克强签署国务院令，公布《优化营商环境条例》，自 2020 年 1 月 1 日起施行。

10. 纳税服务是由税务机关提供的非营利性服务，相对于商业服务而言，具有非常明显的个性特征。以下关于纳税服务的个性特征描述正确的是（　　）。

A. 纳税服务的客体是税务机关

B. 纳税服务的主体是纳税人

C. 纳税服务的内容是涉税事项及与税收相关联的事项

D. 纳税服务的性质是税务机关依法提供的一种有偿的公共服务

【参考答案】C

【答案解析】纳税服务的客体是纳税人，纳税服务的主体是税务机关，纳税服务是税务机关依法提供的一种无偿的公共服务。

二 多项选择题

1. 根据《全国税务系统进一步优化税收营商环境行动方案（2018 年—2022 年）》，下列说法正确的有（　　）。

A. 2019 年 12 月底前，纳税人申报增值税、消费税，附征的城市维护建设税、教育费附加、地方教育附加自动计算申报，纳税人一次性完成主税附加税申报缴纳

B. 将资源税按 1 日、3 日、5 日、10 日、15 日或 1 个月申报，调整为按月或按季申报

C. 2019 年 12 月底前，实现纳税人自主查询和打印纳税记录

D. 2019 年 12 月底前，除了特定纳税人及特殊情形外，取消增值税发票抄报税

【参考答案】BD

【答案解析】选项 A、C 应在 2019 年 6 月底前。

2. 下列只能由具有税务师事务所、会计师事务所、律师事务所资质的涉税专业服务机构从事的业务有（　　）。

A. 一般税务咨询　　B. 专业税务顾问

C. 涉税鉴证　　D. 纳税申报代理

【参考答案】BC

【答案解析】专业税务顾问、税收策划、纳税情况审查、涉税鉴证应当由

具有税务师事务所、会计师事务所、律师事务所资质的涉税专业服务机构从事，相关文书应由税务师、注册会计师、律师签字，并承担相应的责任。

3. 以下人员属于税收志愿者的有（　　）。

A. 经所在单位同意，从事志愿服务活动的税务干部小张

B. 在依法备案的志愿者组织中注册的税务干部小李

C. 税务机关招募的从事税收志愿服务活动的会计小王

D. 无偿为某企业税收筹划的某高校丁教授

【参考答案】ABC

【答案解析】以下人员可作为税收志愿者：经所在单位同意，从事志愿服务活动的税务干部；在依法登记或备案的志愿者组织中注册的税务干部；税务机关招募的从事税收志愿服务活动的社会人员。

4. 税收志愿者服务内容包括（　　）。

A. 经常性税收宣传　　B. 税收筹划

C. 代理纳税申报　　D. 办税服务厅内的一般性服务工作

【参考答案】AD

【答案解析】税收志愿者服务内容：集中或经常性税收宣传；办税服务厅内的一般性服务工作；参加社会其他公益性志愿服务活动。

5. 下列情形属于涉税专业服务监管范围的有（　　）。

A. 甲财务咨询公司代为某企业准备并签署纳税申报表

B. 乙税务师事务所对某营改增企业提供税务解决方案

C. 丙代理记账公司为某企业代办税务登记

D. 丁会计师事务所对某企业进行财务审计并出具审计报告

【参考答案】ABC

【答案解析】根据《涉税专业服务监管办法（试行）》（国家税务总局公告2017年第13号）规定，选项A、B、C分别属于《涉税专业服务监管办法（试行）》规定的纳税申报代理、税收策划、其他税务事项代理业务；选项D，出具审计报告属于《中华人民共和国会计法》规定的会计监督业务。

6. 广义的纳税服务包括（　　）。

A. 税务机关提供的服务　　B. 中介机构（市场）提供的服务

C. 志愿者提供的服务　　D. 纳税人互助式的服务

【参考答案】ABCD

【答案解析】广义的纳税服务是政府、专业服务机构、其他组织或个人（志愿者）为帮助纳税人履行纳税义务、维护合法权益而提供的劳务。广义的纳税服务按照提供主体可以分为四类，即：税务机关提供的服务；中介机构（市场）提供的服务；志愿者提供的服务；纳税人互助式的服务。

7. 我国纳税服务的发展大体经历了（　　）阶段。

A. 纳税服务概念的引入和确立　B. 纳税服务工作起步

C. 纳税服务逐步发展和完善　D. 纳税服务目标的达成

【参考答案】ABC

【答案解析】参见本章“第二节　纳税服务发展历程与现状”。

8. 除了信用管理、社会协作以外，以下选项属于纳税服务的主要内容有（　　）。

A. 税法宣传　B. 纳税咨询　C. 办税服务　D. 权益保护

【参考答案】ABCD

【答案解析】纳税服务的内容包括：税法宣传、纳税咨询、办税服务、权益保护、信用管理、社会协作。

9.《营商环境报告》涉及的一级指标“纳税”指标中包括的二级指标有（　　）。

A. 纳税次数　B. 纳税时间

C. 开办企业　D. 总税收和社会缴纳费率

【参考答案】ABD

【答案解析】“纳税”指标中不包括开办企业。

10.《营商环境报告》纳税时间指标衡量企业在（　　）业务中所需的时间。

A. 增值税　B. 企业所得税　C. 房产税　D. 个人所得税

【参考答案】ABD

【答案解析】《营商环境报告》纳税时间指标衡量企业在增值税、所得税业务中所需的时间。

三 判断题

1. 我国纳税服务的发展大体经历了纳税服务概念的引入和确立、纳税服务工作起步和纳税服务逐步发展和完善三个阶段。 (　　)

【参考答案】正确

2. 税务师事务所、会计师事务所、律师事务所从事专业税务顾问、税收策划、涉税鉴证、纳税情况审查业务，应当在完成业务的次年 1 月向税务机关单独报送相关业务信息。 (　　)

【参考答案】错误

【答案解析】税务师事务所、会计师事务所、律师事务所从事专业税务顾问、税收策划、涉税鉴证、纳税情况审查业务，应当在完成业务的次月向税务机关单独报送相关业务信息。

3. 税务机关应当对税务师事务所实施行政登记管理。未经行政登记不得使用“税务师事务所”名称，有限制的享有税务师事务所的合法权益。 (　　)

【参考答案】错误

【答案解析】税务机关应当对税务师事务所实施行政登记管理。未经行政登记不得使用“税务师事务所”名称，不能享有税务师事务所的合法权益。

4. 税务机关和税务人员不得以任何形式参与涉税中介机构经营活动，不得强制代理、指定代理。 (　　)

【参考答案】正确

5. 纳税服务的最终目的是提高税法遵从度，促进纳税人遵从税法。(　　)

【参考答案】正确

【答案解析】纳税服务的最终目的是提高税法遵从度，促进纳税人遵从税法。

6. 纳税次数根据企业申报及缴纳主要税款和派款（包括社会保障费、住房公积金等）的总次数，反映缴纳方式的复杂程度及频率。如果全面实行且各个税种均实现电子申报，纳税人年内需多次申报，按税费种类分次计算。 (　　)

【参考答案】错误

【答案解析】如果全面实行且各个税种均实现电子申报，即使纳税人年内需多次申报，仍按税费种类计为一年一次。 （ ）

7. 纳税服务的客体是纳税人以及各项纳税事项。

【参考答案】错误

【答案解析】纳税服务的客体是纳税人。

8. 纳税服务是基础，它决定着税收征管的发展方向，而税收征管反作用于纳税服务，对纳税服务有着不可替代的促进作用。体现了税收征管与纳税服务是相互依存的关系。 （ ）

【参考答案】错误

【答案解析】税收征管是基础，它决定着纳税服务的发展方向，而纳税服务反作用于税收征管，对税收征管有着不可替代的促进作用。体现了税收征管与纳税服务是辩证统一的关系。

9. 老李和老张合伙创办税务师事务所，根据《税务师事务所行政登记规程（试行）》（国家税务总局公告2017 年第31 号），他们中至少有一个要是税务师。 （ ）

【参考答案】错误

【答案解析】税务师事务所合伙人或者股东由税务师、注册会计师、律师担任，税务师占比应高于50%，国家税务总局另有规定的除外。

10. 营商环境考核指标“报税后流程指数”反映企业进行增值税申报后发现错误进行重新申报花费的时间。 （ ）

【参考答案】错误

【答案解析】报税后流程指数通过增值税退税合规所需时间、获得增值税退税时间、企业所得税审计合规所需时间、完成企业所得税审计合规所需时间，衡量企业所得税审计过程和增值税退税过程。

四 简答题

1. 纳税服务的首要目标莫过于最大限度地提高纳税人的税收遵从度，纳税人的遵从度受企业因素、行业因素、社会因素、经济因素、心理因素的影响，如图 1 –3 所示。请根据模型分析税务机关应采取的策略。

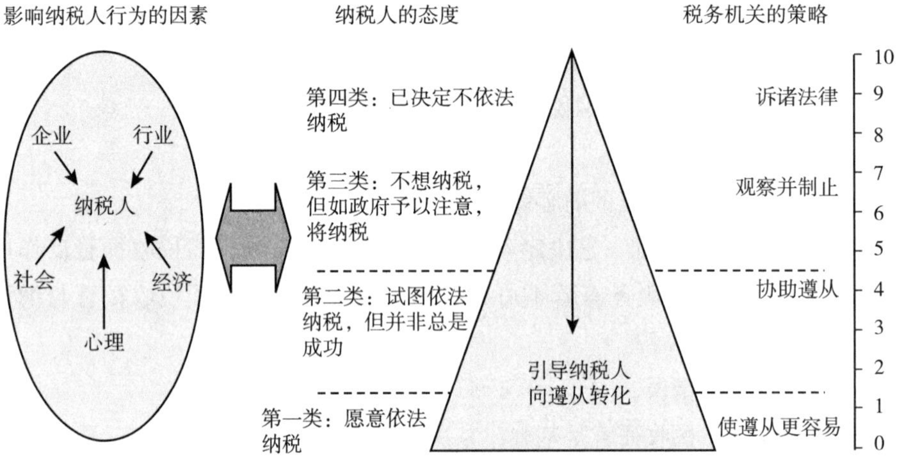

图 1-3　纳税人行为与税务机关策略的关系

【参考答案】纳税人遵从态度模型明确税务机关管理的目标以及针对不同纳税人群的管理方法，围绕最大限度地提高纳税人自愿遵从的工作核心，税务机关可就此进行思考分析，明确工作重点，对不同的纳税人采取不同的策略。第一类纳税人是自愿遵从者。税务机关可以为其提供高效便捷的服务，让他们的纳税事宜办理更简单容易，并通过与其建立并保持良好的关系，保证这些纳税人始终自觉自愿地完成纳税义务。第二类纳税人主观上想纳税，但因各种客观原因纳税不成功，税务机关应及时发现这类人群，为他们扫清完成纳税义务过程中的各种障碍，尽可能提供方便，帮助他们实现税收遵从。第三类纳税人是存在侥幸心理、不愿遵从的纳税人，如果税务机关不特别注意，他们也许就不会纳税。因此税务机关要加以特别关注，及时发现这类人群，通过提示提醒，以宣传手段晓明利害，不断阻止他们的不遵从意识转化为行为，并提供配套的服务措施，促使其纳税义务的完成。第四类纳税人不管税务机关是否提供服务都不会纳税。这一类纳税人是需要通过加大检查力度予以震慑和惩罚的对象。通过对第四类纳税人不遵从行为予以处罚以警示前三类纳税人，并给前三类纳税人以信心，保障守法遵从公平纳税环境的形成。

2. 根据国家税务总局关于涉税专业服务监管的规定，税务机关可以对涉税专业服务机构采取的监管措施有哪些？

【参考答案】税务机关建立行政登记、实名制管理、业务信息采集、检查和调查、信用评价、公告与推送等制度，同时加强对税务师行业协会的监督指导，建立与其他相关行业协会的工作联系制度，推动行业协会加强自律管理，形成较为完整的涉税专业服务监管制度体系。

>> 文件依据

1.《国家税务总局关于建立税务机关、涉税专业服务社会组织及其行业协会和纳税人三方沟通机制的通知》（税总发〔2016〕101 号）

2.《国家税务总局关于发布〈涉税专业服务监管办法（试行）〉的公告》（国家税务总局公告 2017 年第 13 号）

3.《国家税务总局关于发布〈税务师事务所行政登记规程（试行）〉的公告》（国家税务总局公告 2017 年第 31 号》

4.《国家税务总局关于发布〈涉税专业服务信用评价管理办法（试行）〉的公告》（国家税务总局公告 2017 年第 48 号）

5.《国家税务总局关于印发〈全国税务系统进一步优化税收营商环境行动方案（2018 年—2022 年）〉的通知》（税总发〔2018〕145 号）

6.《优化营商环境条例》（国务院令第 722 号）

7.《国家税务总局关于进一步完善涉税专业服务监管制度有关事项的公告》（国家税务总局公告 2019 年第 43 号）

第二章 信息报告

>> 知识架构

- 信息报告
  - 基础信息报告
    - 新办纳税人登记信息确认　3个知识点
    - 一照一码户与个体工商户登记信息变更　2个知识点
    - 纳税人（扣缴义务人）身份信息报告　1个知识点
    - 自然人自主报告身份信息　1个知识点
    - 扣缴义务人报告自然人身份信息报告　1个知识点
    - 解除相关人员关联关系　1个知识点
    - 税务证件增补发　1个知识点
  - 制度信息报告
    - 新办企业存款账户账号、会计制度及核算软件备案报告　2个知识点
    - 银税三方（委托）划缴协议　1个知识点
  - 跨区域涉税事项报告
    - 跨区域涉税事项报告与报验　1个知识点
    - 跨区域涉税事项信息反馈　1个知识点
  - 资格信息报告
    - 增值税一般纳税人登记与选择按小规模纳税人纳税的情况说明　2个知识点
    - 一般纳税人转登记小规模纳税人　2个知识点
    - 货物运输业小规模纳税人异地代开增值税专用发票备案　1个知识点
    - 增值税适用加计抵减政策声明　2个知识点
    - 农产品增值税进项税额扣除标准备案　1个知识点
    - 软件和集成电路产业企业所得税优惠事项资料报告　1个知识点
    - 软件产品增值税即征即退进项分摊方式资料报送与信息报告　1个知识点
  - 特殊事项报告
    - 重要涉税事项报告　1个知识点
    - 特殊个人所得税事项报告　1个知识点
    - 房产地、建筑业相关涉税事项报告　1个知识点
    - 实行定期定额征收的个体工商户停业复业登记　1个知识点

>> 第一节 基础信息报告

一 新办纳税人登记信息确认

【知识点 1】一照一码户与两证整合个体工商户登记信息确认

实行“多证合一、一照一码”登记模式的纳税人，首次办理涉税事宜时，对税务机关依据市场监督管理等部门共享信息制作的《“多证合一”登记信息确认表》进行确认，对其中不全的信息进行补充，对不准确的信息进行更正。

已实行“两证整合”登记模式的纳税人，首次办理涉税事宜时，对税务机关依据外部信息交换系统获取的登记表单信息及其他税务管理信息进行确认。

【知识点 2】新办纳税人“套餐式”服务

纳税人采用新办纳税人“套餐式”服务的，可结合自身实际情况一并办理以下涉税事项：电子税务局开户、登记信息确认、财务会计制度及核算软件备案、纳税人存款账户账号报告、增值税一般纳税人登记、发票票种核定、增值税专用发票最高开票限额审批、实名办税、增值税税控系统专用设备初始发行、发票领用。

【知识点 3】新办纳税人登记证件管理

新设立登记的企业、农民专业合作社和两证整合个体工商户完成一照一码户登记信息确认后，其加载统一社会信用代码的营业执照可代替税务登记证使用，不再另行发放税务登记证件。

办理一照一码户登记信息确认及两证整合个体工商户登记信息确认均无需纳税人提供材料。对于办理一照一码户登记信息确认的纳税人，办税服务厅或电子税务局制作《“多证合一”信息登记确认表》，提醒纳税人进行确认。

二 一照一码户与个体工商户登记信息变更

【知识点1】在市场监管部门办理的信息变更业务

一照一码户市场监管等部门登记信息发生变更的以及两证整合个体工商户信息发生变化的，应向市场监督管理等部门申报办理变更登记。税务机关接收市场监管等部门变更信息，经纳税人确认后更新系统内的对应信息。

【知识点2】在税务机关办理的信息变更业务

一照一码户纳税人的生产经营地、财务负责人等非市场监管等部门登记信息发生变化时，向主管税务机关申报办理变更并向税务机关提供有关材料复印件。

经两证整合个体工商户申请，相应登记信息变更也可向税务机关申请办理。但纳税人名称、纳税人识别号、业主姓名、经营范围不能向税务机关申请办理相应变更手续，相关手续无需纳税人提供证明材料。

对于非市场监管等部门登记信息发生变化的一照一码户信息变更以及可由税务机关办理的两证整合个体工商户信息变更，办税服务厅根据纳税人有关材料录入数据。经纳税人确认后，税务机关打印《变更税务登记表》，提醒纳税人进行确认。

三 纳税人（扣缴义务人）身份信息报告

【知识点】办理范围及办理规定

不适用“一照一码”“两证整合”的纳税人，满足相应情形时应办理纳税人（扣缴义务人）身份信息报告，相应的情形需要进行掌握，同时纳税人（扣缴义务人）身份信息发生变化的也通过纳税人（扣缴义务人）身份信息报告事项进行办理。

对应发放《税务登记证》（正、副本）、《临时税务登记证》（正、副本）、《扣缴税款登记证》等税务证件的，税务机关制证并发放。

四 自然人自主报告身份信息

【知识点】办理范围及办理规定

以自然人名义纳税的中国公民、华侨、外籍人员和港、澳、台地区人员，可以由本人自主向税务机关报告身份信息。

纳税人有中国公民身份号码的，首次报送信息并完成实名身份信息验证，以中国公民身份号码为纳税人识别号；没有中国公民身份号码的，首次报送信息并完成实名身份信息验证，由税务机关赋予纳税人识别号。

自然人可凭报送身份信息时提供的身份证件，向税务机关提出申请查询、打印纳税人识别号。享受子女教育、继续教育、住房贷款利息或者住房租金、赡养老人、大病医疗专项附加扣除的纳税人，应向税务机关报送《个人所得税专项附加扣除信息表》。

五 扣缴义务人报告自然人身份信息报告

【知识点】办理范围及办理规定

扣缴义务人首次向自然人纳税人支付所得，应于次月扣缴申报时，向税务机关报告自然人纳税人提供的身份信息。

被投资单位发生个人股东变动或者个人股东所持股权变动的，应当在次月 15 日内向主管税务机关报送股东变动信息及股东变更情况说明。

纳税人选择在扣缴义务人发放工资、薪金所得时享受专项附加扣除的，首次享受时，应当填写并向扣缴义务人报送《个人所得税专项附加扣除信息表》。由扣缴义务人报告信息的，扣缴义务人应当按照纳税人提供的信息计算税款、办理扣缴申报，不得擅自更改纳税人提供的信息。纳税人发现扣缴义务人提供或者扣缴申报的个人信息、支付所得、扣缴税款等信息与实际情况不符的，有权要求扣缴义务人修改。扣缴义务人拒绝修改的，纳税人应当报告税务机关。扣缴义务人发现纳税人提供的信息与实际情况不符的，可以要求自然人纳税人修改。自然人纳税人拒绝修改的，扣缴义务人应当报告税务机关。

六 解除相关人员关联关系

【知识点】办理范围及办理规定

主张身份证件被冒用于登记注册为法定代表人，根据登记机关登记信息的变化情况，更改该法定代表人与纳税人的关联关系，办结时限为即时办结。

主张身份证件被冒用于登记为财务负责人和其他办税人员，根据其出具的个人声明、公安机关接报案回执等相关资料，解除其与纳税人的关联关系，办结时限为即时办结。

主张本人身份信息被其他单位或个人违法使用办理虚假纳税申报的自然人纳税人，可向税务机关进行检举。办结时限为30个工作日内办结，特殊情形需要延长办理时间的，最多延长30个工作日。

七 税务证件增补发

【知识点】办理范围及办理规定

纳税人、扣缴义务人发生遗失、损毁税务登记证件的情况，应向税务机关申报办理税务证件增补发事项。

纳税人办理税务证件增补发时，仅需提供《税务证件增补发报告表》便可，如遇税务证件损毁时，还需提供损毁的税务证件。此事项所指税务登记证件包括但不限于《税务登记证》（正、副本）、《临时税务登记证》（正、副本）、《扣缴税款登记证》等，其他税务证件包括但不限于发票领用簿等。

>> 第二节 制度信息报告

一 新办企业存款账户账号、会计制度及核算软件备案报告

【知识点1】存款账户账号报告

从事生产、经营的纳税人应当自开立基本存款账户或者其他存款账户

之日起15日内，依照法律、行政法规规定，向主管税务机关书面报告其全部账号；发生变化的，应当自发生变化之日起15日内，向主管税务机关书面报告。

【知识点2】财务会计制度及核算软件备案报告

从事生产、经营的纳税人应当自领取税务登记证件起15日内，将其财务、会计制度或者财务、会计处理办法等信息报送税务机关备案。境外注册中资控股居民企业应当按照中国有关法律、法规和国务院财政、税务主管部门的规定，编制财务、会计报表，并在领取税务登记证件之日起15日内将企业的财务、会计制度或者财务会计、处理办法及有关资料报送主管税务机关备案。

纳税人使用计算机记账的，还应在使用前将会计电算化系统的会计核算软件、使用说明书及有关资料报送主管税务机关备案。

二 银税三方（委托）划缴协议

【知识点】办理范围及办理规定

银税三方（委托）划缴协议，是指纳税人需要使用电子缴税系统缴纳税费的，可以与税务机关、开户银行签署委托银行代缴税款三方协议或委托划转税款协议，实现使用电子缴税系统缴纳税费、滞纳金和罚款。

纳税人在办理“银税三方（委托）划缴协议”事项前，需先办理完成“存款账户账号报告”事项。

税务机关工作人员需根据纳税人提供的《委托银行代缴税款三方协议（委托划转税款协议书）》，通过税收征管系统进行验证。验证通过的，在文书表单上加盖印章，一份返还纳税人；验证未通过的，应告知纳税人未通过验证的原因；电子税务局办理的，将办理结果通过电子税务局反馈给纳税人。

>> 第三节
跨区域涉税事项报告

一 跨区域涉税事项报告与报验

【知识点】办理范围及办理规定

纳税人跨省（自治区、直辖市和计划单列市）临时从事生产经营活动的，向机构所在地的税务机关填报《跨区域涉税事项报告表》，并向经营地税务机关报验跨区域涉税事项。

纳税人在省（自治区、直辖市和计划单列市）内跨县（市）临时从事生产经营活动的，是否实施跨区域涉税事项报验管理，由各省（自治区、直辖市和计划单列市）税务机关自行确定。纳税人跨区域经营合同延期的，可以选择在经营地或机构所在地的税务机关办理报验管理有效期限延期手续。

异地不动产转让和租赁业务不适用跨区域涉税事项管理相关制度规定，需根据《国家税务总局关于发布〈纳税人转让不动产增值税征收管理暂行办法〉的公告》（国家税务总局公告 2016 年第 14 号）、《国家税务总局关于发布〈纳税人提供不动产经营租赁服务增值税征收管理暂行办法〉的公告》（国家税务总局公告 2016 年第 16 号）中的相关条款办理。

税务机关工作人员应当通过信息系统在机构所在地和经营地税务机关之间传递跨区域涉税事项信息，实时共享。

二 跨区域涉税事项信息反馈

【知识点】办理范围及办理规定

纳税人跨区域经营活动结束后，应当结清经营地税务机关的应纳税款以及其他涉税事项，向经营地税务机关填报《经营地涉税事项反馈表》。

经营地税务机关核对《经营地涉税事项反馈表》后，及时将相关信息反馈给机构所在地的税务机关。纳税人不需要另行向机构所在地的税务机关反馈。

>> 第四节 资格信息报告

一 增值税一般纳税人登记与选择按小规模纳税人纳税的情况说明

【知识点1】增值税一般纳税人登记

增值税纳税人年应税销售额超过财政部、国家税务总局规定的小规模纳税人标准的，除特殊规定外，应当办理一般纳税人登记。

年应税销售额未超过规定标准的纳税人，会计核算健全、能够提供准确税务资料的，可以办理一般纳税人登记。

年应税销售额，是指纳税人在连续不超过12个月或4个季度的经营期内累计应征增值税销售额。财政部、国家税务总局规定的增值税小规模纳税人标准为年应征增值税销售额500万元及以下。

纳税人应在年应税销售额超过规定标准的月份（季度）所属申报期结束后15日内办理增值税一般纳税人登记或者选择按照小规模纳税人纳税的手续；未按规定时限办理的，应在收到《税务事项通知书》后5日内向主管税务机关办理相关手续；逾期未办理的，自通知时限期满的次月起按销售额依照增值税税率计算应纳税额，不得抵扣进项税额，直至办理相关手续为止。

可不办理增值税一般纳税人登记的特殊规定是指：应税销售额超过规定标准的自然人不办理增值税一般纳税人登记；非企业性单位、年应税销售额超过规定标准且不经常发生应税行为的单位和个体工商户，可选择按照小规模纳税人纳税。

从事成品油销售的加油站、航空运输企业、电信企业总机构及其分支机构，一律由主管税务机关登记为增值税一般纳税人。

【知识点 2】选择按小规模纳税人纳税的情况说明

非企业性单位，年应税销售额超过财政部、国家税务总局规定的增值税小规模纳税人标准且不经常发生应税行为的单位和个体工商户，可向主管税务机关提交书面说明，选择按照小规模纳税人纳税。

纳税人年应税销售额超过财政部、国家税务总局规定的小规模纳税人标准，选择按小规模纳税人纳税的，应在年应税销售额超过规定标准的月份（季度）所属申报期结束后 15 日内办理；未按规定时限办理的，在接到主管税务机关《税务事项通知书》后 5 日内办理；逾期仍不办理的，次月起按销售额依照增值税税率计算应纳税额，不得抵扣进项税额，直至纳税人办理相关手续为止。

二 一般纳税人转登记小规模纳税人

【知识点 1】一般纳税人转登记小规模纳税人概述

一般纳税人转登记小规模纳税人，是指转登记日前连续 12 个月（以 1 个月为 1 个纳税期）或者连续 4 个季度（以 1 个季度为 1 个纳税期）累计销售额未超过 500 万元的一般纳税人，在 2019 年 12 月 31 日前，可选择转登记为小规模纳税人。

【知识点 2】一般纳税人转登记小规模纳税人管理规定

转登记日前经营期不满 12 个月或者 4 个季度的，按照月（季度）平均应税销售额估算累计应税销售额。

一般纳税人转登记为小规模纳税人（以下称转登记纳税人）后，自转登记日的下期起（按季申报纳税人自下一季度开始；按月申报纳税人自下月开始），按照简易计税方法计算缴纳增值税；转登记日当期仍按照一般纳税人的有关规定计算缴纳增值税。

转登记纳税人尚未申报抵扣的进项税额以及转登记日当期的期末留抵税额，计入“应交税费——待抵扣进项税额”核算。

转登记纳税人在一般纳税人期间销售或者购进的货物、劳务、服务、无形资产、不动产，自转登记日的下期起发生销售折让、中止或者退回的，调整转登记日当期的销项税额、进项税额和应纳税额。转登记纳税人因税务稽查、补充申报等原因，需要对一般纳税人期间的销项税额、进项税额和应纳税额进行调整的，按照上述规定处理。

转登记纳税人可以继续使用现有税控设备开具增值税发票，不需要缴销税控设备和增值税发票。

转登记纳税人自转登记日的下期起，发生增值税应税销售行为，应当按照征收率开具增值税发票；转登记日前已办理增值税专用发票票种核定的，继续通过增值税发票管理系统自行开具增值税专用发票；销售其取得的不动产，需要开具增值税专用发票的，应当按照有关规定向税务机关申请代开。

转登记纳税人在一般纳税人期间发生的增值税应税销售行为，未开具增值税发票需要补开的，应当按照原适用税率或者征收率补开增值税发票；发生销售折让、中止或者退回等情形，需要开具红字发票的，按照原蓝字发票记载的内容开具红字发票；开票有误需要重新开具的，先按照原蓝字发票记载的内容开具红字发票后，再重新开具正确的蓝字发票。

自转登记日的下期起连续不超过 12 个月或者连续不超过 4 个季度的经营期内，转登记纳税人应税销售额超过财政部、国家税务总局规定的小规模纳税人标准的，应当按照《增值税一般纳税人登记管理办法》（国家税务总局令第 43 号）的有关规定，向主管税务机关办理一般纳税人登记。

曾在 2018 年选择过转登记的纳税人，重新登记为一般纳税人的，在 2019 年仍可选择转登记；2019 年选择转登记的纳税人，再次登记为一般纳税人后，不得再转登记为小规模纳税人。

三 货物运输业小规模纳税人异地代开增值税专用发票备案

【知识点】办理范围及办理规定

货物运输业小规模纳税人异地代开增值税专用发票备案，是指增值税小规模纳税人在境内提供公路或内河货物运输服务，需要开具增值税专用发票的，可在税务登记地、货物起运地、货物到达地或运输业务承揽地（含互联网物流平台所在地）中任何一地，就近向税务机关申请代开增值税专用发票。

纳税人应当将营运资质和营运机动车、船舶信息向主管税务机关备案。

纳税人申请代开专用发票时，《货物运输业代开增值税专用发票缴纳税款申报单》中填写的运输工具相关信息，须与其向主管税务机关备案的信息一致。

四 增值税适用加计抵减政策声明

【知识点 1】增值税适用加计抵减政策声明概述

增值税适用加计抵减政策声明，是指自 2019 年 4 月 1 日至 2021 年 12 月 31 日，允许生产、生活性服务业纳税人按照当期可抵扣进项税额加计 10%，抵减应纳税额。纳税人在年度首次确认适用加计抵减政策时，应向主管税务机关提交声明。其中，2019 年 10 月 1 日至 2021 年 12 月 31 日，允许生活性服务业纳税人按照当期可抵扣进项税额加计 15%，抵减应纳税额。

【知识点 2】增值税适用加计抵减政策声明管理规定

生产、生活性服务业纳税人，是指提供邮政服务、电信服务、现代服务、生活服务取得的销售额占全部销售额的比重超过 50% 的纳税人。

2019 年 3 月 31 日前设立的纳税人，自 2018 年 4 月至 2019 年 3 月期间的销售额（经营期不满 12 个月的，按照实际经营期的销售额）符合规定条件的，自 2019 年 4 月 1 日起适用加计抵减政策；2019 年 4 月 1 日后设立的纳税人，自设立之日起 3 个月的销售额符合规定条件的，自登记为一般纳税人之日起适用加计抵减政策。

纳税人确定适用加计抵减政策后，当年内不再调整，以后年度是否适用，根据上年度销售额计算确定。纳税人可计提但未计提的加计抵减额，可在确定适用加计抵减政策当期一并计提。

按照现行规定不得从销项税额中抵扣的进项税额，不得计提加计抵减额；已计提加计抵减额的进项税额，按规定作进项税额转出的，应在进项税额转出当期，相应调减加计抵减额。

纳税人出口货物劳务、发生跨境应税行为不适用加计抵减政策，其对应的进项税额不得计提加计抵减额。

纳税人应单独核算加计抵减额的计提、抵减、调减、结余等变动情况。骗取适用加计抵减政策或虚增加计抵减额的，按照《中华人民共和国税收征收管理法》等有关规定处理。

加计抵减政策执行到期后，纳税人不再计提加计抵减额，结余的加计抵减额停止抵减。

适用加计抵减政策的纳税人，同时兼营邮政服务、电信服务、现代服务、生活服务的，应按照四项服务中收入占比最高的业务在《适用加计抵减政策的声明》中勾选确定所属行业。

五 农产品增值税进项税额扣除标准备案

【知识点】办理范围及办理规定

农产品增值税进项税额扣除标准备案，是指纳入农产品增值税进项税额核定扣除试点范围的纳税人，购进农产品直接销售、购进农产品用于生产经营且不构成货物实体扣除标准的核定采取备案制。

试点纳税人购进农产品直接销售、购进农产品用于生产经营且不构成货物实体的，应在申报缴纳税款时向主管税务机关备案。

自 2019 年 4 月 1 日起，纳税人购进农产品，原适用 10% 扣除率的，扣除率调整为 9%。纳税人购进用于生产或者委托加工 13% 税率货物的农产品，按照 10% 的扣除率计算进项税额。

试点纳税人购进农产品直接销售的，农产品增值税进项税额按照以下方法核定扣除：

当期允许抵扣农产品增值税进项税额 = 当期销售农产品数量/(1 − 损耗率) × 农产品平均购买单价 × 扣除率 × (1 + 扣除率)；其中，损耗率 = 损耗数量 ÷ 购进数量

试点纳税人购进农产品用于生产经营且不构成货物实体的（包括包装物、辅助材料、燃料、低值易耗品等），增值税进项税额按照以下方法核定扣除：

$$\text{当期允许抵扣农产品增值税进项税额} = \text{当期耗用农产品数量} \times \text{农产品平均购买单价} \times \text{扣除率} \div (1 + \text{扣除率})$$

六 软件和集成电路产业企业所得税优惠事项资料报告

【知识点】办理范围及办理规定

软件和集成电路产业企业所得税优惠事项资料报告，是指享受集成电路生产企业、集成电路设计企业和软件企业税收优惠政策的纳税人，应当在完成年度汇算清缴后，汇算清缴期结束前，按照《企业所得税优惠事项管理目录（2017 年版）》“后续管理要求”项目中列示的清单向税务机关提交资料。

纳税人进行软件和集成电路产业企业所得税优惠事项资料报告后，还应将提交资料的留存件留存备查，从企业享受优惠事项当年的企业所得税汇算清缴期结束次日起保留 10 年。

企业未能按照税务机关要求提供留存备查资料，或者提供的留存备查资料与实际生产经营情况、财务核算情况、相关技术领域、产业、目录、资格证书等不符，无法证实符合优惠事项规定条件的，或者存在弄虚作假情况的，税务机关将依法追缴其已享受的企业所得税优惠，并按照《中华人民共和国税收征收管理法》等相关规定处理。

注意区分集成电路生产企业税收优惠、集成电路设计企业税收优惠以及软件企业税收优惠的不同情形。

七 软件产品增值税即征即退进项分摊方式资料报送与信息报告

【知识点】办理范围及办理规定

软件产品增值税即征即退进项分摊方式资料报送与信息报告，是指增值税一般纳税人在销售软件产品的同时销售其他货物或者应税劳务的，对于无法划分的进项税额，应按照实际成本或销售收入比例确定软件产品应分摊的进项税额；对专用于软件产品开发生产设备及工具的进项税额，不得进行分摊。纳税人应将选定的分摊方式报主管税务机关备案，并自备案之日起 1 年内不得变更。

专用于软件产品开发生产的设备及工具，包括但不限于用于软件设计的计算机设备、读写打印器具设备、工具软件、软件平台和测试设备。

>> 第五节 特殊事项报告

一 重要涉税事项报告

【知识点】报告事项内容及具体规定

1. 欠缴税款数额较大（5 万元以上）的纳税人在对其不动产或者大额资产进行转让、出租、出借、提供担保等处分之前，应当向税务机关报告。

2. 纳税人有合并、分立情形的，应当向税务机关报告。纳税人有合并、分立情形的，应当同时依法缴清税款。纳税人合并时未缴清税款的，由合并后的纳税人继续履行未履行的纳税义务；纳税人分立时未缴清税款的，分立后的纳税人对未履行的纳税义务承担连带责任。

3. 符合《创业投资企业管理暂行办法》（发展改革委等 10 部门令第 39 号）或者《私募投资基金监督管理暂行办法》（证监会令第 105 号）有关规定完成备案且规范运作的合伙制创业投资企业（基金），可以选择按单一投资基金核算或者按创投企业年度所得整体核算两种方式之一，对其个人合伙人来源于创投企业的所得计算个人所得税应纳税额。上述合伙制创投企业选择按单一投资基金核算的，应当就其核算方式向主管税务机关报告备案。

4. 居民企业总机构及分支机构（包括不就地分摊缴纳企业所得税的二级分支机构）应填报《企业所得税汇总纳税总分机构信息备案表》，将总机构、所有上级分支机构及下属分支机构信息报送至各自所在地主管税务机关备案。

非居民企业汇总纳税的各机构、场所应在首次办理汇总缴纳企业所得税申报时，向所在地主管税务机关报送全部机构、场所等信息。

5. 核定征收企业所得税的居民企业生产经营范围、主营业务发生重大变化，或者应纳税所得额或应纳税额增减变化达到 20% 的，应及时向税务机关报告，申报调整已确定的应纳税额或应税所得率。

6. 被调查企业向税务机关提供税收、财务、经营等第一手数据，为国家推进税制改革和研究制定财税政策提供重要依据。税收统计调查数据采集范围包括：税收资料调查企业数据采集、企业集团数据采集、重点税源企业数据采集、消费税涉税信息采集等。

二 特殊个人所得税事项报告

【知识点】报告事项内容及具体规定

1. 非上市公司授予本公司员工的股票期权、股权期权、限制性股票和股权奖励，符合规定条件的，经向主管税务机关备案，可实行递延纳税政策。员工在取得股权激励时可暂不纳税，递延至转让该股权时纳税。上市公司授予个人的股票期权、限制性股票和股权奖励，经向主管税务机关备案，个人可自股票期权行权、限制性股票解禁或取得股权奖励之日起，在不超过 12 个月的期限内缴纳个人所得税。个人以技术成果投资入股到境内居民企业，被投资企业支付的对价全部为股票（权）的，经向主管税务机关备案，投资入股当期可暂不纳税，允许递延至转让股权时，按股权转让收入减去技术成果原值和合理税费后的差额计算缴纳所得税。个人因非上市公司实施股权激励或以技术成果投资入股取得的股票（权），实行递延纳税期间，扣缴义务人应向主管税务机关报告。建立年金计划以及年金方案、受托人、托管人发生变化的企事业单位应向所在地主管税务机关报告企业年金、职业年金情况。

2. 科研机构、高等学校转化职务科技成果以股份或出资比例等股权形式给予个人奖励，获奖人在取得股份、出资比例时，暂不缴纳个人所得税；取得按股份、出资比例分红或转让股权、出资比例所得时，应依法缴纳个人所得税。

将职务科技成果转化为股份、投资比例的科研机构、高等学校或者获奖人员，应在授（获）奖的次月 15 日内向主管税务机关备案。

3. 个人以非货币性资产投资，一次性缴税有困难的，可合理确定分期缴纳计划并报主管税务机关备案，自发生上述应税行为之日起不超过 5 个公历年度（含）内分期缴纳个人所得税。

中小高新技术企业以未分配利润、盈余公积、资本公积向个人股东转增股本时，个人股东一次缴纳个人所得税确有困难的，可自行制定分期缴税计划，由企业向主管税务机关办理报告备案，在不超过5个公历年度（含）内分期缴纳。

高新技术企业转化科技成果，给予本企业相关技术人员的股权奖励，个人一次缴纳税款有困难的，可自行制定分期缴税计划，由企业向主管税务机关办理报告备案，在不超过5个公历年度（含）内分期缴纳。

4. 天使投资个人转让未上市的初创科技型企业股权，享受投资抵扣税收优惠时，应于股权转让次月15日内向主管税务机关报告。

合伙创投企业的个人合伙人享受投资抵扣税收政策的，合伙创投企业应在投资初创科技型企业满2年后的每个年度终了后3个月内，向合伙创投企业主管税务机关报告。

三 房产地、建筑业相关涉税事项报告

【知识点】报告事项内容及具体规定

1. 从事房地产开发的纳税人，应在取得土地使用权并获得房地产开发项目开工许可后，向主管税务机关报送《土地增值税项目报告表》，并在每次转让（预售）房地产时，依次填报表中规定栏目的内容。

纳税人在首次申报城镇土地使用税和房产税时，应进行城镇土地使用税税源明细采集和房产税税源明细采集。税源信息变更和税源信息注销同样适用“房地产建筑业相关涉税事项报告”办理。

2. 房地产开发企业应在取得预售许可证30日内，进行增量房房源信息报告，申报预售许可证所列房源信息。

3. 纳税人提供建筑服务的，应在取得建筑工程施工许可证30日内，向建筑项目所在地税务机关办理建筑业项目报告。纳税人提供异地建筑服务的，应同时按照上述规定向机构所在地主管税务机关进行建筑业工程项目报告。纳税人建筑业工程项目报告内容发生变化，应自报告内容发生变化之日起30日内，持《建筑业工程项目情况报告表》向建筑服务发生地主管税务机关进行项目报告。

4. 纳税人建筑业工程项目完工后，应自建筑业工程项目完工之日起30日内向建筑服务发生地主管税务机关进行项目报告。

5. 纳税人销售不动产的，应在取得《建设工程规划许可证》30 日内，向不动产所在地税务机关办理不动产项目报告。纳税人不动产项目报告内容发生变化，应自报告内容发生变化之日起 30 日内，持《不动产项目情况报告表》向不动产所在地主管税务机关进行项目报告。

6. 纳税人不动产销售完毕后，应自不动产销售完毕之日起 30 日内向不动产所在地主管税务机关申请办理注销项目报告。

7. 房地产税收一体化管理过程中，纳税人应在土地使用权取得、房地产开发、交易和保有等环节，向税务机关报告土地出（转）让、税源申报明细报告、增量房销售、存量房销售等信息。

四 实行定期定额征收的个体工商户停业复业登记

【知识点】报告事项内容及具体规定

1. 实行定期定额征收的个体工商户或比照定期定额户进行管理的个人独资企业发生停业的，应当在停业前向税务机关书面提出停业报告；纳税人停业期满不能及时恢复生产经营的，应当在停业期满前到主管税务机关办理延长停业报告。

纳税人在停业期间发生纳税义务的，应当按照税收法律、行政法规的规定申报缴纳税款。纳税人在申报办理停业登记时，应如实填写停业复业报告书，说明停业理由、停业期限、停业前的纳税情况和发票的领、用、存情况，并结清应纳税款、滞纳金、罚款。纳税人按申报停业登记时的停业期限准期复业的，应当在停业到期前向主管税务机关申报办理复业登记；纳税人提前复业的，应当在恢复生产经营之前向主管税务机关申报办理复业登记。纳税人停业期满未按期复业又不申请延长停业的，视为已恢复生产经营，税务机关将纳入正常管理，并按核定税额按期征收税款。纳税人的停业期限不得超过 1 年。

2. 纳税人按申报停业登记时的停业期限准期复业的，应当在停业到期前向主管税务机关申报办理复业登记；纳税人提前复业的，应当在恢复生产经营之前向主管税务机关申报办理复业登记。纳税人停业期满未按期复业又不申请延长停业的，视为已恢复生产经营，税务机关将纳入正常管理，并按核定税额按期征收税款。

>> 习题演练

一 单项选择题

1. 以下类型的组织在目前阶段仍需要办理税务登记并领取税务登记证件的是（　　）。

A. 新设立的企业　　B. 新设立的个体工商户

C. 新设立的农民专业合作社　　D. 新设立的事业单位

【参考答案】D

【答案解析】按照商事制度改革要求，领取加载统一社会信用代码证件的，企业、农民专业合作社、个体工商户及其他组织无需单独到税务机关办理该事项，其领取的证件作为税务登记证件使用。

“多证合一”改革之外的其他组织，如事业单位、社会组织、律师事务所、境外非政府组织等，应当依法向税务机关办理税务登记，领取税务登记证件。

2. A 公司是一般纳税人企业，其总分支机构不在同一个市，总机构已申请办理了一般纳税人资格登记手续，关于其分支机构应如何办理相关登记手续，下列税务机关的回复正确的是（　　）。

A. 在总机构所在地申请办理一般纳税人登记手续

B. 不必申请，自动被视为一般纳税人

C. 在临时销售地申请办理一般纳税人资格登记手续

D. 在分支机构所在地申请办理一般纳税人资格登记手续

【参考答案】D

【答案解析】根据《增值税一般纳税人登记管理办法》（国家税务总局令第 43 号）规定，纳税人应当向其机构所在地主管税务机关办理一般纳税人登记手续。

3. 以下对于纳税人在信息报告业务办理过程中，相应时限的描述，错误的是（　　）。

A. 从事生产、经营的纳税人应当自开立基本存款账户或者其他存款账户之日起 15 日内，向主管税务机关报告其全部账户账号

B. 当纳税人的账户账号发生变化时，应当自发生变化之日起 30 日内，向主管税务机关报告

C. 从事生产、经营的纳税人应当自首次办理涉税事宜之日起 15 日内，将其财务、会计制度或者财务、会计处理办法等信息报送税务机关备案

D. 纳税人使用计算机记账的，还应在使用前将会计电算化系统的会计核算软件、使用说明书及有关资料报送主管税务机关备案

【参考答案】B

【答案解析】根据《全国税务机关纳税服务规范（3.0 版）》信息报告相关规定，选项 A、C、D 符合规定。选项 B 应为：账户账号发生变化的，应当自发生变化之日起 15 日内，向主管税务机关报告。

4. 以下关于被投资单位发生个人股东所持股权变动时，应当向主管税务机关报送股东变动信息及股东变更情况说明的时限表述，正确的是（　　）。

A. 完成股权交易后次日　　B. 完成股权交易后 15 日内

C. 发生股权变动后的当月内　　D. 发生股权变动后，次月 15 日内

【参考答案】D

【答案解析】根据《全国税务机关纳税服务规范（3.0 版）》规定，被投资单位发生个人股东变动或者个人股东所持股权变动的，应当在次月 15 日内向主管税务机关报送股东变动信息及股东变更情况说明。

5. 甲建筑公司 2019 年 2 月赴外省承包建筑工程，合同结束时间为 2019 年 7 月 31 日，并于当年 2 月 14 日取得《跨区域涉税事项报告表》。但是由于天气原因影响了施工进度，该工程于 2019 年 9 月 30 日结束。以下关于甲建筑公司跨区域涉税情况的描述，正确的是（　　）。

A. 甲建筑公司在办理跨区域涉税事项报告时只需持《跨区域涉税事项报告表》

B. 工程结束后向经营地主管税务机关填报《经营地涉税事项反馈表》

C. 合同结束后仍未结束工期的，需要再次向机构所在地税务机关申请

办理跨区域涉税事项报告手续

D. 甲建筑公司跨区域经营活动结束后，需向机构所在地税务机关进行反馈，提交《经营地涉税事项反馈表》

【参考答案】B

【答案解析】根据《国家税务总局关于创新跨区域涉税事项报验管理制度的通知》（税总发〔2017〕103号）规定，跨区域涉税事项由纳税人首次在经营地办理涉税事宜时，向经营地的税务机关报验。纳税人报验跨区域涉税事项时，应当出示税务登记证件。

根据《国家税务总局关于明确跨区域涉税事项报验管理相关问题的公告》（国家税务总局公告2018年第38号）规定，纳税人跨区域经营活动结束后，应当结清经营地税务机关的应纳税款以及其他涉税事项，向经营地的税务机关填报《经营地涉税事项反馈表》。

根据《国家税务总局关于创新跨区域涉税事项报验管理制度的通知》（税总发〔2017〕103号）规定，合同延期的，纳税人可向经营地或机构所在地的税务机关办理报验管理有效期限延期手续。

根据《国家税务总局关于创新跨区域涉税事项报验管理制度的通知》（税总发〔2017〕103号）规定，纳税人跨区域经营活动结束后，应当结清经营地的税务机关的应纳税款以及其他涉税事项，向经营地的税务机关填报《经营地涉税事项反馈表》。经营地的税务机关应当及时将相关信息反馈给机构所在地的税务机关。纳税人不需要另行向机构所在地的税务机关反馈。

6. 在涉税信息报告的工作规定中，纳税人需要进行“综合税源信息报告”的是（　　）。

A. 符合条件的纳税人在办理停业复业登记时

B. 纳税人在首次办理涉税业务时

C. 纳税人在进行税费种核定时

D. 纳税人在首次申报城镇土地使用税和房产税时

【参考答案】D

【答案解析】根据《全国税务机关纳税服务规范（3.0版）》规定，纳税人在首次申报城镇土地使用税和房产税时，应进行城镇土地使用税税源明细采集和房产税税源明细采集。

7. 按照一般纳税人转登记小规模纳税人管理的规定，一般纳税人转登记日前连续 12 个月或者连续 4 个季度累计销售额未超过 500 万元的，在以下（　　）日期前，可选择转登记为小规模纳税人。

A. 2018 年 12 月 31 日　　B. 2019 年 1 月 1 日

C. 2019 年 12 月 31 日　　C. 2020 年 12 月 31 日

【参考答案】C

【答案解析】根据《国家税务总局关于小规模纳税人免征增值税政策有关征管问题的公告》（国家税务总局公告 2019 年第 4 号）规定，转登记日前连续 12 个月（以 1 个月为 1 个纳税期）或者连续 4 个季度（以 1 个季度为 1 个纳税期）累计销售额未超过 500 万元的一般纳税人，在 2019 年 12 月 31 日前，可选择转登记为小规模纳税人。

8. 2019 年 10 月 1 日至 2021 年 12 月 31 日，以下行业允许按照当期可抵扣进项税额加计 15% 的是（　　）。

A. 现代服务业　　B. 生活性服务业

C. 邮电通信业　　D. 金融服务业

【参考答案】B

【答案解析】根据《财政部　税务总局关于明确生活性服务业增值税加计抵减政策的公告》（财政部　税务总局公告 2019 年第 87 号）的规定，2019 年 10 月 1 日至 2021 年 12 月 31 日，允许生活性服务业纳税人按照当期可抵扣进项税额加计 15%，抵减应纳税额。

9. 根据纳税人进行软件和集成电路产业企业所得税优惠事项资料报告后，还应将提交资料的留存件留存备查的相关规定，以下关于这一资料应当留存 10 年的起算时间的表述中，正确的是（　　）。

A. 企业享受优惠事项当年的企业所得税汇算清缴期结束次日

B. 企业享受优惠事项当年的企业所得税汇算清缴期结束 30 日内

C. 企业享受优惠事项当年年底前

D. 企业享受优惠事项当年 6 月 30 日前

【参考答案】A

【答案解析】根据《国家税务总局关于发布修订后的〈企业所得税优惠政策事项办理办法〉的公告》（国家税务总局公告 2018 年第 23 号），企业留存备查资料应从企业享受优惠事项当年的企业所得税汇算清缴期结束次日起保留10年。

10. 以下表单中，属于从事房地产开发的纳税人，应在取得土地使用权并获得房地产开发项目开工许可后，向主管税务机关报送的是（　　）。

A. 《城镇土地使用税税源明细表》

B. 《从价计征房产税税源明细表》

C. 《从租计征房产税税源明细表》

D. 《土地增值税项目报告表》

【参考答案】D

【答案解析】根据《全国税务机关纳税服务规范（3.0版）》规定，从事房地产开发的纳税人，应在取得土地使用权并获得房地产开发项目开工许可后，向主管税务机关报送《土地增值税项目报告表》，并在每次转让（预售）房地产时，依次填报表中规定栏目的内容。纳税人在首次申报城镇土地使用税和房产税时，应进行城镇土地使用税税源明细采集和房产税税源明细采集。

11. 按照增值税一般纳税人登记或者选择按照小规模纳税人纳税的相关规定，以下关于纳税人应征增值税销售额已超过规定标准，未按规定办理手续，应在收到《税务事项通知书》后向税务机关申请办理的时限中，正确的是（　　）日内。

A. 5　　B. 10　　C. 15　　D. 20

【参考答案】A

【答案解析】根据《国家税务总局关于增值税一般纳税人登记管理若干事项的公告》（国家税务总局公告2018年第6号）规定，《增值税一般纳税人登记管理办法》（国家税务总局令第43号）第八条规定主管税务机关制作的《税务事项通知书》中，需告知纳税人的内容应当包括：纳税人年应税销售额已超过规定标准，应在收到《税务事项通知书》后5日内向税务机关办理增值税一般纳税人登记手续或者选择按照小规模纳税人纳税的手续；逾期未办理的，自通知时限期满的次月起按销售额依照增值税税率计算应纳税额，不得抵扣进项税额，直至纳税人办理相关手续为止。

二 多项选择题

1. 以下纳税人发生相关的涉税业务，需要于30日内向税务机关进行相应报告的有（　　）。

A. 企业所得税汇总纳税信息报告信息发生变化

B. 房地产开发企业应在取得预售许可证，进行增量房房源信息报告

C. 纳税人销售不动产的，应在取得《建设工程规划许可证》，进行不动产项目报告

D. 从事生产、经营的纳税人应当自开立基本存款账户或者其他存款账户之后，向主管税务机关报告其全部账户账号

【参考答案】ABC

【答案解析】根据《全国税务机关纳税服务规范（3.0版）》规定，选项A、B、C均为纳税义务发生之日起30日内向税务机关报送相关材料，选项D为从事生产、经营的纳税人应当自开立基本存款账户或者其他存款账户之日起15日内，向主管税务机关报告其全部账户账号。

2. 以下关于纳税人需将相关涉税信息事项向税务机关报告的表述中，正确的有（　　）。

A. 欠缴税款数额较大的纳税人在对其不动产进行转让前，应当向税务机关报告，此处的欠缴税款数额较大是指10万元以上

B. 符合条件的高新技术企业转化科技成果，给予本企业相关技术人员的股权奖励，个人一次缴纳税款有困难的，可在一定年限内分期缴纳，此处的一定年限是指5年以内

C. 创投企业选择按单一投资基金核算的，应当在按照相关规定完成备案的10日内，向主管税务机关进行核算方式备案

D. 纳税人不动产销售完毕后，应自不动产销售完毕之日起30日内向不动产所在地主管税务机关申请办理注销项目报告

【参考答案】BD

【答案解析】根据《全国税务机关纳税服务规范（3.0版）》规定，欠缴税款数额较大（5万元以上）的纳税人在对其不动产或者大额资产进行转让、

出租、出借、提供担保等处分之前，应当向税务机关报告；创投企业选择按单一投资基金核算的，应当在按照相关规定完成备案的30日内，向主管税务机关进行核算方式备案。

3. 以下事项中，属于新办纳税人“套餐式”服务内容的有（　　）。

A. 登记信息确认

B. 增值税专用发票最高开票限额审批

C. 增值税税控系统专用设备初始发行

D. 增值税零申报

【参考答案】ABC

【答案解析】根据《国家税务总局关于推行新办纳税人“套餐式”服务的通知》（税总函〔2017〕564号）规定，新办纳税人“套餐式”服务一般应包括以下10个涉税事项：网上办税服务厅开户、登记信息确认、财务会计制度及核算软件备案、纳税人存款账户账号报告、增值税一般纳税人登记、发票票种核定、增值税专用发票最高开票限额审批、实名办税、增值税税控系统专用设备初始发行、发票领用。

4. 纳税人发生下列行为，应办理纳税人（扣缴义务人）身份信息报告的有（　　）。

A. 未取得统一社会信用代码但经有关部门批准设立的

B. 因经营地址变更等原因，注销后恢复开业的

C. 已实行“两证整合”登记模式的纳税人

D. 已实行“多证合一、一照一码”登记模式的纳税人

【参考答案】AB

【答案解析】根据《全国税务机关纳税服务规范（3.0版）》规定，不适用“一照一码”“两证整合”的纳税人，满足以下情形的纳税人应办理纳税人（扣缴义务人）身份信息报告：未取得统一社会信用代码，但批准部门为除市场监督管理部门之外其他有关部门批准设立的（如社会团体、律师事务所等）；因经营地址变更等原因，注销后恢复开业的；有独立的生产经营权、在财务上独立核算并定期向发包人或者出租人上交承包费或租金的承包承租人；在中华人民共和国境内承包建筑、安装、装配、勘探工程和提供劳务的境外企业；从事生产、经营的纳税人，应经有关部门批准设立但未经有关部

门批准的；非境内注册居民企业收到居民身份认定书的；根据税收法律、行政法规的规定负有扣缴税款义务的扣缴义务人，应当办理扣缴税款登记的。

5. 以下选项中，属于一照一码纳税人在信息发生变化时，需要向主管税务机关申报办理变更的有（　　）。

A. 企业法定代表人变更　　B. 生产经营地址变更

C. 财务负责人变更　　D. 企业注册地址变更

【参考答案】BC

【答案解析】根据《全国税务机关纳税服务规范（3.0 版）》规定，一照一码户生产经营地、财务负责人等非市场监管等部门登记信息发生变化时，向主管税务机关申报办理变更。

6. 两证整合个体工商户信息发生变化时，以下选项当中，可向主管税务机关申报办理变更的有（　　）。

A. 纳税人名称变更　　B. 纳税人识别号变更

C. 生产经营地址变更　　D. 生产经营范围变更

【参考答案】ABD

【答案解析】根据《全国税务机关纳税服务规范（3.0 版）》规定，两证整合个体工商户信息发生变化的，应向市场监督管理部门申报信息变更，税务机关接收市场监管部门变更信息，经纳税人确认后更新系统内的对应信息；经纳税人申请，也可由税务机关发起变更。其中，纳税人名称、纳税人识别号、业主姓名、经营范围不能由税务机关发起。

7. 某纳税人 2019 年 1 月 1 日开始到外省从事建筑安装活动，合同期限为 3 年，根据现行规定以下做法正确的有（　　）。

A. 纳税人应到本省税务局填报《跨区域涉税事项报告表》，有效期限为 1 年，到期重新办理

B. 纳税人应到本省税务局填报《跨区域涉税事项报告表》

C. 纳税人持《跨区域涉税事项报告表》和税务登记证件向外省税务局办理报验登记

D. 纳税人建筑安装活动结束，应当向本省税务局填报《经营地涉税事项反馈表》，并结清税款

【参考答案】BC

【答案解析】依据《国家税务总局关于创新跨区域涉税事项报验管理制度的通知》（税总发〔2017〕103号）规定，取消跨区域涉税事项报验管理的固定有效期。税务机关不再按照180天设置报验管理的固定有效期，改按跨区域经营合同执行期限作为有效期限。合同延期的，纳税人可向经营地或机构所在地的税务机关办理报验管理有效期限延期手续。跨区域涉税事项由纳税人首次在经营地办理涉税事宜时，向经营地的税务机关报验。纳税人报验跨区域涉税事项时，应当出示税务登记证件。纳税人跨区域经营活动结束后，应当结清经营地税务机关的应纳税款以及其他涉税事项，向经营地的税务机关填报《经营地涉税事项反馈表》。经营地的税务机关核对《经营地涉税事项反馈表》后，及时将相关信息反馈给机构所在地的税务机关。纳税人不需要另行向机构所在地的税务机关反馈。

8. 根据《全国税务机关纳税服务规范（3.0版）》的规定，以下资料属于个人以技术成果投资入股境内公司并选择递延纳税的被投资公司需要报送的资料有（　　）。

A.《技术成果投资入股个人所得税递延纳税备案表》

B. 技术成果相关证书或证明材料原件及复印件

C. 技术成果投资入股协议复印件

D. 董事会或股东大会决议等复印件

【参考答案】ABC

【答案解析】根据《全国税务机关纳税服务规范（3.0版）》规定，个人以技术成果投资入股境内公司并选择递延纳税的被投资公司报送资料包括《技术成果投资入股个人所得税递延纳税备案表》、技术成果相关证书或证明材料原件及复印件、技术成果投资入股协议复印件、技术成果评估报告。

9. 以下资料中，属于房地产税收一体化管理过程中，纳税人应在土地使用权取得、房地产开发、交易和保有等环节，需向税务机关报告的信息有（　　）。

A. 土地出（转）让　　B. 税源申报明细报告

C. 增量房开发　　D. 存量房销售

【参考答案】ABD

【答案解析】根据《全国税务机关纳税服务规范（3.0版）》规定，房地产税收一体化管理过程中，纳税人应在土地使用权取得、房地产开发、交易和保有等环节，向税务机关报告土地出（转）让、税源申报明细报告、增量房销售、存量房销售等信息。

10. 根据《全国税务机关纳税服务规范（3.0 版）》规定，以下属于税收统计调查数据采集范围的有（　　）。

A. 税收资料调查企业数据采集　　B. 企业集团数据采集

C. 重点税源企业数据采集　　D. 消费税涉税信息采集

【参考答案】ABCD

【答案解析】根据《全国税务机关纳税服务规范（3.0 版）》，税收统计调查数据采集范围包括：税收资料调查企业数据采集、企业集团数据采集、重点税源企业数据采集、消费税涉税信息采集等。

三 判断题

1. “三证合一”实施之后，纳税人设立税务登记的时间为登记信息确认的时间，因此办税服务厅工作人员应当引导纳税人在办理“三证合一”之后，尽快办理登记信息确认手续。（　　）

【参考答案】错误

【答案解析】“三证合一”之后，税务登记的时间为纳税人办理加载有统一社会信用代码的工商营业执照的时间。

2. 纳税人有合并、分立情形的，应当向税务机关报告。属于新设合并的，原纳税人办理变更税务登记，新设纳税人办理设立税务登记。（　　）

【参考答案】错误

【答案解析】根据《全国税务机关纳税服务规范（3.0 版）》规定，属于新设合并的，原纳税人办理注销税务登记，新设纳税人办理设立税务登记。

3. 重点税源企业数据采集，是指税务机关依据重点税源报表制度，采集已标识为重点税源企业的纳税人涉税资料，形成信息表、税收表、财务表（季报）、主要产品与税收表、调查问卷（季报）等 5 种报表信息。（　　）

【参考答案】正确

4. 以自然人名义纳税纳税人在首次报送信息并完成实名身份信息验证，

可以使用身份证号码或护照号码作为纳税人识别号。（　　）

【参考答案】错误

【答案解析】根据《全国税务机关纳税服务规范（3.0版）》规定，纳税人有中国公民身份号码的，首次报送信息并完成实名身份信息验证，以中国公民身份号码为纳税人识别号；没有中国公民身份号码的，首次报送信息并完成实名身份信息验证，由税务机关赋予纳税人识别号。

5. 一般纳税人转登记为小规模纳税人后，纳税人不需要缴销税控设备和增值税发票，可以继续开具增值税专用发票。（　　）

【参考答案】正确

【答案解析】根据《国家税务总局关于统一小规模纳税人标准等若干增值税问题的公告》（国家税务总局公告2018年第18号）规定，转登记纳税人可以继续使用现有税控设备开具增值税发票，不需要缴销税控设备和增值税发票。转登记纳税人自转登记日的下期起，发生增值税应税销售行为，应当按照征收率开具增值税发票；转登记日前已作增值税专用发票票种核定的，继续通过增值税发票管理系统自行开具增值税专用发票；销售其取得的不动产，需要开具增值税专用发票的，应当按照有关规定向税务机关申请代开。

6. 纳税人被列入非正常户超过3个月的，税务机关可以宣布其税务登记证件失效，其应纳税款的追征仍按《中华人民共和国税收征收管理法》及其实施细则的规定执行。（　　）

【参考答案】正确

【答案解析】根据《税务登记管理办法》（国家税务总局令第36号）规定，纳税人被列入非正常户超过3个月的，税务机关可以宣布其税务登记证件失效，其应纳税款的追征仍按《中华人民共和国税收征收管理法》及其实施细则的规定执行。

7. 房地产开发企业应在取得预售许可证60日内，进行增量房房源信息报告，申报预售许可证所列房源信息。（　　）

【参考答案】错误

【答案解析】根据《全国税务机关纳税服务规范（3.0版）》规定，房地产开发企业应在取得预售许可证30日内，进行增量房房源信息报告，申报预售许可证所列房源信息。

8. 从事生产经营的纳税人未办理加载社会统一信用代码营业执照也未经有关部门批准设立的，无需再办理相关手续，也无需再领取《税务登记证》。（　　）

【参考答案】错误

【答案解析】从事生产经营的纳税人未办理加载社会统一信用代码营业执照也未经有关部门批准设立的，应向税务机关申请办理纳税人（扣缴义务人）身份信息报告，税务机关对应发放《税务登记证》（正、副本）、《临时税务登记证》（正、副本）、《扣缴税款登记证》等税务证件的，税务机关制证并发放。

9. 增值税一般纳税人在销售软件产品的同时销售其他货物的，对于无法划分的进项税额，应按照实际成本或销售收入比例确定软件产品应分摊的进项税额；对专用于软件产品开发生产设备及工具的进项税额，不得进行分摊。纳税人应将选定的分摊方式报主管税务机关备案，并自备案之日起 36 个月内不得变更。（　　）

【参考答案】错误

【答案解析】根据《财政部　国家税务总局关于软件产品增值税政策的通知》（财税〔2011〕100 号）规定，增值税一般纳税人在销售软件产品的同时销售其他货物或者应税劳务的，对于无法划分的进项税额，应按照实际成本或销售收入比例确定软件产品应分摊的进项税额；对专用于软件产品开发生产设备及工具的进项税额，不得进行分摊。纳税人应将选定的分摊方式报主管税务机关备案，并自备案之日起 1 年内不得变更。

10. 纳税人跨省临时从事生产经营活动的，也要向机构所在地的税务机关填报《跨区域涉税事项报告表》。（　　）

【参考答案】正确

【答案解析】根据《国家税务总局关于明确跨区域涉税事项报验管理相关问题的公告》（国家税务总局公告 2018 年第 38 号）规定，纳税人跨省（自治区、直辖市和计划单列市）临时从事生产经营活动的，向机构所在地的税务机关填报《跨区域涉税事项报告表》。

四 简答题

1. 请简要说明当纳税人的登记信息发生变更时，应当如何办理相应变更手续？

【参考答案】

（1）一照一码户市场监管等部门登记信息发生变更的，向市场监督管理等部门申报办理变更登记。税务机关接收市场监管等部门变更信息，经纳税人确认后更新系统内的对应信息。一照一码户生产经营地、财务负责人等非市场监管等部门登记信息发生变化时，向主管税务机关申报办理变更。

（2）两证整合个体工商户信息发生变化的，应向市场监督管理部门申报信息变更，税务机关接收市场监管部门变更信息，经纳税人确认后更新系统内的对应信息；经纳税人申请，也可由税务机关发起变更。其中，纳税人名称、纳税人识别号、业主姓名、经营范围不能由税务机关发起。

（3）办理纳税人（扣缴义务人）身份信息报告，领取《税务登记证》（正、副本）、《临时税务登记证》（正、副本）、《扣缴税款登记证》等税务证件的，向主管税务机关办理变更手续。

2. 请简要说明当纳税人提出自身与某企业无任何关系，要求税务机关不再向自己发出与该企业相关的涉税提醒时，应当如何办理？

（1）首先向纳税人了解其自身此前是否与纳税人有雇用或任职关系。如为离职的，应引导纳税人办理相关变更手续。

（2）如属于个人身份信息冒用的，应当按以下要求进行办理：

①主张身份证件被冒用于登记注册为法定代表人，根据登记机关登记信息的变化情况，更改该法定代表人与纳税人的关联关系。

②主张身份证件被冒用于登记为财务负责人和其他办税人员，根据其出具的个人声明、公安机关接报案回执等相关资料，解除其与纳税人的关联关系。

③主张本人身份信息被其他单位或个人违法使用办理虚假纳税申报的自然人纳税人，可向税务机关进行检举。

五 案例分析题

按月申报增值税的一般纳税人甜蜜蜜食品有限公司是一家小微企业，以销售罐头为主要业务，2019 年 1—3 月发生以下业务：

1. 1 月购进一批农产品，用于生产，开具农产品收购发票，金额为 30 万元，并于同月将该批农产品全部投入生产。1 月销售货物 10 万元，销售不动产 15 万元。

2. 该公司名下有 2000 平方米厂房，房产原值 500 万元。1 月初改建办公楼，支付费用 100 万元，加装中央空调支付 60 万元，该中央空调单独作为固定资产入账，1 月底完成改建工程交付使用。

3. 2018 年 2 月 1 日至 2019 年 1 月 31 日，该公司的销售额合计 490 万元，不含 2019 年 1 月销售不动产 15 万元。该公司 1 月 31 日办理转登记。

4. 2 月销售货物 6 万元，提供服务 3 万元，销售不动产 10 万元。

5. 2019 年第一季度应纳税所得额为 10 万元。

说明：以上收入均不含增值税。

请根据上述资料和相关税法规定，回答下列问题。

1. 该公司老板 1 月 21 日听说符合条件的一般纳税人可以转登记为小规模纳税人，赶紧让财务负责人丁某去办理。丁某的下列说法中正确的有（　　）。

A. 可以转登记，而且 2019 年期间年销售额到 500 万元被认定为一般纳税人后可以再转一次小规模纳税人

B. 转登记纳税人作为一般纳税人经营期间的销售或者购进业务，在转登记后发生销售折让、中止或者退回的，应按照小规模纳税人计税方法处理

C. 如果要办理转登记，该企业可在 2019 年 12 月 31 日前办理转登记

D. 转登记后，尚未抵扣的进项税额要做进项转出

【参考答案】CD

【答案解析】关于选项 A、C，根据《国家税务总局关于小规模纳税人免征增值税政策有关征管问题的公告》（国家税务总局公告 2019 年第 4 号）规定，转登记日前连续 12 个月（以 1 个月为 1 个纳税期）或者连续 4 个季度

（以 1 个季度为 1 个纳税期）累计销售额未超过 500 万元的一般纳税人，在 2019 年 12 月 31 日前，可选择转登记为小规模纳税人。根据《国家税务总局政策解读二》“五、一般纳税人转登记问题……公告明确一般纳税人如果年销售额不超过 500 万元的，可在 2019 年度选择转登记为小规模纳税人，转登记后可享受免税政策。需要注意的是，曾在 2018 年选择过转登记的纳税人，在 2019 年仍可选择转登记；但是，2019 年选择转登记的，再次登记为一般纳税人后，不得再转登记为小规模纳税人。”

关于选项 B，根据《国家税务总局关于统一小规模纳税人标准等若干增值税问题的公告》（国家税务总局公告 2018 年第 18 号）规定，“五、转登记纳税人在一般纳税人期间销售或者购进的货物、劳务、服务、无形资产、不动产，自转登记日的下期起发生销售折让、中止或者退回的，调整转登记日当期的销项税额、进项税额和应纳税额。”

关于选项 D，根据《国家税务总局关于小规模纳税人免征增值税政策有关征管问题的公告》（国家税务总局公告 2019 年第 4 号）规定：“五、转登记日前连续 12 个月（以 1 个月为 1 个纳税期）或者连续 4 个季度（以 1 个季度为 1 个纳税期）累计销售额未超过 500 万元的一般纳税人，在 2019 年 12 月 31 日前，可选择转登记为小规模纳税人。”根据《财政部　税务总局关于统一增值税小规模纳税人标准的通知》（财税〔2018〕33 号）规定：“二、按照《中华人民共和国增值税暂行条例实施细则》第二十八条规定已登记为增值税一般纳税人的单位和个人，在 2018 年 12 月 31 日前，可转登记为小规模纳税人，其未抵扣的进项税额作转出处理。”

2. 该公司 1 月购进农产品，可抵扣进项税额为（　　）万元。

A. 3　　B. 3.3　　C. 3.9　　D. 4.8

【参考答案】A

【答案解析】根据《财政部　税务总局关于简并增值税税率有关政策的通知》（财税〔2017〕37 号）规定，纳税人购进农产品，按下列规定抵扣进项税额……纳税人购进农产品……从按照简易计税方法依照 3% 征收率计算缴纳增值税的小规模纳税人取得增值税专用发票的，以增值税专用发票上注明的金额和 11% 的扣除率计算进项税额；取得（开具）农产品销售发票或收购发票的，以农产品销售发票或收购发票上注明的农产品买价和 11% 的扣除率计算进项税额。”根据《财政部 税务总局关于调整增值税税率的通知》（财税〔2018〕32号）规定，自2018年5月1日起，纳税人发生增值税应税销售行为或者进口货物原适用17%和11%税率的，税率分别调整为16%、10%。因此，可抵扣进项税额为30×10%=3（万元）。

3. 该公司会计丁某2月到税务机关咨询普惠性减免税政策。以下说法中正确的有（　　）。

A. 3月10日该纳税人申报增值税时可以享受小规模纳税人免税政策

B. 纳税人表示3月销售额未超过10万元，已经开具增值税专业发票并缴纳税款，但专用发票尚未交付购买方，该纳税人可在新系统中填开并上传《开具红字增值税专用发票信息表》，销售方填开该表时应填写相对应的蓝字专用发票信息

C. 该纳税人在预交第一季度企业所得税时应缴纳企业所得税0.5万元

D. 该纳税人的城市维护建设税、教育费附加和地方教育附加应从3月起适用减征优惠

【参考答案】ABC

【答案解析】关于选项A，根据《国家税务总局关于统一小规模纳税人标准等若干增值税问题的公告》（国家税务总局公告2018年第18号）规定，一般纳税人转登记为小规模纳税人后，自转登记日的下期起，按照简易计税方法计算缴纳增值税；转登记日当期仍按照一般纳税人的有关规定计算缴纳增值税。根据《国家税务总局关于小规模纳税人免征增值税政策有关征管问题的公告》（国家税务总局公告2019年第4号）规定，小规模纳税人发生增值税应税销售行为，合计月销售额未超过10万元（以1个季度为1个纳税期的，季度销售额未超过30万元）的，免征增值税。小规模纳税人发生增值税应税销售行为，合计月销售额超过10万元，但扣除本期发生的销售不动产的销售额后未超过10万元的，其销售货物、劳务、服务、无形资产取得的销售额免征增值税。

关于选项B，根据《国家税务总局关于红字增值税发票开具有关问题的公告》（国家税务总局公告2016年第47号）规定，增值税一般纳税人开具增值税专用发票（以下简称专用发票）后，发生销货退回、开票有误、应税服务中止等情形但不符合发票作废条件，或者因销货部分退回及发生销售折让，

需要开具红字专用发票的，按以下方法处理……销售方开具专用发票尚未交付购买方，以及购买方未用于申报抵扣并将发票联及抵扣联退回的，销售方可在新系统中填开并上传《开具红字增值税专用发票信息表》。销售方填开此表时应填写相对应的蓝字专用发票信息。

关于选项C，根据《国家税务总局关于实施小型微利企业普惠性所得税减免政策有关问题的公告》（国家税务总局公告2019年第2号）规定，自2019年1月1日至2021年12月31日，对小型微利企业年应纳税所得额不超过100万元的部分，减按25%计入应纳税所得额，按20%的税率缴纳企业所得税。应缴企业所得税为10×25%×20%＝0.5（万元）。

关于选项D，根据《国家税务总局关于增值税小规模纳税人地方税种和相关附加减征政策有关征管问题的公告》（国家税务总局公告2019年第5号）规定，关于纳税人类别变化时减征政策适用时间的确定：缴纳资源税、城市维护建设税、房产税、城镇土地使用税、印花税、耕地占用税、教育费附加和地方教育附加的增值税一般纳税人按规定转登记为小规模纳税人的，自成为小规模纳税人的当月起适用减征优惠。

>> 文件依据

1.《国家税务总局关于印发〈房地产税收一体化管理业务规程〉的通知》（国税发〔2007〕114号）

2.《国家税务总局关于进一步完善税务登记管理有关问题的公告》（国家税务总局公告2011年第21号）

3.《国家税务总局关于推进工商营业执照、组织机构代码证和税务登记证"三证合一"改革的若干意见》（税总发〔2014〕152号）

4.《国家税务总局关于优化〈外出经营活动税收管理证明〉相关制度和办理程序的意见》（税总发〔2016〕106号）

5.《国家税务总局关于创新跨区域涉税事项报验管理制度的通知》（税总发〔2017〕103号）

6.《个体工商户税收定期定额征收管理办法》（国家税务总局令第16号

发布，国家税务总局令第 44 号修改）

7.《国家税务总局关于增值税一般纳税人登记管理若干事项的公告》（国家税务总局公告 2018 年第 6 号）

8.《财政部　税务总局关于统一增值税小规模纳税人标准的通知》（财税〔2018〕33 号）

9.《财政部　税务总局关于个人所得税法修改后有关优惠政策衔接问题的通知》（财税〔2018〕164 号）

10.《国家税务总局关于小规模纳税人免征增值税政策有关征管问题的公告》（国家税务总局公告 2019 年第 4 号）

11.《国家税务总局关于深化增值税改革有关事项的公告》（国家税务总局公告 2019 年第 14 号）

第三章 发票办理

>> 知识架构

- 发票办理
  - 发票印制
    - 企业印制发票审批　3个知识点
  - 发票领用
    - 发票票种核定　5个知识点
    - 增值税专用发票（增值税税控系统）最高开票限额审批　3个知识点
    - 发票领用、验旧、缴销　3个知识点
    - 增值税税控系统专用设备初始发行、变更、注销　3个知识点
  - 发票代开
    - 代开增值税专用发票　6个知识点
    - 代开增值税普通发票　4个知识点
    - 代开发票作废　2个知识点
  - 发票开具与保管
    - 存根联数据采集　3个知识点
    - 红字增值税专用发票开具申请　3个知识点
    - 发票遗失、损毁报告　2个知识点
  - 发票相关服务
    - 未按期申报抵扣增值税扣税凭证抵扣申请　2个知识点
    - 逾期增值税抵扣凭证抵扣申请　2个知识点
    - 海关缴款书核查申请　2个知识点
    - 发票真伪鉴定　2个知识点

>> 第一节 发票印制

一 企业印制发票审批

【知识点 1】企业印制发票的条件

增值税专用发票由国务院税务主管部门确定的企业印制；其他发票，按

照国务院税务主管部门的规定，由省、自治区、直辖市税务机关确定的企业印制。禁止私自印制、伪造、变造发票。印制发票的企业应当具备下列条件：

（1）取得印刷经营许可证和营业执照；

（2）设备、技术水平能够满足印刷发票的需要；

（3）有健全的财务制度和严格的质量监督、安全管理、保密制度。

【知识点2】企业印制发票的相关规定

1. 印制发票应当使用国务院税务主管部门确定的全国统一的发票防伪专用品。禁止非法制造发票防伪专用品。全国统一的发票防伪措施由国家税务总局确定，省、自治区、直辖市税务局可以根据需要增加本地区的发票防伪措施，并向国家税务总局备案。发票防伪专用品应当按照规定专库保管，不得丢失。次品、废品应当在税务机关监督下集中销毁。

2. 发票应当套印全国统一发票监制章。全国统一发票监制章的式样和发票版面印刷的要求，由国务院税务主管部门规定。发票监制章由省、自治区、直辖市税务机关制作。禁止伪造发票监制章。发票实行不定期换版制度。

3. 印制发票的企业按照税务机关的统一规定，建立发票印制管理制度和保管措施。发票监制章和发票防伪专用品的使用和管理实行专人负责制度。印制发票的企业必须按照税务机关批准的式样和数量印制发票。发票应当使用中文印制。民族自治地方的发票，可以加印当地一种通用的民族文字。有实际需要的，也可以同时使用中外两种文字印制。

4. 各省、自治区、直辖市内的单位和个人使用的发票，除增值税专用发票外，应当在本省、自治区、直辖市内印制；确有必要到外省、自治区、直辖市印制的，应当由省、自治区、直辖市税务机关商印制地省、自治区、直辖市税务机关同意，由印制地省、自治区、直辖市税务机关确定的企业印制。禁止在境外印制发票。

5. 印制发票企业印制完毕的成品应当按照规定验收后专库保管，不得丢失。废品应当及时销毁。

【知识点3】办理时限

在20个工作日内办结，招标所需时间不计算在上述期限内；对20个工作日内无法作出决定的，经决定机构负责人批准可以延长 10 个工作日。

>> 第二节 发票领用

一 发票票种核定

【知识点 1】发票票种核定的概述

纳税人办理税务登记后需领用发票的，向主管税务机关申请办理发票领用手续。主管税务机关根据纳税人的经营范围和规模，确认领用发票的种类、数量、开票限额等事宜。已办理发票票种核定的纳税人，当前领用发票的种类、数量或者开票限额不能满足经营需要的，可以向主管税务机关提出调整。

【知识点 2】新办纳税人首次申领增值税发票

1. 同时满足下列条件的新办纳税人首次申领增值税发票，主管税务机关应当自受理申请之日起 2 个工作日内办结，有条件的主管税务机关当日办结：

（1）纳税人的办税人员、法定代表人已经进行实名信息采集和验证（需要采集、验证法定代表人实名信息的纳税人范围由各省税务机关确定）；

（2）纳税人有开具增值税发票需求，主动申领发票；

（3）纳税人按照规定办理税控设备发行等事项。

2. 新办纳税人首次申领增值税发票主要包括发票票种核定、增值税专用发票（增值税税控系统）最高开票限额审批、增值税税控系统专用设备初始发行、发票领用等涉税事项。

3. 首次申领增值税发票的新办纳税人办理发票票种核定，增值税专用发票最高开票限额不超过 10 万元，每月最高领用数量不超过 25 份；增值税普通发票最高开票限额不超过 10 万元，每月最高领用数量不超过 50 份。各省税务机关可以在此范围内结合纳税人税收风险程度，自行确定新办纳税人首次申领增值税发票票种核定标准。

【知识点3】离线开具发票

1. 主管税务机关可以严格控制以下几类纳税人的增值税专用发票发放数量及最高开票限额，可暂不允许其离线开具发票：

（1）“一址多照”、无固定经营场所的纳税人；

（2）纳税信用评价为D级的纳税人；

（3）其法人或财务负责人曾任非正常户的法人或财务负责人的纳税人；

（4）其他税收风险等级较高的纳税人。

2. 对于新办理税务登记且通过增值税发票管理新系统开具发票的纳税人，主管税务机关为其核定发票票种后3个自然月内，不得允许纳税人离线开具发票，按照有关规定不使用网络办税或不具备网络条件的特定纳税人除外。

【知识点4】印有本单位名称发票

用票单位可以向税务机关申请使用印有本单位名称的发票，税务机关确认印有该单位名称发票的种类和数量。使用印有本单位名称发票的单位必须按照税务机关批准的式样和数量，到发票印制企业印制发票，印制费用由用票单位与发票印制企业直接结算，并按规定取得印制费用发票。

【知识点5】办理时限

5个工作日内办结；本事项办结时限不包含增值税专用发票（增值税税控系统）最高开票限额审批环节时限。

二 增值税专用发票（增值税税控系统）最高开票限额审批

【知识点1】增值税专用发票（增值税税控系统）最高开票限额审批的概述

纳税人在初次申请使用增值税专用发票以及变更增值税专用发票限额时，向主管税务机关申请办理增值税专用发票（增值税税控系统）最高开票限额审批。

【知识点2】增值税专用发票（增值税税控系统）最高开票限额审批的相关规定

1. 一般纳税人申请增值税专用发票最高开票限额不超过10万元的，主管税务机关不需事前进行实地查验。

2. 实行纳税辅导期管理的小型商贸批发企业，领购专用发票的最高开票限额不得超过10万元；其他一般纳税人专用发票最高开票限额应根据企业实际经营情况重新核定。

【知识点3】办理时限

对不能当场作出决定的，应当自受理之日起10个工作日内作出决定；10个工作日内不能作出决定的，经主管税务机关负责人批准，可以延长5个工作日。

三 发票领用、验旧、缴销

【知识点1】领用环节

1. 纳税人在发票票种核定的范围（发票的种类、领用数量、开票限额）内领用发票。纳税信用A级的纳税人可一次领取不超过3个月的增值税发票用量。纳税信用B级的纳税人可一次领取不超过2个月的增值税发票用量。

2. 对于实行纳税辅导期管理的增值税一般纳税人，一个月内多次领用专用发票的，应从当月第二次领用专用发票起，按照上一次已领用并开具的专用发票销售额的3%预缴增值税，未预缴增值税的，主管税务机关不得向其发放专用发票。

对于实行纳税辅导期管理的增值税一般纳税人领用的专用发票未使用完而再次领用的，主管税务机关发放专用发票的份数不得超过核定的每次领用专用发票份数与未使用完的专用发票份数的差额。

3. 纳税信用D级的纳税人，增值税专用发票领用按辅导期一般纳税人政策办理，普通发票领用实行交（验）旧供新、严格限量供应。

4. 领用环节即时办结。

【知识点2】验旧环节

1. 使用增值税发票管理系统的纳税人，应联网上传发票开具信息，不具备联网条件的，可携带存储有申报所属月份开票信息的金税盘、税控盘、报税盘或其他存储介质到税务机关报送其发票开具信息，方便进行发票验旧。

2. 开具发票的单位和个人应当按照税务机关的规定存放和保管发票，不得擅自损毁。已经开具的发票存根联和发票领用簿，应当保存5年。

3. 验旧环节即时办结。

【知识点3】缴销环节

1. 纳税人因信息变更或清税注销，跨区域经营活动结束，发票换版、损毁等原因按规定需要缴销发票的，到税务机关进行缴销处理。税务机关对纳税人领用的空白发票做剪角处理。

2. 开具发票的纳税人应当在办理信息变更（指纳税人因住所、经营地点变动，涉及改变主管税务机关的）或者清税注销的同时，办理发票的缴销手续。

3. 使用增值税发票管理系统的纳税人办理清税注销时，应将结存未用的纸质增值税发票送交主管税务机关进行剪角作废，同时作废相应的发票数据电文。

4. 纳税人应在税务机关通知发票换版时，对领用尚未填开的空白发票进行缴销。

5. 一般纳税人转登记为小规模纳税人，可以继续使用现有增值税税控系统专用设备开具增值税发票，不需要缴销增值税税控系统专用设备和增值税发票。

6. 临时到本省、自治区、直辖市以外从事经营活动的单位或者个人，向经营地税务机关领用经营地的发票。纳税人跨区域经营活动结束，应当向经营地税务机关结清税款、缴销发票。

7. 缴销环节即时办结。

四 增值税税控系统专用设备初始发行、变更、注销

【知识点1】增值税税控系统专用设备初始发行

纳税人在初次使用或重新领购增值税税控系统专用设备开具发票之前，需要税务机关对增值税税控系统专用设备进行初始化发行，将开票所需的各种信息载入增值税税控系统专用设备。

增值税税控系统专用设备初始发行即时办结。

【知识点2】增值税税控系统专用设备变更发行

1. 纳税人增值税税控系统专用设备载入信息发生变更的，税务机关对金税盘（税控盘）、报税盘及数据库中的信息作相应变更。

2. 增值税税控系统专用设备变更发行，变更的内容包括：纳税人名称变更；纳税人除名称外其他税务登记基本信息变更；纳税人发行授权信息变更；因纳税人金税盘、税控盘、报税盘损坏，而对其金税盘、税控盘、报税盘进行变更；因纳税人开票机数量变化而进行发行变更；增值税发票管理新系统离线开票时限和离线开票总金额变更；购票人员姓名、密码发生变更等。

3. 使用金税盘（税控盘）的纳税人需要增加（减少）分开票机的，必须对原有的主开票机专用设备进行变更。

4. 增值税税控系统专用设备变更发行即时办结。

【知识点3】增值税税控系统专用设备注销发行

1. 纳税人发生清税等涉及增值税税控系统专用设备需注销发行的，税务机关在增值税税控系统中注销纳税人发行信息档案。需收缴设备的，收缴纳税人金税盘（税控盘）、报税盘。

2. 增值税税控系统专用设备注销发行前，应事前办理空白发票的退回或缴销，以及采集已开具增值税发票数据。

3. 纳税人有下列情形之一的，需要上缴增值税税控系统专用设备：

（1）依法清税注销、终止纳税义务。

（2）减少分开票机。

(3) 根据国家税务总局的统一部署，需更换新型号防伪税控设备的，其旧型号防伪税控设备需办理注销发行。

4. 纳税人当前使用的增值税税控系统专用设备发生损毁或盗失等情况，若继续使用的，做更换金税设备处理，不再继续使用的，报税务机关备案并办理注销发行。

5. 增值税税控系统专用设备注销发行即时办结。

>> 第三节 发票代开

一 代开增值税专用发票

【知识点1】代开增值税专用发票的范围

1. 已办理税务登记的小规模纳税人（包括个体经营者）以及国家税务总局确定的其他可以代开增值税专用发票的纳税人发生增值税应税行为、需要开具增值税专用发票时，可向主管税务机关申请代开。

2. 增值税小规模纳税人（其他个人除外），发生增值税应税行为，需要开具增值税专用发票的，可以自愿使用增值税发票管理系统自行开具；选择自行开具增值税专用发票的小规模纳税人，税务机关不再为其代开增值税专用发票。

3. 增值税小规模纳税人应在代开增值税专用发票的备注栏上，加盖本单位的发票专用章。

【知识点2】汇总代开增值税专用发票

接受税务机关委托代征税款的保险业、证券业、信用卡业和旅游业企业，向代理人或经纪人支付佣金费用后，可代代理人或经纪人统一向主管税务机关申请汇总代开增值税普通发票或增值税专用发票。代开增值税发票时，应向主管税务机关出具个人保险代理人的姓名、身份证号码、联系方式、付款时间、付款金额、代征税款的详细清单。主管税务机关为个人保险代理人汇总代开增值税发票时，在备注栏内注明“个人保险代理人汇总代开”字样。

【知识点3】销售或出租不动产

1. 其他个人委托房屋中介、住房租赁企业等单位出租不动产，需要向承租方开具增值税发票的，可以由受托单位代其向主管税务机关按规定申请代开增值税发票。

2. 小规模纳税人转让其取得的不动产，不能自行开具增值税发票的，可向不动产所在地主管税务机关申请代开；纳税人向其他个人转让其取得的不动产，不得开具或申请代开增值税专用发票。

3. 小规模纳税人中的单位和个体工商户出租不动产，不能自行开具增值税发票的，可向不动产所在地主管税务机关申请代开增值税发票；纳税人向其他个人出租不动产，不得开具或申请代开增值税专用发票。

4. 其他个人销售其取得的不动产和出租不动产，购买方或承租方不属于其他个人的，纳税人缴纳增值税等税费后可以向不动产所在地主管税务机关申请代开增值税专用发票。

5. 纳税人办理产权过户手续需要使用发票的，可以使用增值税专用发票第六联或者增值税普通发票第三联。

6. 销售不动产，纳税人代开增值税发票时，应在“货物或应税劳务、服务名称”栏填写不动产名称及房屋产权证书号码（无房屋产权证书的可不填写），“单位”栏填写面积单位，应提供不动产的详细地址。

出租不动产，纳税人代开增值税发票时，应提供不动产的详细地址。

跨县（市、区）提供不动产经营租赁服务、建筑服务的小规模纳税人（不包括其他个人），代开增值税发票时，在发票备注栏中自动打印“YD”字样。

【知识点4】提供建筑服务

1. 小规模纳税人跨县（市、区）提供建筑服务，不能自行开具增值税发票的，可向建筑服务发生地主管税务机关按照其取得的全部价款和价外费用申请代开增值税发票。

2. 提供建筑服务，纳税人代开增值税发票时，应提供建筑服务发生地县（市、区）名称及项目名称。

【知识点5】特殊情形

1. 因开具错误、销货退回、销售折让、服务中止等原因，纳税人需作废已代开增值税发票的，可凭已代开发票在代开当月向原代开税务机关提出作废申请；不符合作废条件的，可以通过开具红字发票处理；纳税人需要退回已征收税款的，可以向税务机关申请退税。

2. 中国境内提供公路货物运输和内河货物运输且具备相关运输资格并已纳入税收管理的小规模纳税人，将营运资质和营运机动车、船舶信息向主管税务机关进行备案后，可在税务登记地、货物起运地、货物到达地或运输业务承揽地（含互联网物流平台所在地）中任何一地，就近向税务机关申请代开增值税专用发票。

【知识点6】办理时限

即时办结。

二 代开增值税普通发票

【知识点1】代开增值税普通发票的范围

1. 符合代开条件的单位和个人发生增值税应税行为，需要开具增值税普通发票时，可向主管税务机关申请代开。不能自开增值税普通发票的小规模纳税人销售其取得的不动产，以及其他个人出租不动产，可以向税务机关申请代开增值税普通发票。

2. 申请代开增值税普通发票经营额达不到省、自治区、直辖市税务机关确定的按次起征点的，只代开不征增值税。

2019 年 1 月 1 日至 2021 年 12 月 31 日，其他个人采取一次性收取租金形式出租不动产取得的租金收入，可在对应的租赁期内平均分摊，分摊后的月租金收入未超过 10 万元的，在代开增值税普通发票时，可以免征增值税。

【知识点2】汇总代开增值税普通发票

接受税务机关委托代征税款的保险业、证券业、信用卡业和旅游业企业，向代理人或经纪人支付佣金费用后，可代代理人或经纪人统一向主管税务机关申请汇总代开增值税普通发票或增值税专用发票。代开增值税发票时，应向主管税务机关出具个人保险代理人的姓名、身份证号码、联系方式、付款时间、付款金额、代征税款的详细清单。主管税务机关为个人保险代理人汇总代开增值税发票时，在备注栏内注明“个人保险代理人汇总代开”字样。

【知识点3】销售或出租不动产

1. 其他个人委托房屋中介、住房租赁企业等单位出租不动产，需要向承租方开具增值税发票的，可以由受托单位代其向主管税务机关按规定申请代开增值税发票。

2. 小规模纳税人转让其取得的不动产，不能自行开具增值税发票的，可向不动产所在地主管税务机关申请代开。纳税人向其他个人转让其取得的不动产，不得开具或申请代开增值税专用发票。

3. 小规模纳税人中的单位和个体工商户出租不动产，不能自行开具增值税发票的，可向不动产所在地主管税务机关申请代开增值税发票；其他个人出租不动产，可向不动产所在地主管税务机关申请代开增值税发票。

4. 纳税人办理产权过户手续需要使用发票的，可以使用增值税专用发票第六联或者增值税普通发票第三联。

5. 销售不动产，纳税人代开增值税发票时，应在“货物或应税劳务、服务名称”栏填写不动产名称及房屋产权证书号码（无房屋产权证书的可不填写），“单位”栏填写面积单位，应提供不动产的详细地址。

出租不动产，纳税人代开增值税发票时，应提供不动产的详细地址。

【知识点4】办理时限

即时办结。

三 代开发票作废

【知识点 1】代开发票作废的相关规定

1. 纳税人代开发票后，发生销货退回或销售折让、开票有误、应税服务中止等情形，需作废已代开增值税发票的，可凭已代开发票在代开当月向原代开税务机关提出作废申请；不符合作废条件的，可以通过开具红字发票方式对原代开发票进行对冲处理。

2. 代开发票作废需交回已开具发票的所有联次。

3. 因开具错误、销货退回、销售折让、服务中止等原因，纳税人作废已代开增值税发票或通过开具红字发票处理后，需退回已征收税款的，可以向税务机关申请退税。

4. 小规模纳税人月销售额未超过 10 万元（按季 30 万元）的，当期因开具增值税专用发票已经缴纳的税款，在增值税专用发票全部联次追回或者按规定开具红字专用发票后，可以向主管税务机关申请退还。

【知识点 2】办理时限

即时办结。

>> 第四节 发票开具与保管

一 存根联数据采集

【知识点 1】上线开具发票存根联数据采集

1. 使用增值税发票管理系统的纳税人应于每月申报期内向税务机关报送增值税发票数据，税务机关对数据进行比对校验，接收数据。

2. 纳税人应在互联网连接状态下在线使用增值税发票管理系统开具发票，

系统可自动上传已开具的发票明细数据。

【知识点2】离线开具发票存根联数据采集

1. 纳税人因网络故障等原因无法在线开票的，在税务机关设定的离线开票时限和离线开具发票总金额范围内仍可开票，超限将无法开具发票。纳税人开具发票次月仍未连通网络上传已开具发票明细数据的，也将无法开具发票。纳税人需连通网络上传发票数据后方可开票，若仍无法连通网络的需携带专用设备到税务机关处理。

2. 按照有关规定不使用网络办税或不具备网络条件的特定纳税人，以离线方式开具发票，不受离线开票时限和离线开具发票总金额限制。特定纳税人需携带专用设备和相关资料到税务机关进行存根联数据采集。

3. 以离线方式开具发票的纳税人，因金税盘、税控盘同时损坏等原因不能报税的，纳税人应提供当月全部增值税发票到税务机关进行数据采集。

【知识点3】办理时限

即时办结。

二 红字增值税专用发票开具申请

【知识点1】红字增值税专用发票开具申请一般规定

1. 纳税人开具增值税专用发票后，发生销货退回、开票有误、应税服务中止以及发票抵扣联、发票联均无法认证等情形但不符合作废条件，或者因销货部分退回及发生销售折让，需要开具红字专用发票的，需取得税务机关系统校验通过的《开具红字增值税专用发票信息表》。

2. 购买方取得专用发票已用于申报抵扣的，购买方可在增值税发票管理系统中填开并上传《开具红字增值税专用发票信息表》，在填开《开具红字增值税专用发票信息表》时不填写相对应的蓝字专用发票信息，应暂依《开具红字增值税专用发票信息表》所列增值税税额从当期进项税额中转出，待取得销售方开具的红字专用发票后，与《开具红字增值税专用发票信息表》一并作为记账凭证。

购买方取得专用发票未用于申报抵扣、但发票联或抵扣联无法退回的，购买方填开《开具红字增值税专用发票信息表》时应填写相对应的蓝字专用发票信息。

销售方开具专用发票尚未交付购买方，以及购买方未用于申报抵扣并将发票联及抵扣联退回的，销售方可在增值税发票管理系统中填开并上传《开具红字增值税专用发票信息表》。销售方填开《开具红字增值税专用发票信息表》时应填写相对应的蓝字专用发票信息。

3. 纳税人已使用增值税发票管理系统的，可在开票系统中申请并获取校验结果，即在开票系统中通过上传《开具红字增值税专用发票信息表》（也可凭《开具红字增值税专用发票信息表》电子信息或纸质资料到税务机关申请校验），系统自动校验通过后，生成带有“红字发票信息表编号”的《开具红字增值税专用发票信息表》，并将信息同步至纳税人端系统中。

4. 销售方凭税务机关系统校验通过的《开具红字增值税专用发票信息表》开具红字专用发票，在增值税发票管理系统中以销项负数开具。红字专用发票应与《开具红字增值税专用发票信息表》一一对应。

【知识点2】特殊情形处理

1. 纳税人开业设立至认定或登记为一般纳税人期间，未取得生产经营收入，未按照销售额和征收率简易计算应纳税额申报缴纳增值税的，其在此期间取得的增值税扣税凭证在认定或登记为一般纳税人后，可以在认定或登记为一般纳税人后抵扣进项税额。

购买方纳税人取得的增值税专用发票，按照《国家税务总局关于推行增值税发票系统升级版有关问题的公告》（国家税务总局公告 2014 年第 73 号）规定的程序，由销售方纳税人开具红字增值税专用发票后重新开具蓝字增值税专用发票。

购买方纳税人按照国家税务总局公告 2014 年第 73 号规定填开《开具红字增值税专用发票信息表》或《开具红字货物运输业增值税专用发票信息表》时，选择“所购货物或劳务、服务不属于增值税扣税项目范围”或“所购服务不属于增值税扣税项目范围”。

2. 一般纳税人转登记为小规模纳税人，在一般纳税人期间发生的增值税应税销售行为，发生销售折让、中止或者退回等情形，需要开具红字发票的，按照原蓝字发票记载的内容开具红字发票；开票有误需要重新开具的，先按照原蓝字发票记载的内容开具红字发票后，再重新开具正确的蓝字发票。

3. 自行开具增值税专用发票的小规模纳税人以及税务机关为小规模纳税人代开增值税专用发票，需要开具红字专用发票的，按照一般纳税人开具红字专用发票的方法处理。

【知识点3】办理时限

即时办结。

三 发票遗失、损毁报告

【知识点1】发票遗失、损毁报告一般规定

1. 使用发票的单位和个人发生发票丢失情形时，应当于发现丢失当日书面报告税务机关。

2. 已取消发票丢失登报作废声明。

3. 纳税人违反发票管理规定的，税务机关按照规定进行处理。

4. 增值税纳税人使用的税控盘、金税盘、报税盘等税控专用设备丢失、被盗，应及时向主管税务机关报告。

【知识点2】办理时限

即时办结。

>> 第五节 发票相关服务

一 未按期申报抵扣增值税扣税凭证抵扣申请

【知识点1】未按期申报抵扣增值税扣税凭证抵扣申请一般规定

1. 纳税人发生真实交易且存在客观原因，属于下列情形的，经税务机关核实后，允许纳税人继续申报抵扣其进项税额。

（1）增值税一般纳税人取得的增值税扣税凭证已认证、已选择确认或已采集上报信息，但未按照规定期限申报抵扣的。

（2）实行纳税辅导期管理的增值税一般纳税人，取得的增值税扣税凭证稽核比对结果相符但未按照规定期限申报抵扣的。

（3）实行海关进口增值税专用缴款书“先比对后抵扣”管理办法的增值税一般纳税人，取得的增值税扣税凭证稽核比对结果相符但未按规定期限申报抵扣的。

2. 纳税人发生真实交易且存在客观原因包括如下类型：

（1）因自然灾害、社会突发事件等不可抗力原因造成增值税扣税凭证未按期申报抵扣；

（2）有关司法、行政机关在办理业务或者检查中，扣押、封存纳税人账簿资料，导致纳税人未能按期办理申报手续；

（3）税务机关信息系统、网络故障，导致纳税人未能及时取得认证结果通知书或稽核结果通知书，未能及时办理申报抵扣；

（4）由于企业办税人员伤亡、突发危重疾病或者擅自离职，未能办理交接手续，导致未能按期申报抵扣；

（5）国家税务总局规定的其他情形。

3. 纳税人应在增值税扣税凭证未按期申报抵扣情况说明上详细说明未能按期申报抵扣的原因，并加盖企业印章。

（1）对客观原因不涉及第三方的，纳税人应说明的情况具体为：发生自然灾害、社会突发事件等不可抗力原因的，纳税人应详细说明自然灾害或者社会突发事件发生的时间、影响地区、对纳税人生产经营的实际影响等；企业办税人员擅自离职，未办理交接手续的，纳税人应详细说明事情经过、办税人员姓名、离职时间等，并提供解除劳动关系合同及企业内部相关处理决定。

（2）对客观原因涉及第三方的，应提供第三方证明或说明。具体为：企业办税人员伤亡或者突发危重疾病的，应提供公安机关、交通管理部门或者医院证明；有关司法、行政机关在办理业务或者检查中，扣押、封存纳税人账簿资料，导致纳税人未能按期办理申报手续的，应提供相关司法、行政机关证明。

（3）对于因税务机关信息系统或者网络故障原因造成纳税人增值税扣税凭证未能按期申报抵扣的，主管税务机关予以核实。

【知识点2】办理时限

15 个工作日内办结。

二 逾期增值税抵扣凭证抵扣申请

【知识点1】逾期增值税抵扣凭证抵扣申请一般规定

1. 增值税一般纳税人发生真实交易，但由于客观原因造成增值税扣税凭证（包括增值税专用发票、海关进口增值税专用缴款书和机动车销售统一发票）未能按照规定期限办理认证、确认或者稽核比对抵扣的，经主管税务机关核实、逐级上报，由省税务机关认证并稽核比对后，对比对相符的增值税扣税凭证，允许纳税人继续抵扣其进项税额。

2. 客观原因包括如下类型：

（1）因自然灾害、社会突发事件等不可抗力因素造成增值税扣税凭证逾期；

（2）增值税扣税凭证被盗、抢，或者因邮寄丢失、误递导致逾期；

（3）有关司法、行政机关在办理业务或者检查中，扣押增值税扣税凭证，纳税人不能正常履行申报义务，或者税务机关信息系统、网络故障，未能及时处理纳税人网上认证数据等导致增值税扣税凭证逾期；

（4）买卖双方因经济纠纷，未能及时传递增值税扣税凭证，或者纳税人变更纳税地点，注销旧户和重新办理税务登记的时间过长，导致增值税扣税凭证逾期；

（5）由于企业办税人员伤亡、突发危重疾病或者擅自离职，未能办理交接手续，导致增值税扣税凭证逾期；

（6）国家税务总局规定的其他情形。

增值税一般纳税人由于除上述客观原因以外的其他原因造成增值税扣税凭证逾期的，仍应按照增值税扣税凭证抵扣期限有关规定执行。

3. 增值税扣税凭证逾期情况说明。纳税人应详细说明未能按期办理认证或者申请稽核比对的原因，并加盖企业公章。

（1）客观原因不涉及第三方的，纳税人应说明的情况具体为：发生自然灾害、社会突发事件等不可抗力原因的，纳税人应详细说明自然灾害或者社会突发事件发生的时间、影响地区、对纳税人生产经营的实际影响等；纳税人变更纳税地点，注销旧户和重新办理税务登记的时间过长，导致增值税扣税凭证逾期的，纳税人应详细说明办理搬迁时间、注销旧户和注册新户的时间、搬出及搬入地点等；企业办税人员擅自离职，未办理交接手续的，纳税人应详细说明事情经过、办税人员姓名、离职时间等，并提供解除劳动关系合同及企业内部相关处理决定。

（2）客观原因涉及第三方的，应提供第三方证明或说明。具体为：企业办税人员伤亡或者突发危重疾病的，应提供公安机关、交通管理部门或者医院证明；有关司法、行政机关在办理业务或者检查中，扣押增值税扣税凭证，导致纳税人不能正常履行申报义务的，应提供相关司法、行政机关证明；增值税扣税凭证被盗、抢的，应提供公安机关证明；买卖双方因经济纠纷，未能及时传递增值税扣税凭证的，应提供卖方出具的情况说明；邮寄丢失或者误递导致增值税扣税凭证逾期的，应提供邮政单位出具的说明。

（3）由于税务机关自身原因造成纳税人增值税扣税凭证逾期的，主管税务机关在上报文件中说明相关情况。具体为，税务机关信息系统或者网络故障，未能及时处理纳税人网上认证数据的，主管税务机关详细说明信息系统或网络故障出现、持续的时间，故障原因及表现等。

【知识点 2】办理时限

办理时限由省级税务机关确定。

三 海关缴款书核查申请

【知识点 1】海关缴款书核查申请一般规定

1. 对于稽核比对结果为不符、缺联的海关缴款书，纳税人应于产生稽核结果的 180 日内，持海关缴款书原件向主管税务机关申请数据修改或者核对，逾期的其进项税额不予抵扣。属于纳税人数据采集错误的，数据修改后再次进行稽核比对；不属于数据采集错误的，纳税人可向主管税务机关申请数据核对，主管税务机关会同海关进行核查。经核查，海关缴款书票面信息与纳税人实际进口货物业务一致的，纳税人应在收到主管税务机关书面通知的次月申报期内申报抵扣，逾期的其进项税额不予抵扣。①

2. 对于稽核比对结果为重号的海关缴款书，由主管税务机关进行核查。经核查，海关缴款书票面信息与纳税人实际进口货物业务一致的，纳税人应在收到税务机关书面通知的次月申报期内申报抵扣，逾期的其进项税额不予抵扣。②

3. 对于稽核比对结果为滞留的海关缴款书，可继续参与稽核比对，纳税人不需申请数据核对。

【知识点2】办理时限

7个工作日内向海关发函。

四 发票真伪鉴定

【知识点1】发票真伪鉴定

1. 取得增值税发票的单位和个人可登录全国增值税发票查验平台（https：//inv-veri. chinatax. gov. cn），对增值税发票管理系统开具的发票信息进行查验。

2. 普通发票的真伪鉴定由鉴定受理税务机关负责；受理税务机关鉴定有困难的，可以提请发票监制税务机关协助鉴定。

3. 在伪造、变造现场查获的假发票，由当地税务机关负责鉴定。

【知识点2】办理时限

即时办结。

---

①② 自2020年2月1日起，经核查，海关缴款书票面信息与纳税人实际进口货物业务一致的，纳税人登录选择确认平台查询、选择用于申报抵扣或出口退税的海关缴款书信息。

>> 习题演练

一 单项选择题

1. 新办纳税人首次申领发票的限额是（　　）。

A. 最高开票限额不超过 10 万元，每月最高领用数量不超过 25 份

B. 最高开票限额不超过 10 万元，每月最高领用数量不超过 50 份

C. 增值税专用发票最高开票限额不超过 10 万元，每月最高领用数量不超过 25 份；增值税普通发票最高开票限额不超过 10 万元，每月最高领用数量不超过 50 份

D. 增值税专用发票最高开票限额不超过 10 万元，每月最高领用数量不超过 50 份；增值税普通发票最高开票限额不超过 10 万元，每月最高领用数量不超过 25 份

【参考答案】C

【答案解析】根据《国家税务总局关于新办纳税人首次申领增值税发票有关事项的公告》（国家税务总局公告 2018 年第 29 号），首次申领增值税发票的新办纳税人办理发票票种核定，增值税专用发票最高开票限额不超过 10 万元，每月最高领用数量不超过 25 份；增值税普通发票最高开票限额不超过 10 万元，每月最高领用数量不超过 50 份。各省税务机关可以在此范围内结合纳税人税收风险程度，自行确定新办纳税人首次申领增值税发票票种核定标准。

2. 辅导期纳税人一个月内多次领购专用发票的，应从当月第二次领购专用发票起，按照（　　）预缴增值税。

A. 上一次已领购并开具的专用发票销售额的 3%

B. 上一次已领购专用发票的最高开票额的 3%

C. 上月的增值税应税销售额的 3%

D. 去年同期开具增值税专用发票销售额的 3%

【参考答案】A

【答案解析】根据《增值税一般纳税人纳税辅导期管理办法》（国税发

〔2010〕40号）第九条规定：辅导期纳税人一个月内多次领购专用发票的，应从当月第二次领购专用发票起，按照上一次已领购并开具的专用发票销售额的3%预缴增值税，未预缴增值税的，主管税务机关不得向其发售专用发票。

3. 代开增值税专用发票的备注栏上，应加盖（　　）。代开增值税普通发票的备注栏上，加盖（　　）。

A. 申请代开单位的发票专用章；税收业务专用章

B. 征税专用章；税收业务专用章

C. 申请代开单位行政公章；征税专用章

D. 税收业务专用章；征税专用章

【参考答案】A

【答案解析】根据增值税发票开具相关规定，增值税纳税人应在代开增值税专用发票的备注栏上，加盖本单位的发票专用章（为其他个人代开的特殊情况除外）。税务机关在代开增值税普通发票（以及为其他个人代开增值税专用发票）的备注栏上，加盖税务机关代开发票专用章。

4. A企业为按季纳税的小规模纳税人，2019年1月向税务机关申请代开了一张销售额为10万元的增值税普通发票（该企业一季度没有其他未开票收入），并缴纳了3000元增值税。小规模纳税人免税标准提高后，之前代开发票所缴纳的增值税（　　）退还。

A. 不可以申请　　　　B. 可以申请部分

C. 可以申请　　　　D. 可自由裁量是否予以

【参考答案】C

【答案解析】根据《国家税务总局关于小规模纳税人免征增值税政策有关征管问题的公告》（国家税务总局公告2019年第4号）第九条规定：小规模纳税人2019年1月份销售额未超过10万元（以1个季度为1个纳税期的，2019年第一季度销售额未超过30万元），但当期因代开普通发票已经缴纳的税款，可以在办理纳税申报时向主管税务机关申请退还。

5. 增值税小规模纳税人月销售额不超过10万元（按季纳税30万元）的，当期因代开增值税专用发票已经缴纳的税款，在增值税专用发票（　　）追回或者按规定开具红字增值税专用发票后可以向税务机关申请退还。

A. 抵扣联　　B. 记账联　　C. 存根联　　D. 全部联次

【参考答案】D

【答案解析】根据《国家税务总局关于小规模纳税人免征增值税政策有关征管问题的公告》（国家税务总局公告 2019 年第 4 号）第八条规定：小规模纳税人月销售额未超过 10 万元的，当期因开具增值税专用发票已经缴纳的税款，在增值税专用发票全部联次追回或者按规定开具红字专用发票后，可以向主管税务机关申请退还。

6. 接受税务机关委托代征税款的保险企业向个人保险代理人支付佣金费用后，对税务机关申请代开增值税普通发票时，税务机关需在发票备注栏进行备注。以下选项符合相应备注规定的是（　　）。

A. 汇总代开　　B. 个人汇总代开

C. 个人保险代理人汇总代开　　D. 保险代理人汇总代开

【参考答案】C

【答案解析】根据《国家税务总局关于个人保险代理人税收征管有关问题的公告》（国家税务总局公告 2016 年第 45 号）规定，个人保险代理人为保险企业提供保险代理服务，接受税务机关委托代征税款的保险企业，向个人保险代理人支付佣金费用后，可代个人保险代理人统一向主管税务机关申请汇总代开增值税普通发票或增值税专用发票。代开发票的税务机关在发票备注栏备注“个人保险代理人汇总代开”字样。

7. 未按期申报抵扣增值税扣税凭证抵扣申请应报送的资料不包括（　　）。

A. 《未按期申报抵扣增值税扣税凭证抵扣申请单》

B. 已认证增值税扣税凭证清单

C. 增值税扣税凭证未按期申报抵扣情况说明及佐证材料

D. 未按期申报抵扣增值税扣税凭证原件及复印件

【参考答案】D

【答案解析】未按期申报抵扣增值税扣税凭证抵扣申请不需要提供未按期申报抵扣增值税扣税凭证原件。

8. 下列情形中，不允许纳税人继续申报抵扣其进项税额的是（　　）。

A. 增值税一般纳税人取得的增值税扣税凭证已认证、已选择确认或已采集上报信息，但未按照规定期限申报抵扣的

B. 实行纳税辅导期管理的增值税一般纳税人，取得的增值税扣税凭证稽核比对结果相符但未按照规定期限申报抵扣的

C. 实行海关进口增值税专用缴款书“先比对后抵扣”管理办法的增值税一般纳税人，取得的增值税扣税凭证稽核比对结果相符但未按规定期限申报抵扣的

D. 由于企业办税人员疏忽未及时认证的抵扣凭证

【参考答案】D

【答案解析】纳税人发生真实交易且存在客观原因，属于下列情形的，经税务机关核实后，允许纳税人继续申报抵扣其进项税额：①增值税一般纳税人取得的增值税扣税凭证已认证、已选择确认或已采集上报信息，但未按照规定期限申报抵扣的。②实行纳税辅导期管理的增值税一般纳税人，取得的增值税扣税凭证稽核比对结果相符但未按照规定期限申报抵扣的。③实行海关进口增值税专用缴款书“先比对后抵扣”管理办法的增值税一般纳税人，取得的增值税扣税凭证稽核比对结果相符但未按规定期限申报抵扣的。

9. 辅导期纳税人领购的专用发票未使用完而再次领购的，领购的专用发票的份数不得超过（　　）。

A. 核定的每次领购专用发票份数

B. 未使用完的专用发票份数

C. 核定的每次领购专用发票份数与未使用完的专用发票份数的差额

D. 核定的每月领购专用发票的一半

【参考答案】C

【答案解析】根据《增值税一般纳税人纳税辅导期管理办法》（国税发〔2010〕40 号印发）第八条规定：辅导期纳税人领购的专用发票未使用完而再次领购的，主管税务机关发售专用发票的份数不得超过核定的每次领购专用发票份数与未使用完的专用发票份数的差额。

10. 某餐厅于 2019 年 1 月成立，到税务机关办理首次申领增值税发票，如果要求税务机关在接受申请之日起 2 个工作日内办结，该餐厅需要同时符合的条件不包括（　　）。

A. 该餐厅的办税人员和业主已经进行实名信息采集和验证

B. 该餐厅主动申领发票

C. 该餐厅按照规定办理税控设备发行等事宜

D. 该餐厅进行网上办税服务厅开户

【参考答案】D

【答案解析】根据《国家税务总局关于新办纳税人首次申领增值税发票有关事项的公告》（国家税务总局公告 2018 年第 29 号）第一条规定，同时满足下列条件的新办纳税人首次申领增值税发票，主管税务机关应当自受理申请之日起 2 个工作日内办结，有条件的主管税务机关当日办结：

（1）纳税人的办税人员、法定代表人已经进行实名信息采集和验证（需要采集、验证法定代表人实名信息的纳税人范围由各省税务机关确定）；

（2）纳税人有开具增值税发票需求，主动申领发票；

（3）纳税人按照规定办理税控设备发行等事项。

二 多项选择题

1. 在境内提供公路运输服务的小规模纳税人，可以向税务机关申请代开增值税专用发票。下列选项当中，可以为其代开发票的地点有（　　）。

A. 税务登记地　　B. 货物起运地

C. 货物到达地　　D. 运输货物中转地

【参考答案】ABC

【答案解析】根据《货物运输业小规模纳税人申请代开增值税专用发票管理办法》，在中国境内提供公路货物运输和内河货物运输的小规模纳税人，可在税务登记地、货物起运地、货物到达地或运输业务承揽地中任何一地，就近向税务机关申请代开增值税专用发票。

2. 某企业于 2019 年 1 月成立，到税务机关办理首次申领增值税发票，需要办理的事项主要有（　　）。

A. 发票票种核定

B. 增值税专用发票（增值税税控系统）最高开票限额审批

C. 增值税税控系统专用设备初始发行

D. 发票领用

【参考答案】ABCD

【答案解析】根据《国家税务总局关于新办纳税人首次申领增值税发票有关事项的公告》（国家税务总局公告2018年第29号）第二条规定，新办纳税人首次申领增值税发票主要包括发票票种核定、增值税专用发票（增值税税控系统）最高开票限额审批、增值税税控系统专用设备初始发行、发票领用等涉税事项。

3. 下列关于增值税税控系统专用设备的说法，不正确的有（　　）。

A. 纳税人取得由服务单位开具的税控设备销售发票以及相关的技术维护费发票（首次购买），可以按照发票票面的税额抵减增值税税款，不足抵减的可结转下期继续抵减

B. 纳税人需要增加分开票机的，必须对原有的主开票机专用设备进行变更

C. 纳税人减少开票分机，需要上缴税控系统专用设备

D. 按季申报的纳税人使用增值税发票管理系统可以按季进行抄报税

【参考答案】AD

【答案解析】根据增值税发票管理相关规定，增值税纳税人2011年12月1日（含，下同）以后初次购买增值税税控系统专用设备（包括分开票机）支付的费用，可凭购买增值税税控系统专用设备取得的增值税专用发票，在增值税应纳税额中全额抵减（抵减额为价税合计额），不足抵减的可结转下期继续抵减。增值税纳税人2011年12月1日以后缴纳的技术维护费（不含补缴的2011年11月30日以前的技术维护费），可凭技术维护服务单位开具的技术维护费发票，在增值税应纳税额中全额抵减，不足抵减的可结转下期继续抵减。因此选项A错误。根据增值税发票管理相关规定，纳税人需要增加分开票机的，必须对原有的主开票机专用设备进行变更。纳税人有下列情形之一的，需要上缴税控系统专用设备：①依法清税注销、终止纳税义务。②减少分开票机。因此，选项B、C正确。

根据增值税发票管理相关规定，使用增值税发票系统升级版的月改季的增值税小规模纳税人，仍需要每个月进行清卡操作，因此选D项错误。

4. 以下情形中，纳税人需要到税务机关办理发票缴销的有（　　）。

A. 信息变更或清税注销　　B. 跨区域经营活动结束

C. 发票换版、损毁等　　D. 已开具需重新领用发票

【参考答案】ABC

【答案解析】根据《全国税务机关纳税服务规范（3.0 版）》规定，纳税人因信息变更或清税注销，跨区域经营活动结束，发票换版、损毁等原因按规定需要缴销发票的，到税务机关进行缴销处理。税务机关对纳税人领用的空白发票做剪角处理。

5. 以下选项，属于税务机关为销售不动产的纳税人代开增值税发票时，应填写的项目有（　　）。

A. 不动产名称　　B. 房屋产权证书号码

C. 其他个人的所在单位　　D. 不动产的详细地址

【参考答案】ABD

【答案解析】根据《全国税务机关纳税服务规范（3.0 版）》的相关规定，销售不动产，纳税人代开增值税发票时，应在“货物或应税劳务、服务名称”栏填写不动产名称及房屋产权证书号码（无房屋产权证书的可不填写），“单位”栏填写面积单位，应提供不动产的详细地址。因此，选项A、B、D 正确。

6. 下列情形中，不得为纳税人代为开具增值税专用发票的有（　　）。

A. 某空调销售企业为张三安装空调

B. 某企业为农村合作社种植的稻谷进行病虫害防治

C. 某小规模纳税人销售旧机床

D. 张三购置的房产销售给中国建设银行

【参考答案】ABC

【答案解析】根据《中华人民共和国增值税暂行条例》规定，向消费者个人销售货物或者应税劳务的、销售货物或者应税劳务适用免税规定的、小规模纳税人销售货物或者应税劳务的，不得代开增值税专用发票。

根据《国家税务总局关于增值税简易征收政策有关管理问题的通知》规定，小规模纳税人销售自己使用过的固定资产，应开具普通发票，不得由税务机关代开增值税专用发票；根据《国家税务总局关于营业税改征增值税委托地税局代征税款和代开增值税发票的通知》（税总函〔2016〕145 号）规定，增值税小规模纳税人销售其取得的不动产以及其他个人出租不动产，购买方或承租方不属于其他个人的，纳税人缴纳增值税后可以向税务机关申请代开增值税专用发票。

7. 以下关于申请代开增值税普通发票的说法正确的有（　　）。

A.“销售方开户行及账号”栏填写税收完税凭证字轨及号码或系统税票号码

B.“货物或应税劳务、服务名称”栏填写不动产名称及房屋产权证书号码，“单位”栏填写面积单位

C. 在代开增值税发票的备注栏上，加盖税务机关代开发票专用章

D. 税务机关留存增值税普通发票第四、第五联

【参考答案】ABCD

【答案解析】根据《国家税务总局关于全面推开营业税改征增值税试点有关税收征收管理事项的公告》（国家税务总局公告 2016 年第 23 号）规定，销售不动产，纳税人自行开具或者税务机关代开增值税发票时，应在发票“货物或应税劳务、服务名称”栏填写不动产名称及房屋产权证书号码（无房屋产权证书的可不填写），“单位”栏填写面积单位，备注栏注明不动产的详细地址；税务机关代开增值税发票时，“销售方开户行及账号”栏填写税收完税凭证字轨及号码或系统税票号码（免税代开增值税普通发票可不填写）。

根据《国家税务总局关于营业税改征增值税委托地税局代征税款和代开增值税发票的通知》（税总函〔2016〕145 号）规定，税务机关为纳税人代开的增值税发票，统一使用六联增值税专用发票和五联增值税普通发票。第四联由代开发票岗位留存，以备发票扫描补录；第五联交征收岗位留存，用于代开发票与征收税款的定期核对；其他联次交纳税人。税务机关应在代开增值税发票的备注栏上，加盖代开发票专用章。

8. 对纳税人开具的增值税发票进行作废处理，需要同时满足的条件有（　　）。

A. 收到退回的发票联、抵扣联，且时间未超过销售方开票当月

B. 销售方未抄税且未记账

C. 购买方未认证，或者认证结果为“纳税人识别号认证不符”“增值税专用发票代码、号码认证不符”

D. 购买方取得增值税专用发票未用于认证，但发票联或抵扣联无法退回

【参考答案】ABC

【答案解析】根据增值税发票开具的相关规定，纳税人在开具增值税专用发票当月，发生销货退回、开票有误等情形，收到退回的发票联、抵扣联符合作废条件的，按作废处理；开具时发现有误的，可即时作废。

作废增值税专用发票须在新系统中将相应的数据电文按“作废”处理，在纸质增值税专用发票（含未打印的增值税专用发票）各联次上注明“作废”字样，全联次留存。

同时具有下列情形的，为符合作废条件：

（1）收到退回的发票联、抵扣联，且时间未超过销售方开票当月；

（2）销售方未抄税且未记账；

（3）购买方未认证，或者认证结果为“纳税人识别号认证不符”“增值税专用发票代码、号码认证不符”。

9. 逾期增值税抵扣凭证抵扣申请的必报资料包括（　　）。

A.《逾期增值税扣税凭证抵扣申请单》

B. 增值税扣税凭证逾期情况说明

C. 逾期增值税扣税凭证及电子信息

D. 逾期增值税扣税凭证复印件及电子信息

【参考答案】ABD

【答案解析】逾期增值税抵扣凭证抵扣申请，必报送的资料有《逾期增值税扣税凭证抵扣申请单》、增值税扣税凭证逾期情况说明、逾期增值税扣税凭证电子信息、逾期增值税扣税凭证复印件。

10. 增值税税控系统专用设备变更发行的变更内容包括（　　）。

A. 纳税人名称变更，以及纳税人除名称外其他税务登记基本信息变更

B. 纳税人发行授权信息变更

C. 因纳税人金税盘、税控盘、报税盘损坏，而对其金税盘、税控盘、报税盘进行变更

D. 因纳税人开票机数量变化而进行发行变更，以及增值税发票管理新系统离线开票时限和离线开票总金额变更

【参考答案】ABCD

【答案解析】根据《全国税务机关纳税服务规范（3.0 版)》，增值税税控

系统专用设备变更发行的变更内容包括：纳税人名称变更；纳税人除名称外其他税务登记基本信息变更；纳税人发行授权信息变更；因纳税人金税盘、税控盘、报税盘损坏，而对其金税盘、税控盘、报税盘进行变更；因纳税人开票机数量变化而进行发行变更；增值税发票管理新系统离线开票时限和离线开票总金额变更；购票人员姓名、密码发生变更等。

三 判断题

1. 一般纳税人申请增值税专用发票最高开票限额不超过 10 万元的，主管税务机关需事前进行实地查验。（ ）

【参考答案】错误

【答案解析】根据《国家税务总局关于简化增值税发票领用和使用程序有关问题的公告》（国家税务总局公告 2014 年第 19 号）规定，一般纳税人申请增值税专用发票最高开票限额不超过 10 万元的，主管税务机关不需事前进行实地查验。

2. 实行纳税辅导期管理的小型商贸批发企业，领购专用发票的最高开票限额不得超过 10 万元；其他一般纳税人专用发票最高开票限额应根据企业实际经营情况重新核定。（ ）

【参考答案】正确

【答案解析】根据《增值税一般纳税人纳税辅导期管理办法》（国税发〔2010〕40 号印发），实行纳税辅导期管理的小型商贸批发企业，领购专用发票的最高开票限额不得超过 10 万元；其他一般纳税人专用发票最高开票限额应根据企业实际经营情况重新核定。

3. 使用增值税发票管理系统的纳税人，领用发票前，应联网上传发票开具信息，或到税务机关抄报增值税发票数据，方便进行发票验旧。（ ）

【参考答案】错误

【答案解析】使用增值税发票管理系统的纳税人，非首次领用发票前，应联网上传发票开具信息，或到税务机关抄报增值税发票数据，方便进行发票验旧。

4. 金税盘、税控盘，是指税控系统配套使用的专用设备，该设备通过逐级发行后，可为税控系统提供数据加解密、发票管理、网上申报、抄报税资料监控等功能，实现对增值税发票的防伪和税控的双重功效。（　　）

【参考答案】正确

【答案解析】根据《全国税务机关纳税服务规范（3.0版）》规定，金税盘、税控盘，是指税控系统配套使用的专用设备，该设备通过逐级发行后，可为税控系统提供数据加解密、发票管理、网上申报、抄报税资料监控等功能，实现对增值税发票的防伪和税控的双重功效。

5. 开具发票的单位和个人应当按照税务机关的规定存放和保管发票，不得擅自损毁。已经开具的发票存根联和发票领用簿，应当保存3年。（　　）

【参考答案】错误

【答案解析】已经开具的发票存根联和发票领用簿，应当保存5年。

6. 纳税人代开增值税发票后，发生销货退回或销售折让等情形需作废已代开发票的，本年内可凭已代开发票向原代开税务机关提出作废申请。

（　　）

【参考答案】错误

【答案解析】根据《全国税务机关纳税服务规范（3.0版）》，纳税人代开发票后，发生销货退回或销售折让、开票有误、应税服务中止等情形，需作废已代开增值税发票的，可凭已代开发票在代开当月向原代开税务机关提出作废申请。

7. A公司为商务服务业的小规模纳税人，已选择自行开具增值税专用发票，仍然可以向税务机关申请代开增值税专用发票。（　　）

【参考答案】错误

【答案解析】增值税小规模纳税人（其他个人除外），可以选择使用增值税发票管理系统自行开具增值税专用发票，或者向税务机关申请代开。选择自行开具增值税专用发票的小规模纳税人，税务机关不再为其代开。该公司已选择自行开具增值税专用发票，就不能再向税务机关申请代开增值税专用发票。

8. 增值税发票管理新系统，是指增值税防伪税控系统、增值税电子普通发票（机动车销售发票）税控系统、稽核系统及税务数字证书系统等的整合升级。实现纳税人经过税务数字证书安全认证、加密开具带商品编码的发票数据，通过互联网实时上传税务机关，生成增值税发票电子底账，作为纳税申报、数据查验以及税源管理、数据分析利用的依据。（　　）

【参考答案】正确

【答案解析】根据《全国税务机关纳税服务规范（3.0 版）》规定，增值税发票管理新系统，是指增值税防伪税控系统、增值税电子普通发票（机动车销售发票）税控系统、稽核系统及税务数字证书系统等的整合升级。实现纳税人经过税务数字证书安全认证、加密开具带商品编码的发票数据，通过互联网实时上传税务机关，生成增值税发票电子底账，作为纳税申报、数据查验以及税源管理、数据分析利用的依据。

9. 纳税人多次购买税控设备取得的由服务单位开具的销售发票，均可以按照发票票面的价税合计全额，抵减增值税税款。（　　）

【参考答案】错误

【答案解析】纳税人取得由服务单位开具的税控设备销售发票以及相关的技术维护费发票（首次购买），可以按照发票票面的价税合计全额，抵减增值税税款，不足抵减的可结转下期继续抵减。

10. 增值税一般纳税人从批发、零售环节购进适用免征增值税政策的蔬菜而取得的普通发票，可以作为计算抵扣进项税额的凭证。（　　）

【参考答案】错误

【答案解析】纳税人从批发、零售环节购进适用免征增值税政策的蔬菜、部分鲜活肉蛋而取得的普通发票，不得作为计算抵扣进项税额的凭证。

四 简答题

1. 造成增值税扣税凭证未按期申报抵扣的客观原因主要包括什么？

【参考答案】客观原因包括如下类型：

（1）因自然灾害、社会突发事件等不可抗力原因造成增值税扣税凭证未按期申报抵扣；

（2）有关司法、行政机关在办理业务或者检查中，扣押、封存纳税人账簿资料，导致纳税人未能按期办理申报手续；

（3）税务机关信息系统、网络故障，导致纳税人未能及时取得认证结果通知书或稽核结果通知书，未能及时办理申报抵扣；

（4）由于企业办税人员伤亡、突发危重疾病或者擅自离职，未能办理交接手续，导致未能按期申报抵扣；

（5）国家税务总局规定的其他情形。

2. 主管税务机关为控制风险，可以严格控制哪几类纳税人的增值税专用发票发放数量及最高开票限额，可暂不允许其离线开具发票？

【参考答案】

（1）“一址多照”、无固定经营场所的纳税人；

（2）纳税信用评价为 D 级的纳税人；

（3）其法人或财务负责人曾任非正常户的法人或财务负责人的纳税人；

（4）其他税收风险等级较高的纳税人。

五 案例分析题

张某向蒋某借款 1000 万元，借款到期后无法归还，遂用张某名下购买原价为 1100 万元的商铺抵偿，蒋某于 2015 年 10 月取得产权证。2019 年 1 月 4 日，蒋某将商铺出售给顺达商贸公司，签订销售合同，合同注明销售额为 1215 万元，向税务机关申请开具六联增值税专用发票，税务机关评估其价格为 1315 万元（含税）。2019 年 1 月 10 日，顺达商贸公司丢失蒋某申请开具的增值税专用发票的发票联及抵扣联，丢失时未认证确认。2019 年 1 月 15 日，蒋某到办税服务厅咨询如何处理增值税专用发票丢失事宜。蒋某取号以后，未在办税服务厅内发现导税标识，也没有发现咨询台及咨询人员；叫号后，4 号综合服务窗口工作人员李某接待了他。在了解蒋某的情况后，李某表示自己刚刚入职，对政策不是很了解，让蒋某到 1 号窗口询问。蒋某到 1 号窗前排队等候，一直等至 17：30，被告知已到下班时间，今天无法给其答复，让其明日再来。蒋某在大厅内也未找到相关领导，一怒之下向 12366 热线实名投诉大厅工作人员。

请根据上述材料回答以下问题。

1. 关于办税服务厅存在的问题，以下说法正确的有（　　）。

A. 办税服务厅未设置咨询辅导区

B. 办税服务厅未配备导税人员

C. 4号窗口人员未正确履行一次性告知制度

D. 未落实延时服务制度

【参考答案】ABCD

【答案解析】根据办税服务厅规范化建设相关要求，办税服务厅应设办税服务区、咨询辅导区、自助办税区和等候休息区。根据《办税服务厅管理办法》相关规定，办税服务厅应当设立导税岗位，导税服务内容包括：引导纳税人在相关的服务区域或窗口办理税费事项；辅导纳税人填写资料和自助办理税费事项；协助纳税人核对资料和表单填写的完整性；解答纳税人办理税费事项咨询；宣传税费法律法规政策；维护办税服务厅秩序。4号窗口人员未正确履行一次性告知制度，应正确告知纳税人办理事项的流程和资料；税务机关应对已到下班时间正在办理涉税事宜或已在办税服务场所等候办理涉税事项的纳税人提供延时办税服务。

2. 蒋某将商铺出售给顺达商贸公司需要交纳增值税（　　）万元。

A. 12.62　　B. 15　　C. 10.24　　D. 14.99

【参考答案】B

【答案解析】根据《纳税人转让不动产增值税征收管理暂行办法》，小规模纳税人转让其取得（不含自建）的不动产，除个人转让其购买的住房外，以取得的全部价款和价外费用扣除不动产购置原价或者取得不动产时的作价后的余额为销售额，按照5%的征收率计算应纳税额。

应缴纳增值税税款：$(1315-1000)\div(1+5\%)\times5\%=15$（万元）

3. 纳税人办理不动产产权过户手续，需要使用发票的，可以使用增值税专用发票（　　），或者增值税普通发票（　　）。

A. 第六联；第五联　　B. 第五联；第四联

C. 第六联；第三联　　D. 第五联；第三联

【参考答案】C

【答案解析】纳税人销售其取得的不动产，自行开具或者税务机关代开增值税发票时，使用六联增值税专用发票或者五联增值税普通发票。纳税人办理产权过户手续需要使用发票的，可以使用增值税专用发票第六联或者增值税普通发票第三联。

4. 关于税务机关为蒋某代开的增值税发票，以下说法正确的是（　　）。

A. 顺达商贸公司不慎遗失代开的增值税专用发票，应当于发现丢失当日书面报告税务机关，并登报声明作废

B. 税务机关应在代开增值税发票的备注栏上加盖税务代开发票专用章

C. 税务机关为蒋某代开增值税专用发票时将购买方名称写错，应开具红字发票冲销

D. 蒋某申请代开增值税专用发票后，当月发生退票的，专用发票不能作废

【参考答案】B

【答案解析】根据《国家税务总局关于公布取消一批税务证明事项以及废止和修改部分规章规范性文件的决定》（国家税务总局令第48号），发票丢失已不需登报声明作废，所以选项A错误。

代开发票部门应在代开增值税发票的备注栏上，加盖税务代开发票专用章。所以选项B正确。

根据《国家税务总局关于印发〈税务机关代开增值税专用发票管理办法（试行）〉的通知》（国税发〔2004〕153号）第十二条规定，代开专用发票遇有填写错误、销货退回或销售折让等情形的，按照专用发票有关规定处理；税务机关代开专用发票时填写有误的，应及时在防伪税控代开票系统中作废，重新开具。代开专用发票后发生退票的，税务机关应按照增值税一般纳税人作废或开具负数专用发票的有关规定进行处理。对需要重新开票的，税务机关应同时进行新开票税额与原开票税额的清算，多退少补；对无需重新开票的，按有关规定退还增值税纳税人已缴的税款或抵顶下期正常申报税款。所以选项C和选项D错误。

5. 本题中，顺达商贸公司丢失代开的增值税发票，向税务机关报告备案需提供的资料是（　　）。

A.《发票挂失/损毁报告表》　　B.《挂失/损毁发票清单》

C. 刊登遗失声明的版面复印件　　D. 发票存根联复印件

【参考答案】A

【答案解析】使用发票的单位和个人发生发票丢失情形时，应当于发现丢失当日书面报告税务机关。丢失发票的纳税人需提交《发票挂失/损毁报告

表》1 份，发票遗失、损毁且发票数量较大在报告表中无法全部反映，还需提交《挂失/损毁发票清单》1 份。

>> 文件依据

1.《中华人民共和国行政许可法》

2.《国家税务总局关于修订增值税专用发票使用规定的通知》（国税发〔2006〕156 号）

3.《国家税务总局关于下放增值税专用发票最高开票限额审批权限的通知》（国税函〔2007〕918 号）

4.《国家税务总局关于简化增值税发票领用和使用程序有关问题的公告》（国家税务总局公告 2014 年第 19 号）

5.《国家税务总局关于税务行政许可若干问题的公告》（国家税务总局公告 2016 年第 11 号）

6.《国家税务总局关于简化税务行政许可事项办理程序的公告》（国家税务总局公告 2017 年第 21 号）

7.《国家税务总局关于进一步深化税务系统“放管服”改革优化税收环境的若干意见》（税总发〔2017〕101 号）

8.《国家税务总局关于取消一批涉税事项和报送资料的通知》（税总函〔2017〕403 号）

9.《国家税务总局关于发布办税事项“最多跑一次”清单的公告》（国家税务总局公告 2018 年第 12 号）

10.《国家税务总局关于新办纳税人首次申领增值税发票有关事项的公告》（国家税务总局公告 2018 年第 29 号）

11.《国家税务总局关于增值税电子普通发票使用有关事项的公告》（国家税务总局公告 2018 年第 41 号）

12.《国家税务总局关于扩大小规模纳税人自行开具增值税专用发票试点范围等事项的公告》（国家税务总局公告 2019 年第 8 号）

13.《国家税务总局关于公布已取消税务行政许可事项的公告》（国家税

务总局公告 2019 年第 11 号）

14.《国家税务总局关于进一步简化税务行政许可事项办理程序的公告》（国家税务总局公告 2019 年第 34 号）

15.《国家税务总局关于进一步做好纳税人增值税发票领用等工作的通知》（税总函〔2019〕64 号）

第四章 申报纳税

>> 知识架构

- 申报纳税
  - 增值税申报纳税
    - 纳税人、征税对象及征税范围　1个知识点
    - 增值税税率及征收率　2个知识点
    - 应纳税额的计算　2个知识点
    - 申报与缴纳　3个知识点
    - 增值税预缴申报　1个知识点
    - 增值税差额征税　1个知识点
  - 企业所得税申报纳税
    - 纳税人　1个知识点
    - 征税对象　1个知识点
    - 税率　1个知识点
    - 应纳税所得额的计算　4个知识点
    - 资产的税务处理　7个知识点
    - 资产损失税前扣除的所得税处理　1个知识点
    - 应纳所得税额的计算　4个知识点
    - 特别纳税调整　1个知识点
    - 征收管理　5个知识点
    - 税前扣除凭证管理　1个知识点
  - 个人所得税申报纳税
    - 纳税人　2个知识点
    - 扣缴义务人　1个知识点
    - 综合所得　5个知识点
    - 综合所得预扣预缴　6个知识点
    - 综合所得汇算清缴　2个知识点
    - 经营所得　3个知识点
    - 分类所得　4个知识点
    - 居民个人境外所得税收抵免　1个知识点
    - 非居民个人所得税　1个知识点
    - 无住所个人工资、薪金所得收入额的确定　5个知识点
    - 纳税申报期限、地点及涉税表单　3个知识点

- 申报纳税
  - 社会保险费及非税收入申报
    - 社会保险费申报　3个知识点
    - 非税收入申报　6个知识点
  - 其他主要税种申报纳税
    - 消费税　5个知识点
    - 车辆购置税　3个知识点
    - 契税　4个知识点
    - 房产税　5个知识点
    - 城镇土地使用税　5个知识点
    - 耕地占用税　4个知识点
    - 土地增值税　7个知识点
    - 印花税　3个知识点
    - 资源税　4个知识点
    - 环境保护税　5个知识点
    - 车船税　5个知识点
  - 申报相关服务
    - 财务会计报告报送　1个知识点
    - 对纳税人延期申报的核准　1个知识点
    - 对纳税人延期缴纳税款的核准　1个知识点
    - 对纳税变更纳税定额的核准　1个知识点
    - 误收多缴退抵税　1个知识点
    - 入库减免退抵税　1个知识点
    - 汇算清缴结算多缴退抵税　1个知识点
    - 增值税期末留抵税额退税　1个知识点
    - 石脑油、燃料油消费税退税　1个知识点
    - 车辆购置税退税　1个知识点
    - 车船税退（抵）税　1个知识点
    - 申报错误更正　1个知识点

>> 第一节 增值税申报纳税

一 纳税人、征税对象及征税范围

【知识点】纳税人、征税对象及范围

在中华人民共和国境内销售货物或者加工、修理修配劳务（以下简称劳

务），销售服务、无形资产、不动产以及进口货物的单位和个人，为增值税的纳税人。

货物，是指有形动产，包括电力、热力、气体在内。

加工，是指受托加工货物，即委托方提供原料及主要材料，受托方按照委托方的要求，制造货物并收取加工费的业务。

修理修配，是指受托对损伤和丧失功能的货物进行修复，使其恢复原状和功能的业务。

销售服务，是指提供交通运输服务、邮政服务、电信服务、建筑服务、金融服务、现代服务、生活服务。

销售无形资产，是指转让无形资产所有权或者使用权的业务活动。

销售不动产，是指转让不动产所有权的业务活动。

交通运输服务，是指利用运输工具将货物或者旅客送达目的地，使其空间位置得到转移的业务活动。包括陆路运输服务、水路运输服务、航空运输服务和管道运输服务。

邮政服务，是指中国邮政集团公司及其所属邮政企业提供邮件寄递、邮政汇兑和机要通信等邮政基本服务的业务活动。包括邮政普遍服务、邮政特殊服务和其他邮政服务。

电信服务，是指利用有线、无线的电磁系统或者光电系统等各种通信网络资源，提供语音通话服务，传送、发射、接收或者应用图像、短信等电子数据和信息的业务活动。包括基础电信服务和增值电信服务。

建筑服务，是指各类建筑物、构筑物及其附属设施的建造、修缮、装饰，线路、管道、设备、设施等的安装以及其他工程作业的业务活动。包括工程服务、安装服务、修缮服务、装饰服务和其他建筑服务。

金融服务，是指经营金融保险的业务活动。包括贷款服务、直接收费金融服务、保险服务和金融商品转让。

现代服务，是指围绕制造业、文化产业、现代物流产业等提供技术性、知识性服务的业务活动。包括研发和技术服务、信息技术服务、文化创意服务、物流辅助服务、租赁服务、鉴证咨询服务、广播影视服务、商务辅助服务和其他现代服务。

生活服务，是指为满足城乡居民日常生活需求提供的各类服务活动。包括文化体育服务、教育医疗服务、旅游娱乐服务、餐饮住宿服务、居民日常服务和其他生活服务。

无形资产，是指不具实物形态，但能带来经济利益的资产，包括技术、商标、著作权、商誉、自然资源使用权和其他权益性无形资产。

不动产，是指不能移动或者移动后会引起性质、形状改变的财产，包括建筑物、构筑物等。

单位，是指企业、行政单位、事业单位、军事单位、社会团体及其他单位。

个人，是指个体工商户和其他个人。

二 增值税税率及征收率

【知识点 1】增值税税率

增值税税率分为 13%、9%、6% 和 0 四档。

1. 纳税人销售货物、劳务、有形动产租赁服务或者进口货物，除《中华人民共和国增值税暂行条例》第二条第（二）项、第（四）项、第（五）项另有规定外，税率为 13%。

2. 纳税人销售交通运输、邮政、基础电信、建筑、不动产租赁服务，销售不动产，转让土地使用权，销售或者进口下列货物，税率为 9%：

（1）粮食等农产品、食用植物油、食用盐；

（2）自来水、暖气、冷气、热水、煤气、石油液化气、天然气、二甲醚、沼气、居民用煤炭制品；

（3）图书、报纸、杂志、音像制品、电子出版物；

（4）饲料、化肥、农药、农机、农膜；

（5）国务院规定的其他货物。

3. 纳税人销售服务、无形资产，除第 1 项、第 2 项、第 5 项另有规定外，税率为 6%。

4. 纳税人出口货物，税率为 0；但是，国务院另有规定的除外。

5. 境内单位和个人跨境销售国务院规定范围内的服务、无形资产，税率为 0。

【知识点 2】增值税征收率

小规模纳税人简易计税适用增值税征收率；另一般纳税人发生财政部和

国家税务总局规定的特定应税行为，可以选择适用简易计税方法计税。

1. 增值税征收率为 3% 和 5%

2. 适用征收率 5% 特殊情况

主要有销售不动产，不动产租赁，转让土地使用权，提供劳务派遣服务、安全保护服务选择差额纳税的。

3. 两种特殊情况

个人出租住房，按照 5% 的征收率减按 1.5% 计算应纳税额；销售自己使用过的固定资产、旧货，按照 3% 征收率减按 2% 征收。

三 应纳税额的计算

【知识点 1】一般计税方法

一般纳税人发生应税行为适用一般计税方法计税。

一般计税方法的应纳税额，是指当期销项税额抵扣当期进项税额后的余额。应纳税额计算公式：

应纳税额 = 当期销项税额 - 当期进项税额

当期销项税额小于当期进项税额不足抵扣时，其不足部分可以结转下期继续抵扣。

1. 销项税额

销项税额，是指纳税人发生应税行为按照销售额和增值税税率计算并收取的增值税额。销项税额计算公式：

销项税额 = 销售额 × 税率

一般计税方法的销售额不包括销项税额，纳税人采用销售额和销项税额合并定价方法的，按照下列公式计算销售额：

销售额 = 含税销售额 ÷ (1 + 税率)

2. 进项税额

进项税额，是指纳税人购进货物、加工修理修配劳务、服务、无形资产或者不动产，支付或者负担的增值税额。

下列进项税额准予从销项税额中抵扣：

(1) 从销售方取得的增值税专用发票（含税控机动车销售统一发票，下同）上注明的增值税额。

（2）从海关取得的海关进口增值税专用缴款书上注明的增值税额。

（3）购进农产品，除取得增值税专用发票或者海关进口增值税专用缴款书外，按照农产品收购发票或者销售发票上注明的农产品买价和9%的扣除率计算的进项税额。进项税额计算公式为：

进项税额＝买价×扣除率

买价，是指纳税人购进农产品在农产品收购发票或者销售发票上注明的价款和按照规定缴纳的烟叶税。

（4）纳税人购进国内旅客运输服务，其进项税额允许从销项税额中抵扣。

（5）自2019年4月1日至2021年12月31日，允许生产、生活性服务业纳税人按照当期可抵扣进项税额加计10%，抵减应纳税额。计算公式如下：

当期计提加计抵减额＝当期可抵扣进项税额×10%

当期可抵减加计抵减额＝上期末加计抵减额余额＋当期计提加计抵减额－当期调减加计抵减额

从境外单位或者个人购进服务、无形资产或者不动产，自税务机关或者扣缴义务人取得的解缴税款的完税凭证上注明的增值税额。

纳税人取得的增值税扣税凭证不符合法律、行政法规或者国家税务总局有关规定的，其进项税额不得从销项税额中抵扣。

【知识点2】简易计税方法

一般纳税人发生财政部和国家税务总局规定的特定应税行为，可以选择适用简易计税方法计税。

简易计税方法的应纳税额，是指按照销售额和增值税征收率计算的增值税额，不得抵扣进项税额。应纳税额计算公式：

应纳税额＝销售额×征收率

简易计税方法的销售额不包括其应纳税额，纳税人采用销售额和应纳税额合并定价方法的，按照下列公式计算销售额：

销售额＝含税销售额÷（1＋征收率）

纳税人适用简易计税方法计税的，因销售折让、中止或者退回而退还给购买方的销售额，应当从当期销售额中扣减。扣减当期销售额后仍有余额造成多缴的税款，可以从以后的应纳税额中扣减。

四 申报与缴纳

【知识点 1】纳税（扣缴）义务发生时间

增值税纳税义务发生时间，是指增值税纳税义务人发生应税行为应承担纳税义务的起始时间。

增值税扣缴义务发生时间，是指扣缴义务人发生扣缴行为应承担扣缴义务的起始时间，为纳税人增值税纳税义务发生的当天。

增值税纳税义务、扣缴义务发生时间为：

（1）纳税人发生应税行为并收讫销售款项或者取得索取销售款项凭据的当天；先开具发票的，为开具发票的当天。

（2）纳税人提供租赁服务采取预收款方式的，其纳税义务发生时间为收到预收款的当天；采取预收货款方式销售货物，为货物发出的当天，但生产销售生产工期超过 12 个月的大型机械设备、船舶、飞机等货物，为收到预收款或者书面合同约定的收款日期的当天。

（3）纳税人从事金融商品转让的，为金融商品所有权转移的当天。

（4）采取托收承付和委托银行收款方式销售货物，为发出货物并办妥托收手续的当天。

（5）采取赊销和分期收款方式销售货物，为书面合同约定的收款日期的当天，无书面合同的或者书面合同没有约定收款日期的，为货物发出的当天。

（6）委托其他纳税人代销货物，为收到代销单位的代销清单或者收到全部或者部分货款的当天。未收到代销清单及货款的，为发出代销货物满 180 天的当天。

（7）纳税人发生视同销售情形的，其纳税义务发生时间为货物移送、服务、无形资产转让完成的当天或者不动产权属变更的当天。

（8）增值税扣缴义务发生时间为纳税人增值税纳税义务发生的当天。

【知识点 2】纳税期限

增值税的纳税期限分别为 1 日、3 日、5 日、10 日、15 日、1 个月或者 1

个季度。纳税人的具体纳税期限，由主管税务机关根据纳税人应纳税额的大小分别核定；不能按照固定期限纳税的，可以按次纳税。

纳税人以 1 个月或者 1 个季度为 1 个纳税期的，自期满之日起 15 日内申报纳税；以 1 日、3 日、5 日、10 日或者 15 日为 1 个纳税期的，自期满之日起 5 日内预缴税款，于次月 1 日起 15 日内申报纳税并结清上月应纳税款。纳税人进口货物，应当自海关填发海关进口增值税专用缴款书之日起 15 日内缴纳税款。纳税期限遇最后 1 日是法定休假日的，以休假日期满的次日为期限的最后 1 日；在期限内有连续 3 日以上法定休假日的，按休假日天数顺延。

银行、财务公司、信托投资公司、信用社、财政部和国家税务总局规定的其他纳税人可选择按季申报。

【知识点 3】纳税地点

1. 固定业户应当向其机构所在地或者居住地主管税务机关申报纳税。总机构和分支机构不在同一县（市）的，应当分别向各自所在地的主管税务机关申报纳税；经财政部和国家税务总局或者其授权的财政和税务机关批准，可以由总机构汇总向总机构所在地的主管税务机关申报纳税。

2. 非固定业户应当向应税行为发生地主管税务机关申报纳税；未申报纳税的，由其机构所在地或者居住地主管税务机关补征税款。

3. 其他个人提供建筑服务，销售或者租赁不动产，转让自然资源使用权，应向建筑服务发生地、不动产所在地、自然资源所在地主管税务机关申报纳税。

4. 扣缴义务人应当向其机构所在地或者居住地主管税务机关申报缴纳扣缴的税款。

五 增值税预缴申报

【知识点】增值税预缴申报

纳税人（不含其他个人）跨地（市、州）提供建筑服务、房地产开发企业预售自行开发的房地产项目、纳税人（不含其他个人）出租与机构所在地不在同一县（市）的不动产等按规定需要在项目所在地或不动产所在地主管税务机关预缴税款的，需填报《增值税预缴税款表》及其他相关资料，向税务机关进行纳税申报。

1. 纳税人（不含其他个人）跨县（市）提供建筑服务：

（1）向建筑服务发生地主管税务机关预缴的增值税税款，可以在当期增值税应纳税额中抵减，抵减不完的，结转下期继续抵减。纳税人以预缴税款抵减应纳税额，应以完税凭证作为合法有效凭证。

（2）不能自行开具增值税发票的小规模纳税人，可向建筑服务发生地主管税务机关按照其取得的全部价款和价外费用申请代开增值税发票。

2. 纳税人（不含其他个人）出租与机构所在地不在同一县（市）的不动产：

（1）应在取得租金的次月纳税申报期或不动产所在地主管税务机关核定的纳税期限预缴税款。

（2）纳税人提供租赁服务采取预收款方式的，其纳税义务发生时间为收到预收款的当天。

（3）向不动产所在地主管税务机关预缴的增值税款，可以在当期增值税应纳税额中抵减，抵减不完的，结转下期继续抵减。纳税人以预缴税款抵减应纳税额，应以完税凭证作为合法有效凭证。

（4）不能自行开具增值税发票的小规模纳税人，可向不动产所在地主管税务机关申请代开增值税发票。

3. 房地产开发企业预售自行开发的房地产项目：

（1）纳税人应在取得预收款的次月纳税申报期向主管税务机关预缴税款。

（2）向税务机关预缴的增值税税款，可以在当期增值税应纳税额中抵减，抵减不完的，结转下期继续抵减。纳税人以预缴税款抵减应纳税额，应以完税凭证作为合法有效凭证。

（3）不能自行开具增值税发票的小规模纳税人，可向项目所在地主管税务机关申请代开增值税发票。

4. 纳税人提供建筑服务取得预收款：

（1）在收到预收款时，以取得的预收款扣除支付的分包款后的余额，按照规定的预征率预缴增值税。

（2）适用一般计税方法计税的项目预征率为2%，适用简易计税方法计税的项目预征率为3%。

（3）按照现行规定应在建筑服务发生地预缴增值税的项目，纳税人收到预收款时在建筑服务发生地预缴增值税。按照现行规定无需在建筑服务发生地预缴增值税的项目，纳税人收到预收款时在机构所在地预缴增值税。

5. 纳税人（不含其他个人）转让其取得的不动产：

（1）向不动产所在地主管税务机关预缴的增值税款，可以在当期增值税应纳税额中抵减，抵减不完的，结转下期继续抵减。纳税人以预缴税款抵减应纳税额应以完税凭证作为合法有效凭证。

（2）小规模纳税人转让其取得的不动产，不能自行开具增值税发票的，可向不动产所在地主管税务机关申请代开。

6. 纳税人按照规定从取得的全部价款和价外费用中扣除支付的分包款，应当取得符合法律、行政法规和国家税务总局规定的合法有效凭证，包括：

（1）从分包方取得的2016年4月30日前开具的建筑业营业税发票。上述建筑业营业税发票在2016年6月30日前可作为预缴税款的扣除凭证。

（2）从分包方取得的2016年5月1日后开具的，备注栏注明建筑服务发生地所在县（市、区）、项目名称的增值税发票。

（3）国家税务总局规定的其他凭证。

7.《增值税预缴税款表》各预征项目设置如下预征率：

（1）建筑安装：2%、3%；

（2）销售不动产：3%；

（3）出租不动产：3%、5%；

（4）个体工商户出租住房：按照5%的征收率减按1.5%。

六 增值税差额征税

【知识点】增值税差额征税

1. 金融商品转让

金融商品转让，按照卖出价扣除买入价后的余额为销售额。

转让金融商品出现的正负差，按盈亏相抵后的余额为销售额。若相抵后出现负差，可结转下一纳税期与下期转让金融商品销售额相抵，但年末时仍出现负差的，不得转入下一个会计年度。

金融商品的买入价，可以选择按照加权平均法或者移动加权平均法进行核算，选择后36个月内不得变更。

金融商品转让，不得开具增值税专用发票。

2. 经纪代理服务

经纪代理服务，以取得的全部价款和价外费用，扣除向委托方收取并代为支付的政府性基金或者行政事业性收费后的余额为销售额。

向委托方收取的政府性基金或者行政事业性收费，不得开具增值税专用发票。

3. 融资租赁和融资性售后回租业务

融资租赁：经人民银行、银监会或者商务部批准从事融资租赁业务的试点纳税人，提供融资租赁服务，以取得的全部价款和价外费用，扣除支付的借款利息（包括外汇借款和人民币借款利息）、发行债券利息和车辆购置税后的余额为销售额。开具全额增值税专用发票或普通发票。

融资性售后回租：经人民银行、银监会或者商务部批准从事融资租赁业务的试点纳税人，提供融资性售后回租服务，以取得的全部价款和价外费用（不含本金），扣除对外支付的借款利息（包括外汇借款和人民币借款利息）、发行债券利息后的余额作为销售额。开具全额增值税发票。融资性售后回租业务属于贷款服务范畴，不得开具增值税专用发票。

4. 航空运输企业

航空运输企业的销售额，不包括代收的机场建设费和代售其他航空运输企业客票而代收转付的价款。

5. 客运场站服务

试点纳税人中的一般纳税人（以下称一般纳税人）提供客运场站服务，以其取得的全部价款和价外费用，扣除支付给承运方运费后的余额为销售额。

小规模企业提供客运场站服务不涉及差额征税。

6. 旅游服务

试点纳税人提供旅游服务，可以选择以取得的全部价款和价外费用，扣除向旅游服务购买方收取并支付给其他单位或者个人的住宿费、餐饮费、交通费、签证费、门票费和支付给其他接团旅游企业的旅游费用后的余额为销售额。

选择差额征税计算销售额的试点纳税人，向旅游服务购买方收取并支付的费用，不得开具增值税专用发票，可以开具普通发票。但如果放弃享受差额征税政策，可就全部收入开具增值税专用发票。

7. 建筑服务简易计税方法

试点纳税人提供建筑服务适用简易计税方法的，以取得的全部价款和价外费用扣除支付的分包款后的余额为销售额。

可全额开具3%增值税普通发票或专用发票。

8. 房地产企业销售商品房选择一般计税方法

房地产开发企业中的一般纳税人销售其开发的房地产项目（选择简易计税方法的房地产老项目除外），以取得的全部价款和价外费用，扣除受让土地时向政府部门支付的土地价款后的余额为销售额。

“向政府部门支付的土地价款”包括土地受让人向政府部门支付的征地和拆迁补偿费用、土地前期开发费用和土地出让收益等。

房地产企业一般纳税人可以全额自开9%增值税专用发票或者普通发票。

9. 劳务派遣服务

一般纳税人提供劳务派遣服务，可以选择差额纳税，以取得的全部价款和价外费用，扣除代用工单位支付给劳务派遣员工的工资、福利和为其办理社会保险及住房公积金后的余额为销售额，按照简易计税方法依5%的征收率计算缴纳增值税。

小规模纳税人提供劳务派遣服务，可以选择差额纳税，以取得的全部价款和价外费用，扣除代用工单位支付给劳务派遣员工的工资、福利和为其办理社会保险及住房公积金后的余额为销售额，按照简易计税方法依5%的征收率计算缴纳增值税。

纳税人提供劳务派遣服务，选择差额纳税的，向用工单位收取用于支付给劳务派遣员工工资、福利和为其办理社会保险及住房公积金的费用，不得开具增值税专用发票，可以开具增值税普通发票。

10. 人力资源外包服务

纳税人提供人力资源外包服务，按照经纪代理服务缴纳增值税，其销售额不包括受客户单位委托代为向客户单位员工发放的工资和代理缴纳的社会保险、住房公积金。

一般纳税人提供人力资源外包服务，可以选择适用简易计税方法，按照5%的征收率计算缴纳增值税。

无论是一般计税方法还是简易计税方法，人力资源外包均可享受差额征税政策。

向委托方收取并代为发放的工资和代理缴纳的社会保险、住房公积金，不得开具增值税专用发票，可以开具普通发票。

11. 转让营改增前取得的土地使用权

纳税人转让2016年4月30日前取得的土地使用权，可以选择适用简易计税方法，以取得的全部价款和价外费用减去取得该土地使用权的原价后的余额为销售额，按照5%的征收率计算缴纳增值税。

企业可以按照5%全额开具增值税专用发票或增值税普通发票。

12. 按照简易计税方法转让二手房

一般纳税人转让其2016年4月30日前取得（不含自建）的不动产，可以选择适用简易计税方法计税，以取得的全部价款和价外费用扣除不动产购置原价或者取得不动产时的作价后的余额为销售额，按照5%的征收率计算应纳税额。纳税人应按照上述计税方法向不动产所在地主管税务机关预缴税款，向机构所在地主管税务机关申报纳税。一般纳税人可全额自开增值税专用发票或普通发票。

小规模纳税人转让其取得（不含自建）的不动产，以取得的全部价款和价外费用扣除不动产购置原价或者取得不动产时的作价后的余额为销售额，按照5%的征收率计算应纳税额。小规模纳税人可全额自开增值税普通发票，或到二手房所在地税务机关代开增值税专用发票。

个人转让其购买的住房，按照有关规定差额缴纳增值税的，以取得的全部价款和价外费用扣除购买住房价款后的余额为销售额，按照5%的征收率计算应纳税额。其他个人可到二手房所在地税务机关全额代开增值税专用发票或普通发票。

13. 物业公司水费收取

提供物业管理服务的纳税人，向服务接受方收取的自来水水费，以扣除其对外支付的自来水水费后的余额为销售额，按照简易计税方法依3%的征收率计算缴纳增值税。

纳税人可以按3%向服务接受方开具增值税专用发票或增值税普通发票。

14. 安保服务

一般纳税人提供安全保护服务，可以选择差额纳税，以取得的全部价款和价外费用，扣除代用工单位支付给外派员工的工资、福利和为其办理社会保险及住房公积金后的余额为销售额，按照简易计税方法依5%的征收率计算缴纳增值税。

小规模纳税人提供安全保护服务，也可以选择差额纳税，以取得的全部价款和价外费用，扣除代用工单位支付给外派员工的工资、福利和为其办理社会保险及住房公积金后的余额为销售额，按照简易计税方法依5%的征收率计算缴纳增值税。

纳税人提供安保服务，选择差额纳税的，向用工单位收取用于支付给劳务派遣员工工资、福利和为其办理社会保险及住房公积金的费用，不得开具增值税专用发票，可以开具增值税普通发票。

15. 中国证券登记结算公司

中国证券登记结算公司的销售额，不包括以下资金项目：按规定提取的证券结算风险基金；代收代付的证券公司资金交收违约垫付资金利息；结算过程中代收代付的资金交收违约罚息。

可以全额开具6%的增值税专用发票。

16. 电信企业为公益性机构接受捐款

中国移动通信集团公司、中国联合网络通信集团有限公司、中国电信集团公司及其成员单位通过手机短信公益特服号为公益性机构接受捐款，以其取得的全部价款和价外费用，扣除支付给公益性机构捐款后的余额为销售额。其接受的捐款，不得开具增值税专用发票。

17. 境外单位通过教育部考试中心及其直属单位在境内开展考试

境外单位通过教育部考试中心及其直属单位在境内开展考试，教育部考试中心及其直属单位应以取得的考试费收入扣除支付给境外单位考试费后的余额为销售额，按提供“教育辅助服务”缴纳增值税，就代为收取并支付给境外单位的考试费统一扣缴增值税。

教育部考试中心及其直属单位代为收取并支付给境外单位的考试费，不得开具增值税专用发票，可以开具增值税普通发票。

>> 第二节 企业所得税申报纳税

一 纳税人

【知识点】纳税人

在我国境内，企业和其他取得收入的组织（以下统称企业）为企业所得税的纳税人，依照法律规定缴纳企业所得税。个人独资企业、合伙企业除外。

1. 企业所得税的纳税人分为居民企业和非居民企业。

（1）居民企业。

居民企业，是指依法在中国境内成立，或者依照外国（地区）法律成立但实际管理机构在中国境内的企业。

（2）非居民企业。

非居民企业，是指依照外国（地区）法律成立且实际管理机构不在中国境内，但在中国境内设立机构、场所的，或者在中国境内未设立机构、场所，但有来源于中国境内所得的企业。

在中国境内从事生产经营活动的机构、场所，包括：

①管理机构、营业机构、办事机构；

②工厂、农场、开采自然资源的场所；

③提供劳务的场所；

④从事建筑、安装、装配、修理、勘探等工程作业的场所；

⑤其他从事生产经营活动的机构、场所。

2. 判定居民企业的标准有两个：登记注册地标准、实际管理机构所在地标准。

实际管理机构，是指对企业的生产经营、人员、账务、财产等实施实质性全面管理和控制的机构。

二 征税对象

【知识点】征税对象

企业所得税的征税对象，是指企业取得的生产经营所得、其他所得和清算所得。包括销售货物所得，提供劳务所得，转让财产所得，股息、红利等权益性投资所得，利息所得，租金所得，特许权使用费所得，接受捐赠所得和其他所得。

居民企业应当就其来源于中国境内、境外的所得缴纳企业所得税。

非居民企业在中国境内设立机构、场所的，应当就其所设机构、场所取得的来源于中国境内的所得，以及发生在中国境外但与其所设机构、场所有实际联系的所得缴纳企业所得税。

非居民企业在中国境内未设立机构、场所的，或者虽设立机构、场所但取得的所得与其所设机构、场所没有实际联系的，应当就其来源于中国境内的所得缴纳企业所得税。

三 税率

【知识点】税率

企业所得税税率分为基本税率与低税率，具体税率及适用范围见表4－1。

表4－1　企业所得税税率表

种类	税率	适用范围
基本税率	25%	居民企业 在中国境内设立机构、场所的非居民企业
低税率	20%（目前减按10%）	非居民企业在中国境内未设立机构、场所的，或者虽设立机构、场所但取得的所得与其所设机构、场所没有实际联系的

四 应纳税所得额的计算

【知识点1】应纳税所得额的计算

应纳税所得额是企业所得税的计税依据，基本公式为：

应纳税所得额＝年度收入总额－不征税收入－免税收入
－各项扣除金额－允许弥补的以前年度亏损

税法规定，在计算应纳税所得额时，企业财务、会计处理办法与税收法律、行政法规的规定不一致的，应当依照税收法律、行政法规的规定计算。即企业在平时进行会计核算时，可以按会计制度的有关规定进行账务处理。但在计算应纳税所得额和申报纳税时，对企业按照有关财务会计规定计算的利润总额，要按照税法的规定进行必要调整后，才能作为应纳税所得额计算缴纳所得税。故上述计算公式也可转换为：

应纳税所得额＝会计利润＋纳税调整增加额－纳税调整减少额

【知识点2】收入总额的确定

1. 收入总额的两种形式

企业的收入总额包括以货币形式和非货币形式从各种来源取得的收入。

货币形式的收入，包括现金、存款、应收账款、应收票据、准备持有至到期的债券投资以及债务的豁免等。

非货币形式的收入，包括固定资产、生物资产、无形资产、股权投资、存货、不准备持有至到期的债券投资、劳务以及有关权益等。

2. 收入总额的九大构成

（1）销售货物收入，是指企业销售商品、产品、原材料、包装物、低值易耗品以及其他存货取得的收入。

（2）提供劳务收入，是指企业从事建筑安装、修理修配、交通运输、仓储租赁、金融保险、邮电通信、咨询经纪、文化体育、科学研究、技术服务、教育培训、餐饮住宿、中介代理、卫生保健、社区服务、旅游、娱乐、加工以及其他劳务服务活动取得的收入。

（3）转让财产收入，是指企业转让固定资产、生物资产、无形资产、股权、债权等财产取得的收入。

(4) 股息、红利等权益性投资收益，是指企业因权益性投资从被投资方取得的收入。

股息、红利等权益性投资收益，除国务院财政、税务主管部门另有规定外，按照被投资方作出利润分配决定的日期确认收入的实现。

(5) 利息收入，是指企业将资金提供他人使用但不构成权益性投资，或者因他人占用本企业资金取得的收入，包括存款利息、贷款利息、债券利息、欠款利息等收入。

利息收入，按照合同约定的债务人应付利息的日期确认收入的实现。

(6) 租金收入，是指企业提供固定资产、包装物或者其他有形资产的使用权取得的收入。

租金收入，按照合同约定的承租人应付租金的日期确认收入的实现。

(7) 特许权使用费收入，是指企业提供专利权、非专利技术、商标权、著作权以及其他特许权的使用权取得的收入。

特许权使用费收入，按照合同约定的特许权使用人应付特许权使用费的日期确认收入的实现。

(8) 接受捐赠收入，是指企业接受的来自其他企业、组织或者个人无偿给予的货币性资产、非货币性资产。

接受捐赠收入，按照实际收到捐赠资产的日期确认收入的实现。

(9) 其他收入，是指企业取得的除上述收入外的其他收入，包括企业资产溢余收入、逾期未退包装物押金收入、确实无法偿付的应付款项、已作坏账损失处理后又收回的应收款项、债务重组收入、补贴收入、违约金收入、汇兑收益等。

3. 视同销售确定收入的情形

企业发生非货币性资产交换，以及将货物、财产、劳务用于捐赠、偿债、赞助、集资、广告、样品、职工福利或者利润分配等用途的，应当视同销售货物、转让财产或者提供劳务，但国务院财政、税务主管部门另有规定的除外。

对于货物在同一法人实体内部之间的转移，比如用于在建工程、管理部门、分公司等不作为销售处理。

企业以买一赠一等方式组合销售本企业商品的，不属于捐赠，应将总的销售金额按各项商品的公允价值的比例来分摊确认各项的销售收入。

【知识点3】不征税收入

1. 财政拨款。

2. 依法收取并纳入财政管理的行政事业性收费、政府性基金。

3. 国务院规定的其他不征税收入。

【知识点4】税前扣除原则、范围和标准

1. 税前扣除的原则

企业申报的扣除项目和金额要真实、合法。除税收法规另有规定外，税前扣除一般应遵循以下原则：

（1）权责发生制原则；

（2）配比原则；

（3）相关性原则；

（4）确定性原则；

（5）合理性原则。

2. 税前扣除项目的范围

企业实际发生的与取得收入直接相关的、符合生产经营活动常规、应计入当期损益或有关资产成本的必要和正常的支出，包括成本、费用、税金、损失和其他支出，准予在计算应纳税所得额时扣除。

企业取得的各项免税收入所对应的成本费用，除另有规定外，可以在计算企业应纳税所得额时扣除。

（1）成本，是指企业在生产经营活动中发生的销售成本、销货成本、业务支出以及其他耗费。

（2）费用，是指企业在生产经营活动中发生的销售费用、管理费用和财务费用，已经计入成本的有关费用除外。

（3）税金，是指企业发生的除企业所得税和允许抵扣的增值税以外的各项税金及其附加。

（4）损失，是指企业在生产经营活动中发生的固定资产和存货的盘亏、毁损、报废损失、转让财产损失、呆账损失、坏账损失、自然灾害等不可抗力因素造成的损失以及其他损失。

（5）其他支出，是指除成本、费用、税金、损失外，企业在生产经营活动中发生的与生产经营活动有关的、合理的支出。

3. 准予税前扣除的具体项目和标准

（1）工资、薪金支出。

企业发生的合理的工资、薪金支出，准予扣除。

工资、薪金，是指企业每一纳税年度支付给在本企业任职或者受雇的员工的所有现金形式或者非现金形式的劳动报酬，包括基本工资、奖金、津贴、补贴、年终加薪、加班工资，以及与员工任职或者受雇有关的其他支出。

（2）保险费用。

下列保险费用准予扣除：

①企业依照国务院有关主管部门或者省级人民政府规定的范围和标准为职工缴纳的“五险一金”，即基本养老保险费、基本医疗保险费、失业保险费、工伤保险费、生育保险费等基本社会保险费和住房公积金；

②企业为投资者或者职工支付的，在国务院财政、税务主管部门规定的范围和标准内的补充养老保险费、补充医疗保险费；

③企业依照国家有关规定为特殊工种职工支付的人身安全保险费和国务院财政、税务主管部门规定可以扣除的其他商业保险费；

④企业参加财产保险，按照规定缴纳的保险费。

除企业依照国家有关规定为特殊工种职工支付的人身安全保险费和国务院财政、税务主管部门规定可以扣除的其他商业保险费外，企业为投资者或者职工支付的商业保险费，不得扣除。

（3）借款费用。

企业在生产经营活动中发生的合理的不需要资本化的借款费用，准予扣除。

企业为购置、建造固定资产、无形资产和经过12个月以上的建造才能达到预定可销售状态的存货发生借款的，在有关资产购置、建造期间发生的合理的借款费用，应当作为资本性支出计入有关资产的成本，并依照《中华人民共和国企业所得税法实施条例》的规定扣除。

（4）利息支出。

企业在生产经营活动中发生的下列利息支出，准予扣除：

①非金融企业向金融企业借款的利息支出、金融企业的各项存款利息支出和同业拆借利息支出、企业经批准发行债券的利息支出。

②非金融企业向非金融企业借款的利息支出，不超过按照金融企业同期同类贷款利率计算的数额的部分。

（5）汇兑损失。

企业在货币交易中，以及纳税年度终了时将人民币以外的货币性资产、负债按照期末即期人民币汇率中间价折算为人民币时产生的汇兑损失，除已经计入有关资产成本以及与向所有者进行利润分配相关的部分外，准予扣除。

（6）职工福利费、工会经费、职工教育经费。

职工福利费支出，不超过工资、薪金总额 14% 的部分，准予扣除。

工会经费，自 2010 年 7 月 1 日起，凭《工会经费收入专用收据》，不超过工资、薪金总额 2% 的部分，准予扣除。

企业发生的职工教育经费支出，不超过工资薪金总额 8% 的部分，准予在计算企业所得税应纳税所得额时扣除；超过部分，准予在以后纳税年度结转扣除。

（7）业务招待费。

企业发生的与生产经营活动有关的业务招待费支出，按照发生额的 60% 扣除，但最高不得超过当年销售（营业）收入的 5‰。

（8）广告费和业务宣传费。

企业发生的符合条件的广告费和业务宣传费支出，除国务院财政、税务主管机关另有规定外，不超过当年销售（营业）收入 15% 的部分，准予扣除超过部分，准予在以后纳税年度结转扣除。

（9）环境保护专项资金。

企业依照法律、行政法规有关规定提取的用于环境保护、生态恢复等方面的专项资金，准予扣除。上述专项资金提取后改变用途的，不得扣除，已经扣除的，则应计入企业的当期应纳税所得额，缴纳企业所得税。

（10）租赁费。

企业根据生产经营活动的需要租入固定资产支付的租赁费，按照以下方法扣除：

①以经营租赁方式租入固定资产发生的租赁费支出，按照租赁期限均匀扣除；

②以融资租赁方式租入固定资产发生的租赁费支出，按照规定构成融资租入固定资产价值的部分应当提取折旧费用，分期扣除。

（11）劳动保护支出。

企业发生的合理的劳动保护支出，准予扣除。

（12）总机构分摊的费用。

非居民企业在中国境内设立的机构、场所，就其中国境外总机构发生的与该机构、场所生产经营有关的费用，能够提供总机构出具的费用汇集范围、定额、分配依据和方法等证明文件，合理分摊的，准予扣除。

（13）公益性捐赠。

企业通过公益性社会组织或者县级（含县级）以上人民政府及其组成部门和直属机构，用于慈善活动、公益事业的捐赠支出，在年度利润总额12%以内的部分，准予在计算应纳税所得额时扣除；超过年度利润总额12%的部分，准予结转以后三年内在计算应纳税所得额时扣除。

（14）固定资产折旧。

在计算应纳税所得额时，企业按照规定计算的固定资产折旧，准予扣除。

4. 不得税前扣除的项目

企业在计算应纳税所得额时，下列支出不得扣除：

（1）向投资者支付的股息、红利等权益性投资收益款项。

（2）企业所得税税款。

（3）税收滞纳金。

（4）罚金、罚款和被没收财物的损失。

（5）超过规定标准的捐赠支出。

（6）赞助支出，是指企业发生的与生产经营活动无关的各种非广告性质支出。申报扣除的广告费支出，必须符合下列条件：广告是通过工商部门批准的专业机构制作的；已实际支付费用，并已取得相应发票；通过一定的媒体传播。

（7）未经核定的准备金支出，是指不符合国务院财政、税务主管部门规定的各项资产减值准备、风险准备等准备金支出。

（8）企业之间支付的管理费、企业内营业机构之间支付的租金和特许权使用费，以及非银行企业内营业机构之间支付的利息。

（9）与取得收入无关的其他支出。

5. 亏损弥补

税法规定，企业某一纳税年度发生的亏损可以用下一年度的所得弥补，下一年度的所得不足以弥补的，可以逐年延续弥补，但最长不得超过 5 年。而且，企业在汇总计算缴纳企业所得税时，其境外营业机构的亏损不得抵减境内营业机构的盈利。

五 资产的税务处理

【知识点 1】固定资产的税务处理

在计算应纳税所得额时，企业按照规定计算的固定资产折旧，准予扣除。

（1）固定资产计算折旧的最低年限。

除国务院财政、税务主管部门另有规定外，其最低年限如下：

①房屋、建筑物，为 20 年；

②飞机、火车、轮船、机器、机械和其他生产设备，为 10 年；

③与生产经营活动有关的器具、工具、家具等，为 5 年；

④飞机、火车、轮船以外的运输工具，为 4 年；

⑤电子设备，为 3 年。

（2）不得计算折旧的固定资产。

①房屋、建筑物以外未投入使用的固定资产；

②以经营租赁方式租入的固定资产；

③以融资租赁方式租出的固定资产；

④已足额提取折旧仍继续使用的固定资产；

⑤与经营活动无关的固定资产；

⑥单独估价作为固定资产入账的土地；

⑦其他不得计算折旧扣除的固定资产。

【知识点 2】生产性生物资产的税务处理

生产性生物资产，是指企业为生产农产品、提供劳务或者出租等而持有的生物资产，包括经济林、薪炭林、产畜和役畜等。

生产性生物资产按照直线法计算的折旧，准予扣除，其最低年限如下：

（1）林木类生产性生物资产，为 10 年；

（2）畜类生产性生物资产，为 3 年。

【知识点 3】无形资产的税务处理

无形资产按照直线法计算的摊销费用，准予扣除，其摊销年限不得低于 10 年。

下列无形资产不得计算摊销费用扣除：

（1）自行开发的支出已在计算应纳税所得额时扣除的无形资产；

（2）自创商誉；

（3）与经营活动无关的无形资产；

（4）其他不得计算摊销费用扣除的无形资产。

【知识点 4】长期待摊费用的税务处理

在计算应纳税所得额时，企业发生的下列支出作为长期待摊费用，按照规定摊销的，准予扣除：

（1）已足额提取折旧的固定资产的改建支出；

（2）租入固定资产的改建支出；

（3）固定资产的大修理支出；

（4）其他应当作为长期待摊费用的支出。

自支出发生月份的次月起，分期摊销，摊销年限不得低于 3 年。

【知识点 5】投资资产的税务处理

投资资产，是指企业对外进行权益性投资和债权性投资形成的资产。

企业对外投资期间，投资资产的成本在计算应纳税所得额时不得扣除；企业在转让或者处置投资资产时，投资资产的成本，准予扣除。

【知识点6】存货的税务处理

企业使用或者销售存货，按照规定计算的存货成本，准予在计算应纳税所得额时扣除。

【知识点7】转让资产的税务处理

企业转让资产，该项资产的净值，准予在计算应纳税所得额时扣除。

六 资产损失税前扣除的所得税处理

【知识点】资产损失税前扣除的所得税处理

资产损失，是指企业在生产经营活动中实际发生的、与取得应税收入有关的资产损失，包括现金损失、存款损失、坏账损失、贷款损失、股权投资损失、固定资产和存货的盘亏、毁损、报废、被盗损失、自然灾害等不可抗力因素造成的损失以及其他损失。

企业向税务机关申报扣除资产损失，仅需填报企业所得税年度纳税申报表《资产损失税前扣除及纳税调整明细表》，不再报送资产损失相关资料。相关资料由企业留存备查。企业应当完整保存资产损失相关资料，保证资料的真实性、合法性。

企业发生的资产损失，应在按税收规定实际确认或者实际发生的当年申报扣除，不得提前或延后。因各类原因导致资产损失未能在发生当年准确计算并按期扣除的，不能结转在以后年度扣除；经税务机关批准后，可追补确认在损失发生的年度税前扣除，不能改变该项资产损失发生的所属年度，并相应调整该资产损失发生年度的应纳所得税额。调整后计算的多缴税额，可在审批确认年度企业所得税应纳税款中予以抵缴，抵缴不足的，可以在以后年度递延抵缴；企业资产损失发生年度扣除追补确认的损失后如出现亏损，首先应调整资产损失发生年度的亏损额，然后按弥补亏损的原则计算以后年度多缴的企业所得税税款，并按前款执行。

企业对外进行权益性投资所发生的损失，在经确认的损失发生年度，作为企业损失在计算企业应纳税所得额时一次性扣除。

七 应纳所得税额的计算

【知识点1】居民企业应纳税额的计算

基本计算公式为：

应纳税额 = 应纳税所得额 × 适用税率 − 减免税额 − 抵免税额

在实际过程中，应纳税所得额的计算一般有两种方法。

1. 直接计算法

在直接计算法下，企业每一纳税年度的收入总额减除不征税收入、免税收入、各项扣除以及允许弥补的以前年度亏损后的余额为应纳税所得额。计算公式为：

应纳税所得额 = 收入总额 − 不征税收入 − 免税收入 − 各项扣除金额 − 允许弥补的以前年度亏损

2. 间接计算法

在间接计算法下，在会计利润总额的基础上加上或减去按照税法规定调整的项目金额后，即为应纳税所得额。计算公式为：

应纳税所得额 = 会计利润总额 ± 纳税调整项目金额

纳税调整项目金额包括两方面的内容：一是企业财务会计制度规定的项目范围与税法规定的项目范围不一致应予以调整的金额；二是企业财务会计制度规定的扣除标准与税法规定的扣除标准不一致应予以调整的金额。

【知识点2】境外所得抵扣税额的计算

企业取得的下列所得已在境外缴纳的所得税税额，可以从其当期应纳税额中抵免，抵免限额为该项所得依照税法规定计算的应纳税额；超过抵免限额的部分，可以在以后5个年度内，用每年度抵免限额抵免当年应抵税额后的余额进行抵补：

（1）居民企业来源于中国境外的应税所得；

（2）非居民企业在中国境内设立机构、场所，取得发生在中国境外但与该机构、场所有实际联系的应税所得。

【知识点3】居民企业核定征收应纳税额的计算

根据《中华人民共和国企业所得税法》及其实施条例、《中华人民共和国税收征收管理法》及其实施细则的有关规定，核定征收企业所得税的有关规定如下：

（1）核定征收企业所得税的范围。

居民企业纳税人具有下列情形之一的，核定征收企业所得税：

①依照法律、行政法规的规定可以不设置账簿的；

②依照法律、行政法规的规定应当设置但未设置账簿的；

③擅自销毁账簿或者拒不提供纳税资料的；

④虽设置账簿，但账目混乱或者成本资料、收入凭证、费用凭证残缺不全，难以查账的；

⑤发生纳税义务，未按照规定的期限办理纳税申报，经税务机关责令限期申报，逾期仍不申报的；

⑥申报的计税依据明显偏低，又无正当理由的。

特殊行业、特殊类型的纳税人和一定规模以上的纳税人不适用上述办法。

（2）核定征收的办法。

税务机关应根据纳税人的具体情况，对核定征收企业所得税的纳税人，核定应税所得率或者核定应纳所得税额。

应纳税所得额 = 应税收入额 × 应税所得率

或应纳税所得额 = 成本（费用）支出额 ÷（1 − 应税所得率）× 应税所得率

上述“应税收入额”等于收入总额减去不征税收入和免税收入后的余额。

用公式表示为：

应税收入额 = 收入总额 − 不征税收入 − 免税收入

实行应税所得率方式核定征收企业所得税的纳税人，经营多业的，无论其经营项目是否单独核算，均由税务机关根据其主营项目确定适用的应税所得率。

【知识点4】非居民企业应纳税额的计算

对于在中国境内未设立机构、场所的，或者虽设立机构、场所但取得的所得与其所设机构、场所没有实际联系的非居民企业的所得，按照下列方法计算应纳税所得额：

（1）股息、红利等权益性投资收益和利息、租金、特许权使用费所得，以收入全额为应纳税所得额；

（2）转让财产所得，以收入全额减除财产净值后的余额为应纳税所得额；

（3）其他所得，参照前两项规定的方法计算应纳税所得额。

扣缴义务人在每次向非居民企业支付或者到期应支付所得时，应从支付或者到期应支付的款项中扣缴企业所得税。

扣缴企业所得税应纳税额计算公式如下：

扣缴企业所得税应纳税额＝应纳税所得额×实际征收率

应纳税所得额的计算，按上述（1）至（3）项规定为标准；实际征收率是指《企业所得税法》及其实施条例等相关法律法规规定的税率，或者税收协定规定的更低的税率。

八 特别纳税调整

【知识点】特别纳税调整

特别纳税调整，是指企业与其关联方之间的业务往来，不符合独立交易原则而减少企业或者其关联方应纳税收入或者所得额的，税务机关有权按照合理方法进行调整。企业与其关联方共同开发、受让无形资产，或者共同提供、接受劳务发生的成本，在计算应纳税所得额时应当按照独立交易原则进行分摊。

上述所称关联方，是指与企业有下列关联关系之一的企业、其他组织或者个人，具体指：

（1）在资金、经营、购销等方面存在直接或者间接的控制关系；

（2）直接或者间接地同为第三者控制；

（3）在利益上具有相关联的其他关系。

上述所称独立交易原则，是指没有关联关系的交易各方，按照公平成交价格和营业常规进行业务往来遵循的原则。

九 征收管理

【知识点 1】纳税地点

1. 除税收法律、行政法规另有规定外，居民企业以企业登记注册地为纳税地点；但登记注册地在境外的，以实际管理机构所在地为纳税地点。企业注册登记地，是指企业依照国家有关规定登记注册的住所地。

2. 居民企业在中国境内设立不具有法人资格的营业机构的，应当汇总计算并缴纳企业所得税。企业汇总计算并缴纳企业所得税时，应当统一核算应纳税所得额，具体办法由国务院财政、税务主管部门另行制定。

3. 非居民企业在中国境内设立机构、场所的，应当就其所设机构、场所取得的来源于中国境内的所得，以及发生在中国境外但与其所设机构、场所有实际联系的所得，以机构、场所所在地为纳税地点。非居民企业在中国境内设立两个或者两个以上机构、场所的，可以选择由其主要机构、场所汇总缴纳企业所得税。非居民企业选择汇总缴纳企业所得税后，需要增设、合并、迁移、关闭机构、场所或停止机构、场所业务的，应当事先由负责汇总申报缴纳企业所得税的主要机构、场所向其所在地税务机关报告；需要变更汇总缴纳企业所得税的主要机构、场所的，依照上述规定办理。

4. 非居民企业在中国境内未设立机构、场所的，或者虽设立机构、场所但取得的所得与其所设机构、场所没有实际联系的，以扣缴义务人所在地为纳税地点。

5. 除国务院另有规定外，企业之间不得合并缴纳企业所得税。

【知识点 2】纳税期限

企业所得税按年计征，分月或者分季预缴，年终汇算清缴，多退少补。

企业所得税的纳税年度，自公历 1 月 1 日起至 12 月 31 日止。企业在一个纳税年度的中间开业，或者由于合并、关闭等原因终止经营活动，使该纳税年度的实际经营期不足 12 个月的，应当以其实际经营期为 1 个纳税年度。企业清算时，应当以清算期间作为 1 个纳税年度。

正常情况下，企业自年度终了之日起 5 个月内，向主管税务机关报送年度企业所得税纳税申报表，并汇算清缴，结清应缴应退税款。企业在年度中间终止经营活动的，应当自实际经营终止之日起60 日内，向税务机关办理当期企业所得税汇算清缴。

【知识点3】纳税申报

按月或按季预缴的，应当自月份或者季度终了之日起 15 日内，向税务机关报送预缴企业所得税纳税申报表，预缴税款。

企业在报送企业所得税纳税申报表时，应当按照规定附送财务会计报告或其他有关资料。

企业应当在办理注销登记前，就其清算所得向税务机关申报并依法缴纳企业所得税。

企业在纳税年度内无论盈利或者亏损，都应当依照《企业所得税法》第五十四条规定的期限，向税务机关报送预缴企业所得税纳税申报表、年度企业所得税纳税申报表、财务会计报告和税务机关规定应当报送的其他有关资料。

【知识点4】跨地区经营汇总纳税企业所得税征收管理

1. 居民企业在中国境内跨地区（指跨省、自治区、直辖市和计划单列市）设立不具有法人资格的营业机构、场所（以下称分支机构）的，该居民企业为汇总纳税企业。

2. 企业实行“统一计算、分级管理、就地预缴、汇总清算、财政调库”的企业所得税征收管理办法。

3. 总机构和具有主体生产经营职能的二级分支机构，就地分期预缴企业所得税。

二级分支机构及其下属机构均由二级分支机构集中就地预缴企业所得税，三级及以下分支机构不就地预缴企业所得税，其经营收入、职工工资和资产总额统一计入二级分支机构。

总机构设立具有独立生产经营职能部门，且具有独立生产经营职能部门的经营收入、职工工资和资产总额与管理职能部门分开核算的，可将具有独立生产经营职能的部门视同一个分支机构，就地预缴企业所得税。

不具有主体生产经营职能，且在当地不缴纳增值税的产品售后服务、内部研发、仓储等企业内部辅助性的二级及以下分支机构，不就地预缴企业所得税。

上年度认定为小型微利企业的，其分支机构不就地预缴企业所得税。

新设立的分支机构，设立当年不就地预缴企业所得税。

【知识点5】合伙企业所得税的征收管理

自2008年1月1日起，合伙企业缴纳的所得税按下列规定处理：

（1）合伙企业以每一个合伙人为纳税义务人。合伙企业合伙人是自然人的，缴纳个人所得税；合伙人是法人和其他组织的，缴纳企业所得税。

（2）合伙企业生产经营所得和其他所得采取“先分后税”的原则。具体应纳税所得额的计算按照《财政部　国家税务总局关于印发〈关于个人独资企业和合伙企业投资者征收个人所得税的规定〉的通知》（财税〔2000〕91号）及《财政部　国家税务总局关于调整个体工商户个人独资企业和合伙企业个人所得税税前扣除标准有关问题的通知》（财税〔2008〕65号）的有关规定执行。

以上所称生产经营所得和其他所得，包括合伙企业分配给所有合伙人的所得和企业当年留存的所得（利润）。

（3）合伙企业的合伙人是法人和其他组织的，合伙人在计算其缴纳企业所得税时，不得用合伙企业的亏损抵减其盈利。

十 税前扣除凭证管理

【知识点】税前扣除凭证管理

税前扣除凭证，是指企业在计算企业所得税应纳税所得额时，证明与取得收入有关的、合理的支出实际发生，并据以税前扣除的各类凭证。

税前扣除凭证在管理中遵循真实性、合法性、关联性原则。真实性，是指税前扣除凭证反映的经济业务真实，且支出已经实际发生；合法性，是指税前扣除凭证的形式、来源符合国家法律、法规等相关规定；关联性，是指税前扣除凭证与其反映的支出相关联且有证明力。

企业发生支出，应取得税前扣除凭证，作为计算企业所得税应纳税所得额时扣除相关支出的依据。企业应在当年度企业所得税法规定的汇算清缴期结束前取得税前扣除凭证。企业应将与税前扣除凭证相关的资料，包括合同协议、支出依据、付款凭证等留存备查，以证实税前扣除凭证的真实性。

税前扣除凭证按照来源分为内部凭证和外部凭证。

>> 第三节 个人所得税申报纳税

一 纳税人

【知识点1】纳税人概述

在中国境内有住所，或者无住所而一个纳税年度内在中国境内居住累计满183天的个人，为居民个人。居民个人从中国境内和境外取得的所得，依照《中华人民共和国个人所得税法》规定缴纳个人所得税。

在中国境内无住所又不居住，或者无住所而一个纳税年度内在中国境内居住累计不满183天的个人，为非居民个人。非居民个人从中国境内取得的所得，依照《个人所得税法》规定缴纳个人所得税。

居民个人和非居民个人的判断标准：住所和居住时间。

(1) 住所：指因户籍、家庭、经济利益关系而在中国境内习惯性居住。

(2) 纳税年度：自公历1月1日起至12月31日止。

(3) 居民个人从中国境内和境外取得的所得缴纳个人所得税。

中国境内无住所个人所得征税的相关规定，具体见表4-2。

(1) 高层管理职务包括企业正、副（总）经理、各职能总师、总监及其他类似公司管理层的职务。

表 4－2　　中国境内无住所个人所得征税情形分析

<table>
<tr><th colspan="2" rowspan="2">居住时间</th><th colspan="2">境内所得</th><th colspan="2">境外所得</th></tr>
<tr><th>境内支付</th><th>境外支付</th><th>境内支付</th><th>境外支付</th></tr>
<tr><td rowspan="2">不满183天</td><td>连续或累计不超过90天</td><td>征税</td><td>免税</td><td>不征税
高管交</td><td>不征税</td></tr>
<tr><td>90～183天</td><td>征税</td><td>征税</td><td>不征税
高管交</td><td>不征税</td></tr>
<tr><td rowspan="2">满183天</td><td>累计满183天的年度连续不满6年</td><td>征税</td><td>征税</td><td>征税</td><td>免税（备案）</td></tr>
<tr><td>累计满183天的年度连续满6年</td><td>征税</td><td>征税</td><td>征税</td><td>征税</td></tr>
</table>

（2）无住所个人一个纳税年度内在中国境内累计居住天数，按照个人在中国境内累计停留的天数计算。在中国境内停留的当天满24小时的，计入中国境内居住天数，在中国境内停留的当天不足24小时的，不计入中国境内居住天数。

（3）超过183天的年度连续满6年，但其间单次离境超过30天的，视为第三类情形。

（4）连续满6年，是指该纳税年度的前1年至前6年的连续6个年度，其起始年度自2019年（含）以后年度开始计算。

（5）在中国境内居住累计满183天的任一年度中有一次离境超过30天的，其在中国境内居住累计满183天的年度的连续年限重新起算。

【知识点2】所得来源的确定

除国务院财政、税务主管部门另有规定外，下列所得，不论支付地点是否在中国境内，均为来源于中国境内的所得：

（1）因任职、受雇、履约等在中国境内提供劳务取得的所得；

（2）将财产出租给承租人在中国境内使用而取得的所得；

（3）许可各种特许权在中国境内使用而取得的所得；

（4）转让中国境内的不动产等财产或者在中国境内转让其他财产取得的所得；

（5）从中国境内企业、事业单位、其他组织以及居民个人取得的利息、股息、红利所得；

（6）由境内企业、事业单位、其他组织支付或者负担的稿酬所得，为来源于境内的所得。

二 扣缴义务人

【知识点】扣缴义务人概述

1. 个人所得税，以所得人为纳税义务人，以支付所得的单位或者个人为扣缴义务人。扣缴义务人应当按照国家规定办理全员全额扣缴申报，并向纳税人提供其个人所得和已扣缴税款等信息。

2. 全员全额扣缴申报，是指扣缴义务人应当在代扣税款的次月十五日内，向主管税务机关报送其支付所得的所有个人的有关信息、支付所得数额、扣除事项和数额、扣缴税款的具体数额和总额以及其他相关涉税信息资料。

3. 除“经营所得”税目外，扣缴义务人在向纳税人支付各项应纳税所得时，须履行代扣代缴税款的义务。

4. 由于支付所得的单位和个人与取得所得的人之间有多重支付的现象，有时难以确定扣缴义务人。为保证全国执行的统一，现将认定标准规定为：凡税务机关认定对所得的支付对象和支付数额有决定权的单位和个人，即为扣缴义务人。

5. 税务机关应根据扣缴义务人所扣缴的税款，付给 2% 的手续费，由扣缴义务人用于代扣代缴费用开支和奖励代扣代缴工作做得较好的办税人员。

三 综合所得

【知识点 1】综合所得的构成

综合所得包括：工资、薪金所得、劳务报酬所得、稿酬所得和特许权使用费所得。居民个人取得综合所得按纳税年度合并计算个人所得税；非居民个人取得这四项所得，按月或者按次分项计算个人所得税。

【知识点 2】工资、薪金所得

工资、薪金所得，是指个人因任职或者受雇取得的工资、薪金、奖金、年终加薪、劳动分红、津贴、补贴以及与任职或者受雇有关的其他所得。

1. 工资、薪金所得属于非独立个人劳动所得，强调个人所从事的是他人指定、安排并接受管理的劳动、工作，或服务于公司、工厂、行政、事业单位（私营企业主除外）。

2. 年终加薪、劳动分红不分种类和取得情况，一律按工资、薪金所得课税；津贴、补贴等则有例外。

3. 不征税项目包括：

（1）独生子女补贴；

（2）执行公务员工资制度未纳入基本工资总额的补贴、津贴差额和家属成员的副食品补贴；

（3）托儿补助费；

（4）差旅费津贴、误餐补助。

4. 退休人员再任职取得的收入，按“工资、薪金所得”项目征税。

“退休人员再任职”应同时符合下列条件：

（1）受雇人员与用人单位签订 1 年以上（含 1 年）劳动合同（协议），存在长期或连续的雇用与被雇用关系；

（2）受雇人员因事假、病假、休假等原因不能正常出勤时，仍享受固定或基本工资收入；

（3）受雇人员与单位其他正式职工享受同等福利、培训及其他待遇；

（4）受雇人员的职务晋升、职称评定等工作由用人单位负责组织。

5. 公司职工取得的用于购买企业国有股权的劳动分红，按“工资、薪金所得”项目计征个人所得税。

6. 出租汽车经营单位对出租车驾驶员采取单车承包或承租方式运营，出租车驾驶员从事客运取得的收入，按“工资、薪金所得”征税。

（1）从事个体出租车运营的出租车驾驶员取得的收入，按“经营所得”项目缴纳个人所得税。

（2）出租车属个人所有，但挂靠出租汽车经营单位或企事业单位，驾驶员向挂靠单位缴纳管理费的，或出租汽车经营单位将出租车所有权转移给驾驶员的，出租车驾驶员从事客货运营取得的收入，比照“经营所得”项目征税。

7. 自2004年1月20日起，对商品营销活动中，企业和单位对营销业绩突出的雇员（非雇员，按“劳务报酬所得”征税）以培训班、研讨会、工作考察等名义组织旅游活动，通过免收差旅费、旅游费对个人实行的营销业绩奖励（包括实物、有价证券等），应根据所发生费用的全额并入营销人员当期的工资、薪金所得，按照“工资、薪金所得”项目征收个人所得税，并由提供上述费用的企业和单位代扣代缴。

8. 员工股票期权所得性质的确认及其具体征税规定：

（1）员工接受实施股票期权计划企业授予的股票期权时，除另有规定外，一般不作为应税所得征税。

（2）员工行权时，其从企业取得股票的实际购买价（施权价）低于购买日公平市场价（指该股票当日的收盘价，下同）的差额，是因员工在企业的表现和业绩情况而取得的与任职、受雇有关的所得，应按“工资、薪金所得”适用的规定计算缴纳个人所得税。

对因特殊情况，员工在行权日之前将股票期权转让的，以股票期权的转让净收入，作为工资薪金所得征收个人所得税。

员工行权日所在期间的工资薪金所得，应按下列公式计算工资薪金应纳税所得额：

$$\begin{matrix}\text{股票期权形式的工资、}\\\text{薪金应纳税所得额}\end{matrix}=\left(\begin{matrix}\text{行权股票的}\\\text{每股市场价}\end{matrix}-\begin{matrix}\text{员工取得该股票期权}\\\text{支付的每股施权价}\end{matrix}\right)\times\text{股票数量}$$

（3）员工将行权后的股票再转让时获得的高于购买日公平市场价的差额，是因个人在证券二级市场上转让股票等有价证券而获得的所得，应按照“财产转让所得”适用的征免规定计算缴纳个人所得税。

（4）员工因拥有股权而参与企业税后利润分配取得的所得，应按照“利息、股息、红利所得”适用的规定计算缴纳个人所得税。

【知识点3】劳务报酬所得

劳务报酬所得，是指个人从事设计、装潢、安装、制图、化验、测试、医疗、法律、会计、咨询、讲学、新闻、广播、翻译、审稿、书画、雕刻、影视、录音、录像、演出、表演、广告、展览、技术服务、介绍服务、经纪服务、代办服务以及其他劳务报酬的所得。

1. “劳务报酬所得”与“工资、薪金所得”的区别：

（1）非独立个人劳动（任职雇佣）适用“工资、薪金所得”；

（2）独立个人劳动（非任职雇佣）适用“劳务报酬所得”。

2. 个人兼职取得的收入，按“劳务报酬所得”征税。

3. 董事费收入：

（1）个人在公司包括关联公司任职、受雇同时兼任董事、监事，按“工资、薪金所得”征税。

（2）个人担任公司董事监事且不在公司任职受雇的，按“劳务报酬所得”项目征税。

4. 在校学生参与勤工俭学活动应依法缴纳个人所得税。

【知识点4】稿酬所得

稿酬所得，是指个人因其作品以图书、报刊等形式出版、发表而取得的所得。

1. 任职、受雇于报纸、杂志等单位的记者、编辑等专业人员，因在本单位的报纸、杂志上发表作品取得的所得，与其当月工资收入合并，按“工资、薪金所得”项目征税。

除上述专业人员以外，其他人员在本单位的报纸、杂志上发表作品取得的所得，按“稿酬所得”项目征税。

2. 出版社的专业作者撰写、编写或翻译的作品，由本社以图书形式出版而取得的稿费收入，按“稿酬所得”项目征税。

3. 以图书、报刊形式出版、发表取得的所得。包括文字、书画、摄影以及其他作品，包括作者去世后，财产继承人取得的遗作稿酬。

【知识点5】特许权使用费所得

特许权使用费所得，是指个人提供专利权、商标权、著作权、非专利技术以及其他特许权的使用权取得的所得。包括提供著作权的使用权取得的所得，不包括稿酬所得。

1. 作者将自己的文字作品手稿原件或复印件公开拍卖（竞价）取得的所得。

2. 个人取得特许权的经济赔偿收入按“特许权使用费所得”项目纳税，税款由支付赔款的单位或个人代扣代缴。

3. 编剧从电视剧的制作单位取得的剧本使用费，按“特许权使用费所得”项目征税。

四 综合所得预扣预缴

【知识点 1】综合所得扣除项目规定

1. 纳税人同时从两处以上取得工资、薪金所得，并由扣缴义务人办理上述专项附加扣除的，对同一专项附加扣除项目，一个纳税年度内，纳税人只能选择从其中一处扣除。

2. 居民个人取得劳务报酬所得、稿酬所得、特许权使用费所得，应当在汇算清缴时向税务机关提供有关信息，减除专项附加扣除。居民个人没有取得综合所得，专项附加扣除费用不得扣除。

3. 大病医疗专项附加扣除，由纳税人在次年 3 月 1 日至 6 月 30 日内办理年度汇算清缴时，在限额内据实扣除。

4. 纳税人选择在扣缴义务人发放工资、薪金所得时享受专项附加扣除的，首次享受时应当填写并向扣缴义务人报送《扣除信息表》；纳税年度中间相关信息发生变化的，纳税人应当更新《扣除信息表》相应栏次，并及时报送给扣缴义务人。

更换工作单位，需要由新任职、受雇扣缴义务人办理专项附加扣除的，应在入职当月，填写并向扣缴义务人报送《扣除信息表》。

5. 纳税人不愿意将专项附加信息报送给任职受雇单位的，可在次年 3 月 1 日至 6 月 30 日内，向汇缴地主管税务机关办理年度汇算清缴申报时扣除。

6. 个人所得税专项附加扣除额本年度扣除不完的，不能结转以后年度扣除。

7. 纳税人次年需要由扣缴义务人继续办理专项附加扣除的，应当于每年 12 月份对次年享受专项附加扣除的内容进行确认，并报送至扣缴义务人。纳税人未及时确认的，扣缴义务人于次年 1 月起暂停扣除，待纳税人确认后再行办理专项附加扣除。

8. 纳税人可以通过远程办税端、电子或者纸质报表等方式，向扣缴义务人或者主管税务机关报送个人专项附加扣除信息。

9. 纳税人应当将《扣除信息表》及相关留存备查资料，自法定汇算清缴期结束后保存 5 年。纳税人报送给扣缴义务人的《扣除信息表》，扣缴义务人应当自预扣预缴年度的次年起留存 5 年。

10. 扣缴义务人应当及时按照纳税人提供的信息计算办理扣缴申报，不得擅自更改纳税人提供的相关信息。

扣缴义务人发现纳税人提供的信息与实际情况不符，可以要求纳税人修改。纳税人拒绝修改的，扣缴义务人应当向主管税务机关报告，税务机关应当及时处理。

11. 除纳税人另有要求外，扣缴义务人应当于年度终了后两个月内，向纳税人提供已办理的专项附加扣除项目及金额等信息。

12. 纳税人有下列情形之一的，主管税务机关应当责令其改正；情形严重的，应当纳入有关信用信息系统，并按照国家有关规定实施联合惩戒；涉及违反《中华人民共和国税收征收管理法》等法律法规的，税务机关依法进行处理：

（1）报送虚假专项附加扣除信息；

（2）重复享受专项附加扣除；

（3）超范围或标准享受专项附加扣除；

（4）拒不提供留存备查资料；

（5）税务总局规定的其他情形。

纳税人在任职、受雇单位报送虚假扣除信息的，税务机关责令改正的同时，通知扣缴义务人。

13. 个人未续保或退保的，应于未续保或退保当月告知扣缴义务人终止商业健康保险税前扣除。

14. 个人购买商业健康保险未获得税优识别码的，其支出金额不得税前扣除。

15. 扣缴义务人在填报《扣缴个人所得税报告表》或《特定行业个人所得税年度申报表》时，应将当期扣除的个人购买商业健康保险支出金额填至申报表“税前扣除项目”的“其他”列中（需注明商业健康保险扣除金额），并同时填报《商业健康保险税前扣除情况明细表》。

16. 捐赠收入全额扣除的情形：

（1）红十字事业；

（2）福利性、非营利性老年机构；

（3）农村义务教育、教育事业；

（4）公益性青少年活动场所；

（5）农村义务教育的捐赠；

（6）宋庆龄基金会等六家；

（7）中国医药卫生事业发展基金会、教育发展基金会、老龄事业发展基金会和中华快车基金会。

17. 专项扣除、专项附加扣除和依法确定的其他扣除，以居民个人一个纳税年度的应纳税所得额为限额；一个纳税年度扣除不完的，不结转以后年度扣除。

扣除项目的具体内容见表 4-3。

表 4-3　综合所得扣除项目明细

序号	扣除项目	扣除标准
1	基本减除费用	6 万元/年，5000 元/月
2	专项扣除	
（1）	基本养老保险 基本医疗保险 失业保险	按国家或省（自治区、直辖市）人民政府规定的缴费比例实际缴付的金额
（2）	住房公积金	单位上一年度月平均工资 12%，职工个人缴存住房公积金的月平均工资不得超过职工工作地所在设区城市上一年度职工月平均工资的 3 倍
3	专项附加扣除	
（1）	子女教育	每个子女每月定额扣除 1000 元
（2）	继续教育	学历教育每月 400 元定额扣除，同一学位（历）不超过 48 个月；职业资格继续教育在取得证书的当年定额扣除 3600 元
（3）	大病医疗	扣除医保报销后个人负担累计超过 15000 元的部分，在办理汇算清缴时在 80000 元限额内据实扣除

续表

序号	扣除项目	扣除标准
(4)	住房贷款利息	每月1000元的标准定额扣除，不超过240个月
(5)	住房租金	直辖市、省会（首府）城市、计划单列市以及国务院确定的其他城市，扣除标准为每月1500元； 除上述所列城市之外，市辖区户籍人口超过100万的城市，扣除标准为每月1100元；市辖区户籍人口不超过100万的城市，扣除标准为每月800元
(6)	赡养老人	纳税人为独生子女，按照每月2000元的标准定额扣除； 纳税人为非独生子女，与其兄弟姐妹分摊每月2000元扣除额度，每人分摊的额度不能超过每月1000元
4	其他扣除	
(1)	符合国家规定的企业年金、职业年金	不超过本人缴费工资计税基数的4%标准内的部分
(2)	符合国家规定的商业健康保险	扣除限额为2400元/年（200元/月）
(3)	税收递延型商业养老保险	扣除限额按照当月工资薪金、连续性劳务报酬收入的6%和1000元孰低
5	公益慈善事业捐赠	个人将其所得对教育、扶贫、济困等公益慈善事业进行捐赠，捐赠额未超过纳税人申报的应纳税所得额30%的部分，可以从其应纳税所得额中扣除； 国务院规定对公益慈善事业捐赠实行全额税前扣除的，从其规定

【知识点2】工资薪金累计预扣法

1. 扣缴义务人向居民个人支付工资、薪金所得时，应当按照累计预扣法计算预扣税款，并按月办理扣缴申报。

2. 累计预扣法具体计算公式如下：

本期应预扣预缴税额 =（累计预扣预缴应纳税所得额 × 预扣率 − 速算扣除数）− 累计减免税额 − 累计已预扣预缴税额

累计预扣预缴应纳税所得额 = 累计收入 − 累计免税收入 − 累计减除费用 − 累计专项扣除 − 累计专项附加扣除 − 累计依法确定的其他扣除

其中：累计减除费用，按照5000元/月乘以纳税人当年截至本月在本单位的任职受雇月份数计算。

如果计算本月应预扣预缴税额为负值时，暂不退税。纳税年度终了后余额仍为负值时，由纳税人通过办理综合所得年度汇算清缴，税款多退少补。

【知识点3】工资薪金特殊规定

1. 两处取得工资薪金

居民个人取得两处以上工资、薪金所得的，对于各个支付所得的企业或其他组织，只需按照《国家税务总局关于发布〈个人所得税扣缴申报管理办法（试行）〉的公告》（国家税务总局公告2018年第61号）的规定，各自按照累计预扣法预扣预缴个人所得税即可。

居民个人同时从两处以上取得工资、薪金所得，并由扣缴义务人减除专项附加扣除的，对同一专项附加扣除项目，在一个纳税年度内只能选择从一处取得的所得中减除。

2. 居民个人取得全年一次性奖金

在2021年12月31日前，居民个人取得全年一次性奖金：

（1）符合《国家税务总局关于调整个人取得全年一次性奖金等计算征收个人所得税方法问题的通知》（国税发〔2005〕9号）规定的，单独作为一个月工资薪金所得。以全年一次性奖金收入除以12个月得到的数额，按照新法七级税率表按月换算后的综合所得税率表，确定适用税率和速算扣除数，单独计算纳税。计算公式为：

应纳税额＝全年一次性奖金收入×适用税率－速算扣除数

（2）也可以选择并入当年综合所得计算纳税。自2022年1月1日起，居民个人取得全年一次性奖金，应并入当年综合所得计算缴纳个人所得税。

3. 关于解除劳动关系一次性补偿收入的政策

个人与用人单位解除劳动关系取得一次性补偿收入（包括用人单位发放的经济补偿金、生活补助费和其他补助费），在当地上年职工平均工资3倍数额以内的部分，免征个人所得税；超过3倍数额的部分，不并入当年综合所得，单独适用综合所得税率表，计算纳税。计算公式为：

应纳税所得额＝（一次性补偿收入－3×当地上年职工平均工资）×适用税率－速算扣除数

4. 关于提前退休的一次性补偿收入的政策

个人办理提前退休手续而取得的一次性补贴收入，应按照办理提前退休手续至法定离退休年龄之间实际年度数平均分摊，确定适用税率和速算扣除数，单独适用综合所得税率表，计算纳税。计算公式为：

应纳税额 = {〔(一次性补贴收入
÷办理提前退休手续至法定退休年龄的实际年度数)
−费用扣除标准〕×适用税率−速算扣除数}
×办理提前退休手续至法定退休年龄的实际年度数

5. 关于内部退养的一次性补偿收入的政策

个人办理内部退养手续而取得的一次性补贴收入，按照《国家税务总局关于个人所得税有关政策问题的通知》(国税发〔1999〕58 号) 规定计算纳税。个人在办理内部退养手续后从原任职单位取得的一次性收入，应按办理内部退养手续后至法定离退休年龄之间的所属月份进行平均，并与领取当月的“工资、薪金所得”合并后减除当月费用扣除标准，以余额为基数确定适用税率，再将当月工资、薪金加上取得的一次性收入，减去费用扣除标准，按适用税率计征个人所得税。

6. 员工低价购房所得

除住房制度改革期间外，单位按低于购置或建造成本价格出售住房给职工，职工因此而少支出的差价部分，属于个人所得税应税所得，按“工资、薪金所得”项目计算缴纳个人所得税。

差价部分，是指职工实际支付的购房价款低于该房屋的购置或建造成本价格的差额。不并入当年综合所得，以差价收入除以 12 个月得到的数额，按照月度税率表确定适用税率和速算扣除数，单独计算纳税。计算公式为：

应纳税额 = 职工实际支付的购房价款低于该房屋的购置或建造成本价格的差额
×适用税率−速算扣除数

7. 上市公司股权激励

(1) 居民个人取得股票期权、股票增值权、限制性股票、股权奖励等股权激励（以下简称股权激励），符合相关条件的，在 2021 年 12 月 31 日前，不并入当年综合所得，全额单独适用综合所得税率表，计算纳税。计算公式为：

应纳税额 = 股权激励收入×适用税率−速算扣除数

（2）居民个人一个纳税年度内取得两次以上（含两次）股权激励的，应合并计算纳税。2022 年 1 月 1 日之后的股权激励政策另行明确。

8. 个人领取企业年金、职业年金

个人达到国家规定的退休年龄，领取的企业年金、职业年金，符合《财政部 人力资源社会保障部 国家税务总局关于企业年金 职业年金个人所得税有关问题的通知》（财税〔2013〕103 号）规定的，不并入综合所得，全额单独计算应纳税款。其中按月领取的，适用月度税率表计算纳税；按季领取的，平均分摊计入各月，按每月领取额适用月度税率表计算纳税；按年领取的，适用综合所得税率表计算纳税。

个人因出境定居而一次性领取的年金个人账户资金，或个人死亡后，其指定的受益人或法定继承人一次性领取的年金个人账户余额，适用综合所得税率表计算纳税。对个人除上述特殊原因外一次性领取年金个人账户资金或余额的，适用月度税率表计算纳税。

9. 个人领取递延型商业养老保险

个人按照《财政部 税务总局 人力资源社会保障部 中国银行保险监督管理委员会 证监会关于开展个人税收递延型商业养老保险试点的通知》（财税〔2018〕22 号）的规定，领取的税收递延型商业养老保险的养老金收入，其中 25% 部分予以免税，其余 75% 部分按照 10% 的比例税率计算缴纳个人所得税，税款计入“工资、薪金所得”项目，由保险机构代扣代缴后，在个人购买税延养老保险的机构所在地办理全员全额扣缴申报。

【知识点 4】劳务报酬预扣预缴

1. 劳务报酬预扣预缴的计算方法（见表 4－4）

表 4－4　劳务报酬预扣预缴的计算方法

劳务报酬所得	扣缴义务人支付时，按以下方法按次或按月预扣预缴税款： （1）每次收入不超过 4000 元的，预扣预缴税额 =（收入 －800）× 预扣率 （2）每次收入 4000 元以上的，预扣预缴税额 = 收入 ×（1 －20%）× 预扣率 － 速算扣除数

2. 每次收入的确定

劳务报酬所得，根据不同劳务项目的特点，分别规定为：

（1）只有一次性收入的，以取得该项收入为一次。例如从事设计、安装、装潢、制图、化验、测试等劳务，往往是接受客户的委托，按照客户的要求，完成一次劳务后取得收入。

（2）属于同一事项连续取得收入的，以1个月内取得的收入为一次。

（3）考虑到属地管理与时间划定有交叉的特殊情况，统一规定以县（含县级市、区）为一地，其管辖范围内一个月内的劳务服务为一次；当月跨县地域的，则应分别计算。

3. 劳务报酬的特殊规定

保险营销员、证券经纪人取得的佣金收入，属于劳务报酬所得，以不含增值税的收入减除20%的费用后的余额为收入额，收入额减去展业成本以及附加税费后，并入当年综合所得，计算缴纳个人所得税。保险营销员、证券经纪人展业成本按照收入额的25%计算。

扣缴义务人向保险营销员、证券经纪人支付佣金收入时，应按照《国家税务总局关于发布〈个人所得税扣缴申报管理办法（试行）〉的公告》（国家税务总局公告2018年第61号）规定的累计预扣法计算预扣税款。

【知识点5】稿酬所得预扣预缴

1. 稿酬所得预扣预缴计算方法（见表4-5）

表4-5 稿酬所得预扣预缴的计算方法

稿酬所得	扣缴义务人支付时，按以下方法按次或按月预扣预缴税款： 1. 每次收入不超过4000元的，预扣预缴税额=（收入-800）×70%×20% 2. 每次收入4000元以上的，预扣预缴税额=收入×（1-20%）×70%×20%

2. 每次收入的确定

（1）个人每次以图书，报刊方式出版，发表同一作品（文字作品，书画作品，摄影作品以及其他作品），不论出版单位是预付还是分笔支付稿酬，或者加印该作品后再付稿酬，均应合并其稿酬所得按一次计征个人所得税。

（2）在两处或两处以上出版，发表或再版同一作品而取得稿酬所得，则可分别各处取得的所得或再版所得按分次所得计征个人所得税。

（3）个人的同一作品在报刊上连载，应合并其因连载而取得的所有稿酬所得为一次计税。在其连载之后又出书取得稿酬所得，或先出书后连载取得稿酬所得，应视同再版稿酬分次计征个人所得税。

【知识点6】特许权使用费预扣预缴

1. 特许权使用费所得预扣预缴计算方法（见表4－6）

表4－6　　特许权使用费预扣预缴的计算方法

特许权使用费所得	扣缴义务人支付时，按以下方法按次或按月预扣预缴税款： （1）每次收入不超过4000元的，预扣预缴税额＝（收入－800）×20% （2）每次收入4000元以上的，预扣预缴税额＝收入×（1－20%）×20%

2. 每次收入的确定

特许权使用费所得，属于一次性收入的，以取得该项收入为一次；属于同一项目连续性收入的，以一个月内取得的收入为一次。

五　综合所得汇算清缴

【知识点1】汇算清缴办理条件

1. 无需办理年度汇算的纳税人

经国务院批准，依据《财政部　税务总局关于个人所得税综合所得汇算清缴涉及有关政策问题的公告》（财政部　税务总局公告2019年第94号）有关规定，纳税人在2019年度已依法预缴个人所得税且符合下列情形之一的，无需办理2019年度个人所得税综合所得汇算清缴（以下简称年度汇算）：

（1）纳税人年度汇算需补税但年度综合所得收入不超过12万元的；

（2）纳税人年度汇算需补税金额不超过400元的；

（3）纳税人已预缴税额与年度应纳税额一致或者不申请年度汇算退税的。

2. 需要办理年度汇算的纳税人

依据税法规定，符合下列情形之一的，纳税人需要办理年度汇算：

（1）2019 年度已预缴税额大于年度应纳税额且申请退税的。包括2019 年度综合所得收入额不超过 6 万元但已预缴个人所得税；年度中间劳务报酬、稿酬、特许权使用费适用的预扣率高于综合所得年适用税率；预缴税款时，未申报扣除或未足额扣除减除费用、专项扣除、专项附加扣除、依法确定的其他扣除或捐赠，以及未申报享受或未足额享受综合所得税收优惠等情形。主要如下：

①2019 年度综合所得年收入额不足 6 万元，但平时预缴过个人所得税的；

②2019 年度有符合享受条件的专项附加扣除，但预缴税款时没有申报扣除的；

③因年中就业、退职或者部分月份没有收入等原因，减除费用 6 万元、“三险一金”等专项扣除、子女教育等专项附加扣除、企业（职业）年金以及商业健康保险、税收递延型养老保险等扣除不充分的；

④没有任职受雇单位，仅取得劳务报酬、稿酬、特许权使用费所得，需要通过年度汇算办理各种税前扣除的；

⑤纳税人取得劳务报酬、稿酬、特许权使用费所得，年度中间适用的预扣率高于全年综合所得年适用税率的；

⑥预缴税款时，未申报享受或者未足额享受综合所得税收优惠的，如残疾人减征个人所得税优惠等；

⑦有符合条件的公益慈善事业捐赠支出，但预缴税款时未办理扣除的；等等。

（2）2019 年度综合所得收入超过 12 万元且需要补税金额超过 400 元的。包括取得两处及以上综合所得，合并后适用税率提高导致已预缴税额小于年度应纳税额等情形。主要如下：

①在两个以上单位任职受雇并领取工资薪金，预缴税款时重复扣除了基本减除费用（5000 元/月）；

②除工资薪金外，纳税人还有劳务报酬、稿酬、特许权使用费所得，各项综合所得的收入加总后，导致适用综合所得年税率高于预扣率等。

【知识点2】年度汇算的规定

1. 年度汇算的计算

2019年度汇算应退或应补税额=[(综合所得收入额-6万元-"三险一金"等专项扣除-子女教育等专项附加扣除-依法确定的其他扣除-捐赠)×适用税率-速算扣除数]-2019年已预缴税额

综合所得收入额=工资薪金收入额+劳务报酬收入额+特许权使用费收入额+稿酬所得收入额

2. 可享受的税前扣除

下列未申报扣除或未足额扣除的税前扣除项目，纳税人可在年度汇算期间办理扣除或补充扣除：

（1）纳税人及其配偶、未成年子女在2019年度发生的，符合条件的大病医疗支出；

（2）纳税人在2019年度未申报享受或未足额享受的子女教育、继续教育、住房贷款利息或住房租金、赡养老人专项附加扣除，以及减除费用、专项扣除、依法确定的其他扣除；

（3）纳税人在2019年度发生的符合条件的捐赠支出。

3. 办理时间

纳税人办理2019年度汇算的时间为2020年3月1日至6月30日。在中国境内无住所的纳税人在2020年3月1日前离境的，可以在离境前办理年度汇算。

4. 办理方式

纳税人可自主选择下列办理方式：

（1）自行办理年度汇算。

（2）通过取得工资薪金或连续性取得劳务报酬所得的扣缴义务人代为办理。纳税人向扣缴义务人提出代办要求的，扣缴义务人应当代为办理，或者培训、辅导纳税人通过网上税务局（包括手机个人所得税APP）完成年度汇算申报和退（补）税。由扣缴义务人代为办理的，纳税人应在2020年4月30日前与扣缴义务人进行书面确认，补充提供其2019年度在本单位以外取得的综合所得收入、相关扣除、享受税收优惠等信息资料，并对所提交信息的真实性、准确性、完整性负责。

（3）委托涉税专业服务机构或其他单位及个人（以下称受托人）办理，受托人需与纳税人签订授权书。

扣缴义务人或受托人为纳税人办理年度汇算后，应当及时将办理情况告知纳税人。纳税人发现申报信息存在错误的，可以要求扣缴义务人或受托人办理更正申报，也可自行办理更正申报。

5. 办理渠道

纳税人可优先通过网上税务局（包括手机个人所得税 APP）办理年度汇算，税务机关将按规定为纳税人提供申报表预填服务；不方便通过上述方式办理的，也可以通过邮寄方式或到办税服务厅办理。

选择邮寄申报的，纳税人需将申报表寄送至任职受雇单位（没有任职受雇单位的，为户籍或者经常居住地）所在省、自治区、直辖市、计划单列市税务局公告指定的税务机关。

6. 申报信息及资料留存

纳税人办理年度汇算时，除向税务机关报送年度汇算申报表外，如需修改本人相关基础信息，新增享受扣除或者税收优惠的，还应按规定一并填报相关信息。填报的信息，纳税人需仔细核对，确保真实、准确、完整。

纳税人以及代办年度汇算的扣缴义务人，需将年度汇算申报表以及与纳税人综合所得收入、扣除、已缴税额或税收优惠等相关资料，自年度汇算期结束之日起留存 5 年。

7. 接受年度汇算申报的税务机关

按照方便就近原则，纳税人自行办理或受托人为纳税人代为办理 2019 年度汇算的，向纳税人任职受雇单位所在地的主管税务机关申报；有两处及以上任职受雇单位的，可自主选择向其中一处单位所在地的主管税务机关申报。纳税人没有任职受雇单位的，向其户籍所在地或者经常居住地的主管税务机关申报。

扣缴义务人在年度汇算期内为纳税人办理年度汇算的，向扣缴义务人的主管税务机关申报。

8. 年度汇算的退税、补税

纳税人申请年度汇算退税，应当提供其在中国境内开设的符合条件的银行账户。税务机关按规定审核后，按照国库管理有关规定，在上述规定的接受年度汇算申报的税务机关所在地（即汇算清缴地）就地办理税款退库。纳税人未提供本人有效银行账户，或者提供的信息资料有误的，税务机关将通知纳税人更正，纳税人按要求更正后依法办理退税。

为方便纳税人获取退税，纳税人 2019 年度综合所得收入额不超过 6 万元且已预缴个人所得税的，税务机关在网上税务局（包括手机个人所得税 APP）提供便捷退税功能，纳税人可以在 2020 年 3 月 1 日至 5 月 31 日期间，通过简易申报表办理年度汇算退税。

纳税人办理年度汇算补税的，可以通过网上银行、办税服务厅 POS 机刷卡、银行柜台、非银行支付机构等方式缴纳。

六 经营所得

【知识点 1】经营所得征税范围

1. 个体工商户的生产、经营所得

（1）个体工商户从事生产、经营活动取得的所得，个人独资企业投资人、合伙企业的个人合伙人来源于境内注册的个人独资企业、合伙企业生产、经营的所得。

（2）个人依法从事办学、医疗、咨询以及其他有偿服务活动取得的所得。

①按照相关法律法规需要报批有关部门审批的，需要取得有关部门的批准文件或执业许可证件；按照相关法律法规需要成立相应的机构才能进行执业的，需要成立个人设立或合伙设立执业机构。符合上述两个条件，才能确定为经营所得。

②个人从事医疗服务取得的所得：

——个人因在医疗机构（包括营利性医疗机构和非营利性医疗机构）任职而取得的所得，按“工资、薪金所得”征税。

——医生或其他个人承包、承租经营医疗机构，经营成果归承包人所有的，依据《中华人民共和国个人所得税法》规定，承包人取得的所得，应按照“对企事业单位的承包经营、承租经营所得”应税项目计征个人所得税。

——个人投资或个人合伙投资开设医院（诊所）而取得的收入按“个体工商户的生产、经营所得”征税。

（3）个人对企业、事业单位承包经营、承租经营以及转包、转租取得的所得。

①承包、承租人对企业经营成果不拥有所有权，仅是按合同（协议）规定取得一定所得的，其所得按“工资、薪金所得”项目征税。

②承包、承租人按合同（协议）的规定只向发包、出租方缴纳一定费用后，企业经营成果归其所有的，承包、承租人取得的所得，按“对企事业单位的承包经营、承租经营所得”项目征税。

③企业实行个人承包、承租经营后，如工商登记改变为个体工商户的，应依照“个体工商户的生产、经营所得”项目计征个人所得税。

（4）个人从事其他生产、经营活动取得的所得。

①个体工商户或个人专营种植业、养殖业、饲养业、捕捞业，不征收个人所得税；不属于原农业税、牧业税征税范围的，应对其所得计征个人所得税；同时对进入各类市场销售自产农产品的农民取得的所得暂不征收个人所得税。兼营上述“四业”并且“四业”的所得单独核算的，比照上述原则办理。对属于征收个人所得税的，应与其他行业的生产、经营所得合并计征个人所得税；对于“四业”的所得不能单独核算的，应就其全部所得计征个人所得税。

②个人因从事彩票代销业务而取得的所得，应按照“个体工商户的生产、经营所得”项目计征个人所得税。

③出租车属于个人所有，但挂靠出租车经营单位缴纳管理费的，或出租车经营单位将出租车所有权转移给驾驶员的，驾驶员收入按“个体工商户的生产、经营所得”缴纳个人所得税。

2. 个人独资企业和合伙企业的生产、经营所得

（1）合伙企业以每一个合伙人为纳税义务人。合伙企业合伙人是自然人的，缴纳个人所得税。合伙企业生产经营所得和其他所得采取“先分后税”的原则。生产经营所得和其他所得，包括合伙企业分配给所有合伙人的所得和企业当年留存的所得（利润）。

（2）个人独资企业、合伙企业的个人投资者以企业资金为本人、家庭成

员及其相关人员支付与企业生产经营无关的消费性支出及购买汽车、住房等财产性支出，视为企业对个人投资者利润分配，并入投资者个人的生产经营所得，依照“个体工商户的生产、经营所得”项目计征个人所得税。

【知识点2】应纳税所得额的计算

1. 个体工商户应纳税所得额的计算

（1）应纳税所得额 = 收入总额 − 成本 − 费用 − 损失 − 税金 − 其他支出 − 允许弥补的以前年度亏损

①收入总额包括：销售货物收入、提供劳务收入、转让财产收入、利息收入、租金收入、接受捐赠收入、其他收入。不包括：股息、红利等权益性投资收益和特许权使用费收入。

②其他收入包括：逾期一年以上的未退包装物押金收入。

（2）个体工商户下列支出不得扣除：

①个人所得税税款；

②税收滞纳金；

③罚金、罚款和被没收财物的损失；

④不符合扣除规定的捐赠支出；

⑤赞助支出；

⑥用于个人和家庭的支出；

⑦与取得生产经营收入无关的其他支出；

⑧国家税务总局规定不准扣除的支出。

（3）个体工商户生产经营活动中，应当分别核算生产经营费用和个人、家庭费用。对于生产经营与个人、家庭生活混用难以分清的费用，其40%视为与生产经营有关费用，准予扣除。

（4）个体工商户纳税年度发生的亏损，准予向以后年度结转，用以后年度的生产经营所得弥补，但结转年限最长不得超过5年。

（5）个体工商户经营所得的扣除项目及标准见表4－7。

表 4－7 个体工商户经营所得的扣除项目及标准

	从业人员	业主
工资薪金支出	实际支付可以据实扣除	不得税前扣除，按 5000 元/月标准扣除
五险一金	规定的范围和标准缴纳准予扣除	
补充养老保险费和补充医疗保险费	分别在不超过从业人员工资总额 5% 标准内的部分据实扣除；超过部分，不得扣除	当地（地级市）上年度社会平均工资的 3 倍为计算基数，分别在不超过该计算基数 5% 标准内的部分据实扣除；超过部分，不得扣除
商业保险	按规定为特殊工种从业人员支付的人身安全保险费和按规定可以扣除的其他商业保险费外，业主本人或为从业人员支付的商业保险费不得扣除，但业主本人购买的商业健康险允许按照 200 元/月的限额扣除	
工会经费、职工福利费和职工教育经费支出	工资薪金总额的 2%、14% 和 2.5% 的标准内据实扣除	当地（地级市）上年度社会平均工资的 3 倍为计算基数，在规定比例内据实扣除

（6）个体工商户业主、企事业单位承包承租经营者、个人独资和合伙企业投资者自行购买符合条件的商业健康保险产品的，在不超过 2400 元/年的标准内据实扣除。一年内保费金额超过 2400 元的部分，不得税前扣除。以后年度续保时，按上述规定执行。

（7）个体工商户业主、个人独资企业投资者、合伙企业个人合伙人和企事业单位承包承租经营者购买符合规定的商业健康保险产品支出，在年度申报填报《个人所得税生产经营所得纳税申报表（B 表）》、享受商业健康保险税前扣除政策时，应将商业健康保险税前扣除金额填至“允许扣除的其他费用”行（需注明商业健康保险扣除金额），并同时填报《商业健康保险税前扣除情况明细表》。

（8）其他扣除项目及标准见表 4－8。

表 4－8 个体工商户经营所得其他扣除项目及标准

序号	扣除项目	扣除标准
1	广告费和业务宣传费	个体工商户每一纳税年度发生的与其生产经营活动直接相关的广告费和业务宣传费不超过当年销售（营业）收入 15% 的部分，可以据实扣除；超过部分，准予在以后纳税年度结转扣除

续表

序号	扣除项目	扣除标准
2	业务招待费	个体工商户发生的与生产经营活动有关的业务招待费，按照实际发生额的60%扣除，但最高不得超过当年销售（营业）收入的5‰。 业主自申请营业执照之日起至开始生产经营之日止所发生的业务招待费，按照实际发生额的60%计入个体工商户的开办费
3	开办费	个体工商户自申请营业执照之日起至开始生产经营之日止所发生符合规定的费用，除为取得固定资产、无形资产的支出，以及应计入资产价值的汇兑损益、利息支出外，作为开办费，个体工商户可以选择在开始生产经营的当年一次性扣除，也可自生产经营月份起在不短于3年期限内摊销扣除，但一经选定，不得改变
4	研发费用	个体工商户研究开发新产品、新技术、新工艺所发生的开发费用，以及研究开发新产品、新技术而购置单台价值在10万元以下的测试仪器和试验性装置的购置费准予直接扣除；单台价值在10万元以上（含10万元）的测试仪器和试验性装置，按固定资产管理，不得在当期直接扣除
5	租赁费	个体工商户根据生产经营活动的需要租入固定资产支付的租赁费，以经营租赁方式租入固定资产发生的租赁费支出，按照租赁期限均匀扣除；以融资租赁方式租入固定资产发生的租赁费支出，按照规定构成融资租入固定资产价值的部分应当提取折旧费用，分期扣除
6	劳动保护费	合理的劳动保护支出，均予扣除
7	利息支出	向金融企业借款的利息支出； 向非金融企业和个人借款的利息支出，不超过按照金融企业同期同类贷款利率计算的数额的部分
8	捐赠支出	个体工商户通过公益性社会团体或者县级以上人民政府及其部门，用于规定的公益事业的捐赠，捐赠额不超过其应纳税所得额30%的部分可以据实扣除。规定可以全额在税前扣除的捐赠支出项目按有关规定执行。 个体工商户直接对受益人的捐赠不得扣除
9	摊位费等其他费用	个体工商户按照规定缴纳的摊位费、行政性收费、协会会费等，按实际发生数额扣除

2. 个人独资企业和合伙企业应纳税额计算

（1）个人独资企业以投资者为纳税人，合伙企业以每一个合伙人为纳税人。

（2）投资者工资不得在税前扣除。投资者的费用扣除标准为5000元/月。投资者兴办两个或两个以上企业的，其费用扣除标准由投资者选择在其中一个企业的生产经营所得中扣除。

（3）投资者及其家庭发生的生活费用不允许在税前扣除。生活费用与企业生产经营费用混合在一起难以划分的，全部视为生活费用，不允许税前扣除。

（4）投资者及其家庭共用的固定资产，难以划分的，由税务机关核定准予扣除的折旧费用的数额或者比例。

（5）投资者兴办两个或两个以上企业的，企业的年度经营亏损不能跨企业弥补。实行查账征税方式的个人独资企业和合伙企业改为核定征税方式后，在查账征税方式下认定的年度经营亏损未弥补完的部分，不得再继续弥补。

（6）个人独资企业的投资者以全部生产经营所得为应纳税所得额；合伙企业的投资者按照合伙企业的全部生产经营所得和其他所得，按照合伙协议约定的分配比例确定应纳税所得额；合伙协议没有约定或约定不明的，按照合伙人协商决定的分配比例确定应纳税所得额；协商不成的，按合伙人实缴出资比例确定；无法确认出资比例的，按合伙人数量平均计算每个投资者的应纳税所得额。合伙协议不得约定将全部利润分配给部分合伙人。

生产经营所得，包括企业分配给投资者个人的所得和企业当年留存的所得（利润）。

（7）扣除项目及标准同个体工商户经营所得。

【知识点3】经营所得征收方式

1. 查账征收

（1）月（季）度预缴税款的计算。

本期应纳税额 = 累积应纳税额 − 累积已缴税额

累积应纳税额 = 累积应纳税所得额 × 适用税率 − 速算扣除数

（2）本年度汇算清缴税款的计算。

汇算应补退税额 = 全年应纳税额 − 累积已缴税额

全年应纳税额 = 全年应纳税所得额 × 适用税率 − 速算扣除数

（3）应纳税所得额（经营所得）= 收入总额 − 成本费用 − 损失 − 税金 − 其他支出 − 允许弥补的以前年度亏损

（4）经营两个及两个以上个体工商户或个人独资企业、合伙企业年终汇算清缴。

$$应纳税所得额 = \sum 各个企业的经营所得（汇总确定税率）$$

$$应纳税额 = 应纳税所得额 \times 税率 - 速算扣除数$$

$$本企业应纳税额 = 应纳税额 \times 本企业的经营所得 \div \sum 各个企业的经营所得$$

$$本企业应补缴的税额 = 本企业应纳税额 - 本企业预缴的税额$$

2. 核定征收

核定征收包括核定应税所得率征收、定期定额征收以及其他合理的征收方式。

（1）核定应税所得率征收方式。

$$应纳所得税额 = 应纳税所得额 \times 适用税率$$

$$\begin{aligned}应纳税所得额 &= 收入总额 \times 应税所得率或应纳税所得额\\ &= 成本费用支出额 \div (1 - 应税所得率) \times 应税所得率\end{aligned}$$

（2）定期定额征收（核定征收率或附征率）。

$$应纳所得税额 = 收入总额 \times 核定征收率（或附征率）$$

七 分类所得

【知识点 1】财产租赁所得

1. 征收范围

财产租赁所得，是指个人出租建筑物、土地使用权、机器设备、车船以及其他财产取得的所得。

（1）个人取得的财产转租收入，属于“财产租赁所得”。

在确定纳税义务人时，应以产权凭证为依据，对无产权凭证的，由主管税务机关根据实际情况确定；产权所有人死亡，在未办理产权继承手续期间，该财产出租而有租金收入的，以领取租金的个人为纳税义务人。

（2）酒店产权式经营业主（以下简称业主）在约定的时间内提供房产使用权与酒店进行合作经营，如房产产权并未归属新的经济实体，业主按照约定取得的固定收入和分红收入均应视为租金收入，根据有关税收法律、行政法规的规定，应按照“财产租赁所得”项目征收个人所得税。

（3）房地产开发企业与商店购买者个人签订协议规定，房地产开发企业按优惠价格出售其开发的商店给购买者个人，但购买者个人在一定期限内必须将购买的商店无偿提供给房地产开发企业对外出租使用。对购买者个人少支出的购房价款视同“财产租赁所得”。每次财产租赁所得的收入额，按照少支出的购房价款和协议规定的租赁月份数平均计算确定。

2. 应纳税额的计算方法（见表4－9）

表4－9　　财产租赁所得的应纳税额计算方法

财产租赁所得	应纳税额
（每次收入－修缮费用）不超过4000元	应纳税额＝[收入－准予扣除项目－修缮费用（800元为限）－800（费用额）]×20%
（每次收入－修缮费用）超过4000元	应纳税额＝[收入－准予扣除项目－修缮费用（800元为限）]×（1－20%）×20%

（1）财产租赁所得以一个月内取得的收入为一次。

（2）个人出租财产取得的财产租赁收入，在计算缴纳个人所得税时，应依次扣除以下费用：

①财产租赁过程中缴纳的税费。

②转租的，可以扣除向出租方支付的租金。

③由纳税人负担的该出租财产实际开支的修缮费用，每次800元为限，一次扣不完的，可在以后期扣除。

④税法规定的费用扣除标准。

⑤适用税率为20%，个人出租住房减按10%。

【知识点2】财产转让所得

1. 征税范围

财产转让所得，是指个人转让有价证券、股权、建筑物、土地使用权、机器设备、车船以及其他财产取得的所得。

（1）境内股票转让所得暂不征收个人所得税。

（2）个人转让自用5年以上并且是家庭唯一生活用房取得的所得免税。

（3）转让改组改制中取得的量化资产：

①对职工个人以股份形式取得的仅作为分红依据，不拥有所有权的企业量化资产，不征收个人所得税。

②对职工个人以股份形式取得的拥有所有权的企业量化资产，暂缓征收个人所得税；待个人将股份转让时，就其转让收入额，减除个人取得该股份时实际支付的费用支出和合理转让费用后的余额，按“财产转让所得”项目计征个人所得税。

③对职工个人以股份形式取得的企业量化资产参与企业分配而获得的股息、红利，应按“利息、股息、红利所得”项目征收个人所得税。

（4）个人拍卖除文字作品原稿及复印件外的其他财产，按照“财产转让所得”项目征收个人所得税。

（5）个人以非货币性资产投资，属于个人转让非货币性资产和投资同时发生。对个人转让非货币性资产的所得，应按照“财产转让所得”项目，依法计算缴纳个人所得税。

非货币性资产投资：以非货币性资产出资设立新的企业，以及以非货币性资产出资参与企业增资扩股、定向增发股票、股权置换、重组改制等投资行为。

2. 应纳税额的计算

$$应纳税额 = (收入总额 - 财产原值 - 合理税费) \times 20\%$$

3. 原值的确定

（1）有价证券，其原值为买入价以及买入时按规定缴纳的有关费用。

（2）建筑物，其原值为建造费或者购进价格以及其他有关税费。财产转让所得当中，房屋原值的计算方法见表 4－10。

表 4－10　房屋原值计算方法

序号	房屋类型	房屋原值
1	商品房	购置该房屋时实际支付的房价款及缴纳的相关税费，包括支付价款中包含的增值税
2	自建住房	实际发生的建造费用及建造和取得产权时缴纳的相关税费
3	经济适用房	原购房人实际支付的房价款及相关税费，及按规定缴纳的土地出让金

续表

序号	房屋类型	房屋原值
4	已购共有住房	原购公有住房标准面积按当地经济适用房价格计算的房价款，加上原购公有住房超标准面积实际支付的房价款以及按规定向财政部门（或原产权单位）缴纳的所得收益及相关税费
5	城镇拆迁安置住房	
	（1）房屋拆迁取得货币补偿后购置该房屋的	购置该房屋实际支付的房价款及缴纳的相关税费
	（2）房屋拆迁采取产权调换	所调换房屋原值为《房屋拆迁补偿安置协议)》注明的价款及缴纳的相关税费
	（3）房屋拆迁采取产权调换，又取得部分货币补偿	所调换房屋原值为《房屋拆迁补偿安置协议)》，注明的价款和缴纳的相关税费，减去货币补偿后的余额
	（4）房屋拆迁采取产权调换，又支付部分货币	所调换房屋原值为《房屋拆迁补偿安置协议》注明价款，加上所支付的货币及缴纳的相关税费

①转让住房过程中缴纳的税金，是指纳税人在转让住房时实际缴纳的城市维护建设税、教育费附加、土地增值税、印花税等。

②合理费用，是指纳税人按照规定实际支付的住房装修费用、住房贷款利息、手续费、公证费等费用。

——支付的住房装修费用。纳税人能提供实际支付装修费用的税务统一发票，并且发票上所列付款人姓名与转让房屋产权人一致的，经税务机关审核，其转让的住房在转让前实际发生的装修费用，可在以下规定比例内扣除：

已购公有住房、经济适用房，最高扣除限额为房屋原值的 15%；

商品房及其他住房，最高扣除限额为房屋原值的 10%。

纳税人原购房为装修房，即合同注明房价款中含有装修费（铺装了地板，装配了洁具、厨具等）的，不得再重复扣除装修费用。

——支付的住房贷款利息。纳税人出售以按揭贷款方式购置的住房的，其向贷款银行实际支付的住房贷款利息，凭贷款银行出具的有效证明据实扣除。

——纳税人按照有关规定实际支付的手续费、公证费等，凭有关部门出具的有效证明据实扣除。

（3）土地使用权，其原值为取得土地使用权所支付的金额、开发土地的费用以及其他有关税费。

（4）机器设备、车船，其原值为购进价格、运输费用、安装费以及其他相关费用。

（5）拍卖品的财产原值见表4－11。

表4－11 拍卖品财产原值

序号	拍卖品类型	财产原值
1	通过商店、画廊等途径购买的	为购买该拍卖品时实际支付的价款
2	通过拍卖行拍得的	为拍得该拍卖品实际支付的价款及缴纳的相关税费
3	通过祖传收藏的	为其收藏该拍卖品而发生的费用
4	通过赠送取得的	为其受赠该拍卖品时发生的相关税费

①拍卖财产过程中缴纳的税金，是指在拍卖财产时纳税人实际缴纳的相关税金及附加。

②有关合理费用，是指拍卖财产时纳税人按照规定实际支付的拍卖费（佣金）、鉴定费、评估费、图录费、证书费等费用。

③纳税人不能提供合法、完整、准确的财产原值凭证，不能正确计算财产原值的，按转让收入额的3%征收率计算缴纳个人所得税；拍卖品为经文物部门认定是海外回流文物的，按转让收入额的2%征收率计算缴纳个人所得税。

（6）纳税人不能提供完整、准确的财产原值凭证，不能正确计算财产原值的，由主管税务机关核定其财产原值。

4. 个人转让上市公司限售股

应纳税所得额＝限售股转让收入－（限售股原值＋合理税费）

应纳税额＝应纳税所得额×20%

如果纳税人未能提供完整、真实的限售股原值凭证的，不能准确计算限售股原值的，主管税务机关一律按限售股转让收入的15%核定限售股原值及合理税费。

5. 个人以非货币性资产投资

应纳税所得额＝非货币性资产转让收入－资产原值－合理税费

非货币性资产转让收入：评估后的公允价值确认。个人以非货币性资产投资，应于非货币性资产转让、取得被投资企业股权时，确认非货币性资产转让收入的实现。

个人应在发生上述应税行为的次月15日内向主管税务机关申报纳税。

纳税人一次性缴税有困难的，可合理确定分期缴纳计划并报主管税务机关备案后，自发生上述应税行为之日起不超过5个公历年度内（含）分期缴纳个人所得税。

个人以非货币性资产投资交易过程中取得现金补价的，现金部分应优先用于缴税；现金不足以缴纳的部分，可分期缴纳。

个人在分期缴税期间转让其持有的上述全部或部分股权，并取得现金收入的，该现金收入应优先用于缴纳尚未缴清的税款。

【知识点3】利息、股息、红利所得

1. 征税范围

利息、股息、红利所得，是指个人拥有债权、股权等而取得的利息、股息、红利所得。

（1）对职工个人以股份形式取得的企业量化资产参与企业分配而获得的股息、红利，应按“利息、股息、红利所得”项目征收个人所得税。

（2）对个人独资企业、合伙企业的个人投资者以外企业的个人投资者为本人、家庭成员及其相关人员取得上述收入，依照“利息、股息、红利所得”项目征收个人所得税。

2. 股息红利差异化政策

（1）个人从公开发行和转让市场取得的上市公司股票，持股期限在1个月以内（含1个月）的，其股息红利所得全额计入应纳税所得额；持股期限在1个月以上至1年（含1年）的，暂减按50%计入应纳税所得额；持股期限超过1年的，暂免征收。

（2）全国中小企业股份转让系统挂牌公司股息红利差别化个人所得税政策也按上述政策执行。

（3）上市公司派发股息红利时，对个人持股1年以内（含）的，上市公司暂不扣缴个人所得税；待个人转让股票时，证券登记结算公司根据其持股期限计算应纳税额，由证券公司等股份托管机构从个人资金账户中扣收并划付证券登记结算公司，证券登记结算公司应于次月5个工作日内划付上市公司，上市公司在收到税款当月的法定申报期内向主管税务机关申报缴纳。

（4）个人持有的上市公司限售股，解禁后取得的股息红利，持股时间自解禁日起计算；解禁前取得的股息红利继续暂减按50%计入应纳税所得额，适用20%的税率计征个人所得税。

3. 个人投资者收购企业股权后将原有盈余积累转增股本

1名或多名个人投资者以股权收购方式取得被收购企业100%股权，股权收购前，被收购企业原账面金额中的“资本公积、盈余公积、未分配利润”等盈余积累未转增股本，而在股权交易时将其一并计入股权转让价格并履行了所得税纳税义务。股权收购后，企业将原账面金额中的盈余积累向个人投资者（新股东，下同）转增股本，有关个人所得税问题区分以下情形处理：

（1）新股东以不低于净资产价格收购股权的，企业原盈余积累已全部计入股权交易价格，新股东取得盈余积累转增股本的部分，不征收个人所得税。

（2）新股东以低于净资产价格收购股权的，企业原盈余积累中，对于股权收购价格减去原股本的差额部分已经计入股权交易价格，新股东取得盈余积累转增股本的部分，不征收个人所得税；对于股权收购价格低于原所有者权益的差额部分未计入股权交易价格，新股东取得盈余积累转增股本的部分，应按照“利息、股息、红利所得”项目征收个人所得税。

【知识点4】偶然所得

1. 征税范围

偶然所得，是指个人得奖、中奖、中彩以及其他偶然性质的所得。

（1）对个人购买社会福利有奖募捐奖券或体育彩票一次中奖收入不超过10000元的暂免征收个人所得税，对一次中奖收入超过10000元的，应按税法规定的“偶然所得”项目全额征税。

（2）个人取得单张有奖发票奖金所得不超过 800 元（含 800 元）的，暂免征收个人所得税；个人取得单张有奖发票奖金所得超过 800 元的，应按照税法规定的“偶然所得”项目征收个人所得税。

（3）企业在业务宣传、广告等活动中，随机向本单位以外的个人赠送礼品（包括网络红包，下同），以及企业在年会、座谈会、庆典以及其他活动中向本单位以外的个人赠送礼品，个人取得的礼品收入，按照“偶然所得”项目计算缴纳个人所得税，但企业赠送的具有价格折扣或折让性质的消费券、代金券、抵用券、优惠券等礼品除外。

（4）累计消费达到一定额度的顾客给予额外抽奖机会的获奖所得属于偶然所得。

（5）个人取得网络红包：

①对个人取得企业派发的现金网络红包，应按照“偶然所得”项目计算缴纳个人所得税，税款由派发红包的企业代扣代缴。

②对个人取得企业派发的且用于购买该企业商品（产品）或服务才能使用的非现金网络红包，包括各种消费券、代金券、抵用券、优惠券等，以及个人因购买该企业商品或服务达到一定额度而取得企业返还的现金网络红包，属于企业销售商品（产品）或提供服务的价格折扣、折让，不征收个人所得税。

③个人之间派发的现金网络红包，不属于《个人所得税法》规定的应税所得，不征收个人所得税。

（6）房屋产权所有人将房屋产权无偿赠与他人的，受赠人因无偿受赠房屋取得的受赠收入，按照“偶然所得”项目计算缴纳个人所得税。

（7）个人为单位或他人提供担保获得收入，按照“偶然所得”项目计算缴纳个人所得税。

（8）个人因在各行各业做出突出贡献而从省级以下人民政府及其所属部门取得的一次性奖励收入，不论其奖金来源，均不属于税法规定的免税收入，应按“偶然所得”项目计算缴纳个人所得税。

2. 应纳税额的计算

$$应纳税额 = 应纳税所得额 \times 适用税率 = 每次收入额 \times 20\%$$

八 居民个人境外所得税收抵免

【知识点】居民个人境外所得税收抵免

1. 居民个人来源于中国境外的所得，区别不同国家或者地区和不同项目，依照规定计算应纳税额；同一国家或者地区内不同所得项目的应纳税额之和，为该国家或者地区的抵免限额：

（1）综合所得。

来源于一国（地区）综合所得的抵免限额 = 中国境内、境外综合所得依照中国税法规定计算的综合所得应纳税总额 ×（来源于该国（地区）的综合所得收入额 ÷ 中国境内、境外综合所得收入总额）

境内、境外综合所得应纳税所得额 = [境内、境外全年工资薪金所得 + 境内、境外全年劳务报酬所得 ×（1 – 20%）+ 境内、境外全年特许权使用费所得 ×（1 – 20%）+ 境内、境外全年稿酬所得 ×（1 – 20%）× 70%] – 免税收入 – 专项扣除（6 万元）– 专项附加扣除 – 其他扣除 – 准予扣除的捐赠额

（2）经营所得。

来源于一国（地区）经营所得抵免限额 = 中国境内、境外经营所得依照中国税法规定计算的经营所得应纳税总额 ×（来源于该国（地区）的经营所得的应纳税所得额 ÷ 中国境内、境外经营所得的应纳税所得额）

境内、境外经营所得应纳税所得额 = 境内、境外全年收入总额 – 成本 – 费用 – 损失 – 基本扣除费用 – 专项扣除 – 其他扣除 – 准予扣除的捐赠额

2. 来源于一国（地区）的其他所得项目抵免限额，为来源于该国（地区）的其他所得项目依照中国税法规定计算的应纳税额。

（1）来源于一国（地区）的抵免限额 A = 该国综合所得抵免限额 + 该国经营所得抵免限额 + 该国其他所得项目抵免限额

$$\text{境外实际已缴数 B} = \text{各项所得按所得来源国家或地区的法律应缴实缴税额之和} + \text{以前年度结转抵免税额}$$

（2）境外实际已缴数 B < 抵免限额 A：在中国补缴税款 = A – B。

（3）境外实际已缴数 B > 抵免限额 A：在中国本年无需补缴税款，超出部分也不得扣除但可在该国以后年度所得中结转扣除，但结转期限不超过

5 年。

居民抵免已在境外缴纳的个人所得税额，应当提供境外税务机关出具的税款所属年度的有关纳税凭证。

九 非居民个人所得税

【知识点】非居民个人所得来源地规定

1. 关于工资、薪金所得来源地的规定

个人取得归属于中国境内（以下称境内）工作期间的工资、薪金所得为来源于境内的工资、薪金所得。境内工作期间按照个人在境内工作天数计算，包括其在境内的实际工作日以及境内工作期间在境内、境外享受的公休假、个人休假、接受培训的天数。在境内、境外单位同时担任职务或者仅在境外单位任职的个人，在境内停留的当天不足 24 小时的，按照半天计算境内工作天数。

2. 关于数月奖金以及股权激励所得来源地的规定

无住所个人取得的数月奖金或者股权激励所得按照上述规定确定所得来源地的，无住所个人在境内履职或者执行职务时收到的数月奖金或者股权激励所得，归属于境外工作期间的部分，为来源于境外的工资、薪金所得；无住所个人停止在境内履约或者执行职务离境后收到的数月奖金或者股权激励所得，对属于境内工作期间的部分，为来源于境内的工资、薪金所得。

3. 关于董事、监事及高层管理人员取得报酬所得来源地的规定

对于担任境内居民企业的董事、监事及高层管理职务的个人（以下统称高管人员），无论是否在境内履行职务，取得由境内居民企业支付或者负担的董事费、监事费、工资、薪金或者其他类似报酬，属于来源于境内的所得。

4. 关于稿酬所得来源地的规定

由境内企业、事业单位、其他组织支付或者负担的稿酬所得，为来源于境内的所得。

十 无住所个人工资、薪金所得收入额的确定

【知识点1】无住所个人为非居民个人的收入额的确定

非居民个人取得工资、薪金所得，除“无住所个人为高管人员的情形”规定以外，当月工资、薪金收入额分别按照以下两种情形计算：

1. 非居民个人境内居住时间累计不超过90天的情形，工资、薪金所得收入额的计算公式为：

$$\text{当月工资、薪金收入额}=\text{当月境内外工资、薪金总额}\times\frac{\text{当月境内支付工资、薪金数额}}{\text{当月境内外工资、薪金总额}}\times\frac{\text{当月工资、薪金所属工作期间境内工作天数}}{\text{当月工资、薪金所得工作期间公历天数}}$$

2. 非居民个人境内居住时间累计超过90天不满183天的情形，工资、薪金所得收入额的计算公式为：

$$\text{当月工资、薪金收入额}=\text{当月境内外工资、薪金总额}\times\frac{\text{当月工资、薪金所属工作期间境内工作天数}}{\text{当月工资、薪金金属工作期间公历天数}}$$

【知识点2】无住所个人为居民个人的收入额的确定

在一个纳税年度内，在境内累计居住满183天的无住所居民个人取得工资、薪金所得，当月工资、薪金收入额按照以下规定计算：

1. 无住所居民个人在境内居住累计满183天的年度连续不满6年的情形，工资、薪金所得收入额的计算公式为：

$$\text{当月工资、薪金收入额}=\text{当月境内外工资、薪金总额}\times\left(1-\frac{\text{当月境外支付工资、薪金数额}}{\text{当月境内外工资、薪金总额}}\times\frac{\text{当月工资、薪金所属工作期间境外工作天数}}{\text{当月工资、薪金所属工作期间公历天数}}\right)$$

2. 无住所居民个人在境内居住累计满183天的年度连续满6年的情形，无论是来源于境内或境外的所得（包含境内或境外的支付）均按规定缴纳个人所得税。

【知识点3】无住所个人为高管人员的收入额的确定

1. 无住所居民个人为高管人员的，工资、薪金收入额按照上述知识点2中规定计算纳税。

2. 非居民个人为高管人员的，按照以下规定处理：

（1）高管人员在境内居住时间累计不超过90天的情形。

在一个纳税年度内，在境内累计居住不超过90天的高管人员，其取得由境内雇主支付或者负担的工资、薪金所得应当计算缴纳个人所得税；不是由境内雇主支付或者负担的工资、薪金所得，不缴纳个人所得税。

（2）高管人员在境内居住时间累计超过90天不满183天的情形。

在一个纳税年度内，在境内居住累计超过90天但不满183天的高管人员，其取得的工资、薪金所得，除归属于境外工作期间且不是由境内雇主支付或者负担的部分外，应当计算缴纳个人所得税。当月工资、薪金收入额计算适用上述知识点2的计算公式。

【知识点4】无住所个人应纳税额的计算

1. 无住所非居民个人应纳税额的计算。

非居民个人取得工资、薪金所得，劳务报酬所得，稿酬所得和特许权使用费所得，有扣缴义务人的，由扣缴义务人代扣代缴税款，不办理汇算清缴。扣缴义务人向非居民个人支付工资、薪金所得，劳务报酬所得，稿酬所得和特许权使用费所得时，应当按以下方法按月或者按次代扣代缴个人所得税：

（1）工资、薪金所得。

$$工资、薪金所得应纳税所得额 = 每月收入额 - 5000元/月$$

（2）劳务报酬所得、稿酬所得、特许权使用费所得，以每次收入额为应纳税所得额，其中：

$$劳务报酬所得应纳税额 = 收入 \times (1 - 20\%) \times 税率 - 速算扣除数$$

$$稿酬所得应纳税额 = 收入 \times (1 - 20\%) \times 70\% \times 税率 - 速算扣除数$$

$$特许权使用费所得应纳税额 = 收入 \times (1 - 20\%) \times 税率 - 速算扣除数$$

2. 无住所居民个人应纳税额的计算。

无住所居民个人取得综合所得，年度终了后，应按年计算个人所得税；

有扣缴义务人的，由扣缴义务人按月或者按次预扣预缴税款；需要办理汇算清缴的，按照规定办理汇算清缴，年度综合所得应纳税额计算公式如下：

年度综合所得应纳税额 =（年度工资、薪金收入额 + 年度劳务报酬收入额 + 年度稿酬收入额 + 年度特许权使用费收入额 − 减除费用 − 专项扣除 − 专项附加扣除 − 依法确定的其他扣除）× 适用税率 − 速算扣除数

无住所居民个人为外籍个人的，2022 年 1 月 1 日前计算工资、薪金收入额时，已经按规定减除住房补贴、子女教育费、语言训练费等八项津补贴的，不能同时享受专项附加扣除。

3. 非居民个人一个月内取得数月奖金，单独按规定计算当月收入额，不与当月其他工资、薪金合并，按 6 个月分摊计税，不减除费用，适用月度税率表计算应纳税额，在一个公历年度内，对每一个非居民个人，该计税办法只允许适用一次。计算公式如下：

当月数月奖金应纳税额 =［（数月奖金收入额 ÷6）× 适用税率 − 速算扣除数］×6

4. 非居民个人一个月内取得股权激励所得，单独按照规定计算当月收入额，不与当月其他工资、薪金合并，按 6 个月分摊计税（一个公历年度内的股权激励所得应合并计算），不减除费用，适用月度税率表计算应纳税额，计算公式如下：

当月股权激励所得应纳税额 =［（本公历年度内股权激励所得合计额 ÷6）× 适用税率 − 速算扣除数］×6 − 本公历年度内股权激励所得已纳税额

【知识点 5】无住所个人相关征管规定

1. 关于无住所个人预计境内居住时间的规定

无住所个人在一个纳税年度内首次申报时，应当根据合同约定等情况预计一个纳税年度内境内居住天数以及在税收协定规定的期间内境内停留天数，按照预计情况计算缴纳税款。实际情况与预计情况不符的，分别按照以下规定处理：

（1）无住所个人预先判定为非居民个人，因延长居住天数达到居民个人条件的，一个纳税年度内税款扣缴方法保持不变，年度终了后按照居民个人有关规定办理汇算清缴，但该个人在当年离境且预计年度内不再入境的，可以选择在离境之前办理汇算清缴。

（2）无住所个人预先判定为居民个人，因缩短居住天数不能达到居民个

人条件的，在不能达到居民个人条件之日起至年度终了 15 天内，应当向主管税务机关报告，按照非居民个人重新计算应纳税额，申报补缴税款，不加收税收滞纳金。需要退税的，按照规定办理。

（3）无住所个人预计一个纳税年度境内居住天数累计不超过 90 天，但实际累计居住天数超过 90 天的，或者对方税收居民个人预计在税收协定规定的期间内境内停留天数不超过 183 天，但实际停留天数超过 183 天的，待达到 90 天或者 183 天的月度终了后 15 天内，应当向主管税务机关报告，就以前月份工资、薪金所得重新计算应纳税款，并补缴税款，不加收税收滞纳金。

2. 关于无住所个人境内雇主报告境外关联方支付工资、薪金所得的规定

（1）无住所个人在境内任职、受雇取得来源于境内的工资、薪金所得，凡境内雇主与境外单位或者个人存在关联关系，将本应由境内雇主支付的工资、薪金所得，部分或者全部由境外关联方支付的，无住所个人可以自行申报缴纳税款，也可以委托境内雇主代为缴纳税款。

（2）无住所个人未委托境内雇主代为缴纳税款的，境内雇主应当在相关所得支付当月终了后 15 天内向主管税务机关报告相关信息，包括境内雇主与境外关联方对无住所个人的工作安排、境外支付情况以及无住所个人的联系方式等信息。

十一 纳税申报期限、地点和涉税表单

【知识点 1】申报纳税的所得项目

1. 有下列情形之一的，纳税人应当依法办理纳税申报：

（1）取得综合所得需要办理汇算清缴；

（2）取得应税所得没有扣缴义务人；

（3）取得应税所得，扣缴义务人未扣缴税款；

（4）取得境外所得；

（5）因移居境外注销中国户籍；

（6）非居民个人在中国境内从两处以上取得工资、薪金所得；

（7）国务院规定的其他情形。

【知识点 2】个人所得税纳税申报管理相关规定

个人所得税纳税申报相关事项见表 4－12。

表 4－12　　个人所得税纳税申报相关事项规定

项目	具体情形	申报期限	申报纳税地点	申报表单
居民个人取得应税所得	有扣缴义务人	1. 扣缴义务人按月或按次预扣预缴税款，在次月15日内缴入国库	任职、受雇单位所在地主管税务机关	1.《个人所得税基础信息表（A表）》 2.《个人所得税扣缴申报表》 3.《个人所得税专项附加扣除信息表》
		2. 需要办理汇算清缴的，应当在取得所得的次年3月1日至6月30前办理	1. 有任职、受雇单位的：向任职、受雇单位所在地。有两处以上任职、受雇单位的，选择向其中一处任职、受雇单位所在地；2. 纳税人没有任职、受雇单位的，向户籍所在地或经常居住地主管税务机关办理纳税申报	《个人所得税年度自行纳税申报表》
	有扣缴义务人但没有扣缴税款的	取得综合所得的，次年3月1日至6月30前	向综合所得汇算清缴申报地主管税务机关办理	《个人所得税年度自行纳税申报表》
		取得其他所得，次月6月30前或税务机关通知的期限		《个人所得税自行纳税申报表（A表）》
	没有扣缴义务人	取得综合所得的次月15日内	户籍所在地或常住地	《个人所得税年度自行纳税申报表》
		取得分类所得的次月15日内		《个人所得税自行纳税申报表（A表）》
	从中国境外取得应税所得的	在取得所得的次年3月1日至6月30前	1. 向境内任职受雇单位所在地主管税务机关办理纳税申报； 2. 没有任职、受雇单位的，向户籍所在地或经常居住地主管税务机关办理纳税申报； 3. 户籍所在地与经常居住地不一致的，选择其中一地主管税务机关办理纳税申报； 4. 在没有户籍的，向经常居住地主管税务机关办理纳税申报	《个人所得税自行纳税申报表（A表）》

续表

项目	具体情形	申报期限	申报纳税地点	申报表单
因移居境外注销中国户籍的	取得综合所得	注销中国户籍前	向户籍所在地主管税务机关办理	《个人所得税年度自行纳税申报表》
	取得经营所得			《个人所得税经营所得纳税申报表（B表）、（C表）》
	取得其他所得			《个人所得税自行纳税申报表（A表）》
居民个人取得经营所得	预缴纳申报	季度终了后15日内报送	向经营管理所在地主管税务机关办理	《个人所得税经营所得纳税申报表（A表）》
	汇算清缴	次年3月31日前报送	向经营管理所在地主管税务机关办理	《个人所得税经营所得纳税申报表（B表）》
	两处以上取得经营所得，办理年度汇总纳税申报	次年3月31日前报送	从两处以上取得经营所得的，选择向其中一处经营管理所在地主管税务机关办理	《个人所得税经营所得纳税申报表（C表）》
非居民个人取得应税所得	有扣缴义务人	由扣缴义务人按月或者按次代扣代缴税款，次月15日内	扣缴义务人向所在地主管税务机关办理	1.《个人所得税基础信息表（A表）》 2.《个人所得扣缴申报表》
	有扣缴义务人，但没扣缴税款的	次年6月30日前和离境日期孰早或税务机关通知的期限	向为扣缴税款的扣缴义务人所在地主管税务机关办理	《个人所得税自行纳税申报表（A表）》
	没有扣缴义务人	次月15日内	向经常居住地所在地主管税务机关办理	
	从两处以上取得工资、薪金所得		选择向其中一处任职受雇单位所在地主管税务机关办理	

注：①纳税人自行申报，首次申报或者个人基础信息发生变化的，还应报送《个人所得税基础信息表（B表）》；②纳税人办理注销户籍纳税申报时，需要办理专项附加扣除、依法确定的其他扣除的，应当向税务机关报送《个人所得税专项附加扣除信息表》《商业健康保险税前扣除情况明细表》《个人税收递延型商业养老保险税前扣除情况明细表》等。

【知识点3】纳税调整

有下列情形之一的，税务机关有权按照合理方法进行纳税调整：

（1）个人与其关联方之间的业务往来不符合独立交易原则而减少本人或者其关联方应纳税额，且无正当理由。

（2）居民个人控制的，或者居民个人和居民企业共同控制的设立在实际税负明显偏低的国家（地区）的企业，无合理经营需要，对应当归属于居民个人的利润不作分配或者减少分配。

（3）个人实施其他不具有合理商业目的的安排而获取不当税收利益。

（4）税务机关依照前款规定作出纳税调整，需要补征税款的，应当补征税款，并依法加收利息。

>> 第四节 社会保险费及非税收入申报

一 社会保险费申报

【知识点1】单位社会保险费申报

1. 社会保险费（简称社保费）单位缴费人，应当依照法律、行政法规规定的申报期限、申报内容，申报缴纳社会保险费（省、自治区、直辖市对社会保险费征收机关另有规定的，按其规定执行）。

2. 办理材料根据不同情形进行区分：

（1）自主申报缴纳社会保险费的单位缴费人需提供《社会保险费缴费申报表（适用于单位缴费人）》2 份；如为采取社会保险费明细管理地区的单位缴费人，需提供《社会保险费缴费明细申报表（适用职工个人）》2 份，如为法院判决或者劳动仲裁机构裁决中需要申报缴纳社保费的单位缴费人，需提供法院文书、劳动仲裁书的原件及复印件，查验原件。

（2）自主申报缴纳工程项目工伤保险费的单位缴费人需提供《社会保险

费缴费申报表（适用工程项目工伤保险）》2 份。

（3）依据社保经办机构核定应缴费额缴纳社会保险费的单位缴费人需提供《社会保险费核定通知单》2 份。

3. 单位缴费人一般按月申报缴纳社会保险费。

4. 单位缴费人申报缴纳社会保险费主要有两种方式：一是缴费人按照规定期限自主申报缴纳；二是依据社保经办部门核定的应缴费额进行缴纳，具体执行方式以当地政策为准。

5. 依据社保经办机构核定数据缴纳社会保险费的单位缴费人，在税务机关信息系统可以接收到社保经办机构核定的应征数据情况下，无需提供《社会保险费核定通知单》及其他资料。

6. 职工个人应当缴纳的社会保险费，由所在单位从其本人工资中代扣代缴。

7. 建筑施工企业应依法参加工伤保险。其相对固定的职工，应按用人单位参加工伤保险。不能按用人单位参加工伤保险的职工，特别是短期雇佣的农民工，应按项目优先参加工伤保险，一般应由施工项目总承包单位或项目标段合同承建单位按照劳动雇佣关系一次性代缴本项目工伤保险费，覆盖项目使用的所有职工，包括专业承包单位、劳务分包单位使用的农民工。

8. 自 2019 年 5 月 1 日起，降低城镇职工基本养老保险（包括企业和机关事业单位基本养老保险）单位缴费比例，比例高于 16% 的，可降至 16%；实施失业保险总费率 1% 的省（自治区、直辖市），延长阶段性降低失业保险费率的期限至 2020 年 4 月 30 日；满足条件的统筹地区工伤保险可在现行费率的基础上下调 20% 或 50%，期限至 2020 年 4 月 30 日。

9. 各省（自治区、直辖市）应以本省（自治区、直辖市）城镇非私营单位就业人员平均工资和城镇私营单位就业人员平均工资加权计算的全口径城镇单位就业人员的平均工资，核定社保个人缴费基数上下限。

10. 缴费人通过税务机关信息系统完成申报缴费的，可以申请开具社会保险费缴费证明。税务机关出具的缴费证明，不体现社保部门的退费结果信息。

【知识点 2】灵活就业人员社会保险费申报

1. 无雇工的个体工商户、未在用人单位参加社会保险的非全日制从业人员以及其他灵活就业人员参加社会保险的，应当依照法律、行政法规规定确定的申报期限、申报内容、申报缴纳社会保险费（省、自治区、直辖市对社会保险费征收机关另有规定的，按其规定执行）。

2. 办理材料根据不同情形进行区分：

（1）自主申报缴纳社会保险费的灵活就业人员需提供《社会保险费缴费申报表（适用灵活就业人员）》2 份。

（2）依据社保经办机构核定应缴费额缴纳社会保险费的灵活就业人员需提供《社会保险费核定通知单》2 份。

3. 依据社保经办机构核定数据缴纳社会保险费的灵活就业人员，当税务机关信息系统可以接收到社保经办机构核定的应征数据时，免于资料报送。缴费人可签订社会保险费银税三方（委托）划缴协议，到期自动划扣应缴费款，无需再行申报。

4. 各省（自治区、直辖市）应以本省（自治区、直辖市）城镇非私营单位就业人员平均工资和城镇私营单位就业人员平均工资加权计算的全口径城镇单位就业人员的平均工资，核定社保个人缴费基数上下限。

5. 灵活就业人员参加企业职工基本养老保险，可以在本省（自治区、直辖市）全口径城镇单位就业人员平均工资的60% ~300%之间选择适当的缴费基数。基本养老保险缴费比例不超过20%，基本医疗保险缴费比例由各统筹区确定。

6. 缴费人通过税务机关信息系统完成申报缴费的，可以申请开具社会保险费缴费证明。税务机关出具的缴费证明，不体现社保部门的退费结果信息。

【知识点3】城乡居民社会保险费申报

1. 参加城乡居民基本社会保险的缴费人，以及代办单位集中代收城乡居民社会保险费的代办人员，应当依照法律、行政法规规定确定的申报期限、申报内容，申报缴纳城乡居民社会保险费（省、自治区、直辖市对社会保险费征收机关另有规定的，按其规定执行）。

城乡居民社会保险费申报分城乡居民基本养老保险费申报和城乡居民基本医疗保险费申报。

2. 办理材料根据不同情形进行区分：

（1）自行向税务机关申报的城乡居民需报送《社会保险费缴费申报表（适用城乡居民个人）》2 份。

（2）依据社保经办机构核定应缴费额缴纳社会保险费的城乡居民需报送《社会保险费核定通知单》2 份。

（3）集中代收城乡居民社会保险费的学校、村居民委员会等代办人员需报送《社会保险费缴费申报表（适用城乡居民虚拟户汇总申报）》2 份，《社会保险费缴费申报表（适用城乡居民虚拟户明细申报）》2 份。

3. 年满 16 周岁（不含在校学生），非国家机关和事业单位工作人员及不属于职工基本养老保险制度覆盖范围的城乡居民，可以在户籍地参加城乡居民养老保险。

4. 城乡居民参保人员在省（自治区、直辖市）人民政府设定的城乡居民养老保险缴费标准中自主选择档次缴费。缴费人城乡养老缴费档次发生变化的，需提前进行缴费档次变更。

5. 除职工基本医疗保险应参保人员以外的其他所有城乡居民均可参加城乡居民医疗保险。农民工和灵活就业人员依法参加职工基本医疗保险，有困难的可按照当地规定参加城乡居民医疗保险。

6. 城乡居民基本养老保险和基本医疗保险均为自愿参保缴费（以各地实际征收政策为准），主要通过集中代收的模式进行征缴，可选择以个人直接缴费模式进行缴费。

7. 依据社保经办机构核定数据缴纳社会保险费的缴费人，当税务机关信息系统可以接收到社保经办机构核定的应征数据时，免于资料报送。缴费人可签订社会保险费银税三方（委托）划缴协议，到期自动划扣应缴费款，无需再行申报。

8. 代办人员通过到社保经办部门核准数据，并将应征费款信息传递到税务机关信息系统的，免于资料报送。

9. 缴费人通过税务机关信息系统完成申报缴费的，可以申请开具社会保险费缴费证明。税务机关出具的缴费证明，不体现社保部门的退费结果信息。

二 非税收入申报

【知识点 1】文化事业建设费申报

1. 在中华人民共和国境内提供广告服务的广告媒介单位和户外广告经营单位，以及提供娱乐服务的单位和个人，应依照法律、行政法规规定确定的申报期限、申报内容，申报缴纳文化事业建设费。

中华人民共和国境外的缴纳义务人，在境内未设有经营机构的，以服务接受方为扣缴义务人。文化事业建设费的扣缴义务人依照法律、行政法规规定确定的申报期限、申报内容，就应税项目向税务机关申报入库其代扣代缴的文化事业建设费。

2. 办理材料根据不同情形进行区分：

（1）文化事业建设费缴纳义务人需报送《文化事业建设费申报表》2 份，如为从提供相关应税服务所取得的全部含税价款和价外费用中减除有关价款的提供广告服务的纳税人，需提供《应税服务减除项目清单》2 份，并根据取得的合法有效凭证逐一填列。

（2）文化事业建设费扣缴义务人需报送《文化事业建设费代扣代缴报告表》2 份。

3. 中华人民共和国境外的广告媒介单位和户外广告经营单位在境内未设有经营机构的，以广告服务接受方为扣缴义务人，应按规定扣缴文化事业建设费，应扣缴费额 = 支付的广告服务含税价款 × 费率。

4. 文化事业建设费的缴纳义务、扣缴义务发生时间、缴纳地点、缴纳期限，与缴纳义务人的增值税纳税义务发生时间、纳税地点、纳税期限相同。扣缴义务人应当向其机构所在地或者居住地主管税务机关申报缴纳其扣缴的文化事业建设费。

5. 增值税小规模纳税人缴纳文化事业建设费，原则上实行按季申报。缴纳义务人要求不实行按季申报的，由主管税务机关根据其应缴费额大小核定缴费期限。

6. 广告服务和娱乐服务，是指《财政部　国家税务总局关于全面推开营业税改征增值祝试点的通知》（财税〔2016〕36 号）的《销售服务、无形资产、不动产注释》中“广告服务”和“娱乐服务”范围内的服务。

7. 缴纳义务人按照提供广告服务或娱乐服务取得的计费销售额缴纳文化事业建设费，文化事业建设费的费率为3%。

应缴费额 = 计费销售额 ×3%

8. 广告服务的计费销售额，指的是缴纳义务人提供广告服务取得的全部含税价款和价外费用，减除支付给其他广告公司或广告发布者的含税广告发布费后的余额。缴纳义务人减除价款的，应当取得增值税专用发票或国家税务总局规定的其他合法有效凭证，否则，不得减除。

9. 娱乐服务计费销售额，指的是缴纳义务人提供娱乐服务取得的全部含税价款和价外费用。

10. 增值税小规模纳税人中月销售额不超过2万元（按季纳税6万元）的企业和非企业性单位提供的应税服务，免征文化事业建设费。

11. 提供娱乐服务的单位和个人，未达到增值税起征点的，免征文化事业建设费。

12. 自2019年7月1日至2024年12月31日，对归属中央收入的文化事业建设费，按照缴纳义务人应缴费额的50%减征；对归属地方收入的文化事业建设费，各省（自治区、直辖市）财政部门、党委宣传部门可以结合当地经济发展水平、宣传思想文化事业发展等因素，在应缴费额50%的幅度内减征。

13. 缴纳义务人自行申报享受减免优惠，无需额外提交资料。

【知识点2】废弃电器电子产品处理基金申报

1. 中华人民共和国境内电器电子产品的生产者，应依照法律、行政法规规定确定的申报期限、申报内容，申报缴纳废弃电器电子产品处理基金。

2. 报送资料为《废弃电器电子产品处理基金申报表（2015年版）》2份。

3. 缴纳义务人销售应征基金产品时缴纳基金。缴纳义务人应当自季度终了之日起15日内申报缴纳基金。

4. 缴纳义务人销售或受托加工生产相关电器电子产品，按照从量定额的办法计算应缴纳基金。

应缴纳基金的计算公式为：

应缴纳基金＝销售数量（受托加工数量）×征收标准

5. 基金缴纳义务人出口电器电子产品，免征基金。

6. 自2014年6月1日起，缴纳义务人受外贸公司（委托方）委托加工电器电子产品，其海关贸易方式为“进料加工”或“来料加工”且由委托方收回后复出口的，免征基金。

7. 缴纳义务人自行申报享受减免优惠，无需额外提交资料。

【知识点3】残疾人就业保障金申报

1. 未按规定比例安排残疾人就业的机关、团体、企业、事业单位和民办非企业等用人单位，应依照法律、行政法规规定确定的申报期限、申报内容，向税务机关申报缴纳残疾人就业保障金（省、自治区、直辖市对残疾人保障金征收机关另有规定的，按其规定执行）。

2. 报送资料为《残疾人就业保障金缴费申报表》2份。

3. 如果税务机关信息系统可以按期接收残疾人就业服务机构提供的缴费人关于残疾人就业保障金应征数据，且缴费人依据该数据直接缴纳的，免于提供《残疾人就业保障金缴费申报表》。

4. 缴费人自行申报残疾人就业保障金时，应提供本单位在职职工人数、实际安排残疾人就业人数、在职职工年平均工资等信息。

5. 自2018年4月1日起，残疾人就业保障金征收标准上限，由当地社会平均工资的3倍降低至2倍。

6. 自2020年1月1日起，在职职工总数30人（含）以下的企业，暂免征收残疾人就业保障金。

7. 缴费人自行申报享受减免优惠，无需额外提交资料。

【知识点4】石油特别收益金申报

凡在中华人民共和国陆地领域和所辖海域独立开采并销售原油的企业，以及在上述领域以合资、合作等方式开采并销售原油的其他企业（以下简称合资合作企业），均应依照法律、行政法规规定确定的申报期限、申报内容，申报缴纳石油特别收益金。

2. 报送资料为《石油特别收益金申报表》2 份。

3. 中央石油开采企业及地方石油开采企业向企业所在地征收机关申报缴纳石油特别收益金。合资合作企业应当缴纳的石油特别收益金由合资合作的中方企业代扣代缴。

4. 石油特别收益金实行 5 级超额累进从价定率计征，按月计算、按季申报，按月缴纳。

5. 石油特别收益金征收比率按石油开采企业销售原油的月加权平均价格确定。计算时，原油吨桶比按石油开采企业实际执行或挂靠油种的吨桶比计算；美元兑换人民币汇率以中国人民银行当月每日公布的中间价按月平均计算。

【知识点 5】油价调控风险准备金申报

1. 在中华人民共和国境内生产、委托加工和进口汽油、柴油的成品油生产经营企业，在国际市场原油价格低于国家规定的成品油价格调控下限时，应依照法律、行政法规规定确定的申报期限、申报内容，申报缴纳油价调控风险准备金。

2. 报送资料为《油价调控风险准备金申报表》2 份。

3. 缴纳义务人按照汽油、柴油的销售数量和规定的征收标准申报缴纳油价调控风险准备金。汽油、柴油销售数量是指缴纳义务人于相邻两个调价窗口期之间实际销售数量。征收标准按照成品油价格未调金额确定。

4. 缴纳义务人可以选择按季度或者按年度缴纳风险准备金。按季度缴纳的缴纳义务人应于每季度前 15 个工作日内进行申报缴纳，按年度缴纳的缴纳义务人应于每年 1 月 20 日前进行申报缴纳。具体缴纳方式由缴纳义务人报征收机关核准。缴纳方式一经确定，不得随意变更。

5. 油价调控风险准备金的缴纳义务人有两个及以上从事成品油生产经营企业的，可实行汇总缴纳。

【知识点 6】非税收入通用申报

1. 非税收入通用申报即非税收入缴费人依据法律、行政法规规定确定的申报期限、申报内容，申报缴纳财政部驻地方财政监察专员办事处（以下简称专员办）划转及省级划转非税收入项目。

2. 报送资料为《非税收入通用申报表》2 份。

3. 适用《非税收入通用申报表》的首批专员办划转非税收入项目包括：国家重大水利工程建设基金、农网还贷资金、可再生能源发展基金、中央水库移民扶持基金（含大中型水库移民后期扶持基金、三峡水库库区基金、跨省际大中型水库库区基金）、三峡电站水资源费、核电站乏燃料处理处置基金、免税商品特许经营费、核事故应急准备专项收入、国家留成油收入等中央级设立的非税收入项目。

4. 适用《非税收入通用申报表》的省级划转非税收入项目主要包括：户外广告招标及拍卖收入、小客车总量调控增量指标竞价收入、市政公共资源有偿使用收入、市场公共资源有偿使用收入等省级设立的非税收入项目。

5. 缴费人采用自行申报方式办理非税收入申报缴纳等有关事项。相关电网企业按照现行规定进行非税收入代征，并向税务部门申报缴纳。

6. 三峡电站水资源费的中央分成和湖北省分成部分，由缴费人向湖北省税务部门申报缴纳；重庆市分成部分，由缴费人向重庆市税务部门申报缴纳。

7. 自 2017 年 7 月 1 日起，大中型水库移民后期扶持基金的征收标准降低 25%。

8. 自 2017 年 7 月 1 日起，国家重大水利工程建设基金征收标准降低 25%；自 2018 年 7 月 1 日起，再降低 25%。即，调整后的征收标准 = 按照《财政部　国家发展改革委　水利部关于印发〈国家重大水利工程建设基金征收使用管理暂行办法〉的通知》（财综〔2009〕90 号）规定的征收标准 ×（1 − 25%）×（1 − 25%）；自 2019 年 7 月 1 日起，按照《财政部关于调整部分政府性基金有关政策的通知》（财税〔2019〕46 号）规定执行国家重大水利工程建设基金降低 50% 的征收标准。

9. 缴费人自行申报享受减免优惠，无需额外提交资料。

>> 第五节 其他主要税种申报纳税

一 消费税

【知识点 1】纳税人和征税范围

在中华人民共和国境内生产、委托加工和进口以及国务院确定的销售应纳消费税的消费品（以下简称应税消费品）的单位和个人，为消费税的纳税义务人。

消费税实行从价定率、从量定额，或者从价定率和从量定额复合计税（以下简称复合计税）的办法计算应纳税额。(具体税目税率表略)

纳税人兼营不同税率的应税消费品，应当分别核算不同税率应税消费品的销售额、销售数量；未分别核算销售额、销售数量，或者将不同税率的应税消费品组成成套消费品销售的，从高适用税率。

【知识点 2】计税依据

国家在确定消费税的计税依据时，主要从应税消费品的价格变化和便于征纳等角度出发，分别采用从价定率和从量定额以及混合征收的方式计税。

1. 实行从价定率计征办法的计税依据

实行从价定率办法征税的应税消费品，计税依据为应税消费品的销售额。销售额为纳税人销售应税消费品向购买方收取的全部价款和价外费用，但不包括向购买方收取的增值税税额。如果纳税人应税消费品的销售额中未扣除增值税税额或者因不得开具增值税专用发票而发生价款和增值税税额合并收取，在计算消费税时，应当换算成不含增值税税额的销售额。其换算公式为：

应税消费品的销售额 = 含增值税的销售额 ÷ (1 + 增值税税率或征收率)

2. 实行从量定额计证办法的计税依据

实行从量定额计征办法的计税依据通常以销售应税消费品的重量、容积或数量为计税依据，并按规定的定额税率计算应纳消费税。

3. 实行复合计征办法的计征依据

实行复合计征办法的应税消费品，其计税依据为应税销售品的销售额和销售应税消费品的重量、容积和数量，分别与相应消费税比例税率以及定额税率计算应纳消费税。

【知识点3】特殊规定

下列情况均应作销售或视同销售确定销售额（也包括销售数量），并按规定缴纳消费税：

（1）有偿转让应税消费品所有权的行为。具体包括纳税人用应税消费品换取生产资料和消费资料、用应税消费品支付代扣手续费或销售回扣、在销售数量之外另付给购货方或中间人作为奖励和报酬的应税消费品。

（2）纳税人自产自用的应税消费品用于其他方面（非用于连续生产应税消费品）的。即纳税人用于生产非应税消费品和在建工程、管理部门、非生产机构、提供劳务以及用于馈赠、赞助、广告、样品、职工福利、奖励等，均视同对外销售。

（3）委托加工的应税消费品。

①委托加工的应税消费品，是指由委托方提供原料和主要材料，受托方只收取加工费和代垫部分辅助材料加工的应税消费品。

②对于由受托方提供原材料生产的应税消费品，或者受托方先将原材料卖给委托方，然后再接受加工的应税消费品，以及由受托方以委托方名义购进原材料生产的应税消费品，不论在财务上是否作销售处理，都不得作为委托加工应税消费品，而应当按照销售自制应税消费品缴纳消费税。

③委托加工的应税消费品直接出售的，不再缴纳消费税。

④委托个人加工的应税消费品，由委托方收回后缴纳消费税。

【知识点4】应纳税额的计算

1. 应纳税额的一般计算

消费税应纳税额的计算分为从价定率、从量定额和从价从量复合计税三种计算方法。

（1）从价定率计算方法。

基本计算公式为：

$$应纳税额 = 应税消费品的销售额 \times 比例税率$$

（2）从量定额计算方法。

基本计算公式为：

$$应纳税额 = 应税消费品的销售数量 \times 单位税额$$

（3）从价定率和从量定额复合计税计算方法。

现行消费税的征税范围中，只有卷烟、白酒采用混合计算方法。其基本计算公式为：

$$应纳税额 = 应税销售数量 \times 定额税率 + 应税销售额 \times 比例税率$$

2. 委托加工应税消费品应纳税额的计算

（1）委托加工的应税消费品，按照受托方的同类消费品的销售价格计算纳税，其计算公式为：

$$应纳税额 = 同类消费品销售单价 \times 委托加工数量 \times 适用税率$$

（2）没有同类消费品销售价格的，按照组成计税价格计算纳税，计算公式为：

$$组成计税价格 = (材料成本 + 加工费) \div (1 - 比例税率)$$

（3）自2009年1月1日起，增加了实行复合计税办法计算纳税的组成计税价格计算公式：

$$组成计税价格 = (材料成本 + 加工费 + 委托加工数量 \times 定额税率) \div (1 - 比例税率)$$

$$应纳税额 = 组成计税价格 \times 比例税率 + 委托加工数量 \times 定额税率$$

【知识点5】申报与缴纳

1. 纳税义务发生时间

（1）纳税人销售应税消费品的，按不同的销售结算方式分别为：

①采取赊销和分期收款结算方式的，为书面合同约定的收款日期的当天，书面合同没有约定收款日期或者无书面合同的，为发出应税消费品的当天；

②采取预收货款结算方式的，为发出应税消费品的当天；

③采取托收承付和委托银行收款方式的，为发出应税消费品并办妥托收

手续的当天；

④采取其他结算方式的，为收讫销售款或者取得索取销售款凭据的当天。

（2）纳税人自产自用应税消费品的，为移送使用的当天。

（3）纳税人委托加工应税消费品的，为纳税人提货的当天。

（4）纳税人进口应税消费品的，为报关进口的当天。

2. 纳税地点

（1）纳税人销售的应税消费品及自产自用的应税消费品，除国家另有规定外，应当向机构所在地或者居住地的主管税务机关申报纳税。纳税人总机构和分支机构不在同一县（市）的，应当分别向各自机构所在地的主管税务机关申报纳税；经财政部、国家税务总局或者其授权的财政、税务机关批准，可以由总机构汇总向总机构所在地的主管税务机关申报纳税。

（2）纳税人到外县（市）销售或委托外县（市）代销自产应税消费品的，于应税消费品销售后，向机构所在地或者居住地主管税务机关申报纳税。

（3）委托单位加工的应税消费品，由受托方向机构所在地或者居住地的主管税务机关解缴税款；委托个人加工的应税消费品，由委托方向其机构所在地或者居住地主管税务机关申报纳税。

3. 纳税环节

（1）生产环节。纳税人生产的应税消费品，由生产者于销售时纳税。生产者自产自用的应税消费品，用于连续生产应税消费品的，不纳税；用于其他方面（非用于本企业连续生产应税消费品）的，于移送使用时纳税。

委托单位加工的应税消费品，由受托方在向委托方交货时代收代缴税款；委托个人加工的应税消费品，由委托方收回后缴纳消费税。

（2）零售环节。金银首饰、超豪华小汽车消费税在零售环节征收。

（3）批发环节。卷烟消费税除生产环节征税外，从 2009 年 5 月 1 日起，增加一道批发环节。

（4）进口环节。

4. 纳税期限

消费税的纳税期限分别为 1 日、3 日、5 日、10 日、15 日、1 个月或者 1 个季度。纳税人的具体纳税期限，由主管税务机关根据纳税人应纳税额的大小分别核定；不能按照固定期限纳税的，可以按次纳税。

纳税人以 1 个月或者 1 个季度为 1 个纳税期的，自期满之日起 15 日内（节假日顺延，下同）申报纳税；以 1 日、3 日、5 日、10 日或者 15 日为 1 个纳税期的，自期满之日起 5 日内预缴税款，于次月 1 日起 15 日内申报纳税并结清上月应纳税款。

纳税人进口应税消费品，应当自海关填发海关进口消费税专用缴款书之日起 15 日内缴纳税款。

二 车辆购置税

【知识点 1】纳税人和征税范围

在中华人民共和国境内购置汽车、有轨电车、汽车挂车、排气量超过 150 毫升的摩托车（以下统称应税车辆）的单位和个人，为车辆购置税的纳税人，应当依照《车辆购置税法》规定缴纳车辆购置税。

购置，是指以购买、进口、自产、受赠、获奖或者其他方式取得并自用应税车辆的行为。

【知识点 2】税率、计税依据和应纳税额计算

1. 车辆购置税的税率为 10%。车辆购置税的应纳税额按照应税车辆的计税价格乘以税率计算。

2. 应税车辆的计税价格，按照下列规定确定：

（1）纳税人购买自用应税车辆的计税价格，为纳税人实际支付给销售者的全部价款，不包括增值税税款；

（2）纳税人进口自用应税车辆的计税价格，为关税完税价格加上关税和消费税；

（3）纳税人自产自用应税车辆的计税价格，按照纳税人生产的同类应税车辆的销售价格确定，不包括增值税税款；

（4）纳税人以受赠、获奖或者其他方式取得自用应税车辆的计税价格，按照购置应税车辆时相关凭证载明的价格确定，不包括增值税税款。

购置应税车辆时相关凭证，是指原车辆所有人购置或者以其他方式取得应税车辆时载明价格的凭证。无法提供相关凭证的，参照同类应税车辆市场

平均交易价格确定其计税价格。原车辆所有人为车辆生产或者销售企业，未开具机动车销售统一发票的，按照车辆生产或者销售同类应税车辆的销售价格确定应税车辆的计税价格。无同类应税车辆销售价格的，按照组成计税价格确定应税车辆的计税价格。

3. 纳税人以外汇结算应税车辆价款的，按照申报纳税之日的人民币汇率中间价折合成人民币计算缴纳税款。

4. 免税、减税车辆因转让、改变用途等原因不再属于免税、减税范围的，纳税人应当在办理车辆转移登记或者变更登记前缴纳车辆购置税。计税价格以免税、减税车辆初次办理纳税申报时确定的计税价格为基准，每满一年扣减 10%。

5. 纳税人将已征车辆购置税的车辆退回车辆生产企业或者销售企业的，可以向主管税务机关申请退还车辆购置税。退税额以已缴税款为基准，自缴纳税款之日至申请退税之日，每满一年扣减 10%。

6. 车辆购置税的应纳税额按照应税车辆的计税价格乘以税率计算。

【知识点 3】申报与纳税

1. 纳税申报

车辆购置税实行一次性征收。购置已征车辆购置税的车辆，不再征收车辆购置税。

纳税人办理纳税申报时应当如实填报《车辆购置税纳税申报表》，同时提供车辆合格证明和车辆相关价格凭证。

车辆合格证明，是指整车出厂合格证或者《车辆电子信息单》。

车辆相关价格凭证是指：境内购置车辆为机动车销售统一发票或者其他有效凭证；进口自用车辆为《海关进口关税专用缴款书》或者海关进出口货物征免税证明，属于应征消费税车辆的还包括《海关进口消费税专用缴款书》。

纳税人身份证明是指，单位纳税人为《统一社会信用代码证书》，或者营业执照或者其他有效机构证明；个人纳税人为居民身份证，或者居民户口簿或者入境的身份证件。

2. 纳税环节

纳税人应当在向公安机关交通管理部门办理车辆注册登记前，缴纳车辆购置税。公安机关交通管理部门办理车辆注册登记，应当根据税务机关提供的应税车辆完税或者免税电子信息对纳税人申请登记的车辆信息进行核对，核对无误后依法办理车辆注册登记。

3. 纳税地点

购置应税车辆的纳税人，应当到下列地点申报纳税：

（1）需要办理车辆登记的，向车辆登记地的主管税务机关申报纳税。

（2）不需要办理车辆登记的，单位纳税人向其机构所在地的主管税务机关申报纳税，个人纳税人向其户籍所在地或者经常居住地的主管税务机关申报纳税。

4. 纳税期限

车辆购置税的纳税义务发生时间为纳税人购置应税车辆的当日。纳税人应当自纳税义务发生之日起 60 日内申报缴纳车辆购置税。

纳税义务发生时间，按照下列情形确定：

（1）购买自用应税车辆的为购买之日，即车辆相关价格凭证的开具日期。

（2）进口自用应税车辆的为进口之日，即《海关进口增值税专用缴款书》或者其他有效凭证的开具日期。

（3）自产、受赠、获奖或者以其他方式取得并自用应税车辆的为取得之日，即合同、法律文书或者其他有效凭证的生效或者开具日期。

三 契税

【知识点 1】纳税人和征税范围

1. 纳税人

在中华人民共和国境内转移土地、房屋权属，承受的单位和个人为契税的纳税人，应当依照规定缴纳契税。

2. 征税范围

（1）国有土地使用权出让：土地使用者向国家交付土地使用权出让费用，国家将国有土地使用权在一定年限内让予土地使用者的行为。

（2）土地使用权转让，包括出售、赠与和交换，不包括农村集体土地承包经营权的转移。

（3）房屋买卖，包括买卖、抵债、投资入股。

①以房产抵债或实物交换房屋：按房屋现值缴纳。折价抵债按房产折价款缴纳契税。

②以房产作投资或作股权转让：按投资房产价值或房产买价缴纳。（自有房产作股投入本人独资经营企业，免纳契税）

③买房拆料或翻建新房，应照章征收契税。

（4）房屋赠与。

关于继承、遗嘱处分：①对于法定继承人包括配偶、子女、父母、兄弟姐妹、祖父母、外祖父母继承土地、房屋权属，不征契税；②非法定继承人根据遗嘱承受死者生前的土地、房屋权属，属于赠与行为，应征收契税。

（5）房屋交换：土地使用权交换、房屋交换、土地使用权与房屋所有权之间相互交换，交换价格不相等的，由多交付货币、实物、无形资产或者其他经济利益的一方缴纳税款。交换价格相等的，免征契税。

（6）离婚析产：因夫妻财产分割而将原共有房屋产权归属一方，不征收契税。

【知识点2】计税依据

计征契税的成交价格不含增值税。免征增值税的，确定计税依据时，成交价格不扣减增值税额。税务机关核定的计税价格不含增值税。

1. 国有土地使用权出让、土地使用权出售、房屋买卖，为成交价格；

国有土地使用权出让，其计税依据为承受人为取得该土地使用权而支付的全部经济利益，包括：

（1）以协议方式出让的，其契税计税价格为成交价格。成交价格包括土地出让金、土地补偿费、安置补助费、地上附着物和青苗补偿费、拆迁补偿费、市政建设配套费等承受者应支付的货币、实物、无形资产及其他经济利益。

（2）以竞价方式出让的，其契税计税价格，一般应确定为竞价的成交价格，土地出让金、市政建设配套费以及各种补偿费用应包括在内。

（3）先以划拨方式取得土地使用权，后经批准改为出让方式取得该土地使用权的，应依法缴纳契税，其计税依据为应补缴的土地出让金和其他出让费用。

（4）已购公有住房经补缴土地出让金和其他出让费用成为完全产权住房的，免征土地权属转移的契税。

对承受国有土地使用权所应支付的土地出让金，要计征契税。不得因减免土地出让金，而减免契税。

2. 土地使用权赠与、房屋赠与，由征收机关参照土地使用权出售、房屋买卖的市场价格核定。

3. 土地使用权交换、房屋交换，为所交换的土地使用权、房屋的价格的差额。

【知识点3】税率和应纳税额的计算

1. 税率

契税实行幅度比例税率。（具体税率略）

2. 应纳税额的计算

$$应纳税额 = 计税依据 \times 税率$$

【知识点4】申报与纳税

1. 纳税义务发生时间

（1）纳税人签订土地、房屋权属转移合同的当天，或者纳税人取得其他具有土地、房屋权属转移合同性质凭证的当天。

（2）纳税人因改变土地、房屋用途应当补缴已经减征、免征契税的，其纳税义务发生时间为改变有关土地、房屋用途的当天。

需要注意的是：

（1）纳税人申报时，同时出具房屋产权证和契税完税证明且二者所注明的时间不一致的，按照“孰先”的原则确定购买房屋的时间。

（2）个人将通过受赠、继承、离婚财产分割等非购买形式取得的住房对外销售的，其购房时间按发生受赠、继承、离婚财产分割行为前的购房时间确定，其购房价格按发生受赠、继承、离婚财产分割行为前的购房原价确定。

（3）公有住房，以购房合同的生效时间、房款收据的开具日期或房屋产权证上注明的时间，按照“孰先”的原则确定购买房屋的时间。

2. 纳税期限和地点

纳税人应当自纳税义务发生之日起10日内，向土地、房屋所在地的契税征收机关办理纳税申报，并在契税征收机关核定的期限内缴纳税款。

3. 纳税环节

在签订土地、房屋权属转移合同或者纳税人取得其他有土地、房屋权属转移合同性质凭证之后，办理土地使用证、房屋产权证之前。纳税人未出具契税完税凭证的，土地管理部门、房产管理部门不予办理有关土地、房屋的权属变更登记手续。

4. 涉及表单

《契税纳税申报表》。

四 房产税

【知识点1】纳税人和征税对象

1. 纳税义务人

在我国境内拥有房屋产权的单位和个人是房产税的纳税义务人。

（1）产权属于全民所有的，经营管理单位为纳税人；产权属于集体和个人所有的，由集体单位和个人缴纳；

（2）产权出典的，承典人为纳税人；由承典人依照房产余值缴纳房产税；融资租赁的房产，承租人为纳税人，按照房产余值缴纳房产税；

（3）产权所有人或承典人不在房产所在地的，或者产权未确定及租典纠纷未解决的，房产代管人或者使用人为纳税人；

（4）纳税单位和个人无租使用房产管理部门、免税单位及纳税单位的房产，应由使用人按照房产余值代缴房产税；

（5）以自有房产参与联营的单位和个人，产权转移的，联营单位为纳税人；产权未转移的，产权所有人为纳税人；

（6）转租行为不征收房产税；

（7）融资租赁的房产，由承租人依照房产余值缴纳房产税。

2. 征税对象

房产税的征税对象是房屋。应纳房产税的房屋，是指以房屋形态表现的财产。它应有屋面和围护结构（有墙或两边有柱），能够遮风避雨，可供人们在其中生产、工作、学习、娱乐、居住或储藏物资。

属于房屋附属设备的水管、下水道、暖气管、煤气管等从最近的探视井或三通管算起。电灯网、照明线从进线盒联接管算起。

凡在房产税征税范围内具备房屋功能的地下建筑，包括与地上房屋相连的地下建筑以及完全建在地面以下的建筑、地下人防设施等。

不属房产的建筑物不属于房产税的征税对象，即不纳房产税。独立于房屋之外的建筑物，如围墙、烟囱、水塔、变电塔、油池油柜、酒窖菜窖、酒精池、糖蜜池、室外游泳池、玻璃暖房、砖瓦石灰窑以及各种油气罐等，都不属于房产。

【知识点2】征税范围

房产税在城市、县城、建制镇和工矿区征收：

（1）城市是指经国务院批准设立的市。城市的征税范围为市区、郊区，不包括农村。

（2）县城是指县人民政府所在的城镇。

（3）建制镇是指经省、自治区、直辖市人民政府批准设立的建制镇。建制镇的征税范围为镇人民政府所在地，不包括所辖行政村。

（4）工矿区是指工商业比较发达，人口比较集中，符合国务院规定的建制镇标准，但尚未设立镇建制的大中型工矿企业所在地。开征房产税的工矿区须经省、自治区、直辖市人民政府批准。

【知识点3】计税依据及应纳税额计算

房产税的计税依据分别为房产余值和房产租金收入。

1. 房产税依照房产原值一次减除10%至30%后的余值计算缴纳，称为从价计征，税率为1.2%，具体减除幅度，由省、自治区、直辖市人民政府规定。

从价计征房产税计税公式：

全年应纳税额 = [应税房产原值 × (1 - 原值扣除比例)] × 1.2%

（1）房产原值的确认。

①房产原值是指纳税人按照会计制度规定，在账簿“固定资产”科目中记载的房屋原价。对依照房产原值计税的房产，不论是否记载在会计账簿固定资产科目中，均应按照房屋原价计算缴纳房产税。房屋原价应根据国家有关会计制度规定进行核算。对纳税人未按国家会计制度规定核算并记载的，应按规定予以调整或重新评估。

②地价计入房产原值：对按照房产原值计税的房产，无论会计上如何核算，房产原值均应包含地价，包括为取得土地使用权支付的价款、开发土地发生的成本费用等。宗地容积率低于0.5的，按房产建筑面积的2倍计算土地面积并据此确定计入房产原值的地价。

③附属设施：凡以房屋为载体，不可随意移动的附属设施和配套设施，无论在会计核算中是否单独记账和核算，都应计入房产原值，计征房产税。对于更换房屋附属设备和配套设施的，在将其价值计入房产原值时，可扣减原来相应设备和设施的价值；对附属设施和配套设施中易损坏、需要经常更换的零配件，更新后不在计入房产原值。

（2）特殊规定。

①对于投资联营的房产，应根据投资联营的具体情况，在计征房产税时予以区别对待。对于以房产投资联营，投资者参与投资利润分红，共担风险的情况，按房产原值作为计税依据计征房产税；对于以房产投资，收取固定收入，不承担联营风险的情况，实际上是以联营名义取得房产的租金，应根据《房产税暂行条例》的有关规定由出租方按租金收入计缴房产税。

②对于融资租赁房屋，应以房产余值计算征收。

③房地产开发企业建造的商品房，在出售前，不征收房产税，但对出售前房地产开发企业已经使用或出租、出借的商品房应按规定计征房产税。

④对于与地上建筑相连的地下建筑，如房屋的地下室、地下停车场、商场的地下部分，应将地下部分与地上房屋视为一个整体，按照地上房屋建筑的有关规定计征房产税。

⑤房产税征收范围内的自用的独立地下建筑，按以下方式计税：

A. 工业用途房产，以房屋原价的50% ~60%作为应税房产原值，其房产税计税公式为：

$$应税房产原值 = 应税房屋原价 \times (1 - 40\% \sim 50\%)$$

$$应纳税额 = [应税房产原值 \times (1 - 原值扣除比例)] \times 1.2\%$$

B. 商业及其他用途房产，以房屋原价的70% ~80%作为应税房产原值，其房产税计税公式为：

$$应税房产原值 = 应税房屋原价 \times (1 - 20\% \sim 30\%)$$

$$应纳税额 = [应税房产原值 \times (1 - 原值扣除比例)] \times 1.2\%$$

⑥出租的地下建筑，按照出租地上房屋建筑的有关规定计算征收房产税。

⑦居民住宅区内业主共有的经营性房产缴纳房产税。

⑧对出租房产，租赁双方签订的租赁合同约定有免收租金期限的，免收租金期间由产权所有人按照房产原值缴纳房产税。

2. 按照房产租金收入计征的，称为从租计征，税率为12%。

（1）房屋租金收入的确定：房屋租金收入是房屋产权所有人出租房产使用权所得的报酬，包括货币收入和实物收入。

从租计征房产税计算公式：

$$应纳税额 = 租金收入 \times 12\% \ (或 4\%)$$

（2）特殊规定。

①以房产投资联营，取得固定收入，不承担联营风险的，实际上是纳税人以联营名义取得房屋租金，因按规定由投资方按租金收入计征房产税。

②如果纳税人对个人出租房屋的租金收入申报不实或申报数与同一地段同类房屋的租金收入相比明显不合理的，税务部门可以按照《中华人民共和国税收征收管理法》的相关规定，采取科学合理的方式核定其应纳税款。

③从2008年3月1日起，对个人出租住房，不区分用途，按4%的税率征收房产税。对企事业单位、社会团体以及其他组织按市场价向个人出租用于居住的住房，减按4%的税率征收房产税。

【知识点4】纳税义务发生时间

（1）以房产原值为计税依据的，从取得产权或交付使用的次月起计征房产税；以租金收入为计税依据的，从取得租金收入的次月起计征房产税。

（2）纳税人因房产、土地的实物或权利状态发生变化而依法终止房产税、城镇土地使用税纳税义务的，其应纳税款的计算应截止到房产、土地的实物或权利状态发生变化的当月末。

房产税纳税义务发生时间的具体规定见表4－13。

表4－13　　房产税纳税义务发生时间的具体规定

房屋来源	纳税义务发生时间
原有房屋用于生产经营的	从生产经营当月起计征
自建房屋用于生产经营的	建成之日次月起计征
委托施工企业建设的房屋	办理验收手续次月起计征，对于纳税人在办理验收手续前已使用、出租、出借的新建房屋，自使用、出租、出借当月起计征
购置新建商品房	自房屋交付使用次月起计征
购置存量房	自办理房屋权属转移、变更登记手续，房地产权属机关签发房屋权属证书次月起计征
出租、出借房产	自房屋交付出租、出借次月起计征
房地产开发企业自用出租、出借本企业建造的商品房	自房屋被使用或交付之次月起计征
融资租赁房产	承租人自融资租赁合同约定开始日的次月起按房产余值计征，合同未约定开始日的，由承租人自合同签订之日的次月起按房产余值计征

【知识点5】申报与纳税

房产税申报与纳税相关规定具体见表4－14。

表4－14　　房产税申报与纳税相关规定具体

序号	具体情形	申报期限	申报纳税地点	申报表单
1	首次申报和税源信息发生变化时	房产税按年征收、分期缴纳。一般按季或半年征收，季度或半年终了之日起15日内申报	房产所在地的主管税务机关	《城镇土地使用税　房产税税源明细表》
2	房产税按规定申报时			1.《城镇土地使用税　房产税纳税申报表》 2.《城镇土地使用税　房产税减免税明细申报表》

需要注意的是，①纳税人在纳税期内没有应纳税款的，也应当按照规定办理申报纳税。纳税人享受减税、免税待遇的，在减税、免税期间应当按照规定办理申报纳税。②房产税纳税义务人在首次申报或税源信息变更时，应办理“综合税源信息报告”。

五 城镇土地使用税

【知识点1】纳税人和征税范围

1. 城镇土地使用税由拥有土地使用权的单位或个人缴纳。

2. 土地使用权未确定或权属纠纷未解决的，由实际使用人纳税。

3. 土地使用权共有的，由共有各方分别纳税。

4. 在城镇土地使用税征税范围内，承租集体所有建设用地的，由直接从集体经济组织承租土地的单位和个人，缴纳城镇土地使用税。

5. 城镇土地使用税的征税范围是城市、县城、建制镇和工矿区。征税范围不包括农村。城市、县城、建制镇、工矿区以外的工矿企业不缴纳城镇土地使用税。

6. 其中城市的征税范围包括市区和郊区；县城的征税范围为县人民政府所在地的城镇；建制镇的征税范围一般为镇人民政府所在地。

【知识点2】适用税额

城镇土地使用税适用地区幅度差别定额税率。经省、自治区、直辖市人民政府批准，经济落后地区的城镇土地使用税适用税额标准可适当降低，但降低额不得超过税率表中规定的最低税额的30%。经济发达地区的适用税额可适当提高，但需报财政部批准。

【知识点3】计税依据和应纳税额的计算

1. 计税依据

城镇土地使用税以纳税人实际占用的土地面积（平方米）为计税依据。

（1）纳税人实际占用的土地面积，以房地产管理部门核发的土地使用证书与确认的土地面积为准；

（2）尚未核发土地使用证书的，应由纳税人据实申报土地面积，据以纳税，待核发土地使用证后再作调整。

2. 应纳税额的计算

年应纳税额＝计税土地面积（平方米）×适用税额

土地使用权由几方共有的，由共有各方按照各自实际使用的土地面积占总面积的比例，分别计算缴纳土地使用税。

【知识点4】纳税义务发生时间

城镇土地使用税纳税义务时间相关规定见表4－15。

表4－15　城镇土地使用税纳税义务时间相关规定

房屋来源	纳税义务发生时间
新征用的耕地	自批准征用之日起满1年时
新征用的非耕地	自批准征用次月
购置新建商品房	自房屋交付使用次月起计征
购置存量房	自办理房屋权属转移、变更登记手续，房地产权属机关签发房屋权属证书次月起计征
出租、出借房产	自房屋交付出租、出借次月起计征
出让或转让方式有偿取得土地使用权（含通过招标、拍卖、挂牌方式取得的建设用地）	受让方从合同约定交付土地使用时间的次月起缴纳城镇土地使用税；合同未约定交付土地时间的，由受让方从合同签订的次月起缴纳城镇土地使用税

需要注意的是，纳税人因房产、土地的实物或权利状态发生变化而依法终止房产税、城镇土地使用税纳税义务的，其应纳税款的计算应截止到房产、土地的实物或权利状态发生变化的当月末。

【知识点5】纳税申报期限、申报纳税地点和涉及的表单

城镇土地使用税申报与纳税相关规定具体见表4－16。

表 4－16　城镇土地使用税申报与纳税相关规定具体

序号	具体情形	申报期限	申报纳税地点	申报表单
1	首次申报和税源信息发生变化时	1. 按年征收、分期缴纳。一般按季或半年征收，季度或半年终了之日起 15 日内申报。 2. 新征用的土地，须于批准新征用之日起 30 日内申报登记	土地所在地的主管税务机关	《城镇土地使用税　房产税税源明细表》
2	按规定申报时			1. 《城镇土地使用税　房产税纳税申报表》 2. 《城镇土地使用税　房产税减免税明细申报表》

需要注意的是，①纳税人在纳税期内没有应纳税款的，也应当按照规定办理申报纳税。纳税人享受减税、免税待遇的，在减税、免税期间应当按照规定办理申报纳税。②房产税纳税义务人在首次申报或税源信息变更时，应办理“综合税源信息报告”。

六 耕地占用税

【知识点 1】纳税人和征税范围

1. 占用耕地建房或者从事非农业建设的单位或者个人，为耕地占用税的纳税人。

（1）经申请批准占用应税土地的，纳税人为农用地转用审批文件中标明的建设用地人；农用地转用审批文件中未标明建设用地人的，纳税人为用地申请人。未经批准占用耕地的，纳税人为实际用地人。

（2）城市和村庄、集镇建设用地审批中，按土地利用年度计划分批次批准的农用地转用审批，批准文件中未标明建设用地人且用地申请人为各级人民政府的，由同级土地储备中心履行耕地占用税申报纳税义务；没有设立土地储备中心的，由国土资源管理部门或政府委托的其他部门履行耕地占用税申报纳税义务。

2. 属于耕地占用税征税范围的土地包括：

（1）种植农作物的土地：种植粮食作物、经济作物的农田，种植蔬菜和果树的菜地、园地、及其附属的土地（如田间道路）。

（2）建设直接为农业生产服务的生产设施占用农用地的，不征收耕地占用税。

（3）占用林地、牧草地、农田水利地、养殖水面以及渔业水域滩涂等其他农用地建房或从事非农业建设，比照占用耕地征收耕地占用税。

（4）占用耕地建设农田水利设施的，不缴纳耕地占用税。

【知识点2】计税依据

耕地占用税以纳税人实际占用的耕地面积为计税依据，按照规定的适用税额一次性征收。

实际占用的耕地面积，包括经批准占用的耕地面积和未经批准占用的耕地面积。

耕地占用税纳税人计税面积核定主要依据为农用地转用审批文件，纳税人实际占地面积（含受托代占地面积）大于批准占地面积的，按实际占地面积计税；实际占地面积小于批准占地面积的，按批准占地面积计税。

【知识点3】税额和应纳税额的计算

1. 国务院财政、税务主管部门根据人均耕地面积和经济发展情况确定各省、自治区、直辖市的平均税额。

2. 税额的特殊规定：

（1）人均耕地低于0.5亩，可以适当提高适用税率，但是不得超过适用税额的50%。

（2）占用基本农田的，应当按照当地适用税额，加按150%征收。

（3）占用园地、林地、草地、农田水利用地、养殖水面、渔业水域滩涂以及其他农用地建设建筑物、构筑物或者从事非农业建设的，可以适当低于本地区的适用税额，但降低的部分不得超过50%。

3. 基本公式：

应纳税额 = 实际占用耕地面积（平方米）× 适用定额税率

4. 纳税人因建设项目施工或者地质勘查临时占用耕地，应当依照《耕地占用税法》的规定缴纳耕地占用税。纳税人在批准临时占用耕地期满之日起一年内依法复垦，恢复种植条件的，全额退还已经缴纳的耕地占用税。

自然资源主管部门凭耕地占用税完税凭证或者免税凭证和其他有关文件发放建设用地批准书。

【知识点4】申报与纳税

1. 纳税义务发生时间

经批准占用耕地的，耕地占用税纳税义务发生时间为纳税人收到土地管理部门办理占用农用地手续通知的当天。

未经批准占用耕地的，耕地占用税纳税义务发生时间为纳税人实际占用耕地的当天。

已享受减免税的应税土地改变用途，不再属于减免税范围的，耕地占用税纳税义务发生时间为纳税人改变土地用途的当天。

2. 纳税期限

纳税人应当自纳税义务发生之日起30日内申报缴纳耕地占用税。

3. 纳税地点

纳税人占用耕地或其他农用地，应在耕地或其他农用地所在地申报。

4. 涉及表单

《耕地占用税纳税申报表》。

七 土地增值税

【知识点1】纳税人与征税范围

土地增值税的纳税义务人是转让国有土地使用权、地上建筑物及其附着物并取得收入的单位和个人。

土地增值税的课税对象是有偿转让国有土地使用权及地上建筑物和其他附着物产权所取得的增值额。

土地增值税征税范围具体规定见表4－17。

表 4－17　　土地增值税征税范围具体规定

事项	是否属于征税范围
1. 出售	应征，包括三种情况：①出售国有土地使用权；②取得国有土地使用权后进行房屋开发建造后出售；③存量房地产买卖
2. 继承、赠予	继承不征（无收入）； 赠予中公益性赠予、赠予直系亲属或承担直接赡养义务人，不征； 非公益性赠予和非直系亲属（兄弟姐妹和抚养人）赠与，应征
3. 出租	不征（无权属转移）
4. 房地产抵押	抵押期不征； 抵押期满偿还债务本息，不征； 抵押期满，不能偿还债务，而以房地产抵债，应征
5. 房地产交换	单位之间换房地，应征； 对其他个人（除单位纳税人外）之间互换自有居住用房地产（除不含商业用地）的，经当地税务机关核实，可以免征
6. 合作建房	建成后自用，暂免征收； 建成后转让（包括合作建房双方之间的转让），应征
7. 代建房行为	不征
8. 土地使用者转让、抵押、置换土地	应征
9. 房地产评估增值	不征（权属未转移，无收入）
10. 国家收回房地产权	免征

【知识点2】计税依据

1. 应税收入

纳税人转让房地产取得的收入，包括转让房地产取得的全部价款及有关的经济利益。从形式上看包括货币收入、实物（非货币性）收入和其他收入。

应税收入＝营改增前转让房地产取得的收入
＋营改增后转让房地产取得不含税收入

2. 扣除项目金额

（1）对于新建房产的转让。

①取得土地使用权所支付的金额。

纳税人为取得土地使用权所支付的地价款，即纳税人为取得土地使用权所支付的地价款和取得使用权时按国家统一规定缴纳的费用，包括契税，办证费，过户手续费等。

②房地产开发成本，包括土地征用及拆迁补偿费、前期工程费、建筑安装工程费、基础设施费、公共配套设施费、开发间接费用。

③房地产开发费用，与房地产开发项目有关的销售费用、管理费用、财务费用。

A. 纳税人能按转让房地产项目分摊利息支出并能提供金融机构贷款证明的：

允许扣除的房地产开发费用 = 利息 +（取得土地使用权所支付的金额 + 房地产开发成本）×5% 以内

B. 纳税人不能按转让房地产项目分摊利息支出或不能提供金融机构贷款证明的：

允许扣除的房地产开发费用 =（取得土地使用权所支付的金额 + 房地产开发成本）×10% 以内

④与转让房地产有关的税金，城市维护建设税、教育费附加、地方教育费附加、印花税允许扣除。

⑤财政部规定的其他扣除项目

从事房地产开发的纳税人可加计扣除 =（取得土地使用权所支付的金额 + 房地产开发成本）×20%

A. 非房地产开发企业转让新建房地产时不能加计扣除。

B. 取得土地使用权后未经开发就转让的，不得加计扣除。

（2）对于存量房产的转让。

存量房产是指建成后未使用的房产。凡是已使用一定时间或达到一定磨损程度的房产均属旧房。使用时间和磨损程度标准可由各省、自治区、直辖市财政厅（局）和税务机关具体规定。

方法一：转让旧房的，应按房屋及建筑物的评估价格、取得土地使用权所支付的地价款和按国家统一规定缴纳的有关费用以及在转让环节缴纳的税金作为扣除项目金额计征地增值税。

评估价格 = 重置成本价 × 成新度折扣率

评估费用扣除：纳税人转让旧房及建筑物时因计算纳税的需要而对房地

产进行评估，其支付的评估费用允许在计算增值额时予以扣除。

方法二：发票加计扣除法

①营改增后，纳税人转让旧房及建筑物，凡不能取得评估价格，但能提供购房发票的，《土地增值税暂行条例》第六条第一、三项规定的扣除项目的金额，可按发票所载金额并从购买年度起至转让年度止每年加计5%计算。计算扣除项目时“每年”按购房发票所载日期起至售房发票开具之日止，每满12个月计一年；超过一年，未满12个月但超过6个月的，可以视同为一年。

②对取得土地使用权时未支付地价款或不能提供已支付的地价款凭据的，不允许扣除取得土地使用权时所支付的金额。

③对纳税人购房时缴纳的契税，凡能提供契税完税凭证的，准予作为“与转让房地产有关的税金”予以扣除，但不作为加计5%的基数。

④对取得土地使用权时未支付地价款或不能提供已支付的地价款凭据的，不允许扣除取得土地使用权时所支付的金额。

⑤转让环节的税金：城市维护建设税、教育费附加、地方教育费附加、印花税。印花税，房开企业开发新房不允许扣计入管理费用，旧房和非房开的新房可以在与转让房地产相关税金里扣印花税。

方法三：对于转让旧房及建筑物，既没有评估价格，又不能提供购房发票的，税务机关可以根据《中华人民共和国税收征收管理法》第三十五条的规定，实行核定征收。

【知识点3】税率

土地增值税采用30%～60%四级超率累进税率，税率表略。

【知识点4】应纳税额的计算

1. 计算公式

应纳税额＝增值额×税率－扣除项目金额×速算扣除系数

2. 应纳税额的计算步骤

第一步，计算收入总额；

第二步，计算扣除项目金额；

第三步，用收入总额减除扣除项目金额计算增值额：

土地增值额 = 转让房地产收入 - 规定扣除项目金额

第四步，计算增值额与扣除项目之间的比例，以确定使用税率的档次和速算扣除系数；

第五步，套用公式计算税额。公式为：

应纳税额 = 增值额 × 税率 - 扣除项目金额 × 速算扣除系数

【知识点5】房地产开发企业土地增值税清算主要规定

房地产开发企业土地增值税清算主要规定见表4-18。

表4-18　　房地产开发企业土地增值税清算主要规定

要点	主要规定	
清算条件	纳税人应进行土地增值税的清算的三种情况	(1) 房地产开发项目全部竣工、完成销售的； (2) 整体转让未竣工决算房地产开发项目的； (3) 直接转让土地使用权的
	主管税务机关可要求纳税人进行土地增值税清算的四种情况	(1) 已竣工验收的房地产开发项目，已转让的房地产建筑面积占整个项目可售建筑面积的比例在85%以上，或该比例虽未超过85%，但剩余的可售建筑面积已经出租或自用的； (2) 取得销售（预售）许可证满3年仍未销售完毕的（实操中以最后一本为准）； (3) 纳税人申请注销税务登记但未办理土地增值税清算手续的； (4) 省税务机关规定的其他情况
非直接销售和自用房地产的收入确定	将开发产品用于职工福利、奖励、对外投资、分红、偿债、换取非货币性资产等，发生所有权转移时应视同销售房地产；纳税人安置回迁户，其拆迁安置用房应税收入和扣除项目的确认，按照《国家税务总局关于土地增值税清算有关问题的通知》（国税函〔2010〕220号）第六条规定执行	收入按下列方法和顺序确认： (1) 按本企业在同一地区、同一年度销售的同类房地产的平均价格确定； (2) 由主管税务机关参照当地当年、同类房地产的市场价格或评估价值确定
	将开发的部分房地产转为企业自用或用于出租等商业用途时，产权未发生转移的情况下	不征收土地增值税，在税款清算时不列收入，不扣除相应的成本和费用

续表

要点	主要规定	
土地增值税的核定征收	在土地增值税清算中符合右格五个条件之一的，可实行核定征收：税务机关可以参照与其开发规模和收入水平相近的当地企业的土地增值税税负情况，核定征收率不得低于预征率（《中华人民共和国税收征收管理法》）第三十五条）	（1）依照法律、行政法规的规定应当设置但未设置账簿的； （2）擅自销毁账簿或者拒不提供纳税资料的； （3）虽设置账簿，但账目混乱或者成本资料、收入凭证、费用凭证残缺不全，难以确定转让收入或扣除项目金额的； （4）符合土地增值税清算条件，未按照规定的期限办理清算手续，经税务机关责令限期清算，逾期仍不清算的； （5）申报的计税依据明显偏低，又无正当理由的
清算后再转让房地产（尾盘销售）	在土地增值税清算时未转让的房地产，清算后销售或有偿转让时，纳税人应按规定进行土地增值税的纳税申报，扣除项目金额按清算时的单位建筑面积成本费用乘以销售或转让面积计算。 单位建筑面积成本费用＝清算时的扣除项目总金额（地价，开发成本，费用，加计，不含已售楼盘的税金）÷清算的总建筑面积	

【知识点6】土地增值税收入预征问题

1. 根据《国家税务总局关于营改增后土地增值税若干征管规定的公告》（国家税务总局公告2016年第70号）规定，房地产开发企业采取预收款方式销售自行开发的房地产项目的，可按照以下方法计算土地增值税预征计征依据：

土地增值税预征的计征依据＝预收款－应预缴增值税税款

2. 根据《国家税务总局关于加强土地增值税征管工作的通知》（国税发〔2010〕53号）规定："二、……除保障性住房外，东部地区省份预征率不得低于2%，中部和东北地区省份不得低于1.5%，西部地区省份不得低于1%。"

【知识点7】申报与纳税

1. 纳税申报期限

（1）自转让房地产合同签订之日起七日内办理纳税申报，并在税务机关核定的期限内缴纳土地增值税。

（2）房地产开发企业开发建造的房地产、因分次转让而频繁发生纳税义务、难以在每次转让后申报纳税的情况，土地增值税可按月或按各省、自治区、直辖市和计划单列市税务机关规定的期限申报缴纳。

（3）应进行土地增值税清算的项目，纳税人应当在满足条件之日起 90 日内到主管税务机关办理清算手续。税务机关要求纳税人进行土地增值税清算的项目，由主管税务机关下达清算通知，纳税人应当在收到清算通知之日起 90 日内办理清算手续。

2. 申报纳税地点：房地产所在地主管税务机关。

3. 土地增值税清算申报涉及的表单见表 4－19。

表 4－19　　土地增值税清算申报纳税涉及表单

适用情形	涉及表单
取得土地使用权，并获得房地产开发项目开工许可后，以及每次转让（预售）房地产	《土地增值税项目报告表（从事房地产开发的纳税人适用)》
纳税人在项目全部竣工结算前转让房地产取得的收入，无法据以计算土地增值税的	《土地增值税纳税申报表（一）（从事房地产开发的纳税人预征适用)》
纳税人在符合土地增值税清算条件后	《土地增值税纳税申报表（二）（从事房地产开发的纳税人清算适用)》
	《土地增值税纳税申报表（五）（从事房地产开发的纳税人清算方式为核定征收适用》
	《土地增值税纳税申报表（六）（纳税人整体转让在建工程适用)》
在土地增值税清算时未转让的房地产，清算后销售或有偿转让的	《土地增值税纳税申报表（四）（从事房地产开发的纳税人清算后尾盘销售适用)》
转让国有土地使用权、地上的建筑物及其附着物并取得收入的单位和个人	《土地增值税纳税申报表（三）（非从事房地产开发的纳税人适用)》
	《土地增值税纳税申报表（七）（非从事房地产开发的纳税人核定征收适用)》

八 印花税

【知识点1】纳税人

在中华人民共和国境内书立、领受《印花税暂行条例》所列举凭证的单位和个人，都是印花税的纳税义务人（以下简称纳税人），应当按照《印花税暂行条例》规定缴纳印花税。

（1）立合同人。书立各类经济合同的，以立合同人为纳税人，即合同的当事人。当事人在两方或两方以上的，各方均为纳税人。

（2）立账簿人。建立营业账簿的，以立账簿人为纳税人。

（3）立据人。如立据人未贴花或少贴花的，书据持有人负责补贴印花。所立书据以合同方式签订的，应由持有书据的各方分别按全额贴花。

（4）领受人。权利、许可证照的纳税人是领受人。领受人，是指领取或接受并持有该项凭证的单位和个人。

（5）使用人。在国外书立、领受，但在国内使用的应税凭证，其纳税人是使用人。

（6）各类电子应税凭证的签订人。

当事人是指对凭证有直接权利义务关系的单位和个人，不包括保人、证人、鉴定人。如果应税凭证是由当事人的代理人代为书立的，则由代理人代为承担纳税义务。

【知识点2】征税范围、适用税率及计税依据

纳税人根据应纳税凭证的性质，分别按比例税率或者按件定额计算应纳税额。具体税率、税额依《印花税暂行条例》所附税目税率表执行。

1. 购销合同

计税依据为购销金额，不得作任何扣除；调剂合同和易货合同，包括调剂、易货的全额；合同未列明金额的，应按合同所载购、销数量，依照国家牌价或者市场价格计算应纳税额。

2. 加工承揽合同

计税依据为加工或承揽收入的金额。

（1）受托方提供原材料：

①凡在合同中分别记载加工费金额和原材料金额的，应分别按“加工承揽合同”“购销合同”计税；

②若合同中未分别记载，则应就全部金额依照加工承揽合同计税贴花。

（2）委托方提供主要材料或原料，受托方只提供辅助材料：

无论加工费和辅助材料金额是否分别记载，均以辅助材料与加工费的合计数，依照加工承揽合同计税贴花。对委托方提供的主要材料或原料金额不计税贴花。

3. 建设工程勘察设计合同

计税依据为勘察、设计收取的费用（即勘察、设计收入）。

4. 建筑安装工程承包合同

计税依据为承包金额，不得剔除任何费用。如果施工单位将自己承包的建筑项目再分包或转包给其他施工单位，其所签订的分包或转包合同，仍应按所载金额另行贴花。

5. 财产租赁合同

计税依据为租赁金额（即租金收入）。

6. 仓储保管合同

计税依据为仓储保管的费用（即保管费收入）。

7. 财产保险合同

计税依据为支付（收取）的保险费金额，不包括所保财产的金额。

8. 货物运输合同

计税依据为取得的运输费金额（即运费收入），不包括所运货物的金额、装卸费和保险费等。

9. 借款合同

计税依据为借款金额。

（1）一项信贷业务既签订借款合同又一次或分次填开借据的，只以借款合同所载金额计税贴花；凡是只填开借据并作为合同使用的，应以借据所载金额计税贴花。

（2）流动资金周转性借款合同以其规定的最高额为计税依据，在签订时贴花一次，在限额内随借随还不签订新合同的，不再另贴印花。

(3) 基本建设贷款中，按年度用款计划分年签订借款合同，在最后一年按总概算签订借款总合同，且总合同的借款金额包括各个分合同的借款金额的，应按分合同分别贴花，最后签订的总合同，借款总额扣除分合同借款金额后的余额计税贴花。

(4) 在贷款业务中，如果贷方系由若干银行组成的银团，银团各方均承担一定的贷款数额。借款合同由借款方与银团各方共同书立，各执一份合同正本。对这类合同借款方与贷款银团各方应分别在所执的合同正本上，按各自的借款金额计税贴花。

(5) 银行及其他金融组织的融资租赁业务签订的融资租赁合同，应按合同所载租金总额，暂按借款合同计税。

(6) 对借款方以财产作抵押，从贷款方取得一定数量抵押贷款的合同，应按借款合同贴花；在借款方因无力偿还借款而将抵押财产转移给贷款方时，应再就双方书立的产权书据，按产权转移书据的有关规定计税贴花。

10. 技术合同

计税依据为合同所载的价款、报酬或使用费。技术开发合同，只就合同所载的报酬金额计税，研究开发经费不作为计税依据。

11. 产权转移书据

以书据中所载的金额为计税依据。

12. 记载资金的营业账簿

以实收资本和资本公积的两项合计金额为计税依据。凡“资金账簿”在次年度的实收资本和资本公积未增加的，对其不再计算贴花。

①按比例税率计算纳税而应纳税额又不足 1 角的，免纳印花税；应纳税额在 1 角以上的，其税额尾数不满 5 分的不计，满 5 分的按 1 角计算贴花。对财产租赁合同的应纳税额超过 1 角但不足 1 元的，按 1 元贴花。

②印花税不足 1 元，金税三期系统不征收。如果多条不足 1 元的合并申报，超过 1 元的，金税三期系统征收。

③合同在签订时无法确定计税金额，如财产租赁合同只是规定了月（天）租金标准而无期限的，可在签订时先按定额 5 元贴花，以后结算时再按实际金额计税，补贴印花。

【知识点3】申报纳税期限、申报纳税地点和涉及的表单

1. 申报纳税期限

实行核定征收印花税的，纳税期限为一个月，税额较小的，纳税期限可为一个季度，具体由主管税务机关确定。纳税人应当自纳税期满之日起 15 日内申报缴纳印花税。

同一种类应纳税凭证，需频繁贴花的，纳税人可以根据实际情况自行决定是否采用按期汇总缴纳印花税的方式。汇总缴纳的期限为一个月。采用按期汇总缴纳方式的纳税人应事先告知主管税务机关。缴纳方式一经选定，一年内不得改变。

2. 纳税地点

合同书立地。凡书面合同写明了合同签订地点的，以合同写明的为准；未写明的，以双方在合同上共同签字盖章的地点为合同签订地；双方签字盖章不在同一地点的，以最后一方签字盖章的地点为合同签订地。

3. 纳税环节

印花税应当在书立或领受时贴花。具体是指，在合同签订时、账簿启用时和证照领受时贴花。如果合同是在国外签订，并且不便在国外贴花的，应在将合同带入境时办理贴花纳税手续。

4. 涉及的表单

《印花税纳税申报（报告）表》。

九 资源税

【知识点1】纳税人和征税范围

1. 纳税人

（1）在中华人民共和国领域及管辖海域开采《资源税暂行条例》[①] 规定的矿产品或者生产盐（以下称开采或者生产应税产品）的单位和个人，为资

① 自 2020 年 9 月 1 日起，《中华人民共和国资源税法》施行，《中华人民共和国资源税暂行条例》同时废止。

源税的纳税人。

（2）自2016年7月1日起，在河北省取用水工程或者设施直接从江河、湖泊（含水库）和地下取用地表水、地下水的单位和个人，为水资源税纳税人。自2016年12月1日起，水资源税改革试点扩大到北京、天津、山西、内蒙古、河南、山东、四川、宁夏、陕西等省（区、市）。

（3）应税矿产品在境内开采或生产，进口应税矿产品和盐不征收资源税；对出口应税资源也不免征或者退还已纳的资源税。

2. 征税范围

现行资源税征税范围可以分为矿产品、盐和水资源三大类。

（1）原油，是指开采的天然原油，不包括人造石油。

（2）天然气，是指专门开采或者与原油同时开采的天然气。

（3）煤炭，是指原煤，不包括洗煤、选煤及其他煤炭制品和煤矸石。（未税原煤加工的洗选煤需要缴纳）

（4）其他非金属矿原矿，是指上列产品和井矿盐以外的非金属矿原矿。

（5）金属矿原矿：黑色金属矿原矿、有色金属矿原矿。

（6）固体盐，是指海盐原盐、湖盐原盐和井矿盐。液体盐，是指卤水。

（7）水资源。

（8）对伴生矿、伴采矿、伴选矿和岩金矿的征税规定见表4-20。

表4-20　资源税伴生矿、伴采矿、伴选矿和岩金矿的具体征税规定

矿产资源	是否征收资源税
伴生矿（除主矿种以外，其他可供工业利用的成分）	不征（不单独征收）
伴采矿	应征
伴选矿（以精矿形式伴选出的副产品）	不征
岩金矿（已纳资源税）的尾矿再利用	不征（但尾矿与原矿划分不清，仍缴纳资源税）

【知识点2】计税依据、税率及应纳税额

资源税的应纳税额采用从价定率或者从量定额的办法，分别以应税产品的销售额乘以纳税人具体适用的比例税率或者以应税产品的销售数量乘以纳

税人具体适用的定额税率计算。

纳税人开采或者生产不同税目应税产品的，应当分别核算不同税目应税产品的销售额或者销售数量；未分别核算或者不能准确提供不同税目应税产品的销售额或者销售数量的，从高适用税率。

实行从价定率的主要是原油跟天然气，其他的则按从量定额的办法。

1. 销售额确定

（1）纳税人销售应税产品向购买方收取的全部价款和价外费用，不包括增值税销项税额和运杂费用。

（2）对同时符合以下条件的运杂费用，纳税人在计算应税产品计税销售额时，可予以扣减：

①包含在应税产品销售收入中；

②属于纳税人销售应税产品环节发生的运杂费用，具体是指运送应税产品从坑口或洗选（加工）地到车站、码头或者购买方指定地点的运杂费用；

③取得相关运杂费用发票或者其他合法有效凭据；

④将运杂费用与计税销售额分别进行核算。

2. 视同销售行为及销售额的确定

（1）视同销售行为。

①纳税人以自采原矿直接加工为非应税产品的，视同原矿销售；

②纳税人以自采原矿洗选（加工）后的精矿连续生产非应税产品的，视同精矿销售；

③以应税产品投资、分配、抵债、赠与、以物易物等，视同应税产品销售。

（2）销售额的确定：纳税人有视同销售应税产品行为而无销售价格的，或者申报的应税产品销售价格明显偏低且无正当理由的，税务机关应按下列顺序确定其应税产品计税价格。

①按纳税人最近时期同类产品的平均销售价格确定。

②按其他纳税人最近时期同类产品的平均销售价格确定。

③按应税产品组成计税价格确定：

$$组成计税价格 = 成本 \times (1 + 成本利润率) \div (1 - 资源税税率)$$

④按后续加工非应税产品销售价格，减去后续加工环节的成本利润后

确定。

⑤其他合理方法确定。

【知识点3】应纳税额计算

资源税应纳税额的计算以不含增值税销售额乘以适用税率，区分不同情形的具体规定见表4－21。

表4－21　资源税应纳税额计算方法

征收对象	计税依据	应纳税额
原矿	（1）原矿销售额； （2）精矿销售额换算原矿销售额	＝原矿销售额×适用税率； 或＝精矿销售额×换算比或折算率×适用税率
精矿	（1）精矿销售额； （2）原矿销售额换算精矿销售额	＝精矿销售额×适用税率； 或＝原矿销售额×换算比或折算率×适用税率
水资源	实际取用水量	＝取水口所在地税额标准×实际取用水量

1. 资源税在应税产品的销售或自用环节计算缴纳。

以自采原矿加工精矿产品的，在原矿移送使用时不缴纳资源税，在精矿销售或自用时缴纳资源税。

2. 纳税人以自采原矿加工金锭的，在金锭销售或自用时缴纳资源税。

纳税人销售自采原矿或者自采原矿加工的金精矿、粗金，在原矿或者金精矿、粗金销售时缴纳资源税，在移送使用时不缴纳资源税。

3. 纳税人应当向矿产品的开采地或盐的生产地缴纳资源税。

纳税人在本省、自治区、直辖市范围开采或者生产应税产品，其纳税地点需要调整的，由省级税务机关决定。

【知识点4】申报与纳税

1. 纳税义务发生时间

不同结算方式纳税义务发生时间的确认见表4－22。

表 4-22　资源税纳税义务发生时间

结算方式	纳税义务发生时间
采取分期收款结算的	销售合同规定的收款日期的当天
采取预收货款结算的	发出应税产品的当天
采取其他结算的	收讫销售款或者取得索取销售款凭据的当天
自产自用应税产品的	移送使用应税产品的当天
取用水资源的	取用水资源的当天

2. 纳税期限

资源税按月或者按季申报缴纳；不能按固定期限计算缴纳的，可以按次申报缴纳。纳税人按月或按季申报缴纳的，应当自月度或者季度终了之日起15日内，向税务机关办理申报并缴纳税款；按次申报缴纳的，应当自纳税义务发生之日起15日内，向税务机关办理申报并缴纳税款。

3. 纳税地点

向应税产品的开采或者生产所在地主管税务机关缴纳。海洋原油、天然气资源税由国家税务总局海洋石油税务管理机构负责征收管理。

4. 征收管理

2019年3月8日起税务机关不再开具或索要资源税管理证明，并通过以下措施强化监管：

（1）进一步加强开采地源泉控管，对已纳入开采地正常税务管理或者在销售矿产品时开具增值税发票的纳税人，实行纳税人自主申报，不采用代扣代缴的征管方式。

（2）对于部分零散税源，确有必要的，可采用委托代征等替代管理方式。

5. 涉及的表单

《资源税纳税申报表》。

十　环境保护税

【知识点1】纳税人与征税范围

1. 纳税人

环境保护税的纳税人是在中华人民共和国领域和中华人民共和国管辖的

其他海域，直接向环境排放应税污染物的企业事业单位和其他生产经营者。

家庭和个人即便有排放污染物的行为，不属于环境保护税的纳税人。

2. 征税对象

四种应税污染物：大气污染物、水污染物、固体废物和噪声。

有下列情形之一的，不属于直接向环境排放污染物，不缴纳相应污染物的环境保护税：

（1）企业事业单位和其他生产经营者向依法设立的污水集中处理、生活垃圾集中处理场所排放应税污染物的。

（2）企业事业单位和其他生产经营者在符合国家和地方环境保护标准的设施、场所贮存或者处置固体废物的。

（3）达到省级人民政府确定的规模标准并且有污染物排放口的畜禽养殖场，依法对畜禽养殖废弃物进行综合利用和无害化处理的。

【知识点2】税目及税额

环境保护税税目为：大气污染物、水污染物、固体废物、噪声。应税大气污染物和水污染物的具体适用税额的确定和调整，由省（区、市）人民政府统筹考虑本地区环境承载能力、污染物排放现状和经济社会生态发展目标要求，在《环境保护税法》所附税目税额表规定的税额幅度内提出，报同级人民代表大会常务委员会决定，并报全国人民代表大会常务委员会和国务院备案。

【知识点3】计税依据

1. 计税依据（见表4－23）

表4－23　环境保护税计税依据的具体规定

税目	计税依据	具体要求
1. 大气污染物	污染物排放量折合的污染当量数	每一排放口应税大气污染物，按照污染当量数从大到小排序，对前三项污染物征税
2. 水污染物	污染物排放量折合的污染当量数	每一排放口的应税水污染物：第一类水污染物按照前五项征税；其他类水污染物按照前三项征税
3. 固体废物	固体废物的排放量（吨）	排放量
4. 噪声	超标的分贝数	每月统一定额税

2. 应税大气污染物、水污染物“污染当量”确定

污染当量＝该污染物的排放量÷该污染物的污染当量值

3. 计税依据特殊情况

以产生量为计税依据，纳税人有下列情形之一的，以其当期应税大气污染物、水污染物、固体废物的产生量作为污染物的排放量：

（1）未依法安装使用污染物自动监测设备或者未将污染物自动监测设备与环境保护主管部门的监控设备联网。

（2）损毁或者擅自移动、改变污染物自动监测设备。

（3）篡改、伪造污染物监测数据。

（4）通过暗管、渗井、渗坑、灌注或者稀释排放以及不正常运行防治污染设施等方式违法排放应税污染物。

（5）非法倾倒应税固体废物。

（6）进行虚假纳税申报。

4. 排放量和噪声的分贝数，确定方法和计算顺序

（1）纳税人安装使用符合国家规定和监测规范的污染物自动监测设备的，按照污染物自动监测数据计算。

（2）纳税人未安装使用污染物自动监测设备的，按照监测机构出具的符合国家有关规定和监测规范的监测数据计算。

（3）因排放污染物种类多等原因不具备监测条件的，按照国务院环境保护主管部门规定的排污系数、物料衡算方法计算。

（4）不能按照上述第（1）项至第（3）项规定的方法计算的，按照省、自治区、直辖市人民政府环境保护主管部门规定的抽样测算的方法核定计算。

【知识点4】应纳税额计算

1. 应税大气污染物

应税大气污染物的应纳税额＝污染当量数×适用税额

应税大气污染物的污染当量数＝该污染物的排放量÷该污染物的污染当量值

应税大气污染物的每一排放口或者没有排放口，按照污染当量数从大到小排序，对前三项污染物征收环境保护税。

2. 水污染物

应纳税额 = 污染当量数 × 适用税额

应税水污染物的污染当量数 = 该污染物的排放量 ÷ 该污染物的污染当量

应税水污染物按照污染当量数从大到小排序：第一类水污染物，按前五项征收；

其他类水污染物，按前三项征收。

3. 固体废物

应纳税额 = 固体废物排放量 × 适用税额 =（当期固体废物的产生量 - 当期固体废物的综合利用量 - 当期固体废物的贮存量 - 当期固体废物的处置量）× 适用税额

4. 应税噪声

应纳税额 = 超过国家规定标准的分贝数所对应的具体适用税额

【知识点 5】申报与纳税

1. 纳税义务发生时间

排放应税污染物的当日。

2. 纳税地点

（1）应税大气污染物、水污染物：排放口所在地；

（2）应税固体废物、应税噪声：废物、噪声产生地。

3. 纳税期限

按月计算、按季申报缴纳。不能按固定期限计算缴纳的，可以按次申报缴纳。自季度终了之日起 15 日内，向税务机关办理纳税申报并缴纳税款。不能按固定期限计算缴纳的，可以按次申报缴纳，纳税义务发生之日起 15 日内，向税务机关办理纳税申报并缴纳税款。

4. 涉及的表单

（1）情形 1：首次申报或与环境保护税相关的基础信息发生变化时所需表单见表 4 - 24。

表 4－24　　　　情形 1 涉及材料

序号	材料名称	数量	备注
1	《环境保护税基础信息采集表》	2 份	用于采集纳税人与环境保护税相关的基础信息
有以下情形的，还应提供相应材料			
适用情形	材料名称	数量	备注
适用于采集应税大气、水污染物相关基础信息	《大气、水污染物基础信息采集表》	2 份	
适用于采集应税固体废物相关基础信息	《固体废物基础信息采集表》	2 份	
适用于采集应税噪声相关基础信息	《噪声基础信息采集表》	2 份	
适用于采集纳税人采用排污系数法计算污染物排放量的基础信息	《产排污系数基础信息采集表》	2 份	

（2）情形 2：通过自动监测、监测机构监测、排污系数和物料衡算法计算污染物排放量的纳税人进行环境保护税纳税申报时涉及的表单见表 4－25。

表 4－25　　　　情形 2 涉及材料

序号	材料名称	数量	备注
1	《环境保护税纳税申报表（A 类）》	2 份	
有以下情形的，还应提供相应材料			
适用情形	材料名称	数量	备注
应税污染物为大气污染物且征收方式非抽样测算方法核定	《环境保护税按月计算报表（大气污染物适用）》	2 份	
应税污染物为水污染物且征收方式非抽样测算方法核定	《环境保护税按月计算报表（水污染物适用）》	2 份	
应税污染物为固体废物且征收方式非抽样测算方法核定	《环境保护税按月计算报表（固体废物适用）》	2 份	
应税污染物为噪声且征收方式非抽样测算方法核定	《环境保护税按月计算报表（噪声适用）》	2 份	
减免税情况且征收方式非抽样测算方法核定	《环境保护税减免税明细计算报表》	2 份	

(3) 情形3：除适用A类申报之外的其他纳税人，包括按照《环境保护税法》第十条第四项方法计算应税污染物排放量或适用税法所附《禽畜养殖业、小型企业和第三产业水污染物当量值》表的纳税人，以及按次申报的纳税人所需要的表单见表4-26。

表4-26　　情形3涉及材料

序号	材料名称	数量	备注
1	《环境保护税纳税申报表（B类）》	2份	除按次申报外，纳税人应按月填写B类表，按季申报

十一　车船税

【知识点1】纳税人和征税范围

1. 纳税人

在中华人民共和国境内，属于《车船税法》所附《车船税税目税额表》规定的车辆、船舶（以下简称车船）的所有人或者管理人为车船税的纳税人。

2. 征税范围

(1) 依法应当在车船管理部门登记的机动车辆和船舶；

(2) 依法不需要在车船管理部门登记、在单位内部场所行驶或者作业的机动车辆和船舶。

【知识点2】税额

车船的适用税额依照《车船税税目税额表》执行。车辆的具体适用税额由省自治区、直辖市人民政府依照《车船税税目税额表》规定的税额幅度和国务院的规定确定。

船舶的具体适用税额由国务院在《车船税税目税额表》规定的税额幅度内确定。

【知识点3】应纳税额的计算

1. 购置的新车船，购置当年的应纳税额自纳税义务发生的当月起按月计算。

应纳税额＝年应纳税额÷12×应纳税月份数

2. 在一个纳税年度内，已完税的车船被盗抢、报废、灭失的，纳税人可以凭有关管理机关出具的证明和完税证明，向纳税所在地的主管税务机关申请退还自被盗抢、报废、灭失月份起至该纳税年度终了期间的税款。

3. 已办理退税的被盗抢车船失而复得的，纳税人应当从公安机关出具相关证明的当月起计算缴纳车船税。

4. 关于车船因质量问题发生退货时的退税已经缴纳车船税的车船，因质量原因，车船被退回生产企业或者经销商的，纳税人可以向纳税所在地的主管税务机关申请退还自退货月份起至该纳税年度终了期间的税款。退货月份以退货发票所载日期的当月为准。

5. 整备质量、净吨位、艇身长度等计税单位，有尾数的一律按照含尾数的计税单位据实计算车船税应纳税额。计算得出的应纳税额小数点后超过两位的可四舍五入保留两位小数。

6. 已缴纳车船税的车船在同一纳税年度内办理转让过户的，不另纳税，也不退税。

【知识点 4】保险机构代收代缴

1. 从事机动车第三者责任强制险业务的保险机构有代缴义务，包括：欠缴税款的滞纳金。

2. 在代收车船税时，应当在机动车交通事故责任强制保险的保险单以及保费发票上注明已收税款的信息，作为代收税款凭证。

3. 保险机构作为扣缴义务人已代收代缴车船税的，纳税人不再向车辆登记地的主管税务机关申报缴纳车船税。

4. 保险机构代收代缴车船税纳税申报期限为次月起 15 日内。

【知识点 5】申报与纳税

1. 纳税期限

车船税按年申报，分月计算，一次性缴纳，申报纳税期限由省、自治区、直辖市人民政府规定。

（1）对于在国内购买的机动车，购买日期以《机动车销售统一发票》所载日期为准；对于进口机动车，购买日期以《海关关税专用缴款书》所载日期为准。

（2）对于购买的船舶，以购买船舶的发票或者其他证明文件所载日期的当月为准。

2. 纳税地点

车船的登记地或者车船税扣缴义务人所在地。依法不需要办理登记的车船，车船税的纳税地点为车船的所有人或者管理人所在地。

3. 纳税环节

纳税义务发生时间为取得车船所有权或者管理权的当月，即为购买车船的发票或者其他证明文件所载日期的当月。

4. 涉及的表单

（1）首次进行车船税纳税申报的：《车船税纳税申报表》和《车船税税源明细表（车辆）》/《车船税税源明细表（船舶）》。

（2）后续申报且税源信息未发生变化：《车船税纳税申报表》。

（3）保险机构申报：《车船税纳税申报表》《车船税代收代缴报告表》。

>> 第六节 申报相关服务

一 财务会计报告报送

【知识点】财务会计报告报送

1. 实行不同会计准则或制度的纳税人，依照执行的企业会计准则或制度，事先向税务机关备案，并分中期财务报表和年度财务报表，定期向税务机关报送财务报告。

2. 纳税人无论有无应税收入、所得和其他应税项目，或者在减免税期间，均必须依照《中华人民共和国税收征收管理法》第二十五条的规定，按其所适用的会计制度编制财务报表，并按规定的时限向主管税务机关报送；其所适用的会计制度规定需要编报相关附表以及会计报表附注、财务情况说明书、审计报告的由纳税人留存备查，税务机关有其他规定的除外。

3. 纳税人财务会计报表报送期间原则上按季度和年度报送。

4. 纳税人经批准延期办理纳税申报的，其财务会计报表报送期限可以顺延。

二 对纳税人延期申报的核准

【知识点】对纳税人延期申报的核准

1. 纳税人、扣缴义务人因不可抗力或其他原因在规定期限内办理纳税申报或报送代扣代缴、代收代缴税款报告表确有困难需要延期的，应当在申请延期的申报期限之内向税务机关提出书面延期申请，经税务机关核准，可以延期申报。但应当在不可抗力情形消除后立即向税务机关报告。

2. 按照规定的期限办理纳税申报或者报送代扣代缴、代收代缴税款报告表确有困难，是指因财务处理上的特殊原因，账务未处理完毕，不能计算应纳税额所导致的不能按时申报。

3. 纳税人、扣缴义务人应当在纳税申报期限届满前提出申请。经核准延期办理前款规定的申报、报送事项的，应当在纳税期内按照上期实际缴纳的税额或者税务机关核定的税额预缴税款，并在核准的延期内办理税款结算。

4. 预缴税额大于实际应纳税额的，税务机关结算退税但不向纳税人计退利息，预缴税额小于应纳税额的，在结算补税时不加收滞纳金。

5. 纳税人、扣缴义务人经核准延期办理纳税申报的，其随本期申报的财务会计报表报送期限可以顺延。

6. 办理时间：自受理申请之日起，10 个工作日内作出行政许可决定；对 10 个工作日内无法作出决定的，经决定机构负责人批准，可以延长 5 个工作日。

三 对纳税人延期缴纳税款的核准

【知识点】对纳税人延期缴纳税款的核准

1. 纳税人因有特殊困难，不能按期缴纳税款的，经省、自治区、直辖市、计划单列市税务局批准，可以延期缴纳税款，但是最长不得超过三个月。纳税人有下列情形之一的，属于特殊困难：

（1）因不可抗力，导致纳税人发生较大损失，正常生产经营活动受到较大影响的；

（2）当期货币资金在扣除应付职工工资、社会保险费后，不足以缴纳税款的。

2. “不可抗力”是指，人们无法预见、无法避免、无法克服的自然灾害，如水灾、火灾、风灾、地震等。因不可抗力，导致纳税人发生较大损失，正常生产经营活动受到较大影响的，纳税人应在申请延期缴纳税款报告中对不可抗力情况进行说明并承诺：“以上情况属实，特此承诺。”

3. 纳税人需要延期缴纳税款的，应当在缴纳税款期限届满前提出申请。税务机关作出不予行政许可决定的，从缴纳税款期限届满之日起加收滞纳金。

4. 税务行政许可实施机关与申请人不在同一县（市、区、旗）的，申请人可在规定的申请期限内，选择由其主管税务机关代为转报申请材料。主管税务机关在核对申请材料后向申请人出具材料接收清单，并向税务行政许可实施机关转报。代办转报一般应当在5个工作日内完成。

5. 办理时间：20日内办结。

四 对纳税人变更纳税定额的核准

【知识点】对纳税人变更纳税定额的核准

1. 纳税人对税务机关核定的应纳税额有异议的，应当提供相关证据，经税务机关认定后，调整应纳税额。

2. 纳税人变更纳税定额核准包括个体工商户对定期定额有异议发起变更定额调整。

3. 办理时间：在15个工作日内作出行政许可决定；对15个工作日内无法作出决定的，经决定机构负责人批准可以延长5个工作日。

五 误收多缴退抵税

【知识点】误收多缴退抵税

1. 纳税人自结算缴纳税款之日起3年内发现多缴税款的，可以向税务机关要求退还多缴的税款并加算银行同期存款利息。税务机关发现纳税人超过应纳税额多缴的税款，应该依照税收法律法规及相关规定办理退还手续。

2. 以下业务也属于误收多缴退抵税范围：

（1）营改增试点纳税人提供应税服务在本地区试点实施之日前已缴纳营业税，本地区试点实施之日（含）后因发生退款减除营业额的，应当向主管税务机关申请退还已缴纳的营业税；

（2）对于“税务处理决定书多缴税费”“行政复议决定书多缴税费”“法院判决书多缴税费”等类多缴税款办理退税。

3. 多缴税费证明资料包括：减免税审批文书、纳税申报表、税务稽查结论、税务处理决定书、纳税评估文书、税务行政复议决定书、生效的法院判决文书、增值税红字发票、税务机关认可的其他记载应退税款内容的资料。

4. 退税利息按照税务机关办理退税手续当天中国人民银行规定的活期存款利率计算。

5. 除出口退税以外，纳税人既有应退税款又有欠缴税款的，税务机关可以将纳税人的应退税款和利息先抵扣欠缴的税款；抵扣后有余额的，纳税人可以申请办理应退余额的退库。

6. 多贴印花税票的，不得申请退税或者抵用。

7. 办理时间：税务机关发现的，10个工作日内办结；纳税人自行发现的，30个工作日内办结。

六 入库减免退抵税

【知识点】入库减免退抵税

1. 纳税人符合政策规定可以享受减免的税款，如已经缴纳入库，可以申请退（抵）已缴纳的税款。

2. 以下情形也属于入库减免退抵税：

（1）增值税小规模纳税人月销售额不超过10万元（按季纳税30万元）的，当期因代开增值税专用发票已经缴纳的税款，在增值税专用发票全部联次追回或者按规定开具红字专用发票后，可以向主管税务机关申请退还；

（2）增值税即征即退，按税法规定缴纳的税款，由税务机关征收入库后，再由税务机关按规定的程序给予部分或全部退还已纳税款；

（3）非居民纳税人可享受但未享受协定待遇，可以申请退还多缴税款的情况；

（4）其他减免税政策发布时间滞后于执行时间已入库税款的退税，也属于减免退税；

（5）营改增试点纳税人提供应税服务在本地区试点实施之日前已缴纳营业税，本地区试点实施之日后（含）因享受减免税政策，而退还试点前发生业务的营业税，向主管税务机关申请退还已缴纳的营业税。

3. 增值税一般纳税人按规定享受增值税即征即退政策的货物、劳务和服务、不动产、无形资产的，在申报时须将此部分填写在《增值税纳税人申报（一般纳税人适用）表》及附表一的“增值税即征即项目列”征（退）税数据中。

4. 除出口退税以外，纳税人既有应退税款又有欠缴税款的，税务机关可以将纳税人的应退税款和利息先抵扣欠缴的税款；抵扣后有余额的，纳税人可以申请办理应退余额的退库。

5. 办理时间：税务机关发现的，10个工作日内办结；纳税人自行发现的，30个工作日内办结；其中增值税即征即退退抵税，15个工作日内办结。

七 汇算清缴结算多缴退抵税

【知识点】汇算清缴结算多缴退抵税

1. 实行分期预缴、按期汇算结算的纳税人，在清算过程中形成的多缴税款，可以向税务机关申请办理退抵税费。

2. 以下业务也属于汇算清缴结算多缴退抵税：

（1）营改增试点纳税人提供应税服务，按照国家有关营业税政策规定差额征收营业税的，因取得的全部价款和价外费用不足以抵减允许扣除项目金额，截至本地区试点实施之日尚未扣除的部分，不得在计算试点纳税人本地区试点实施之日后的销售额时予以抵减，应当向原主管地税机关申请退还营业税。

（2）土地增值税清算原因导致多缴企业所得税的退税。

（3）对房产税、城镇土地使用税税源信息修改，以及增值税、消费税申报税款小于预缴税款，导致发生多缴税款。

（4）纳税人在批准临时占用耕地的期限内恢复所占耕地原状的，全额退还已缴纳的耕地占用税。

3. 对已缴纳契税的购房单位和个人，在未办理房屋权属变更登记前退房的，退还已纳契税；在办理房屋权属变更登记后退房的，不予退还已纳契税。

4. 独立核算的发、供电企业结算缴纳增值税多缴不退，结转下期抵扣或抵减下期应纳税额。

5. 除出口退税以外，纳税人既有应退税款又有欠缴税款的，税务机关可以将纳税人的应退税款和利息先抵扣欠缴的税款；抵扣后有余额的，纳税人可以申请办理应退余额的退库。

6. 办理时间：税务机关发现的，10 个工作日内办结；纳税人自行发现的，30 个工作日内办结。

八 增值税期末留抵税额退税

【知识点】增值税期末留抵税额退税

1. 符合条件的增值税一般纳税人，由于特定事项产生的留抵税额，按照一定的计算公式予以计算退还，主要包括：

（1）符合条件的集成电路重大项目增值税留抵税额退税。

（2）对外购用于生产乙烯、芳烃类化工产品的石脑油、燃料油价格中消费税部分对应的增值税额退税。

（3）符合条件的大型客机和新支线飞机增值税留抵税额退税。

（4）自2018年7月27日起，对实行增值税期末留抵退税的纳税人，允许其从城市维护建设税、教育费附加和地方教育附加的计税（征）依据中扣除退还的增值税税额。

（5）自2019年4月1日起，符合以下条件的纳税人，可以向主管税务机关申请退还增量留抵税额：自2019年4月税款所属期起，连续六个月（按季纳税的，连续两个季度）增量留抵税额均大于零，且第六个月增量留抵税额不低于50万元；纳税信用等级为A级或者B级；申请退税前36个月未发生骗取留抵退税、出口退税或虚开增值税专用发票情形的；申请退税前36个月未因偷税被税务机关处罚两次及以上的；自2019年4月1日起未享受即征即退、先征后返（退）政策的。

2. 符合条件的集成电路重大项目增值税留抵税额退税，对外购用于生产乙烯、芳烃类化工产品的石脑油、燃料油价格中消费税部分对应的增值税额退税，纳税人应于每月申报期结束后10个工作日内向主管税务机关申请退税。其他符合条件的纳税人申请办理留抵退税，应于符合留抵退税条件的次月起，在增值税纳税申报期内，完成本期增值税纳税申报后，提出申请。

3. 纳税人收到退税款项的当月，应将退税额从增值税进项税额中转出。

4. 对国家批准的集成电路重大项目企业，购进使用期限超过12个月的机器、机械、运输工具以及其他与生产经营有关的设备、工具、器具等，因购进该设备形成的增值税期末留抵税额予以退还。

5. 纳税人既有增值税欠税，又有期末留抵税额的，按最近一期《增值税纳税申报表（一般纳税人适用）》期末留抵税额，抵减增值税欠税后的余额确定允许退还的增量留抵税额。

6. 办理时间：符合条件的集成电路重大项目增值税留抵税额退税和对外购用于生产乙烯、芳烃类化工产品的石脑油、燃料油价格中消费税部分对应的增值税额退税事项，15个工作日内办结；其他增值税期末留抵税额退税事项，10 个工作日内办结。

九 石脑油、燃料油消费税退税

【知识点】石脑油、燃料油消费税退税

1. 在我国境内使用石脑油、燃料油生产乙烯、芳烃类化工产品的企业，包括将自产石脑油、燃料油用于连续生产乙烯、芳烃类化工产品的企业，将外购的含税石脑油、燃料油用于生产乙烯、芳烃类化工产品的企业，且生产的乙烯、芳烃类化工产品产量占本企业用石脑油、燃料油生产全部产品总量的 50% 以上（含）的，可按实际耗用量计算退还所含已缴纳的消费税。

2. 使用企业申请退税的国内采购的含税石脑油、燃料油，应取得符合规定的成品油值税专用发票，发票应注明石脑油、燃料油及数量。未取得或发票未注明石脑油、燃料油及数量的，不予退税。

3. 使用企业发生下列行为之一的，主管税务机关应暂停或取消使用企业的退（免）税资格：

（1）注销税务登记的，取消退（免）税资格。

（2）主管税务机关实地核查结果与使用企业申报的备案资料不一致的，暂停或取消退（免）资格。

（3）使用企业不再以石脑油、燃料油生产乙烯、芳烃类化工产品或不再生产乙烯、芳烃类化工产品的，经申请取消退（免）税资格。

（4）经税务机关检查发现存在骗取国家退税款的，取消退（免）税资格。

（5）办理备案变更登记备案事项，经主管税务机关通知在 30 日内仍未改正的，暂停退（免）税资格。

（6）未按月向主管税务机关报送《石脑油、燃料油生产、外购、耗用、库存月度统计表》和《乙烯、芳烃生产装置投入产出流量计统计表》、《使用企业外购石脑油、燃料油凭证明细表》的，暂停退（免）税资格。

（7）不接受税务机关的产品抽检，不能提供税务机关要求的检测报告的，暂停退（免）税资格。

4. 除出口退税以外，纳税人既有应退税款又有欠缴税款的，税务机关可以将纳税人的应退税款和利息先抵扣欠缴的税款；抵扣后有余额的，纳税人可以申请办理应退余额的退库。

5. 办理时间：20 个工作日内办结。

十 车辆购置税退税

【知识点】车辆购置税退税

1. 已缴纳车辆购置税的车辆，发生车辆退回生产企业或者经销商的，符合免税条件但已征税的设有固定装置的非运输车辆，以及其他依据法律法规规定应予退税情形的，纳税人向税务机关申请退还已缴纳的车辆购置税。

2. 已征车辆购置税的车辆退回车辆生产或销售企业，纳税人申请退还车辆购置税的，应退税额计算公式如下：

$$应退税额 = 已纳税额 \times (1 - 使用年限 \times 10\%)$$

应退税额不得为负数。

使用年限的计算方法是，自纳税人缴纳税款之日起，至申请退税之日止。未满 1 年的，按已缴纳税款全额退税。

其他退税情形，纳税人申请退税时，主管税务机关依据有关规定计算退税额。

3. 办理时间：10 个工作日内办结。

十一 车船税退（抵）税

【知识点】车船税退（抵）税

1. 已经缴纳车船税的车船，因质量原因被退回生产企业或者经销商的，纳税人可以向税务机关申请退还自退货月份起至该纳税年度终了期间的税款。

在一个纳税年度内，已完税的车船被盗抢、报废、灭失的，纳税人可以凭有关管理机关出具的证明和完税证明，向纳税所在地的主管税务机关申请退还自被盗抢、报废、灭失月份起至该纳税年度终了期间的税款。

纳税人在购买“交强险”时，已由扣缴义务人代收代缴车船税，车辆登记地主管税务机关再次征收的，纳税人可向税务机关申请退还已经缴纳的车船税。

2. 对已由扣缴义务人代收代缴车船税，车辆登记地主管税务机关再次征收的，由再次征收的税务机关办税服务厅（场所）受理。

3. 除出口退税以外，纳税人既有应退税款又有欠缴税款的，税务机关可以将纳税人的应退税款和利息先抵扣欠缴的税款；抵扣后有余额的，纳税人可以申请办理应退余额的退库。

4. 已办理退税的被盗抢车船失而复得的，纳税人应当从公安机关出具相关证明的当月起计算缴纳车船税。

5. 车船税退（抵）税的办理时间：20 个工作日内办结。

十二 申报错误更正

【知识点】申报错误更正

1. 纳税人、缴费人、扣缴义务人办理纳税申报后，发现申报表存在错误，完成修改更正或作废。申报错误更正时（除个人所得税）只能全量更正或者申报作废，不允许差额更正或补充申报。

2. 作废申报表只能在对应申报当期的申报期限之内，且未开具完税凭证或划缴税款的情况下进行，否则不能作废申报表，只能对已申报的申报表进行更正处理。

3. 个人所得税允许增量更正和部分更正：

（1）如纳税人已完成年度申报，不允许更正预缴申报；

（2）年度综合所得申报中有上年度的结转时，如更正上年度的综合所得年度申报，应提醒纳税人一并更正本年年度综合所得申报；

（3）同一扣缴义务人连续性综合所得已有下期预缴申报的，可采用部分、增量更正方式进行更正，更正时需采集扣缴义务人更正申报的原因等信息，如年中更正预缴的，也需连带更正后期的预缴申报，并作相应更正的提示信息，对未进行后期更正的，不允许进行正常预缴申报，对更正涉及的纳税人，在更正完成后通知相应的纳税人更正的情况；

（4）限售股已进行清算时，不能更正该人的限售股的扣缴申报。

4. 社保费申报错误需要更正时，在满足条件的情况下，可以通过作废原申报表，重新申报。针对企业申报后的是否已开票或入库的不同情况，能否作废的规定如下：

（1）当月已申报未开票未入库的，可以作废申报；

（2）当月已申报已开票未入库的，应当作废已开票信息，再进行作废申报；

（3）当月已申报已开票已入库的，不可以作废申报，可以补充申报。

5. 申报错误更正后，如涉及补缴税款，应按规定加收滞纳金。

>> 习题演练

一 单项选择题

1. 某公司为按季申报的小规模纳税人，2019 年 1—3 月销售货物销售额为 24.72 万元，不动产销售金额为 15.75 万元。该纳税人一季度应缴纳的增值税为（　　）万元。

A. 0.75　　B. 1.17　　C. 1.47　　D. 0

【参考答案】A

【答案解析】根据《国家税务总局关于小规模纳税人免征增值税政策有关征管问题的公告》（国家税务总局公告 2019 年第 4 号）第一条规定，小规模纳税人发生增值税应税销售行为，合计月销售额超过 10 万元，但扣除本期发生的销售不动产的销售额后未超过 10 万元的，其销售货物、劳务、服务、无形资产取得的销售额免征增值税。其销售不动产取得的销售额按现行规定申报纳税。因此，该公司应缴纳的增值税为 $15.75 \div (1+5\%) \times 5\% = 0.75$（万元）。

2. 依据现行《增值税暂行条例》及相关规定，下列行为不属于视同销售的有（　　）。

A. 将自产的货物无偿赠送他人

B. 以外购的货物用于职工福利

C. 将委托加工的货物无偿赠送他人

D. 将购买的货物无偿赠送他人

【参考答案】B

【答案解析】根据《增值税暂行条例》第十条规定，外购的货物用于职工福利属于进项税额不得从销项税额中抵扣的情形，不属于视同销售。

3. 根据深化增值税改革的相关规定，原《增值税纳税申报表附列资料（五）》第 6 栏“期末待抵扣不动产进项税额”的期末余额，可以自 2019 年 5 月 1 日后结转填入《增值税纳税申报表附列资料（二）》的（　　）。

A. 第 6 栏“农产品收购发票或者销售发票”

B. 第 7 栏“代扣代缴税收缴款凭证”

C. 第 8a 栏“加计扣除农产品进项税额”

D. 第 8b 栏“其他”

【参考答案】D

【答案解析】根据《国家税务总局关于调整增值税纳税申报有关事项的公告》（国家税务总局公告 2019 年第 15 号）规定，截至 2019 年 3 月税款所属期，《国家税务总局关于全面推开营业税改征增值税试点后增值税纳税申报有关事项的公告》（国家税务总局公告 2016 年第 13 号）附件 1 中《增值税纳税申报表附列资料（五）》第 6 栏“期末待抵扣不动产进项税额”的期末余额，可以自公告施行后结转填入《增值税纳税申报表附列资料（二）》第 8b 栏“其他”。

4. 下列纳税人，可以实行简易申报方式的是（　　）。

A. 当期未发生纳税义务的纳税人

B. 当期开始享受免税待遇的纳税人

C. 实行定期定额方式缴纳税款的纳税人

D. 不能按期缴税且有特殊困难的纳税人

【参考答案】C

【答案解析】根据《中华人民共和国税收征收管理法实施细则》第三十六条规定，实行定期定额方式缴纳税款的纳税人，可以实行简易申报、简并征期等申报纳税方式。

5. 适用增值税差额征税政策的小规模纳税人，以（　　）销售额确定是否可以享受关于小规模纳税人免征增值税政策。

A. 差额前的　　B. 全额

C. 差额后的　　D. 以上都不正确

【参考答案】C

【答案解析】根据《国家税务总局关于小规模纳税人免征增值税政策有关征管问题的公告》（国家税务总局公告 2019 年第 4 号）第二条规定，适用增值税差额征税政策的小规模纳税人，以差额后的销售额确定是否可以享受该公告规定的免征增值税政策。《增值税纳税申报表（小规模纳税人适用）》中的“免税销售额”相关栏次，填写差额后的销售额。

6. 根据《企业所得税法》规定，下列关于居民企业和非居民企业的说法，正确的是（　　）。

A. 只有依照中国法律成立的企业才是居民企业

B. 依照外国法律成立，实际管理机构在中国境内的企业是非居民企业

C. 在境外成立的企业都是非居民企业

D. 在中国境内设立机构、场所且依据外国法律成立其实际管理机构不在中国境内的企业是非居民企业

【参考答案】D

【答案解析】根据《企业所得税法》第二条规定，企业分为居民企业和非居民企业。居民企业，是指依法在中国境内成立，或者依照外国（地区）法律成立但实际管理机构在中国境内的企业。非居民企业，是指依照外国（地区）法律成立且实际管理机构不在中国境内，但在中国境内设立机构、场所的，或者在中国境内未设立机构、场所，但有来源于中国境内所得的企业。

7. 下列各项中，不属于企业所得税纳税人的是（　　）。

A. 在中国境内未设立机构、场所，但有来源于中国境内所得的企业

B. 在中国境内成立的外商独资企业

C. 在中国境内成立的个人独资企业

D. 在中国境内设立的一人有限公司

【参考答案】C

【答案解析】根据《企业所得税法》第一条规定，在中华人民共和国境内，企业和其他取得收入的组织（以下统称企业）为企业所得税的纳税人，依照《企业所得税法》的规定缴纳企业所得税。个人独资企业、合伙企业不适用《企业所得税法》。

8. 以下说法不正确的是（　　）。

A. 美国企业 2018 年远程为中国境内企业取得咨询收入 200 万元，在

计算企业所得税时实际使用 10% 的企业所得税税率

B. 某商贸企业从事国家非限制和禁止行业，有职工 20 人，资产总额 500 万，2019 年 1—3 月应纳税所得额 50 万元，在计算企业所得税时使用 10% 的企业所得税税率

C. 辉煌技术开发公司 2018 年 1 月取得高新技术企业资质，在计算企业所得税时使用 15% 的企业所得税税率

D. 查账征收企业 A 公司 2018 年取得收入 800 万元，在 2019 年企业所得税汇算清缴时使用 25% 的企业所得税税率

【参考答案】B

【答案解析】《中华人民共和国企业所得税法》第二条规定："企业分为居民企业和非居民企业……本法所称非居民企业，是指依照外国（地区）法律成立且实际管理机构不在中国境内，但在中国境内设立机构、场所的，或者在中国境内未设立机构、场所，但有来源于中国境内所得的企业。"《中华人民共和国企业所得税法实施条例》第九十一条规定："非居民企业取得企业所得税法第二十七条第（五）项规定的所得，减按 10% 的税率征收企业所得税。"因此，选项 A 正确。

《国家税务总局关于实施小型微利企业普惠性所得税减免政策有关问题的公告》（国家税务总局公告 2019 年第 2 号）规定："一、自 2019 年 1 月 1 日至 2021 年 12 月 31 日，对小型微利企业年应纳税所得额不超过 100 万元的部分，减按 25% 计入应纳税所得额，按 20% 的税率缴纳企业所得税；对年应纳税所得额超过 100 万元但不超过 300 万元的部分，减按 50% 计入应纳税所得额，按 20% 的税率缴纳企业所得税。二、本公告所称小型微利企业是指从事国家非限制和禁止行业，且同时符合年度应纳税所得额不超过 300 万元、从业人数不超过 300 人、资产总额不超过 5000 万元等三个条件的企业。"因此，选项 B 不正确。

《中华人民共和国企业所得税法》第二十八条规定："符合条件的小型微利企业，减按 20% 的税率征收企业所得税。国家需要重点扶持的高新技术企业，减按 15% 的税率征收企业所得税。"因此，选项 C 正确。

《中华人民共和国企业所得税法》第四条规定："企业所得税的税率为 25%。"因此，选项 D 正确。

9. 某化妆品制造公司，2019 年营业收入 100 万元，发生广告费和业务宣传费支出 60 万元，关于广告费和业务宣传费以下说法正确的是（　　）。

A. 当年准予扣除 15 万元，余下部分准予在以后纳税年度结转扣除

B. 当年准予扣除 15 万元，余下部分不在以后纳税年度结转扣除

C. 当年准予扣除 30 万元，余下部分准予在以后纳税年度结转扣除

D. 当年准予扣除 30 万元，余下部分不在以后纳税年度结转扣除

【参考答案】C

【答案解析】根据《财政部　国家税务总局关于广告费和业务宣传费支出税前扣除政策的通知》（财税〔2017〕41 号）规定，对化妆品制造或销售、医药制造和饮料制造（不含酒类制造）企业发生的广告费和业务宣传费支出，不超过当年销售（营业）收入 30% 的部分，准予扣除；超过部分，准予在以后纳税年度结转扣除。

10. 无住所英国人詹姆斯 2019 年 1 月 1 日受聘到中国境内工作，2019 年 2 月 1 日回国探亲离境，2019 年 3 月 1 日下午再次入境工作至 2019 年 8 月 1 日上午离境到美国工作，2019 年 12 月 30 日再次入境中国至 2020 年 7 月 1 日回国，则詹姆斯（　　）。

A. 2019 年度为我国居民纳税人，2020 年度为我国非居民纳税人

B. 2019 年度为我国非居民纳税人，2020 年度为我国居民纳税人

C. 2019 年度和 2020 年度均为我国非居民纳税人

D. 2019 年度和 2020 年度均为我国居民纳税人

【参考答案】A

【答案解析】根据《财政部　税务总局关于在中国境内无住所的个人居住时间判定标准的公告》（财政部　税务总局公告 2019 年第 34 号）规定，无住所个人一个纳税年度内在中国境内累计居住天数，按照个人在中国境内累计停留的天数计算。在中国境内停留的当天满 24 小时的，计入中国境内居住天数，在中国境内停留的当天不足 24 小时的，不计入中国境内居住天数。一个纳税年度内居住满 183 天为居民纳税人。2019 年詹姆斯在中国居住累计满 183 天，2020 年在中国居住累计 182 天。

11. 在计算个人所得税时，下列所得属于来源于中国境内所得的是（　　）。

A. 中国公民张某到境外工作，取得境外公司支付的工资

B. 中国公民李某将财产出租给在英国境内某公司使用取得的租金

C. 日本公民受雇于中国境内的中日合资公司取得的工资

D. 中国专家将专利权提供给美国境内公司使用取得的所得

【参考答案】C

【答案解析】下列所得，不论支付地点是否在中国境内，均为来源于中国境内的所得：①因任职、受雇、履约等在中国境内提供劳务取得的所得；②将财产出租给承租人在中国境内使用而取得的所得；③许可各种特许权在中国境内使用而取得的所得。

12. 某企业高级讲师 2019 年 8 月取得的下列收入中，应计算缴纳个人所得税的是（　　）。

A. 单位发放的独生子女费

B. 任职企业为其按规定标准缴纳的企业年金

C. 持有的地方政府债券获得的利息收入

D. 为本单位其他部门员工讲课取得的课酬

【参考答案】D

【答案解析】因任职受雇取得的收入按照工资、薪金计算缴纳个人所得税。

13. 下列各项所得，按工资、薪金所得缴纳个人所得税的是（　　）。

A. 合伙人张三从其合伙企业按月取得的工资收入

B. 律师以个人名义聘请的其他人员从律师处获得的报酬

C. 王某在某公司任职并兼任董事取得的董事费收入

D. 某报社记者李某在其他报社的报刊上发表作品取得的收入

【参考答案】C

【答案解析】选项 A，按照“个体工商户的生产、经营所得”缴纳个人所得税；选项 B，按照“劳务报酬所得”缴纳个人所得税；选项 D，按照“稿酬所得”缴纳个人所得税。

14. 纳税人张某 2019 年 2 月取得扣除“三险一金”后的工资 3000 元，无其他扣除项目，年终奖 52000 元，张某年终奖选择采取全年一次性奖金的计算方式缴纳个人所得税，则张某当月应纳个人所得税（　　）元。

A. 1560　　B. 1515　　C. 1580　　D. 4990

【参考答案】C

【答案解析】马某当月工资应纳税额 =（3000 - 5000）= - 1500（元），无需纳税。年终奖应纳税额计算如下：52000 ÷ 12 = 433.3（元），适用税率 3%，应纳税额 = 52000 × 3% = 1560（元）。马某当月共计应缴纳个人所得税 1560 元。

15. 从事小汽车应税消费品生产、委托加工、零售环节的纳税人，办理消费税纳税申报时需报送（　　）。

A.《消费税纳税申报表》

B.《小汽车消费税纳税申报表》及其附报资料

C.《其他应税消费品消费税纳税申报表》及其附报资料

D.《已核定最低计税价格清单》

【参考答案】A

【答案解析】根据《全国税务机关纳税服务规范（3.0 版）》规定，在中华人民共和国境内生产、委托加工和进口规定的消费品的单位和个人，以及国务院确定的销售规定的消费品的其他单位和个人，依据相关税收法律、法规、规章及其他有关规定，在规定的纳税申报期限内填报消费税申报表、附表和其他相关资料，向税务机关进行纳税申报。故选项 A 正确。

16. 纳税人小张发生了以下关于房产交易事项契税申报业务，以下表述不正确的是（　　）。

A. 小张于 2019 年 1 月 2 日签订合约购买了小李的一套住房 A，于 1 月 10 日一次付清房款，契税纳税义务发生时间为 2019 年 1 月 2 日

B. 小张兄妹二人为了给孩子读书，小王讲自己有的学区房 B 与妹妹的住房进行交换，当交换价格相等时，买卖双方均不需缴纳契税

C. 小张应在应当自纳税义务发生之日起 10 日内，向 A 房屋所在地税务机关办理纳税申报，并在 30 日内缴纳税款

D. 如果小张购买 A 房屋时采取的是分期付款方式，应该按照合同规定的总价款计征契税

【参考答案】C

【答案解析】根据《契税暂行条例》第九条规定，纳税人应当自纳税义务发生之日起 10 日内，向土地、房屋所在地的契税征收机关办理纳税申报，并在契税征收机关核定的期限内缴纳税款。

17. 2019 年小张发生的以下涉税业务，说法正确的是（　　）。

A. 小张将名下的一处房产作股投入小张本人的独资经营企业，需就该房产申报缴纳契税

B. 小张经营企业通过招拍挂取得一处土地，因当地政策支持减免土地出让金 50%，契税也可以享受 50% 减免

C. 小张将名下的一处房产赠与朋友小王，双方无需缴纳契税

D. 小张的父亲去世，继承爷爷的一处房产，不征契税

【参考答案】D

【答案解析】选项 A，根据《财政部　国家税务总局关于企业改制重组若干契税政策的通知》（财税〔2003〕184 号）规定，自然人与其个人独资企业、一人有限责任公司之间土地、房屋权属的无偿划转属于同一投资主体内部土地、房屋权属的无偿划转，可比照上述规定不征收契税。选项 B，《国家税务总局关于免征土地出让金出让国有土地使用权征收契税的批复》明确："对承受国有土地使用权所应支付的土地出让金，要计征契税。不得因减免土地出让金，而减免契税。"选项 C，根据《契税暂行条例细则》规定，在中华人民共和国境内转移土地、房屋权属，承受的单位和个人为契税的纳税人。房屋转让，包括出售、赠与和交换。

18. 小规模纳税人 A 公司持有一栋房产，房产原值 1000 万元，2019 年 1 月 1 日将其对外出租，租赁合同约定租期 5 年，每月收取租金 1 万元并有免收 2019 年 1—3 月租金。已知当地省政府规定计算房产余值的减除比例为 30%，六税二费减按 50% 计征。2019 年该公司就上述房产应缴纳房产税（　　）万元。

A. 3.18　　B. 0.12　　C. 1.59　　D. 2.22

【参考答案】C

【答案解析】对出租房产，租赁双方签订的租赁合同约定有免收租金期限的，免收租金期间由产权所有人按照房产原值缴纳房产税。

该房屋 1—3 月从价计算房产税，4—12 月从租计算房产税。

全年应纳税额 = [房产原值 ×（1 - 30%）× 1.2% × 3/12 + 月租金收入 × 12% × 月数] × 50%

= [1000 ×（1 - 30%）× 1.2% × 3/12 + 1 × 12% × 9] × 50%

= 1.59（万元）

19. 关于土地增值税清算，下列表述错误的是（　　）。

A. 纳税人按规定预缴土地增值税后，清算补缴的土地增值税，在税务机关规定期限内补缴的，不加收滞纳金

B. 纳税人整体转让未竣工决算房地产开发项目的，应进行土地增值税清算

C. 符合土地增值税清算条件的纳税人，须在满足清算条件之日起60日内到主管税务机关办理清算手续

D. 清算时，房地产开发企业逾期开发缴纳土地闲置费不得扣除

【参考答案】C

【答案解析】选项C中，纳税人应当在满足条件之日起90日内到主管税务机关办理清算手续。

20. 下列各项中，不属于环境保护税征税范围的是（　　）。

A. 砖厂排放的大气污染物

B. 房屋建筑商夜间施工产生的噪声

C. 印染厂直接向外排放的污水

D. 医院产生的医疗废弃物

【参考答案】B

【答案解析】根据《中华人民共和国环境保护税法》规定，建筑施工噪声不属于环境保护税征税范围。

二 多项选择题

1. 下列旅客运输服务凭证可以计算抵扣进项税额的有（　　）。

A. 纸质出租车票和定额车票

B. 国际机票

C. 注明旅客身份信息的高铁票

D. 注明旅客身份信息的轮船票

【参考答案】CD

【答案解析】根据《财政部　税务总局　海关总署关于深化增值税改革有关政策的公告》（财政部　税务总局　海关总署公告2019年第39号）第六条

规定，纳税人购进国内旅客运输服务，其进项税额允许从销项税额中抵扣。

由于纸质出租车票和定额车票未注明旅客身份信息，因此不得抵扣进项税额；国际机票非购进国内旅客运输服务的凭证，不得抵扣进项税额。故选项 A、B 错误。

2. 增值税一般纳税人购进用于生产或委托加工 13% 税率货物的农产品，按照 10% 扣除率抵扣进项税额需要取得的凭证有（　　）。

A. 农产品收购发票或者销售发票

B. 取得一般纳税人开具的增值税专用发票或海关进口增值税专用缴款书

C. 从按照 3% 征收率缴纳增值税的小规模纳税人处取得的增值税专用发票

D. 取得批发零售环节纳税人销售免税农产品开具的免税发票，以及小规模纳税人开具的增值税普通发票

【参考答案】ABC

【答案解析】增值税一般纳税人购进农产品（未采用农产品增值税进项税额核定扣除试点实施办法），可凭增值税专用发票、海关进口增值税专用缴款书、农产品收购发票或销售发票抵扣进项税额。

3. 一般纳税人发生下列应税行为，可以选择适用简易计税方法计税的有（　　）。

A. 公路经营企业中的一般纳税人收取试点前开工的高速公路的车辆通行费

B. 一般纳税人以清包工方式提供建筑服务

C. 房地产开发企业中的一般纳税人销售自行开发的房地产老项目

D. 铁路旅客运输服务

【参考答案】ABC

【答案解析】根据《营业税改征增值税试点有关事项的规定》（财税〔2016〕36 号印发）规定，一般纳税人发生公共交通运输服务、公路经营企业中的一般纳税人收取试点前开工的高速公路的车辆通行费、一般纳税人以清包工方式提供建筑服务、房地产开发企业中的一般纳税人销售自行开发的房地产老项目，可以选择适用简易计税方法计税。公共交通运输服务，包括轮客渡、

公交客运、地铁、城市轻轨、出租车、长途客运、班车。一般纳税人提供的铁路旅客运输服务，不属于可以选择按照简易计税方法计算缴纳增值税的情形。

4. 根据企业所得税法律制度的规定，下列依照中国法律、行政法规成立的公司、企业中，属于企业所得税纳税人的有（　　）。

A. 国有独资公司　　B. 合伙企业

C. 个人独资企业　　D. 一人有限责任公司

【参考答案】AD

【答案解析】根据《中华人民共和国企业所得税法》第一条规定，在中华人民共和国境内，企业和其他取得收入的组织（以下统称企业）为企业所得税的纳税人，依照该法的规定缴纳企业所得税。个人独资企业、合伙企业不适用该法。故选项 B、C 错误。

5. 科技人员张某发生下列业务，其签订的合同不属于印花税税目“产权转移书据”的有（　　）。

A. 张某与甲公司签订专有技术使用权转让合同

B. 张某与乙公司签订非专利技术转让合同

C. 张某与房地产开发公司签订一份房屋购买合同

D. 张某与某农场签订一份土地使用权出租合同

【参考答案】BD

【答案解析】选项 B 中，非专利技术转让合同按“技术合同”税目征收印花税。选项 D 为土地租赁任为，不属于印花税征收范围。

6. 某矿山是已纳入开采地正常税务管理的小规模纳税人，2019 年度发生以下资源税涉税业务，相关说法不正确的有（　　）。

A. 2019 年 3 月采取预收货款结算方式销售铁矿石一批，其纳税义务发生时间为发出铁矿石的当天

B. 2019 年 4 月采取分期收款结算方式销售精矿一批，其纳税义务发生时间为移送使用应税产品的当天

C. 2019 年 5 月将一批铁矿石赠与其他企业，没有获得收入，不需要缴纳资源税

D. 该矿山从个体工商户中收购一批未税矿产品时，不需要履行代扣代

缴资源税义务

【参考答案】BC

【答案解析】根据《中华人民共和国资源税暂行条例实施细则》① 规定，纳税人采取分期收款结算方式的，其纳税义务发生时间，为销售合同规定的收款日期的当天；纳税人采取预收货款结算方式的，其纳税义务发生时间，为发出应税产品的当天。故选项 A 说法正确，选项 B 说法错误，应选选项 B。根据《国家税务总局关于发布〈资源税征收管理规程〉的公告》（国家税务总局公告 2018 年第 13 号）以应税产品投资、分配、抵债、赠与、以物易物等，在应税产品所有权转移时计算缴纳资源税，故选项 C 说法错误，应选选项 C。根据《国家税务总局关于取消一批税务证明事项的决定》（国家税务总局令第 46 号）规定，进一步加强开采地源泉控管，对已纳入开采地正常税务管理或者在销售矿产品时开具增值税发票的纳税人，实行纳税人自主申报，不采用代扣代缴的征管方式，故选项 D 说法正确，本题不应选选项 D。

7. 下列关于财务会计报告报送说法正确的有（　　）。

A. 纳税人财务会计报表报送期间原则上按季度和年度

B. 纳税人经批准延期办理纳税申报的，其财务会计报表报送期限可以顺延

C. 纳税人在减免税期间可以不报送财务会计报告

D. 纳税人依照执行的企业会计准则或制度，向税务机关备案，并定期向税务机关报送财务报告

【参考答案】ABD

【答案解析】纳税人无论有无应税收入、所得和其他应税项目，或者在减免税期间，均必须依照《中华人民共和国税收征收管理法》第二十五条的规定，按其所适用的会计制度编制财务报表，并按规定的时限向主管税务机关报送；其所适用的会计制度规定需要编报相关附表以及会计报表附注、财务情况说明书、审计报告的，应当随同财务会计报表一并报送。

8. 2019 年 4 月，某集团公司因资金周转困难，不能按期缴纳上个月实现

① 自 2020 年 9 月 1 日起，《中华人民共和国资源税法》施行，《中华人民共和国资源税暂行条例》同时废止。请读者学习、使用时以最新政策为准。

的增值税税款，拟向主管税务机关提出延期缴纳税款申请。下列关于延期缴纳税款的说法中错误的有（　　）。

A. 该公司应当在2019年4月30日以前提出延期缴纳税款的申请

B. 经省级税务机关批准，方可以延期缴纳税款

C. 第一次申请延期缴纳税款3个月，到期前如果纳税人有特殊困难，仍不能按期缴纳税款的，最多还可以再次申请延期缴纳税款1个月

D. 延期缴纳税款申请经批准后，在批准的延期内不加收滞纳金

【参考答案】AC

【答案解析】根据《中华人民共和国税收征收管理法实施细则》第四十二条规定，纳税人需要延期缴纳税款的，应当在缴纳税款期限届满前提出申请。税务机关应当自收到申请延期缴纳税款报告之日起20日内作出批准或者不予批准的决定；不予批准的，从缴纳税款期限届满之日起加收滞纳金。故该公司应当在2019年4月15日前提出延期缴纳税款的申请，选项A错误。

根据《中华人民共和国税收征收管理法》第三十一条规定，纳税人因有特殊困难，不能按期缴纳税款的，经省、自治区、直辖市税务局批准，可以延期缴纳税款，但是最长不得超过3个月。故选项C错误。

9. 以下选项中，属于入库减免退抵税的范围的有（　　）。

A. 增值税小规模纳税人月销售额不超过10万元（按季纳税30万元）的，当期因代开增值税专用发票已经缴纳的税款，在专用发票全部联次追回或者按规定开具红字专用发票后，可以向主管税务机关申请退还

B. 增值税即征即退，按税法规定缴纳的税款，由税务机关征收入库后，再由税务机关按规定的程序给予部分或全部退还已纳税款

C. 非居民纳税人可享受但未享受协定待遇，可以申请退还多缴税款

D. 其他减免税政策发布时间滞后于执行时间已入库税款的退税

【参考答案】ABCD

【答案解析】根据《全国税务机关纳税服务规范（3.0版）》规定，纳税人符合政策规定可以享受减免的税款，如已经缴纳入库，可以申请退（抵）已缴纳的税款。

10. 下列关于个人所得税增量更正和部分更正申报的陈述，正确的有（　　）。

A. 如纳税人已完成年度申报，不允许更正预缴申报

B. 年度综合所得申报中有上年度的结转时，如更正上年度的综合所得年度申报，应提醒纳税人一并更正本年年度综合所得申报

C. 同一扣缴义务人连续性综合所得已有下期预缴申报的，不能采用部分、增量更正方式进行更正

D. 限售股已进行清算时，不能更正该人的限售股的扣缴申报

【参考答案】ABD

【答案解析】根据《全国税务机关纳税服务规范（3.0 版）》，关于个人所得税增量更正和部分更正的规定有：①如纳税人已完成年度申报，不允许更正预缴申报；②年度综合所得申报中有上年度的结转时，如更正上年度的综合所得年度申报，应提醒纳税人一并更正本年年度综合所得申报；③同一扣缴义务人连续性综合所得已有下期预缴申报的，可采用部分、增量更正方式进行更正；④限售股已进行清算时，不能更正该人的限售股的扣缴申报。

11. 自 2019 年 4 月 1 日起，试行增值税期末留抵税额退税制度，可以向主管税务机关申请退还增量留抵税额的纳税人需符合的条件有（　　）。

A. 自 2019 年 4 月税款所属期起，连续 6 个月（按季纳税的，连续 2 个季度）增量留抵税额均大于零，且第 6 个月增量留抵税额不低于 50 万元

B. 申请退税前 36 个月未发生骗取留抵退税、出口退税或虚开增值税专用发票情形的

C. 申请退税前 36 个月未因偷税被税务机关处罚两次及以上的

D. 自 2019 年 4 月 1 日起未享受即征即退、先征后返（退）政策的

【参考答案】ABCD

【答案解析】根据《国家税务总局关于办理增值税期末留抵税额退税有关事项的公告》（国家税务总局公告 2019 年第 20 号）规定，同时符合以下条件的纳税人，可以向主管税务机关申请退还增量留抵税额：

（1）自 2019 年 4 月税款所属期起，连续 6 个月（按季纳税的，连续 2 个季度）增量留抵税额均大于零，且第 6 个月增量留抵税额不低于 50 万元；

（2）纳税信用等级为 A 级或者 B 级；

（3）申请退税前 36 个月未发生骗取留抵退税、出口退税或虚开增值税专用发票情形的；

（4）申请退税前 36 个月未因偷税被税务机关处罚两次及以上的；

（5）自 2019 年 4 月 1 日起未享受即征即退、先征后返（退）政策的。

12. 以下关于车船税的说法，不正确的有（　　）。

A. 在一个纳税年度内，已完税的车船被盗抢后，纳税人可以凭公安机关证明和完税证明，向税务机关申请退还该纳税年度的税款

B. 已办理退税的被盗抢车船失而复得的，纳税人应当从公安机关出具相关证明的次月起计算缴纳车船税

C. 已缴纳车船税的车船在同一纳税年度内办理转让过户的，不另纳税，也不退税

D. 已缴纳车船税的车船在同一纳税年度内办理转让过户的，先退税再办理纳税手续

【参考答案】ABD

【答案解析】根据车船税管理的相关规定，在一个纳税年度内，已完税的车船被盗抢、报废、灭失的，纳税人可以凭有关管理机关出具的证明和完税证明，向纳税所在地的主管税务机关申请退还自被盗抢、报废、灭失月份起至该纳税年度终了期间的税款，故选项 A 不正确；已办理退税的被盗抢车船失而复得的，纳税人应当从公安机关出具相关证明的当月起计算缴纳车船税，故选项 B 不正确；已缴纳车船税的车船在同一纳税年度内办理转让过户的，不另纳税，也不退税，故选项 C 正确，选项 D 不正确。

13. 下列关于资源税征收管理的说法中，正确的有（　　）。

A. 某矿业公司从巴西进口铁矿在该公司所在地缴纳资源税。

B. 海洋原油资源税向国家税务总局海洋石油税务管理机构缴纳

C. 煤矿资源税在开采地缴纳

D. 盐的资源税在销售地缴纳

【参考答案】BC

【答案解析】资源税进口不征，故选项 A 错误。根据《财政部　国家税务总局关于调整原油、天然气资源税有关政策的通知》（财税〔2014〕73 号）

规定，海洋原油、天然气资源税由国家税务总局海洋石油税务管理机构负责征收管理，故选项 B 正确。根据资源税法相关规定，纳税人应在矿产品的开采地或盐的生产地缴纳资源税，故选项 C 正确，选项 D 错误。

14. 下列合同适用万分之五印花税税率的有（　　）。

A. 桥梁设计合同　　B. 建筑安装工程承包合同

C. 铁路运输合同　　D. 仓储保管合同

【参考答案】AC

【答案解析】建设工程勘察设计合同按照 0.5‰贴花，建筑安装工程承包合同按 0.3‰贴花，故选项 A 正确，选项 B 错误。铁路运输合同属于“货物运输合同”，按 0.5‰贴花，故选项 C 正确。仓储保管合同按 1‰贴花，故选项 D 错误。

15. 某建设公司 2019 年发生以下业务，说法正确的有（　　）。

A. 在城中村租赁了一块土地用于存放车辆，该土地属于集体所有建设用地，应由该公司申报缴纳城镇土地使用税

B. 在城中村租赁了一块土地用于存放车辆，该土地属于集体所有建设用地，应由该集体申报缴纳城镇土地使用税

C. 该公司在某县城单独建造了一处地下停车场，应按规定申报缴纳城镇土地使用税

D. 按照国家去产能调结构工作要求，2019 年 6 月 5 日该公司将某厂区关停，则自 2019 年 7 月起，该厂区所占土地免城镇土地使用税

【参考答案】ACD

【答案解析】根据《财政部　税务总局关于承租集体土地城镇土地使用税有关政策的通知》（财税〔2017〕29 号）规定，在城镇土地使用税征税范围内，承租集体所有建设用地的，由直接从集体经济组织承租土地的单位和个人，缴纳城镇土地使用税。故选项 A 正确，选项 B 错误。

根据《财政部　国家税务总局关于房产税　城镇土地使用税有关问题的通知》（财税〔2009〕128 号）规定，对在城镇土地使用税征税范围内单独建造的地下建筑用地，按规定征收城镇土地使用税。其中，已取得地下土地使用权证的，按土地使用权证确认的土地面积计算应征税款；未取得地下土地

使用权证或地下土地使用权证上未标明土地面积的，按地下建筑垂直投影面积计算应征税款。故选项 C 正确。

根据《财政部　税务总局关于去产能和调结构房产税　城镇土地使用税政策的通知》（财税〔2018〕107 号）规定，对按照去产能和调结构政策要求停产停业、关闭的企业，自停产停业次月起，免征房产税、城镇土地使用税。企业享受免税政策的期限累计不得超过 2 年。故选项 D 正确。

16. 已缴纳车辆购置税的车辆，发生车辆退回生产企业或者经销商的情形，申请车辆购置税退税需要报送的资料有（　　）。

A.《车辆购置税退税申请表》

B.《退（抵）税申请表》

C. 生产企业或经销商开具的退车证明和退车发票

D. 纳税人身份证件原件及复印件（原件查验后退回）

【参考答案】ACD

【答案解析】车辆购置税退税的办理材料为《车辆购置税退税申请表》、纳税人身份证件原件及复印件（原件查验后退回）；有车辆退回生产企业或者经销商情形的，还应提供生产企业或经销商开具的退车证明和退车发票；因特殊情况不能退至纳税人、扣缴义务人原缴款账户的，还应提供由于特殊情况不能退至纳税人、扣缴义务人原缴款账户的书面说明、相关证明资料，和指定接受退税的其他账户及接受退税单位（人）名称的资料。

17. 纳税人张某转让其持有的某上市公司的限售股和流通股共计 5 万股，下列说法正确的有（　　）。

A. 张某将手中持有的限售股出售，按照“财产转让所得”征收个人所得税

B. 张某转让限售股时以每次转让的全部收入为应纳税所得额，不扣除任何费用

C. 张某表示不能提供完整、真实的限售股原值凭证，不能准确计算限售股原值，主管税务机关按限售股转让收入的 10% 核定限售股原值及合理费用

D. 张某转让其持有的流通股取得的所得，免征个人所得税

【参考答案】AD

【答案解析】个人转让限售股，以每次限售股转让收入，减除股票原值和合理税费后的余额，为应纳税所得额，故选项 B 错误；纳税人未能提供完整、真实的限售股原值凭证，不能准确计算限售股原值，主管税务机关一律按限售股转让收入的 15% 核定限售股原值及合理税费，故选项 C 错误。个人转让上市公司公开发行的股票取得的所得，免征个人所得税，故选项 D 正确。

18. 某市纳税人张某在 A 城区经营一家个体工商户，在 B 城区经营一家个人独资企业，均为查账征收。2019 年分别取得经营所得 50 万元和 60 万元，以下说法正确的有（　　）。

A. 张某预缴申报时应分别向 A 城区和 B 城区报送《个人所得税自行纳税申报表（B 表）》

B. 张某办理汇算清缴时应报送《个人所得税经营所得纳税申报表（B 表）》

C. 张某预缴申报时应分别向 A 城区和 B 城区报送《个人所得税经营所得纳税申报表（A 表）》

D. 张某应当于取得所得的次年 3 月 31 日前选择 A 城区或者 B 城区办理年度汇总纳税申报

【参考答案】BCD

【答案解析】根据《国家税务总局关于个人所得税自行纳税申报有关问题的公告》（国家税务总局公告 2018 年第 62 号）规定，纳税人取得经营所得，按年计算个人所得税，由纳税人在月度或季度终了后 15 日内，向经营管理所在地主管税务机关办理预缴纳税申报，并报送《个人所得税经营所得纳税申报表（A 表）》。在取得所得的次年 3 月 31 日前，向经营管理所在地主管税务机关办理汇算清缴，并报送《个人所得税经营所得纳税申报表（B 表）》；从两处以上取得经营所得的，选择向其中一处经营管理所在地主管税务机关办理年度汇总申报，并报送《个人所得税经营所得纳税申报表（C 表）》。纳税人从两处以上取得经营所得，应当于取得所得的次年 3 月 31 日前办理年度汇总纳税申报。故选项 A 错误，选项 B、C、D 正确。

19. 以下情形当中，纳税人需要办理个人所得税综合所得汇算清缴的有（　　）。

A. 张三 2019 年在两个公司任职，共取得收入 50 万元，仅有一家公

司为其取得的收入进行了预扣个人所得税

B. 李四2019年因病住院支付医疗费20万元（医保范围自付部分）

C. 王五2019综合所得收入额为5.5万元，单位为其预扣了个人所得税200元

D. 外籍个人汤姆2019年1月与中国境内企业签订5个月的雇用合同，因工作延期导致合同延期到2020年3月

【参考答案】ABCD

【答案解析】《国家税务总局关于办理2019年度个人所得税综合所得汇算清缴事项的公告》（国家税务总局公告2019年第44号）规定："符合下列情形之一的，纳税人需要办理年度汇算：（一）2019年度已预缴税额大于年度应纳税额且申请退税的。包括2019年度综合所得收入额不超过6万元但已预缴个人所得税；年度中间劳务报酬、稿酬、特许权使用费适用的预扣率高于综合所得年适用税率；预缴税款时，未申报扣除或未足额扣除减除费用、专项扣除、专项附加扣除、依法确定的其他扣除或捐赠，以及未申报享受或未足额享受综合所得税收优惠等情形。（二）2019年度综合所得收入超过12万元且需要补税金额超过400元的。包括取得两处及以上综合所得，合并后适用税率提高导致已预缴税额小于年度应纳税额等情形。"故选项A、B、C正确。无住所个人预先判定为非居民个人，因延长居住天数达到居民个人条件的，一个纳税年度内税款扣缴方法保持不变，年度终了后按照居民个人有关规定办理汇算清缴，因此选项D正确。

20. 依据企业所得税的相关规定，下列行为应视同销售确认收入的有（　　）。

A. 将外购货物用于交际应酬

B. 将自产货物用于职工奖励

C. 将自建商品房转为固定资产

D. 将自产货物用于职工宿舍建设

【参考答案】AB

【答案解析】根据《中华人民共和国企业所得税法实施条例》第二十五条规定，企业发生非货币性资产交换，以及将货物、财产、劳务用于捐赠、偿债、赞助、集资、广告、样品、职工福利或者利润分配等用途的，应当视

同销售货物、转让财产或者提供劳务，但国务院财政、税务主管部门另有规定的除外。选项 A、B 中，企业资产所有权转移出企业，在企业所得税中视同销售。选项 C、D 中，企业资产所有权未转移出企业，不视同销售。

三 判断题

1. 纳税人生产的应税消费品，于纳税人销售时纳税。纳税人自产自用的应税消费品，用于连续生产应税消费品的，不纳税；用于其他方面的，于移送使用时纳税。（　）

【参考答案】正确

【答案解析】根据《中华人民共和国消费税暂行条例》第四条规定，纳税人生产的应税消费品，于纳税人销售时纳税。纳税人自产自用的应税消费品，用于连续生产应税消费品的，不纳税；用于其他方面的，于移送使用时纳税。

2. 企业之间支付的管理费、企业内营业机构之间支付的租金和特许权使用费，以及非银行企业内营业机构之间支付的利息，准予扣除。（　）

【参考答案】错误

【答案解析】根据《中华人民共和国企业所得税法实施条例》第四十九条规定，企业之间支付的管理费、企业内营业机构之间支付的租金和特许权使用费，以及非银行企业内营业机构之间支付的利息，不得扣除。

3. 纳税人以 1 日、3 日、5 日、10 日或者 15 日为 1 个消费税纳税期的，自期满之日起 7 日内预缴税款，于次月 1 日起 15 日内申报纳税并结清上月应纳税款。（　）

【参考答案】错误

【答案解析】根据《中华人民共和国消费税暂行条例》第十四条规定，纳税人以 1 个月或者 1 个季度为 1 个纳税期的，自期满之日起 15 日内申报纳税；以 1 日、3 日、5 日、10 日或者 15 日为 1 个纳税期的，自期满之日起 5 日内预缴税款，于次月 1 日起 15 日内申报纳税并结清上月应纳税款。

4. 房屋中介公司经营房屋出租业务，与出租方和承租方签订三方协议，中介公司要缴纳财产租赁合同的印花税。（　）

【参考答案】错误

【答案解析】根据《中华人民共和国印花税暂行条例施行细则》第十五条规定，《中华人民共和国印花税暂行条例》第八条所说的当事人，是指对凭证有直接权利义务关系的单位和个人，不包括保人、证人、鉴定人。

5. 对于未明确租赁期限的财产租赁合同，可在合同终止并结算时再按实际金额计税，补贴印花，以正确履行印花税纳税义务。（　　）

【参考答案】错误

【答案解析】根据印花税相关管理规定，合同在签订时无法确定计税金额，如财产租赁合同只是规定了月（天）租金标准而无期限的，可在签订时先按定额 5 元贴花，以后结算时再按实际金额计税，补贴印花。

6. 非居民企业因特殊原因，不能在规定期限内办理年度所得税申报，应当在年度终了之日起 6 个月内，向主管税务机关提出延期申报申请。主管税务机关批准后，可以适当延长申报期限。（　　）

【参考答案】错误

【答案解析】根据《国家税务总局关于印发〈非居民企业所得税汇算清缴管理办法〉的通知》（国税发〔2009〕6 号）第三条规定，非居民企业因特殊原因，不能在规定期限内办理年度所得税申报，应当在年度终了之日起 5 个月内，向主管税务机关提出延期申报申请。主管税务机关批准后，可以适当延长申报期限。

7. 办理入库减免退抵税业务时，纳税人需要报送《退（抵）税申请表》、完税费（缴款）凭证复印件、税务机关认可的其他记载应退税款内容的资料。（　　）

【参考答案】错误

【答案解析】根据《全国税务机关纳税服务规范（3.0 版）》规定，办理入库减免退抵税业务时，纳税人一般需要报送《退（抵）税申请审批表》、完税费（缴款）凭证复印件、税务机关认可的其他记载应退税款内容的资料。

8. 纳税人、缴费人、扣缴义务人办理纳税申报后，发现申报表存在错误，完成修改更正或作废。申报错误更正时只能全量更正或者申报作废，不允许差额更正或补充申报。（　　）

【参考答案】错误

【答案解析】根据《全国税务机关纳税服务规范（3.0版）》规定，纳税人、缴费人、扣缴义务人办理纳税申报后，发现申报表存在错误，完成修改更正或作废。申报错误更正时（除个人所得税）只能全量更正或者申报作废，不允许差额更正或补充申报。

9. 使用企业申请退税的国内采购的含税石脑油、燃料油，应取得符合规定的成品油增值税专用发票，发票应注明石脑油、燃料油及数量。未取得或发票未注明石脑油、燃料油及数量的，不予退税。（ ）

【参考答案】正确

【答案解析】根据《用于生产乙烯、芳烃类化工产品的石脑油、燃料油退（免）消费税暂行办法》（国家税务总局公告2012年第36号印发）第二十六条规定，使用企业申请退税的国内采购的含税石脑油、燃料油，应取得经主管税务机关认证的汉字防伪版增值税专用发票或普通版增值税专用发票，发票应注明石脑油、燃料油及数量。未取得、未认证或发票未注明石脑油、燃料油及数量的，不予退税。

10. 纳税人在申请延期申报纳税过程中，需根据税务机关的调查审批，核定预缴税款。核准后，纳税人结算税款时，预缴税额大于实际应纳税额的，税务机关应当结算退税及给付相应利息。（ ）

【参考答案】错误

【答案解析】根据《国家税务总局关于延期申报预缴税款滞纳金问题的批复》（国税函〔2007〕753号）规定，纳税人、扣缴义务人不能按期办理纳税申报或者报送代扣代缴、代收代缴税款报告表的，经税务机关核准，可以延期申报，但要在纳税期内按照上期实际缴纳的税额或者税务机关核定的税额预缴税款，并在核准的延期内办理税款结算。经核准预缴税款之后按照规定办理税款结算而补缴税款的各种情形，均不适用加收滞纳金的规定。在办理税款结算之前，预缴的税额可能大于或小于应纳税额。当预缴税额大于应纳税额时，税务机关结算退税但不向纳税人计退利息；当预缴税额小于应纳税额时，税务机关在纳税人结算补税时不加收滞纳金。

11. 黄先生将租用的一处办公楼转租给李先生使用，作为转租方的黄先生应当就转租房产所带来的收入申报缴纳房产税。（ ）

【参考答案】错误

【答案解析】根据《中华人民共和国房产税暂行条例》规定，房产税由产权所有人缴纳。由于暂行条例仅规定产权所有人才是房产税的纳税义务人，而转租行为人不是产权所有人，只拥有使用权，因此，转租行为人对其取得的转租收入不需要缴纳房产税。

12. 经批准开山填海整治的土地和改造的废弃土地，从使用的月份起免缴城镇土地使用税 3 ~ 5 年。（　　）

【参考答案】错误

【答案解析】根据《中华人民共和国城镇土地使用税暂行条例》第六条规定，经批准开山填海整治的土地和改造的废弃土地，从使用的月份起免缴城镇土地使用税 5 ~ 10 年。

13. 某商贸企业有自用办公楼一栋，负一层为地下停车场，该企业计算房产原值时应包含地下停车场。（　　）

【参考答案】正确

【答案解析】对于与地上房屋相连的地下建筑，如房屋的地下室、地下停车场、商场的地下部分等，应将地下部分与地上房屋视为一个整体，按照地上房屋建筑的有关规定计算征收房产税。

14. 鸿达客运站使用的划拨土地转为出让土地，该客运站应向自然资源主管部门补缴土地出让金 100 万元，自然资源主管部门减按 80 万元征收。税务机关应就 80 万元土地出让金征收契税。（　　）

【参考答案】错误

【答案解析】根据《中华人民共和国契税暂行条例》及其实施细则的有关规定，对承受国有土地使用权所应支付的土地出让金，要计征契税。不得因减免土地出让金，而减免契税。

15. 纳税人张某转让商铺因保存不善丢失了购买商铺时取得的不动产发票，张某可以提供契税票作为差额缴纳增值税的凭证。（　　）

【参考答案】正确

【答案解析】纳税人转让不动产，按照有关规定差额缴纳增值税的，如因丢失等原因无法提供取得不动产时的发票，可向税务机关提供其他能证明契税计税金额的完税凭证等资料，进行差额扣除。

16. 增值税小规模纳税人，月销售额未超过 10 万元（以 1 个季度为 1 个

纳税期的，季度销售额未超过 30 万元）免征增值税。可以根据自身实际经营情况，选择按月或季缴纳增值税。（　　）

【参考答案】正确

【答案解析】根据《国家税务总局关于小规模纳税人免征增值税政策有关征管问题的公告》（国家税务总局公告 2019 年第 4 号）规定，小规模纳税人发生增值税应税销售行为，合计月销售额未超过 10 万元（以 1 个季度为 1 个纳税期的，季度销售额未超过 30 万元）的，免征增值税。按固定期限纳税的小规模纳税人可以选择以 1 个月或 1 个季度为纳税期限，一经选择，一个会计年度内不得变更。

17. 按照现行规定应当预缴增值税税款的小规模纳税人（按月申报），凡在预缴地实现的月销售额未超过 10 万元的，当期无需预缴税款。（　　）

【参考答案】正确

【答案解析】根据《国家税务总局关于小规模纳税人免征增值税政策有关征管问题的公告》（国家税务总局公告 2019 年第 4 号）第六条规定，按照现行规定应当预缴增值税税款的小规模纳税人，凡在预缴地实现的月销售额未超过 10 万元（以 1 个季度为 1 个纳税期的，季度销售额未超过 30 万元）的，当期无需预缴税款。该公告下发前已预缴税款的，可以向预缴地主管税务机关申请退还。

18. 企业发生的与生产经营活动有关的业务招待费支出，按照发生额的 50% 扣除，但最高不得超过当年销售（营业）收入的 5‰。（　　）

【参考答案】错误

【答案解析】根据《中华人民共和国企业所得税法实施条例》第四十三条规定，企业发生的与生产经营活动有关的业务招待费支出，按照发生额的 60% 扣除，但最高不得超过当年销售（营业）收入的 5‰。

19. 按照个人所得税法的有关规定，工资、薪金所得与劳务报酬所得的主要区别在于，二者分别适用于独立个人劳动与非独立个人劳动。（　　）

【参考答案】错误

【答案解析】根据《国家税务总局关于印发〈征收个人所得税若干问题的规定〉的通知》（国税发〔1994〕89 号）规定，工资、薪金所得是指个人因任职受雇而取得的各项所得，属于非独立个人劳动而劳务报酬所得是指个人独立从事各种非雇佣的各种劳务所取得的所得，属于独立个人劳动。

20. 个人因病无钱治疗申请一次性领取年金个人账户资金或余额的，适用月度税率表计算纳税。（　　）

【参考答案】正确

【答案解析】根据《财政部　税务总局关于个人所得税法修改后有关优惠政策衔接问题的通知》（财税〔2018〕164号）规定，个人因出境定居而一次性领取的年金个人账户资金，或个人死亡后，其指定的受益人或法定继承人一次性领取的年金个人账户余额，适用综合所得税率表计算纳税。对个人除上述特殊原因外一次性领取年金个人账户资金或余额的，适用月度税率表计算纳税。

四　简答题

1. 社保费申报错误需要更正时，在满足条件的情况下，可以通过作废原申报表，重新申报，主要包括哪些情形？

【参考答案】针对企业申报后的是否已开票或入库的不同情况，能否作废的规定如下：

（1）当月已申报未开票未入库的，可以作废申报；

（2）当月已申报已开票未入库的，应当作废已开票信息，再进行作废申报；

（3）当月已申报已开票已入库的，不可以作废申报，可以补充申报。

2. 目前的税务行政许可事项包括哪些？

【参考答案】目前的税务行政许可事项包括6项：

（1）企业印制发票审批；

（2）增值税专用发票（增值税税控系统）最高开票限额审批；

（3）对纳税人延期申报的核准；

（4）对纳税人延期缴纳税款的核准；

（5）对纳税人变更纳税定额的准核；

（6）对采取实际利润额预缴以外的其他企业所得税预缴方式的核定。

五 案例分析题

1. 山水有限公司为我国居民企业，2019 年发生经营业务如下：

（1）取得产品销售收入 4000 万元；

（2）发生产品销售成本 2600 万元；

（3）发生销售费用 770 万元（其中广告费 650 万元），管理费用 480 万元（其中业务招待费 25 万元，新技术开发费用 40 万元），财务费用 60 万元；

（4）各类税款 160 万元（含增值税 120 万元）；

（5）营业外收入 80 万元，营业外支出 50 万元（含通过公益性社会团体向贫困山区捐款 30 万元，支付税收滞纳金 6 万元）；

（6）计入成本、费用中的实发工资总额 200 万元，拨缴工会经费 5 万元，发生职工福利费 31 万元，发生职工教育经费 7 万元。

要求计算该企业 2019 年度实际应纳的企业所得税。

【答案解析】

（1）会计利润总额 $=4000+80-2600-770-480-60-(160-120)-50=80$（万元）

（2）广告费应调增所得额 $=650-4000\times15\%=650-600=50$（万元）

（3）$4000\times5‰=20$（万元）$>25\times60\%=15$（万元）

业务招待费应调增所得额 $=25-25\times60\%=25-15=10$（万元）

（4）新技术开发费用应调减所得额 $=40\times75\%=30$（万元）

（5）捐赠支出应调增所得额 $=30-80\times12\%=20.4$（万元）

（6）税收滞纳金应调增所得额 $=6$（万元）

（7）工会经费应调增所得额 $=5-200\times2\%=1$（万元）

（8）职工福利费应调增所得额 $=31-200\times14\%=3$（万元）

（9）$200\times8\%=16$（万元）>7（万元）

职工教育经费可以全额扣除

（10）应纳税所得额 $=80+50+10-30+20.4+6+1+3=140.4$（万元）

（11）2019 年应缴企业所得税 $=140.4\times25\%=35.1$（万元）

2. 无住所外籍人士妮娜 2019 年 9 月 15 日来华就职于某企业，2019 年 12

月 16 日离开中国境内。

2019 年 12 月妮娜取得以下收入：

（1）境内应税工资 30000 元，境外应税工资 25000 元；

（2）境内实报实销住房补贴 15000 元；

（3）境内现金方式取得搬迁费 10000 元；

（4）境内取得合理的出差补贴和子女教育费分别为 5000 元和 1500 元；

（5）取得境内一次性稿酬 20000 元；

（6）取得境内一笔劳务报酬所得 50000 元，通过市民政局向贫困地区捐赠 20000 元。

2019 年 10 月取得境内支付的股权激励所得 50000 元，其中归属于境内工作期间的所得为 45000 元。2019 年 12 月取得境内支付的股权激励所得 80000 元，其中归属于境内工作期间的所得为 58000 元。

请根据上述资料，回答下列问题：

1. 妮娜 12 月在境内实际工作天数为（　　）。

A. 14　　B. 15　　C. 16　　D. 15.5

【参考答案】D

【答案解析】在境内、境外单位同时担任职务或者仅在境外单位任职的个人，在境内停留的当天不足 24 小时的，按照半天计算境内工作天数。妮娜 12 月份境内实际工作天数是 15.5 天。

2. 妮娜 12 月在境内工资、薪金收入应缴纳个人所得税（　　）元。

A. 3090　　B. 4215　　C. 3952.9　　D. 2912.58

【参考答案】B

【答案解析】外籍个人取得非现金或实报实销形式的住房补贴和搬迁费是暂免征收个人所得税的，现金形式的住房补贴和搬迁费需要缴纳个人所得税，并入当月工资、薪金所得中纳税。出差补贴和子女教育费用，合理的部分免征个人所得税。

妮娜在中国居住时间属于超过 90 天不满 183 天的情形，当月工资、薪金收入额 = 当月境内外工资、薪金总额 × 当月工资、薪金所属工作期间境内工作天数 ÷ 当月工资、薪金所属工作期间公历天数。

当月工资、薪金收入额 =（30000 + 25000 + 10000）× 15.5 ÷ 31 = 32500（元）

应纳税额 =（每月收入额 - 5000 元）× 适用税率 - 速算扣除数

=（32500 - 5000）× 25% - 2660

= 4215（元）

3. 妮娜 12 月在境内取得的稿酬所得应缴纳个人所得税（　　）元。

A. 2240　　B. 910　　C. 480　　D. 1790

【参考答案】B

【答案解析】非居民个人取得来源于境内的劳务报酬所得、稿酬所得、特许权使用费所得，以税法规定的每次收入额为应纳税所得额，适用月度税率表计算应纳税额。

妮娜稿酬所得应缴纳个人所得税 = 20000 ×（1 - 20%）× 70% × 10% - 210 = 910（元）

4. 妮娜 12 月在境内取得的劳务报酬所得应缴纳个人所得税（　　）元。

A. 4340　　B. 5600　　C. 2590　　D. 3590

【参考答案】A

【答案解析】非居民个人取得来源于境内的劳务报酬所得以税法规定的每次收入额为应纳税所得额，适用月度税率表计算应纳税额。个人将其所得对教育、扶贫、济困等公益慈善事业进行捐赠，捐赠额未超过纳税人申报的应纳税所得额 30% 的部分，可以从其应纳税所得额中扣除。

50000 ×（1 - 20%）× 30% = 12000（元），12000 元 < 20000 元，所以妮娜可在税前扣除的捐赠限额为 12000 元。

妮娜劳务报酬所得应缴纳个人所得税 = [50000 ×（1 - 20%）- 12000] × 25% - 2660 = 4340（元）

5. 妮娜 12 月在境内取得的股权激励所得应缴纳个人所得税（　　）元。

A. 10090　　B. 12140　　C. 8900　　D. 4540

【参考答案】C

【答案解析】非居民个人一个月内取得股权激励所得，单独按照相关规定计算当月收入额，不与当月其他工资、薪金合并，按 6 个月分摊计税（一个公历年度内的股权激励所得应合并计算），不减除费用，适用月度税率表计算应纳税额。

当月股权激励所得应纳税额 = [(本公历年度内股权激励所得合计额 ÷ 6)
× 适用税率 - 速算扣除数] × 6
- 本公历年度内股权激励所得已纳税额

10 月股权激励所得应纳税额 = (45000 ÷ 6 × 10% - 210) × 6 = 3240(元)

12 月股权激励所得应纳税额 = [(45000 + 58000) ÷ 6 × 20% - 1410] × 6 = 12140(元)

12 月股权激励所得应纳税额 = 12140 - 3240 = 8900(元)

6. 一般纳税人某机场管理公司为修建民用飞机场，经批准占用其他农用地 40 万平方米，并于 2019 年 10 月 1 日收到土地管理部门通知。其中：飞机跑道占地 20 万平方米，停机坪占地 13 万平方米，机场航站楼占地 5 万平方米，停车场占地 1 万平方米，大型免税店 1 万平方米。假定该区域耕地占用税适用税额为每平方米 20 元。

请根据上述资料，回答以下问题：

(1) 该企业应在(　　)办理耕地占用税申报。

A. 2019 年 10 月 30 日前　　B. 2019 年 10 月 31 日前

C. 2019 年 11 月 1 日前　　D. 2019 年 11 月 15 日前

【参考答案】A

【答案解析】耕地占用税的纳税义务发生时间为，纳税人收到自然资源主管部门办理占用耕地手续的书面通知的当日。纳税人应当自纳税义务发生之日起 30 日内申报缴纳耕地占用税。

(2) 经实际测量，该机场实际占地面积为 40.5 万平方米（多出部分为机场航站楼占用），则该企业申报耕地占用税的计税依据应为(　　)。

A. 40 万平方米　　B. 40.5 万平方米

C. 报由土地管理部门核定　　D. 报由税务机关核定

【参考答案】B

【答案解析】耕地占用税以纳税人实际占用的属于耕地占用税征税范围的土地面积为计税依据，按应税土地当地适用税额计税，实行一次性征收。应税土地面积包括经批准占用面积和未经批准占用面积，以平方米为单位。

(3) 该企业应缴纳耕地占用税总额为(　　)万元。

A. 117　　B. 810　　C. 216　　D. 206

【参考答案】C

【答案解析】(20+13)×2+(5+1+1+0.5)×20=66+150=216（万元）

根据《中华人民共和国耕地占用税法》第七条规定，铁路线路、公路线路、飞机场跑道、停机坪、港口、航道、水利工程占用耕地，减按每平方米2元的税额征收耕地占用税。

(4) 因发展需要，该公司对机场布局进行重新规划，将原有的停机坪部分划入航站楼，占地5000平方米，则这部分土地的耕地占用税纳税义务发生时间为（　　）。

A. 纳税人改变土地用途30日内

B. 纳税人改变土地用途的次月

C. 纳税人改变土地用途15日内

D. 纳税人改变土地用途的当天

【参考答案】D

【答案解析】已享受减免税的应税土地改变用途，不再属于减免税范围的，应当补缴耕地占用税，其纳税义务发生时间为纳税人改变土地用途的当天。

>> 文件依据

1.《个体工商户税收定期定额征收管理办法》（国家税务总局令第16号）

2.《国家税务总局税款缴库退库工作规程》（国家税务总局令第31号）

3.《增值税一般纳税人登记管理办法》（国家税务总局令第43号）

4.《国家税务总局关于个体工商户定期定额征收管理有关问题的通知》（国税发〔2006〕183号）

5.《财政部　国家税务总局关于企业重组业务企业所得税处理若干问题的通知》（财税〔2009〕59号）

6.《国家税务总局关于实施〈税收票证管理办法〉若干问题的公告》（国家税务总局公告2013年第34号）

7.《国家税务总局关于创新税收服务和管理的意见》（税总发〔2014〕

85 号）

8.《国家税务总局关于合理简并纳税人申报缴税次数的公告》（国家税务总局公告 2016 年第 6 号）

9.《国家税务总局关于税务行政许可若干问题的公告》（国家税务总局公告 2016 年第 11 号）

10.《国家税务总局关于印发〈增值税纳税申报比对管理操作规程（试行）〉的通知》（税总发〔2017〕124 号）

11.《国家税务总局关于取消一批涉税事项和报送资料的通知》（税总函〔2017〕403 号）

12.《国务院关于印发〈个人所得税专项附加扣除暂行办法〉的通知》（国发〔2018〕41 号）

13.《国家税务总局关于发布〈办税事项“最多跑一次”清单〉的公告》（国家税务总局公告 2018 年第 12 号）

14.《国家税务总局关于个人所得税自行纳税申报有关问题的公告》（国家税务总局公告 2018 年第 62 号）

15.《国家税务总局关于实施小型微利企业普惠性所得税减免政策有关问题的公告》（国家税务总局公告 2019 年第 2 号）

16.《国家税务总局关于扩大小规模纳税人自行开具增值税专用发票试点范围等事项的公告》（国家税务总局公告 2019 年第 8 号）

17.《国家税务总局关于调整增值税纳税申报有关事项的公告》（国家税务总局公告 2019 年第 15 号）

18.《国家税务总局关于办理 2019 年度个人所得税综合所得汇算清缴事项的公告》（国家税务总局公告 2019 年第 44 号）

第五章 优惠办理

>> 知识架构

- 优惠办理
  - 申报享受税收减免
    - 申报享受税收减免的概述 1个知识点
    - 申报享受税收减税需报送资料的情形 3个知识点
  - 税收减免备案
    - 税收减免备案概述 1个知识点
    - 税收减免备案的情形 4个知识点
  - 税收减免核准
    - 税收减免核准概述 1个知识点
    - 税收减免核准的情形 1个知识点
  - 跨境应税行为免征增值税报告 1个知识点
  - 纳税人放弃免（减）税权声明 1个知识点

>> 第一节 申报享受税收减免

一 申报享受税收减免的概述

【知识点】申报享受税收减免的概述

1. 符合申报享受税收减免条件的纳税人，在首次申报享受时随申报表报送附列资料，或直接在申报表中填列减免税信息无需报送资料。

2. 符合税收优惠条件的纳税人，在减税、免税期间，应按规定办理纳税申报，填写申报表及其附表上的优惠栏目。

3. 享受减税、免税优惠的纳税人，减税、免税期满，应当自期满次日起恢复纳税；不再符合减税、免税条件的，应当依法履行纳税义务；未依法纳税的，税务机关应当予以追缴。

4. 纳税人兼营免税、减税项目的，应当分别核算免税、减税项目的销售额；未分别核算销售额的，不得免税、减税。

二 申报享受税收减免需报送资料的情形

【知识点1】增值税申报享受税收减免需报送资料的情形（举例说明）

1. 上海期货交易所的会员和客户通过上海期货交易所交易的期货保税交割标的物，仍按保税货物暂免征收增值税。期货保税交割的销售方，在向主管税务机关申报纳税时，应出具当期期货保税交割的书面说明及上海期货交易所交割单、保税仓单等资料。

2. 上海国际能源交易中心股份有限公司的会员和客户通过上海国际能源交易中心股份有限公司交易的原油期货保税交割业务，大连商品交易所的会员和客户通过大连商品交易所交易的铁矿石期货保税交割业务，暂免征收增值税。期货保税交割的销售方，在向主管税务机关申报纳税时，应出具当期期货保税交割的书面说明、上海国际能源交易中心股份有限公司或大连商品交易所的交割结算单、保税仓单等资料。

3. 自2008年6月1日起，纳税人生产销售和批发、零售有机肥产品免征增值税。享受免税政策的有机肥产品是指有机肥料、有机—无机复混肥料和生物有机肥。生产有机肥产品的纳税人在向主管税务机关申报纳税时，应提交由农业部或省、自治区、直辖市农业行政主管部门批准核发的在有效期内的肥料登记证复印件并出示原件。批发、零售有机肥产品的纳税人在向主管税务机关申报纳税时，提交生产企业提供的在有效期内的肥料登记证复印件。

【知识点2】车辆购置税申报享受税收减免需报送资料的情形（举例说明）

1. 防汛部门和森林消防部门用于指挥、检查、调度、报汛（警）、联络的由指定厂家生产的设有固定装置的指定型号的车辆免征车辆购置税。纳税人在向主管税务机关申报纳税时，提交国家防汛抗旱总指挥部办公室随车配发的《防汛专用车证》原件及复印件（原件查验后退回），国家森林草原防火指挥部办公室随车配发的《森林消防专用车证》原件及复印件（原件查验后退回），车辆内、外观彩色5寸照片。

2. 悬挂应急救援专用号牌的国家综合性消防救援车辆免征车辆购置税，纳税人在向主管税务机关申报纳税人，提交中华人民共和国应急管理部批准的相关文件原件及复印件（原件查验后退回）。

3. 城市公交企业购置公共汽电车辆（含汽车和有轨电车）免征车辆购置税，纳税人在向主管税务机关申报纳税时，提交所在地县级以上（含县级）交通运输主管部门出具的《公共汽电车辆认定表》原件及复印件（原件查验后退回）。

4. 中国妇女发展基金会“母亲健康快车”项目的流动医疗车免征车辆购置税，纳税人在向主管税务机关申报纳税时，提交《母亲健康快车专用车证》原件及复印件（原件查验后退回）车辆内、外观彩色 5 寸照片。

5. 回国服务的在外留学人员用现汇购买 1 辆个人自用国产小汽车免征车辆购置税，纳税人在向主管税务机关申报纳税时，提交海关核发的《中华人民共和国海关回国人员购买国产汽车准购单》原件及复印件（原件查验后退回）。

【知识点 3】契税优惠申报享受税收减免需报送资料的情形（举例说明）

1. 已购公有住房经补缴土地出让金和其他出让费用成为完全产权住房的，免征土地权属转移的契税。纳税人在向主管税务机关申报纳税时，提交：①补缴土地出让金和其他出让费用的相关材料原件及复印件（原件查验后退回）。②公有住房相关材料原件及复印件（原件查验后退回）。

2. 对各类公有制单位为解决职工住房而采取集资建房方式建成的普通住房或由单位购买的普通商品住房，经当地县以上人民政府房改部门批准、按照国家房改政策出售给本单位职工的，如属职工首次购买住房，均比照《中华人民共和国契税暂行条例》第六条第二款“城镇职工按法规第一次购买公有住房的，免征”的规定，免征契税。纳税人在向主管税务机关申报纳税时，提交购买公有住房或集资建房相关材料原件及复印件（原件查验后退回）。

3. 在婚姻关系存续期间，房屋、土地权属原归夫妻一方所有，变更为夫妻双方共有或另一方所有的，或者房屋、土地权属原归夫妻双方共有，变更为其中一方所有的，或者房屋、土地权属原归夫妻双方共有，双方约定、变更共有份额的，免征契税。纳税人在向主管税务机关申报纳税时，提交：①财产分割协议，房产权属证明，土地、房屋权属变更、过户文书复印件。②户口本或结婚证原件及复印件（原件查验后退回）。

4. 土地使用权交换、房屋交换，交换价格不相等的，由多交付货币、实物、无形资产或者其他经济利益的一方缴纳税款。交换价格相等的，免征契税。纳税人在向主管税务机关申报纳税时，提交交换双方土地、房屋权属转移合同，交换双方土地、房屋权属变更、过户文书复印件。

5. 经国务院批准实施债权转股权的企业，对债权转股权后新设立的公司承受原企业的土地、房屋权属，免征契税。纳税人在向主管税务机关申报纳税时，提交：①国务院批准实施债权转股权相关文件原件及复印件（原件查验后退回）。②改制前后的投资情况的相关材料原件及复印件。

>> 第二节 税收减免备案

一 税收减免备案概述

【知识点】税收减免备案概述

1. 符合备案类税收减免的纳税人，如需享受相应税收减免，应在首次享受减免税的申报阶段或在申报征期后的其他规定期限内提交相关资料向主管税务机关申请办理税收减免备案。纳税人在符合减免税条件期间，备案材料一次性报备，在政策存续期可一直享受，当减免税情形发生变化时，应当及时向税务机关报告。

2. 享受减税、免税优惠的纳税人，减税、免税期满，应当自期满次日起恢复纳税；不再符合减税、免税条件的，应当依法履行纳税义务；未依法纳税的，税务机关应当予以追缴。

3. 纳税人实际经营情况不符合减免税规定条件的或者采用欺骗手段获取减免税的、享受减免税条件发生变化未及时向税务机关报告的，以及未按照相关规定履行相关程序自行减免税的，税务机关依照《中华人民共和国税收征收管理法》有关规定予以处理。

4. 纳税人兼营免税、减税项目的，应当分别核算免税、减税项目的销售额；未分别核算销售额的，不得免税、减税。

二 税收减免备案的情形

【知识点1】增值税税收减免备案（举例说明）

1. 对安置残疾人的单位和个体工商户（以下称纳税人），实行由税务机关按纳税人安置残疾人的人数，限额即征即退增值税的办法。

（1）安置的每位残疾人每月可退还的增值税具体限额，由县级以上税务机关根据纳税人所在区县（含县级市、旗，下同）适用的经省（含自治区、直辖市、计划单列市，下同）人民政府批准的月最低工资标准的4倍确定。

（2）享受税收优惠政策的条件：

①纳税人（除盲人按摩机构外）月安置的残疾人占在职职工人数的比例不低于25%（含25%），并且安置的残疾人人数不少于10人（含10人）；盲人按摩机构月安置的残疾人占在职职工人数的比例不低于25%（含25%），并且安置的残疾人人数不少于5人（含5人）。

②依法与安置的每位残疾人签订了一年以上（含一年）的劳动合同或服务协议。

③为安置的每位残疾人按月足额缴纳了基本养老保险、基本医疗保险、失业保险、工伤保险和生育保险等社会保险。

④通过银行等金融机构向安置的每位残疾人，按月支付了不低于纳税人所在区县适用的经省人民政府批准的月最低工资标准的工资。

（3）应报送的资料：

①《税务资格备案表》2份；

②安置精神残疾人的，提供精神残疾人同意就业的书面声明以及其法定监护人签字或印章的证明精神残疾人具有劳动条件和劳动意愿的书面材料；

③《中华人民共和国残疾人证》或《中华人民共和国残疾军人证（1至8级）》复印件，注明与原件一致，并逐页加盖公章；

④安置的残疾人的身份证件复印件；

⑤当期由银行等金融机构或纳税人加盖公章的按月为残疾人支付工资的清单。

2. 自2016年1月1日至2018年12月31日，对纳税人销售自产的利用太阳能生产的电力产品，实行增值税即征即退50%的政策。文到之日前，已征的按照相关规定应予退还的增值税，可抵减纳税人以后月份应缴纳的增值税或予以退还。应报送资料：

（1）《税务资格备案表》2份；

（2）自产的利用太阳能生产的电力产品的相关材料。

3. 增值税一般纳税人销售其自行开发生产的软件产品，按17%税率征收增值税后，对其增值税实际税负超过3%的部分实行即征即退政策；增值税一般纳税人将进口软件产品进行本地化改造后对外销售，其销售的软件产品可享受增值税即征即退政策。应报送资料：

①《税务资格备案表》2份；

②取得软件产业主管部门颁发的《软件产品登记证书》或著作权行政管理部门颁发的《计算机软件著作权登记证书》。

【知识点2】企业所得税税收减免备案

1. 对境外投资者从中国境内居民企业分配的利润，直接投资于鼓励类投资项目，凡符合规定条件的，实行递延纳税政策，暂不征收预提所得税。

2. 境外投资者暂不征收预提所得税须同时满足以下条件：

（1）境外投资者以分得利润进行的直接投资，包括境外投资者以分得利润进行的增资、新建、股权收购等权益性投资行为，但不包括新增、转增、收购上市公司股份（符合条件的战略投资除外）。具体是指：

①新增或转增中国境内居民企业实收资本或者资本公积；

②在中国境内投资新建居民企业；

③从非关联方收购中国境内居民企业股权；

④财政部、税务总局规定的其他方式。

境外投资者采取上述投资行为所投资的企业统称为被投资企业。

（2）境外投资者分得的利润属于中国境内居民企业向投资者实际分配已经实现的留存收益而形成的股息、红利等权益性投资收益。

（3）境外投资者用于直接投资的利润以现金形式支付的，相关款项从利润分配企业的账户直接转入被投资企业或股权转让方账户，在直接投资前不得在境内外其他账户周转；境外投资者用于直接投资的利润以实物、有价证券等非现金形式支付的，相关资产所有权直接从利润分配企业转入被投资企业或股权转让方，在直接投资前不得由其他企业、个人代为持有或临时持有。

（4）境外投资者直接投资鼓励类投资项目，是指被投资企业在境外投资者投资期限内从事符合以下规定范围的经营活动：

①属于《外商投资产业指导目录》所列的鼓励外商投资产业目录；

②属于《中西部地区外商投资优势产业目录》。

3. 应报送资料：

（1）《非居民企业递延缴纳预提所得税信息报告表》2 份；

（2）《中华人民共和国扣缴企业所得税报告表》；

（3）相关合同；

（4）支付凭证；

（5）与鼓励类投资项目活动相关的资料；

（6）委托材料。

【知识点 3】个人所得税税收减免备案

1. 残疾、孤老人员和烈属的所得可以减征个人所得税，具体幅度和期限，由省、自治区、直辖市人民政府规定，并报同级人民代表大会常务委员会备案，应报送：

（1）《纳税人减免税备案登记表》2 份；

（2）个人身份证件原件及复印件（原件查验后退回）；

（3）残疾、孤老、烈属的资格相关材料原件及复印件（原件查验后退回）。

2. 有限合伙制创业投资企业（以下简称合伙创投企业）采取股权投资方式直接投资于初创科技型企业满 2 年的，该合伙创投企业的个人合伙人可以按照对初创科技型企业投资额的 70% 抵扣个人合伙人从合伙创投企业分得的经营所得；当年不足抵扣的，可以在以后纳税年度结转抵扣。应报送：

（1）《纳税人减免税备案登记表》2 份；

（2）《合伙创投企业个人所得税投资抵扣备案表》。

3. 天使投资个人采取股权投资方式直接投资于初创科技型企业满 2 年的，可以按照投资额的 70% 抵扣转让该初创科技型企业股权取得的应纳税所得额；当期不足抵扣的，可以在以后取得转让该初创科技型企业股权的应纳税所得额时结转抵扣。应报送：

（1）《纳税人减免税备案登记表》2 份；

（2）《天使投资个人所得税投资抵扣备案表》；

（3）天使投资个人身份证件原件（查验后退回）。

【知识点 4】土地增值税税收减免备案（举例说明）

1. 对个人销售住房暂免征收土地增值税。应报送：

《纳税人减免税备案登记表》2 份。

2. 企事业单位、社会团体以及其他组织转让旧房作为改造安置住房房源且增值额未超过扣除项目金额 20% 的，免征土地增值税，应报送：

（1）《纳税人减免税备案登记表》2 份；

（2）不动产权属资料复印件；

（3）房地产转让合同（协议）复印件；

（4）扣除项目金额相关材料（如评估报告，发票等）。

3. 按照《中华人民共和国公司法》的规定，非公司制企业整体改制为有限责任公司或者股份有限公司，有限责任公司（股份有限公司）整体改制为股份有限公司（有限责任公司），对改制前的企业将国有土地使用权、地上的建筑物及其附着物（以下称房地产）转移、变更到改制后的企业，暂不征土地增值税。单位、个人在改制重组时以房地产作价入股进行投资，对其将房地产转移、变更到被投资的企业，暂不征土地增值税。应报送：

（1）《纳税人减免税备案登记表》2 份；

（2）不动产权属资料复印件；

（3）投资、联营双方的营业执照复印件；

（4）投资、联营合同（协议）复印件。

>> 第三节 税收减免核准

一 税收减免核准概述

【知识点】税收减免核准概述

1. 符合核准类税收减免的纳税人，应当提交核准材料，提出申请，经依法具有批准权限的税务机关按规定核准确认后方可享受。未按规定申请或虽申请但未经有批准权限的税务机关核准确认的，纳税人不得享受。

2. 纳税人在减免税书面核准决定未下达之前应按规定进行纳税申报。纳税人在减免税书面核准决定下达之后，所享受的减免税应当进行申报。

3. 纳税人享减免税的情形发生变化时，应当及时向税务机关报告，税务机关对纳税人的减免税资质进行重新审核。

4. 纳税人实际经营情况不符合减免税规定条件的或者采用欺骗手段获取减免税的、享受减免税条件发生变化未及时向税务机关报告的，以及未按照规定履行相关程序自行减免税的，税务机关依照《中华人民共和国税收征收管理法》有关规定予以处理。

二 税收减免核准的情形

【知识点】税收减免核准事项（举例说明）

1. 因地震灾害造成重大损失的个人，可减征个人所得税。具体减征幅度和期限由受灾地区省、自治区、直辖市人民政府确定。应报送：

（1）《纳税人减免税申请核准表》1 份；

（2）减免税申请报告；

（3）个人身份证件原件（查验后退回）；

（4）自然灾害损失相关材料原件及复印件（原件查验后退回）。

2. 因自然灾害遭受重大损失的，可以减征个人所得税，具体减征幅度和期限，由受灾地区省、自治区、直辖市人民政府规定，并报同级人民代表大会常务委员会备案。应报送：

（1）《纳税人减免税申请核准表》1 份；

（2）减免税申请报告；

（3）个人身份证件原件（查验后退回）；

（4）自然灾害损失相关材料原件及复印件（原件查验后退）。

3. 纳税人开采或者生产应税产品过程中，因地震灾害遭受重大损失的，由受灾地区省、自治区、直辖市人民政府决定减征或免征资源税。应报送：

（1）《纳税人减免税申请核准表》；

（2）减免税申请报告；

（3）开采或生产应税产品过程中，因意外事故或自然灾害等原因遭受重大损失的相关材料。

4. 纳税人纳税确有困难的，可由省、自治区、直辖市人民政府确定，定期减征或者免征房产税。

（1）《纳税人减免税申请核准表》；

（2）减免税申请报告；

（3）房屋产权证书或其他证明纳税人实际使用房产的材料原件及复印件（原件查验后退回）；

（4）证明纳税人困难的相关材料。

5. 纳税人建造普通标准住宅出售，增值额未超过扣除项目金额 20% 的，免征土地增值税。应报送：

（1）《纳税人减免税申请核准表》1 份；

（2）减免税申请报告；

（3）开发立项及不动产权属资料复印件；

（4）土地增值税清算报告；

（5）相关的收入、成本、费用等相关材料。

>> 第四节 跨境应税行为免征增值税报告

【知识点】跨境应税行为免征增值税报告

1. 纳税人发生向境外单位销售服务或无形资产等跨境应税行为符合免征增值税条件的，应在首次享受免税的纳税申报期内，到主管税务机关办理跨境应税行为免税备案手续。

2. 纳税人向国内海关特殊监管区域内的单位或者个人销售服务、无形资产，不属于跨境应税行为，应照章征收增值税。

3. 纳税人向境外单位销售服务或无形资产，按规定免征增值税的，该项销售服务或无形资产的全部收入应从境外取得，否则，不予免征增值税。

4. 纳税人发生跨境应税行为免征增值税的，应单独核算跨境应税行为的销售额，准确计算不得抵扣的进项税额，其免税收入不得开具增值税专用发票。

5. 纳税人原签订的跨境销售服务或无形资产合同发生变更，或者跨境销售服务或无形资产的有关情况发生变化，变化后仍属于规定的免税范围的，纳税人应向主管税务机关重新办理跨境应税行为免税备案手续。

6. 纳税人发生跨境应税行为享受免税的，应当按规定进行纳税申报。纳税人享受免税到期或实际经营情况不再符合规定的免税条件的，应当停止享受免税，并按照规定申报纳税。

7. 纳税人发生实际经营情况不符合规定的免税条件、采用欺骗手段获取免税、或者享受减免税条件发生变化未及时向税务机关报告，以及未按照规定履行相关程序自行减免税的，税务机关依照《中华人民共和国税收征收管理法》有关规定予以处理。

8. 纳税人发生的与香港、澳门、台湾有关的应税行为，参照执行。

9. 纳税人发生符合规定的免税跨境应税行为，未办理免税备案手续但已进行免税申报的，按照规定补办备案手续；未进行免税申报的，按照规定办理跨境服务备案手续后，可以申请退还已缴税款或者抵减以后的应纳税额；

已开具增值税专用发票的，应将全部联次追回后方可办理跨境应税行为免税备案手续。

>> 第五节 纳税人放弃免（减）税权声明

【知识点】纳税人放弃免（减）税权声明

1. 纳税人销售货物、应税劳务或者发生应税行为适用免税、减税规定的，可以放弃免税、减税，报主管税务机关备案。

适用增值税免税政策的出口货物劳务，出口企业或其他单位如果放弃免税，实行按内销货物征税的，应向主管税务机关提出书面报告。

2. 纳税人放弃减税、免税的，自提交备案资料的次月起，按照现行有关规定计算缴纳增值税，36 个月内不得再申请免税、减税。

3. 纳税人一经放弃免税权，其生产销售的全部增值税应税行为均应按照适用税率征税，不得选择某一免税项目放弃免税权，也不得根据不同的销售对象选择部分应税行为放弃免税权。

4. 纳税人在免税期内购进用于免税项目的应税行为所取得的增值税扣税凭证，一律不得抵扣。

5. 纳税人销售自己使用过的固定资产，适用简易办法依照 3% 征收率减按 2% 征收增值税政策的，可以放弃减税，按照简易办法依照 3% 征收率缴纳增值税，并可以开具增值税专用发票。

>> 习题演练

一 单项选择题

1. 符合税收优惠条件的纳税人，在减税、免税期间，应按规定办理纳税申报，填写（　　）。

A.《纳税人减免税备案表》

B.《纳税人申报享受减免税备案表》

C.《税务资格备案表》

D. 申报表及其附表上的优惠栏目

【参考答案】D

【答案解析】根据《全国税务机关纳税服务规范（3.0版）》，符合税收优惠条件的纳税人，在减税、免税期间，应按规定办理纳税申报，填写申报表及其附表上的优惠栏目。

2. 办税服务厅工作人员小周接到了某农业合作社负责人关于农业方面享受税收优惠的咨询问题，请问以下各项税收优惠需在首次申报享受时随申报表报送附列资料的是(　　)。

A. 农业生产资料免征增值税优惠

B. 农户小额贷款利息免征增值税优惠

C. 农民专业合作社免征增值税优惠

D. 有机肥免征增值税优惠

【参考答案】D

【答案解析】根据《全国税务机关纳税服务规范（3.0版）》，有机肥免征增值税（减免性质代码：01092203，政策依据：财税〔2008〕56号），应报送资料的规定。

3. 享受下列增值税优惠的纳税人，需在首次申报享受时随申报表报送附列资料的是（　　）。

A. 蔬菜免征增值税优惠

B. 救灾救济粮免征增值税优惠

C. 个人销售自建自用住房免征增值税优惠

D. 上海期货保税交割免征增值税

【参考答案】D

【答案解析】根据《全国税务机关纳税服务规范（3.0版）》，上海期货保税交割免征增值税（减免性质代码：01081503，政策依据：财税〔2010〕108号），应报送资料的规定。

4. 下列车辆不符合办理车辆购置税优惠条件的是（　　）。

A. 设有固定装置的非运输车辆（列入免税图册车辆）

B. 回国服务的在外留学人员购买自用进口小汽车

C. 城市公交企业购置公共汽电车辆

D. 新能源汽车

【参考答案】B

【答案解析】根据《财政部　税务总局关于继续执行的车辆购置税优惠政策的公告》（财政部　税务总局公告 2019 年第 75 号）文件规定，回国服务的在外留学人员用现汇购买 1 辆个人自用国产小汽车免征车辆购置税。

5. 以下增值税优惠为税收减免备案类事项的是（　　）。

A. 残疾人专用物品免征增值税优惠

B. 安置残疾人就业增值税即征即退

C. 企业招用退役士兵扣减增值税优惠

D. 技术转让、技术开发免征增值税优惠

【参考答案】B

【答案解析】根据《全国税务机关纳税服务规范（3.0 版）》，对于增值税，只有 12 个增值税即征即退优惠为税收减免备案事项，其余增值税优惠均为申报享受税收减免。

6. 享受税收减免核准的纳税人，在减免税书面核准决定未下达之前应（　　）。纳税人在减免税书面核准决定下达之后，所享受的减免税应当进行申报。

A. 按规定进行纳税申报　　B. 按规定进行优惠享受

C. 按规定进行纳税减免　　D. 暂时不进行纳税申报

【参考答案】A

【答案解析】根据《全国税务机关纳税服务规范（3.0 版）》，纳税人在减免税书面核准决定未下达之前应按规定进行纳税申报。纳税人在减免税书面核准决定下达之后，所享受的减免税应当进行申报。

7. 享受核准类减免税的纳税人，享受减免税的情形发生变化时，应当及时向税务机关报告，税务机关对纳税人的减免税资质进行（　　）。

A. 延期办理　　B. 重新赋权　　C. 备案处理　　D. 重新审核

【参考答案】D

【答案解析】根据《全国税务机关纳税服务规范（3.0版）》，纳税人享受减免税的情形发生变化时，应当及时向税务机关报告，税务机关对纳税人的减免税资质进行重新审核。

8. 符合核准类税收减免的纳税人，应当提交核准材料，提出申请，经（　　）按规定核准确认后方可享受。未按规定申请或虽申请但未经有批准权限的税务机关核准确认的，纳税人不得享受。

A. 县级税务机关

B. 市级税务机关

C. 省级税务机关

D. 依法具有批准权限的税务机关

【参考答案】D

【答案解析】根据《全国税务机关纳税服务规范（3.0版）》，符合核准类税收减免的纳税人，应当提交核准材料，提出申请，经依法具有批准权限的税务机关按规定核准确认后方可享受。未按规定申请或虽申请但未经有批准权限的税务机关核准确认的，纳税人不得享受。

9. 以下关于农村集体产权制度改革有关税收政策的说法错误的是（　　）。

A. 对进行股份合作制改革后的农村集体经济组织承受原集体经济组织的土地、房屋权属，免征契税

B. 对农村集体经济组织以及代行集体经济组织职能的村民委员会、村民小组进行清产核资收回集体资产而承受土地、房屋权属，免征契税

C. 对因农村集体经济组织以及代行集体经济组织职能的村民委员会、村民小组进行清产核资收回集体资产而签订的产权转移书据，免征印花税

D. 对农村集体土地所有权、宅基地和集体建设用地使用权及地上房屋确权登记，免征契税

【参考答案】D

【答案解析】根据《财政部　税务总局关于支持农村集体产权制度改革有关税收政策的通知》（财税〔2017〕55号）规定：

（1）对进行股份合作制改革后的农村集体经济组织承受原集体经济组织的土地、房屋权属，免征契税。

（2）对农村集体经济组织以及代行集体经济组织职能的村民委员会、村民小组进行清产核资收回集体资产而承受土地、房屋权属，免征契税。

对因农村集体经济组织以及代行集体经济组织职能的村民委员会、村民小组进行清产核资收回集体资产而签订的产权转移书据，免征印花税。

（3）对农村集体土地所有权、宅基地和集体建设用地使用权及地上房屋确权登记，不征收契税。

10. 以下关于土地增值税的表述，说法不正确的是（　　）。

A. 某公司的厂房因修建高速公路被征收，免征土地增值税

B. 某房地产公司建造普通标准住宅出售，增值额未超过扣除项目金额 30% 的免征土地增值税

C. 某公司因城市实施规划的需要搬迁，自行转让原房地产免征土地增值税

D. 对个人销售房屋暂免征收土地增值税

【参考答案】B

【答案解析】选项 A 和选项 C，根据《中华人民共和国土地增值税暂行条例》（国务院令第 138 号）第八条规定：“有下列情形之一的，免征土地增值税：……因国家建设需要依法征用、收回的房地产。”

根据《中华人民共和国土地增值税暂行条例实施细则》（财法字〔1995〕6 号）规定，因国家建设需要依法征收、收回的房地产，是指因城市实施规划、国家建设的需要而被政府批准征用的房产或收回的土地使用权。

因城市实施规划、国家建设的需要而搬迁，由纳税人自行转让原房地产的，比照上述规定免征土地增值税。

选项 B，根据《中华人民共和国土地增值税暂行条例》（国务院令第 138 号）第八条规定，有下列情形之一的，免征土地增值税：纳税人建造普通标准住宅出售，增值额未超过扣除项目金额 20% 的。

选项 D，根据《财政部　国家税务总局关于调整房地产交易环节税收政策的通知》（财税〔2008〕137 号）第三条规定，自 2008 年 11 月 1 日起，对

个人销售住房暂免征收土地增值税。

二 多项选择题

1. 申报享受税收减免的优惠办理分为以下（　　）情形。

A. 需在首次申报享受时随申报表报送附列资料

B. 需在首次申报享受后 15 日内报送附列资料

C. 需在首次申报享受后征期内报送附列资料

D. 无需报送附列资料

【参考答案】AD

【答案解析】根据《全国税务机关纳税服务规范（3.0 版）》，申报享受税收减免的优惠办理分为需在申报享受时随申报表报送附列资料和无需报送附列资料两种情形。

2. 下列关于资源税优惠政策的说法，不正确的有（　　）。

A. 对依法在建筑物下、铁路下、水体下通过充填开采方式采出的矿产资源，资源税减征 50%

B. 对实际开采年限在 15 年（含）以上的衰竭期矿山开采的矿产资源，资源税减征 50%

C. 对依法在建筑物下、铁路下、水体下通过充填开采方式采出的矿产资源，免征资源税

D. 对实际开采年限在 15 年（含）以上的衰竭期矿山开采的矿产资源，免征资源税

【参考答案】BCD

【答案解析】根据《国家税务总局　国土资源部关于落实资源税改革优惠政策若干事项的公告》（国家税务总局公告 2017 年第 2 号）规定，对依法在建筑物下、铁路下、水体下通过充填开采方式采出的矿产资源，资源税减征 50%。对实际开采年限在 15 年（含）以上的衰竭期矿山开采的矿产资源，资源税减征 30%。

3. 下列车辆免征车辆购置税的有（　　）。

A. 中国妇女发展基金会“母亲健康快车”项目的流动医疗车

B. 防汛部门用于指挥、检查、调度、报汛（警）、联络的由指定厂家生产的设有固定装置的指定型号的车辆

C. 森林消防部门用于指挥、检查、调度、报汛（警）、联络的由指定厂家生产的设有固定装置的指定型号的车辆

D. 长期来华定居专家进口第 2 辆自用小汽车

【参考答案】ABC

【答案解析】根据《财政部　税务总局关于继续执行的车辆购置税优惠政策的公告》（财政部　税务总局公告 2019 年第 75 号）规定，长期来华定居专家进口 1 辆自用小汽车免征车辆购置税，选项 D 错误。

4. 城市公交企业购置公共汽电车辆（汽车）免征车辆购置税，应当提供的相关资料包括（　　）。

A.《车辆购置税纳税申报表》

B. 机构证明

C. 车辆合格证明和车辆相关价格凭证

D. 所在地县级以上（含县级）交通运输主管部门出具的公共汽电车辆认定表原件及复印件（原件查验后退回）

【参考答案】ACD

【答案解析】根据《国家税务总局关于车辆购置税征收管理有关事项的公告》（国家税务总局公告 2019 年第 26 号）规定：“五、纳税人办理纳税申报时应当如实填报《车辆购置税纳税申报表》，同时提供车辆合格证明和车辆相关价格凭证。六、纳税人在办理车辆购置税免税、减税时，除按本公告第五条规定提供资料外，还应当根据不同的免税、减税情形，分别提供相关资料的原件、复印件。”

城市公交企业购置的公共汽电车辆，提供所在地县级以上（含县级）交通运输主管部门出具的公共汽电车辆认定表。

5. 符合备案类税收减免的纳税人，如需享受相应税收减免，应在（　　）或（　　）提交相关资料向主管税务机关申请办理税收减免备案。

A. 首次享受减免税的申报阶段

B. 首次享受减免税的当月

C. 在申报征期后的其他规定期限内

D. 在申报征期后、下月申报期前的期限内

【参考答案】AC

【答案解析】根据《全国税务机关纳税服务规范（3.0版）》，符合备案类税收减免的纳税人，如需享受相应税收减免，应在首次享受减免税的申报阶段或在申报征期后的其他规定期限内提交相关资料向主管税务机关申请办理税收减免备案。

6. 优惠办理规范中，下列事项的办理时间为即时办结的有（　　）。

A. 申报享受税收减免

B. 税收减免备案

C. 税收减免核准

D. 纳税人放弃免（减）税权声明

【参考答案】ABD

【答案解析】根据《全国税务机关纳税服务规范（3.0版）》，税收减免核准的办理时间为由省（自治区、直辖市和计划单列市）税务局确定。

7. 下列属于增值税即征即退优惠项目的有（　　）。

A. 安置残疾人就业增值税即征即退优惠

B. 动漫企业增值税即征即退优惠

C. 资源综合利用产品及劳务增值税即征即退优惠

D. 管道运输服务增值税即征即退优惠

【参考答案】ABCD

【答案解析】根据《财政部　国家税务总局关于印发〈资源综合利用产品和劳务增值税优惠目录〉的通知》（财税〔2015〕78号）、《财政部　国家税务总局关于全面推开营业税改征增值税试点的通知》（财税〔2016〕36号）附件3《营业税改征增值税试点过渡政策的规定》第二条第（一）项、《财政部　国家税务总局关于促进残疾人就业增值税政策的通知》（财税〔2016〕52号）、《财政部　税务总局关于延续动漫产业增值税政策的通知》（财税〔2018〕38号）规定：安置残疾人就业、动漫企业、资源综合利用产品及劳务、管道运输服务属于增值税即征即退项目。

8. 纳税人向国内海关特殊监管区域内的单位或者个人（　　），不属于跨境应税行为，应照章征收增值税。

A. 销售服务　　B. 销售无形资产

C. 销售货物　　D. 销售劳务

【参考答案】AB

【答案解析】根据《全国税务机关纳税服务规范（3.0 版）》，纳税人向国内海关特殊监管区域内的单位或者个人销售服务、无形资产，不属于跨境应税行为，应照章征收增值税。

9. 国际运输服务适用增值税零税率，国际运输服务包含以下（　　）类型。

A. 在境内载运旅客或者货物出境

B. 在境内载运旅客或者货物

C. 在境外载运旅客或者货物入境

D. 在境外载运旅客或者货物

【参考答案】ACD

【答案解析】根据《财政部　国家税务总局关于全面推开营业税改征增值税试点的通知》（财税〔2016〕36 号）附件 4《跨境应税行为适用增值税零税率和免税政策的规定》文件第一条第（一）项规定，中华人民共和国境内的单位和个人销售的国际运输服务，适用增值税零税率。国际运输服务，是指：①在境内载运旅客或者货物出境。②在境外载运旅客或者货物入境。③在境外载运旅客或者货物。

10. 纳税人享受“六税一费”优惠实行（　　）办理方式，申报时无须再向税务机关提供有关资料。

A. 自行判别

B. 申报享受

C. 有关资料留存备查

D. 优惠备案

【参考答案】ABC

【答案解析】纳税人享受“六税一费”优惠实行“自行判别、申报享受、有关资料留存备查”办理方式，申报时无须再向税务机关提供有关资料。纳税人根据具体政策规定自行判断是否符合优惠条件，符合条件的，纳税人申报享受税收优惠，并将有关资料留存备查。

三 判断题

1. 适用增值税小规模纳税人地方税种和相关附加减征政策的纳税人自行申报享受减征优惠，不需额外提交资料。 （ ）

【参考答案】正确

【答案解析】根据《国家税务总局关于增值税小规模纳税人地方税种和相关附加减征政策有关征管问题的公告》（国家税务总局公告 2019 年第 5 号）文件第三条规定，关于减征优惠的办理方式：纳税人自行申报享受减征优惠，不需额外提交资料。

2. 对实施备案管理的税收优惠事项，纳税人应当按照规定向税务机关报送备案材料。对应按规定备案但未备案的纳税人，税务机关应终止其享受税收优惠政策，并按规定追缴其已享受的减免税款，同时加收滞纳金。 （ ）

【参考答案】错误

【答案解析】根据《国家税务总局关于税务行政审批制度改革若干问题的意见》（税总发〔2014〕107 号）第十一条规定，实施备案管理的事项，纳税人等行政相对人应当按照规定向税务机关报送备案材料，税务机关应当将其作为加强后续管理的资料，但不得以纳税人等行政相对人没有按照规定备案为由，剥夺或者限制其依法享有的权利、获得的利益、取得的资格或者可以从事的活动。纳税人等行政相对人未按照规定履行备案手续的，税务机关应当依法进行处理。

3. 新型墙体材料增值税即征即退 50%，是直接按销项税额的 50% 办理退税。 （ ）

【参考答案】错误

【答案解析】根据《财政部　国家税务总局关于新型墙体材料增值税政策的通知》（财税〔2015〕73 号）第一条规定，对纳税人销售自产的列入该通知所附《享受增值税即征即退政策的新型墙体材料目录》的新型墙体材料，实行增值税即征即退 50% 的政策，是对对应增值税税额的 50% 办理退税，而非销项税额。

4. 纳税人一经放弃免税权，其生产销售的全部增值税应税货物或劳务均

应按照适用税率征税，可以选择某一免税项目放弃免税权，也可以根据不同的销售对象选择部分货物或劳务放弃免税权。 （ ）

【参考答案】错误

【答案解析】根据《财政部　国家税务总局关于增值税纳税人放弃免税权有关问题的通知》（财税〔2007〕127号）规定，纳税人一经放弃免税权，其生产销售的全部增值税应税货物或劳务均应按照适用税率征税，不得选择某一免税项目放弃免税权，也不得根据不同的销售对象选择部分货物或劳务放弃免税权。

5. 生产和销售免征增值税货物或劳务的纳税人要求放弃免税权，应当以书面形式提交放弃免税权声明，报主管税务机关备案。纳税人自提交备案资料的当月起，按照现行有关规定计算缴纳增值税。 （ ）

【参考答案】错误

【答案解析】根据《财政部　国家税务总局关于增值税纳税人放弃免税权有关问题的通知》（财税〔2007〕127号）第一条规定，生产和销售免征增值税货物或劳务的纳税人要求放弃免税权，应当以书面形式提交放弃免税权声明，报主管税务机关备案。纳税人自提交备案资料的次月起，按照现行有关规定计算缴纳增值税。

6. 其他个人代开增值税发票时，放弃免税权不受“36个月不得享受减免税优惠限制”，仅对当次代开发票有效，不影响以后申请免税代开。 （ ）

【参考答案】正确

【答案解析】根据《国家税务总局关于印发〈全国税务系统进一步优化税收营商环境行动方案（2018年—2022年）〉的通知》（税总发〔2018〕145号）第二条规定，放宽个人免税权限制。其他个人代开增值税发票时，放弃免税权不受“36个月不得享受减免税优惠限制”，仅对当次代开发票有效，不影响以后申请免税代开。

7. 2019年1月，某地个体工商户因受大雪灾害，根据该省规定可以享受个人所得税经营所得减征的税收优惠，因此其需要向税务机关申请个人所得税优惠核准，并填制《纳税人减免税申请核准表》。 （ ）

【参考答案】正确

【答案解析】根据《全国税务机关纳税服务规范（3.0版）》，因自然灾害遭受重大损失的，可以减征个人所得税属于税收减免核准事项，需要报送《纳税人减免税申请核准表》。

8. 纳税人发生跨境应税行为享受免税的，应当按规定进行纳税申报。纳税人享受免税到期或实际经营情况不再符合规定的免税条件的，应当报告税务机关，申请停止享受免税，并按照规定申报纳税。（ ）

【参考答案】错误

【答案解析】纳税人发生跨境应税行为享受免税的，应当按规定进行纳税申报。纳税人享受免税到期或实际经营情况不再符合规定的免税条件的，应当停止享受免税，并按照规定申报纳税。

9. 资源税纳税人开采或者生产应税产品过程中，因地震灾害遭受重大损失的，要享受资源税优惠政策，需进行优惠核准。（ ）

【参考答案】正确

【答案解析】资源税纳税人开采或者生产应税产品过程中，因地震灾害遭受重大损失的，由受灾地区省、自治区、直辖市人民政府决定减征或免征资源税。

10. 纳税人发生跨境应税行为享受免税的，发生与香港、澳门、台湾有关的应税行为，参照执行。（ ）

【参考答案】正确

【答案解析】根据《全国税务机关纳税服务规范（3.0 版）》，跨境应税行为免征增值税，纳税人发生的与香港、澳门、台湾有关的应税行为，参照执行。

四 简答题

目前有哪些税收优惠属于税收减免核准？

【参考答案】税收减免核准有以下 9 项：

（1）其他地区地震受灾减免个人所得税；

（2）其他自然灾害受灾减免个人所得税；

（3）地震灾害减免资源税；

（4）事故灾害等原因减免资源税；

（5）企业纳税困难减免房产税；

（6）纳税人困难性减免城镇土地使用税优惠；

（7）普通标准住宅增值率不超过20%的土地增值税减免；

（8）因城市实施规划、国家建设需要而搬迁，纳税人自行转让房地产免征土地增值税；

（9）因国家建设需要依法征用、收回的房地产土地增值税减免。

五 案例分析题

2019年10月，未婚青年小李购买了家庭唯一普通住房，面积为90平方米，合同价格为70万元；同时购买了一套面积为30平方米，合同价格为30万元的商铺。购买此住房和商铺时，小李足额缴纳了相关税款，取得了发票和完税凭证。

2019年12月，小李因A市城市建设改造，其购买的唯一住房住房被拆除，取得了80万元拆迁补偿款。小李用拆迁补偿款在A市重新购买了一套价值100万元，面积120平方米的普通住房。

2019年11月，小李与丙公司签订了房屋销售合同，将商铺转让给丙公司，销售合同价格为40万元。

2019年12月31日，小李与乙企业签订房屋租赁合同，将该重新购买的住房作为商用房出租给乙企业，租期从2020年1月1日至2021年12月31日，每月租金1万元。乙企业一次性付清2020年房租。

注：以上房产交易价格均为不含税价，六税二费优惠减半征收。

1. 2019年10月，小李购买家庭唯一住房，在办理契税申报纳税时，应提交的资料有（　　）。

A.《契税纳税申报表》

B. 房屋转移合同或具有合同性质的契约、合约、单据、确认书原件

C. 家庭唯一住房相关材料或诚信保证书

D. 身份证原件

【参考答案】ABCD

【答案解析】根据《全国税务机关纳服规范（3.0版）》，个人购买家庭唯一住房90平方米以下（含）减按1%征收契，应报送材料的规定。

2. 2019年10月，小李购买家庭唯一住房，契税的申报期限及税额为（　　）。

A. 签订房屋权属转移合同或合同性质凭证的15日内；7000元

B. 签订房屋权属转移合同或合同性质凭证的10日内；10500元

C. 签订房屋权属转移合同或合同性质凭证的10日内；7000元

D. 签订房屋权属转移合同或合同性质凭证的15日内；10500元

【参考答案】C

【答案解析】根据《契税暂行条例》第九条规定，纳税人应当自纳税义务发生之日起10日内，向土地、房屋所在地的契税征收机关办理纳税申报，并在契税征收机关核定的期限内缴纳税款。根据《关于调整房地产交易环节契税　营业税优惠政策的通知》（财税〔2016〕23号）的规定，自2016年2月22日起，对个人购买家庭唯一住房（家庭成员范围包括购房人、配偶以及未成年子女，下同），面积为90平方米及以下的，减按1%的税率征收契税；面积为90平方米以上的，减按1.5%的税率征收契税。税额为700000×1%＝7000（元）。

3. 关于拆迁后用补偿款重新购买住房应缴纳契税，下列说法正确的是（　　）。

A. 小李应在被拆除房屋所在地税务机关办理退还已缴纳的契税

B. 小李应向重新购置住房所在地税务机关缴纳契税1000元

C. 小李应向重新购置住房所在地税务机关缴纳契税1500元

D. 小李应向重新购置住房所在地税务机关缴纳契税4500元

【参考答案】D

【答案解析】根据《财政部　国家税务总局关于企业以售后回租方式进行融资等有关契税政策的通知》（财税〔2012〕82）规定，对拆迁居民重新购置住房的，对购房成交价格中相当于拆迁补偿款的部分免征契税，成交价格超过拆迁补偿款的，对超过部分征收契税。100－70＝30（万元），30×1.5%＝4500（元）。

4. 被拆迁人小李按照国家有关城镇房屋拆迁管理办法规定的标准取得的拆迁补偿款，免征（　　）。

A. 土地增值税　　　　B. 增值税

C. 印花税　　　　　　　　　　D. 个人所得税

【参考答案】ABD

【答案解析】选项A，根据《中华人民共和国土地增值税暂行条例》（中华人民共和国国务院令第138号）的规定，因国家建设需要依法征用、收回的房地产免征土地增值税。

选项B，根据《财政部　国家税务总局关于全面推开营业税改征增值税试点的通知》（财税〔2016〕36号）附件3规定，土地所有者出让土地使用权和土地使用者将土地使用权（包括土地上的建筑物、构筑物、青苗等土地附着物）归还给土地所有者的情形免征增值税。

选项C，根据《中华人民共和国印花税暂行条例》（国务院令第11号）由于印花税属于列举征收，而"搬迁补偿协议"不在列举范围内，此搬迁补偿收入也可以暂不缴纳印花税。

选项D，根据《国家税务总局关于个人取得被征用房屋补偿费收入免征个人所得税的批复》（国税函〔1998〕428号）规定，按照城市发展规划，在旧城改造过程中，对被拆迁人按照国家有关城镇房屋拆迁管理办法规定的标准取得的拆迁补偿款，属补偿性质的收入，无论是现金还是实物（房屋），均免予征收个人所得税。

5. 小李重新购置住房申报契税时需提交的资料有（　　）。

A. 房屋拆迁安置补偿协议书原件及复印件

B. 房屋买卖合同原件及复印件

C. 买方身份证明原件及复印件

D. 不动产所在地房地产主管部门出具的纳税人家庭成员住房情况书面查询结果

【参考答案】ABCD

【答案解析】根据《全国税务机关纳税服务规范（3.0版）》，"居民因个人房屋被征收而选择货币补偿用以重新购置房屋，并且购房成交价格不超过货币补偿的，对新购房屋免征契税；购房成交价格超过货币补偿的，对差价部分按规定征收契税"应报送材料的规定。

>> 文件依据

1.《财政部　国家税务总局关于增值税纳税人放弃免税权有关问题的通知》（财税〔2007〕127 号）

2.《财政部　国家税务总局关于认真落实抗震救灾及灾后重建税收政策问题的通知》（财税〔2008〕62 号）

3.《国家税务总局关于发布〈营业税改征增值税跨境应税行为增值税免税管理办法（试行）〉的公告》（国家税务总局公告 2016 年第 29 号）

4.《国家税务总局关于取消 20 项税务证明事项的公告》（国家税务总局公告 2018 年第 65 号）

5.《国家税务总局关于公布取消一批税务证明事项以及废止和修改部分规章规范性文件的决定》（国家税务总局令第 48 号）

第六章

出口退税和国际税收

>> 知识架构

- 出口退税和国际税收
  - 出口退税
    - 出口退（免）税备案　4个知识点
    - 出口退（免）税办理　11个知识点
    - 出口退（免）税证明办理　6个知识点
    - 出口退（免）税分类管理评定　1个知识点
  - 国际税收
    - 涉税情况报告　6个知识点
    - 涉税申报　4个知识点
    - 税收优惠　1个知识点
    - 国际税收证明开具　1个知识点
    - 预约定价安排　1个知识点
    - 相互协商程序　2个知识点

>> 第一节 出口退税

一 出口退（免）税备案

【知识点1】出口退（免）税企业备案信息报告

1. 出口退（免）税企业备案信息报告事项是指享受出口退（免）税政策的出口企业，在申报出口退（免）税前向主管税务机关申请办理出口退（免）税企业备案以及后续的备案变更、备案撤回事项。具体包括：出口退（免）税备案、生产企业委托代办退税备案、外贸综合服务企业代办退税备案。

2. 出口退（免）税备案。出口企业或其他单位首次向税务机关申报出口退（免）税，应向主管税务机关办理出口退（免）税备案。

出口企业或其他单位备案登记的内容发生变更的，需自变更之日起30日内办理备案变更，需清税注销或撤回备案的应向主管税务机关申请办理撤回出口退（免）税备案手续。

经营融资租赁货物出口业务的企业应在首份融资租赁合同签订之日起30日内，向主管税务机关办理经营融资租赁退税备案手续。融资租赁业务出租方退税备案内容变更或撤回的，需向主管税务机关办理备案变更或备案撤回手续。

出口企业进行首次启运港退（免）税申报时，即视为出口企业完成启运港退（免）税备案。

广东横琴新区、福建平潭综合实验区内从区外购买货物的企业、区内水电气企业适用增值税和消费税退税政策的，应当向主管税务机关办理出口退（免）税备案手续。

退税代理机构首次申报境外旅客离境退税结算时，应先向主管税务机关办理退税代理机构备案。

3. 生产企业委托代办退税备案。符合条件的生产企业在已办理出口退（免）税备案后，首次委托外贸综合服务企业代办退税前，应当向主管税务机关办理委托代办出口退税备案。

委托代办退税的生产企业的《代办退税情况备案表》中的内容发生变更的，委托代办退税的生产企业应自变更之日起30日内，向主管税务机关申请办理备案内容的变更。

委托外贸综合服务企业代办退税的转登记纳税人，应在外贸综合服务企业主管税务机关按规定向外贸综合服务企业结清该转登记纳税人的代办退税款后，按照规定办理委托代办退税备案撤回。

生产企业办理撤回委托代办退税备案事项的，应在外贸综合服务企业主管税务机关按规定向外贸综合服务企业结清该生产企业的代办退税款后办理。

委托代办退税的生产企业办理撤回出口退（免）税备案事项的，应按规定先办理撤回委托代办退税备案事项。

4. 外贸综合服务企业代办退税备案。符合条件的外贸综合服务企业办理出口退（免）税备案后，在为每户生产企业首次代办退税前，应当向主管税务机关办理代办退税备案。

外贸综合服务企业的《代办退税情况备案表》中的内容发生变更的，外贸综合服务企业应自变更之日起30日内，向主管税务机关申请办理备案内容的变更。

【知识点2】退税商店资格信息报告

1. 退税商店资格信息报告事项是指在落实境外旅客购物离境退税政策中，向境外旅客销售离境可申请退税物品的企业，向主管税务机关申请退税商店资格备案。

2. 申请办理退税商店备案企业应满足以下条件：

（1）具有增值税一般纳税人资格；

（2）纳税信用级别在B级以上；

（3）同意安装、使用离境退税管理系统，并保证系统应当具备的运行条件，能够及时、准确地向主管税务机关报送相关信息；

（4）已经安装并使用增值税发票系统升级版；

（5）同意单独设置退税物品销售明细账，并准确核算。

3. 退税商店备案资料所载内容发生变化的，应自有关变更之日起10日内向主管税务机关办理变更手续。

【知识点3】其他出口退（免）税备案

1. 其他出口退（免）税备案事项是指出口企业为申报出口退（免）税或其他涉税业务而向税务机关申请办理的备案以及后续变更。具体包括：集团公司成员企业备案、免税品经营企业销售货物退税备案、边贸代理出口备案。

2. 集团公司成员企业备案。需要认定为可按收购视同自产货物申报免抵退税的集团公司，集团公司总部需向集团公司总部所在地的主管税务机关申请办理集团公司成员企业备案手续。

集团公司成员企业备案内容发生变更的，集团公司总部应向主管税务机关报送相关资料，重新办理备案。

集团公司成员企业备案不需要单独撤回，该备案信息随着集团公司总部出口退（免）税备案的撤回而失效。

3. 免税品经营企业销售货物退税备案。免税品经营企业享受销售货物退税政策的，应向主管税务机关申请备案。

如企业的经营范围发生变化，应在变化之日后的首个增值税纳税申报期内进行备案变更。

4. 边贸代理出口备案。从事以边境小额贸易方式代理外国企业、外国自然人报关出口货物业务的企业，需在货物报关出口之日（以出口货物报关单上的出口日期为准）次月起至次年4月30日前的增值税纳税申报期内，向主管税务机关申请办理边贸代理报关出口备案手续。

出口企业以边境小额贸易方式代理外国企业、外国自然人出口的货物，按规定已备案的，不属于增值税应税范围，其仅就代理费收入进行增值税申报。

【知识点4】出口企业放弃退（免）税报告

1. 出口企业放弃退（免）税报告事项包括出口货物劳务放弃退（免）税备案、出口货物劳务放弃免税权备案和放弃适用增值税零税率备案。

2. 出口企业可以放弃全部适用退（免）税政策出口货物劳务的退（免）税，并选择适用增值税免税政策或征税政策。放弃适用退（免）税政策的出口企业，应向主管税务机关办理备案手续。自备案次日起36个月内，其出口的适用增值税退（免）税政策的出口货物劳务，适用增值税免税政策或征税政策。

3. 适用增值税免税政策的出口货物劳务，出口企业或其他单位如果放弃免税，实行按内销货物征税的，应向主管税务机关办理备案手续。自备案次月起执行征税政策，36个月内不得变更。

4. 增值税零税率应税服务提供者提供适用增值税零税率的应税服务，如果放弃适用增值税零税率，选择免税或按规定缴纳增值税的，应向主管税务机关办理备案手续。自备案次月1日起36个月内，该企业提供的增值税零税率应税服务，不得申报增值税退（免）税。

二 出口退（免）税办理

【知识点1】出口退（免）税凭证无相关电子信息申报

1. 出口退（免）税凭证无相关电子信息申报事项是指出口企业或其他单位在出口退（免）税申报期限截止之日前，需申报的退（免）税凭证仍没有对应管理部门的电子信息或凭证的内容与电子信息比对不符而无法完成申报的，应在出口退（免）税申报期限截止之日前，向主管税务机关申请办理出口退（免）税凭证无相关电子信息申报。

2. 未按规定在退（免）税申报期截止之日前向主管税务机关申请办理出口退（免）税凭证无相关电子信息申报的，出口企业在退（免）税申报期限截止之日后不得进行退（免）税申报，应按规定进行免税申报或纳税申报。

【知识点 2】出口货物劳务免抵退税申报

1. 出口货物劳务免抵退税申报事项包括：出口货物免抵退税申报、视同出口货物免抵退税申报、对外加工修理修配劳务免抵退税申报。

一般纳税人转登记为小规模纳税人的，其在一般纳税人期间出口适用增值税退（免）税政策的货物劳务，继续按照现行规定申报和办理出口退（免）税相关事项。

实行免抵退税办法的出口企业出口货物劳务后，应在货物报关出口之日次月起至次年 4 月 30 日前的各增值税纳税申报期内收齐有关凭证，向主管税务机关申请办理免抵退税申报业务。

出口货物劳务的出口日期，按以下原则确定：属于向海关报关出口的货物劳务，以出口货物报关单信息上注明的出口日期为准；属于非报关出口销售的货物以出口发票或普通发票的开具时间为准；属于保税区内出口企业或其他单位出口的货物以及经保税区出口的货物，以货物离境时海关出具的出境货物备案清单上注明的出口日期为准。

纳税人出口货物劳务适用免抵退税办法的，可以在同一申报期内，既申报免抵退税又申请办理留抵退税。当期可申报免抵退税的出口销售额为零的，应办理免抵退税零申报。纳税人既申报免抵退税又申请办理留抵退税的，税务机关应先办理免抵退税。

2. 出口货物免抵退税申报。出口货物免抵退税申报是指生产企业以自营出口或委托出口方式销售给境外单位或个人的货物，在海关报关并实际离境后于规定申报期限内向主管税务机关提交免抵退税申报。

出口货物免抵退税申报业务中的出口货物除指生产企业常规性出口货物外，还包括视同自产货物、先退税后核销出口货物、经保税区仓储企业出口货物、适用启运港退税政策出口货物、边境贸易人民币结算出口货物。

3. 视同出口货物免抵退税申报。视同出口货物免抵退税申报的货物范围包括：销售到特殊区域货物、进入列名出口监管仓库的国内货物、对外承包工程的出口货物、境外投资的出口货物、中标机电产品、海洋工程结构物产品、销售给国际航班的航空食品、销售到特殊区域的列明原材料等。

4. 对外提供加工修理修配劳务免抵退税申报。对外提供加工修理修配劳务免抵退税申报是指出口企业对进境复出口货物或从事国际运输的运输工具进行的加工修理修配业务在规定申报期限内向主管税务机关提交免抵退税申报。对外提供加工修理修配劳务业务类型包括：修理修配船舶、飞机，其他进境复出口货物以及航线维护（航次维修）。

【知识点3】增值税零税率应税服务免抵退税申报

1. 增值税零税率应税服务免抵退税申报事项是指实行免抵退税办法的出口企业向境外单位提供增值税零税率应税服务后，向主管税务机关申请办理免抵退税申报业务。

2. 适用免抵退税办法的出口企业提供增值税零税率跨境应税服务的，收齐有关凭证后，应在财务作销售收入次月起至次年4月30日前的各增值税纳税申报期内向主管税务机关申报退（免）税。

3. 纳税人发生跨境应税行为，适用免抵退税办法的，可以在同一申报期内，既申报免抵退税又申请办理留抵退税。当期可申报免抵退税的出口销售额为零的，应办理免抵退税零申报。纳税人既申报免抵退税又申请办理留抵退税的，税务机关应先办理免抵退税。

【知识点4】出口货物劳务免退税申报

1. 出口货物劳务免退税申报事项包括出口货物免退税申报、视同出口货物免退税申报、对外加工修理修配劳务免退税申报。

一般纳税人转登记为小规模纳税人（以下称转登记纳税人）的，其在一般纳税人期间出口适用增值税退（免）税政策的货物劳务，继续按照现行规定申报和办理出口退（免）税相关事项。

实行免退税办法的出口企业出口货物劳务后，应在货物报关出口之日次月起至次年 4 月 30 日前的各增值税纳税申报期内收齐有关凭证，向主管税务机关办理出口货物增值税、消费税免退税申报。

出口货物劳务的出口日期，按以下原则确定：属于向海关报关出口的货物劳务，以出口货物报关单信息上注明的出口日期为准；属于非报关出口销售的货物以出口发票或普通发票的开具时间为准；属于保税区内出口企业或其他单位出口的货物以及经保税区出口的货物，以货物离境时海关出具的出境货物备案清单上注明的出口日期为准。

2. 出口货物免退税申报。出口货物免退税申报核准是指外贸企业以自营出口或委托出口方式销售给境外单位或个人的货物，在海关报关并实际离境后于规定申报期限内向主管税务机关提交免退税申报，税务机关按规定办理核准手续。

出口货物免退税申报核准业务中的出口货物除出口企业常规性出口货物外，还包括经保税区仓储企业出口货物、适用启运港退税政策出口货物、边境贸易人民币结算出口货物、跨境贸易人民币结算出口货物。

3. 视同出口货物免退税申报。视同出口货物免退税申报核准的货物范围包括：对外承包工程出口货物、销售给外轮、远洋国轮货物、境外实物投资出口货物、对外援助出口货物、中标机电产品、销售给特殊区域货物、进入列名出口监管仓库的国内货物、免税品经营企业运入海关监管仓库货物、上海虹桥、浦东机场海关隔离区内免税店销售货物、融资租赁货物、销售横琴、平潭企业的货物、境外带料加工装配业务的出口货物等。

4. 对外提供加工修理修配劳务免退税申报。对外提供加工修理修配劳务免退税申报是指出口企业对进境复出口货物或从事国际运输的运输工具进行的加工修理修配业务在规定申报期限内向主管税务机关提交免退税申报。对外提供加工修理修配劳务业务类型包括：修理修配船舶、其他进境复出口货物以及航线维护（航次维修）。

【知识点 5】增值税零税率应税服务免退税申报

1. 增值税零税率应税服务免退税申报事项是指实行免退税办法的出口企业外购零税率应税服务、无形资产出口或向境外单位提供增值税零税率应税服务后，向主管税务机关申请办理免退税申报业务。

2. 适用免退税办法的出口企业外购零税率应税服务、无形资产出口或提供增值税零税率跨境应税服务的，收齐有关凭证后，应在财务作销售收入次月起至次年 4 月 30 日前的各增值税纳税申报期内向主管税务机关申报退（免）税。

【知识点6】外贸综合服务企业代办退税申报

1. 外贸综合服务企业代办退税申报事项是指外贸综合服务企业符合商务部等部门规定的综服企业定义并向主管税务机关备案，且企业内部已建立较为完善的代办退税内部风险管控制度并已向主管税务机关备案的，可向外贸综合服务企业所在地主管税务机关集中代为办理国内生产企业出口退（免）税事项。

2. 外贸综合服务企业出口货物劳务后，应在货物报关出口之日次月起至次年 4 月 30 日前的各增值税纳税申报期内收齐有关凭证，向主管税务机关申请办理代办退税申报。外贸综合服务企业应参照外贸企业出口退税申报相关规定，向主管税务机关单独申报代办退税。

【知识点7】出口已使用过的设备免退税申报

1. 出口已使用过的设备免退税申报事项是指出口企业对出口的未计算抵扣进项税额的已使用过设备，向主管税务机关申请办理增值税免退税申报业务。

2. 已使用过的设备是指出口企业根据财务会计制度已经计提折旧的固定资产。已使用过的设备包括：出口企业出口的在 2008 年 12 月 31 日以前购进的设备、2009 年 1 月 1 日以后购进但按照有关规定不得抵扣进项税额的设备、非增值税纳税人购进的设备，以及营改增试点地区的出口企业出口在本企业试点以前购进的设备。

3. 出口企业和其他单位应在已使用过的设备报关出口之日次月起至次年 4 月 30 日前的各增值税纳税申报期内，向主管税务机关单独申报退税。

【知识点8】购进自用货物免退税申报

1. 购进自用货物免退税申报事项包括输入特殊区域内生产企业耗用的水、电、气免退税申报和研发机构采购国产设备免退税申报。

2. 享受购进自用货物免退税政策的出口企业，应在购进自用货物增值税专用发票的开具之日次月起至次年4月30日前的各增值税纳税申报期内向主管税务机关申请办理购进自用货物免退税的申报。

【知识点9】退税代理机构离境退税结算

1. 退税代理机构离境退税结算事项指境外旅客购物离境退税资金由退税代理机构向境外旅客垫付后，应于每月15日前，向主管税务机关申报上月境外旅客离境退税结算。

2. 退税代理机构首次向主管税务机关申报境外旅客离境退税结算时，应首先提交与省税务局签订的服务协议、《出口退（免）税备案表》进行备案。

【知识点10】生产企业进料加工业务免抵退税核销

1. 生产企业进料加工业务免抵退税核销事项是指生产企业应在本年度4月20日前，向主管税务机关申请办理上年度海关已核销的进料加工手（账）册项下的进料加工业务核销手续。

2. 生产企业申请核销前，应从主管税务机关获取海关联网监管加工贸易电子数据中的进料加工“电子账册（电子化手册）核销数据”以及进料加工业务的进、出口货物报关单数据作为申请核销的参考。

3. 生产企业在办理年度进料加工业务核销后，如认为《生产企业进料加工业务免抵退税核销表》中的“上年度已核销手（账）册综合实际分配率”与企业当年度实际情况差别较大的，可在向主管税务机关提供当年度预计的进料加工计划分配率及书面合理理由后，将预计的进料加工计划分配率作为该年度的计划分配率。

【知识点11】出口退（免）税延期申报

出口退（免）税延期申报事项是指出口货物劳务、发生增值税跨境应税行为的出口企业，因发生符合相关规定的原因无法在规定期限内申报的，在出口退（免）税申报期限截止之日前向负责管理出口退（免）税的主管税务机关提出延期申报申请。

三 出口退（免）税证明办理

【知识点1】出口退（免）税证明开具

1. 出口退（免）税证明开具事项包括：代理出口货物证明开具、代理进口货物证明开具、委托出口货物证明开具、出口货物退运已补税（未退税）证明开具、出口货物转内销证明开具及中标证明通知书开具。

2. 代理出口货物证明开具。受托方代理委托方企业出口业务后，需在自货物报关出口之日起至次年4月15日前向其主管税务机关申请开具《代理出口货物证明》，并及时转交给委托方。逾期的，受托方不得申报开具《代理出口货物证明》。代理出口业务如发生在受托方被停止出口退税权期间的，按规定不予出具证明。

3. 代理进口货物证明开具。以双委托方式（生产企业进口料件、出口成品均委托出口企业办理）从事的进料加工业务，委托进口加工贸易料件，受托进口企业及时向其主管税务机关申请开具《代理进口货物证明》，并及时转交给委托方，委托方据此向其主管税务机关申请办理退（免）税相关业务。

4. 委托出口货物证明开具。委托出口货物属于国家取消出口退税的，委托方应自货物报关出口之日起至次年3月15日前，凭委托代理出口协议（复印件）向主管税务机关申请开具《委托出口货物证明》，对于委托出口货物不属于国家取消出口退税的，税务机关不予办理。

5. 出口货物退运已补税（未退税）证明开具。出口货物报关离境、发生退运、且海关已签发出口货物报关单（出口退税专用）的，出口企业应先向主管税务机关申请开具《出口货物退运已补税（未退税）证明》，并携其到海关申请办理退运手续。委托出口的货物发生退运的，应由委托方向主管税务机关申请开具《出口货物退运已补税（未退税）证明》转交受托方，受托方凭该证明向主管税务机关申请开具《出口货物退运已补税（未退税）证明》。

6. 出口货物转内销证明开具。外贸企业发生原记入出口库存账的出口货物转内销或视同内销征税的，以及已申报退（免）税的出口货物发生退运并转内销的，外贸企业应于发生内销或视同内销的当月向主管税务机关申请开具《出口货物转内销证明》，并在取得出口货物转内销证明的下一个增值税纳税申报期内作为进项税额的抵扣凭证使用。

原执行免退税办法的企业，在批准变更次月的增值税纳税申报期内可将原计入出口库存账的且未申报免退税的出口货物向主管税务机关申请开具《出口转内销证明》。

7. 中标证明通知书开具。利用外国政府贷款或国际金融组织贷款建设的项目，招标机构需在中标企业签订的供货合同生效后，向其所在地主管税务机关申请办理《中标证明通知书》。《中标证明通知书》是中标企业主管税务机关对中标企业销售中标机电产品申请退（免）税业务的审核内容之一。不属于规定范围的贷款机构和中标机电产品，不予办理。

【知识点2】来料加工免税证明及核销办理

1. 来料加工免税证明及核销办理事项是指从事来料加工业务的出口企业针对其来料加工出口货物，向主管税务机关申请办理来料加工免税证明及核销业务。

2. 出口企业应在加工费的普通发票开具之日起至次月的增值税纳税申报期内，向主管税务机关退税部门申请出具《来料加工免税证明》，并将其转交给加工企业，加工企业持此证明向主管税务机关申报办理加工费的增值税、消费税免税手续。

出口企业在申请开具《来料加工免税证明》时，如提供的加工费增值税普通发票不是由加工贸易手（账）册上注明的加工单位开具的，主管税务机关应要求出口企业提供书面说明理由及主管海关出具的书面证明，否则不得申请开具《来料加工免税证明》，相应的加工费不得申报免税。

3. 出口企业应当在海关办结核销手续的次年5月15日前，向主管税务机关办理来料加工出口货物免税核销手续。未按规定办理来料加工出口货物免税核销手续或者不符合办理免税核销规定的，委托方应按规定补缴增值税、消费税。

【知识点3】出口卷烟相关证明及免税核销办理

1. 出口卷烟相关证明及免税核销办理事项包括准予免税购进出口卷烟证

明开具、出口卷烟已免税证明开具和出口卷烟免税核销管理。

2. 准予免税购进出口卷烟证明开具。卷烟出口企业向卷烟生产企业购进卷烟时，应先在免税出口卷烟计划内向主管税务机关申请开具《准予免税购进出口卷烟证明》，然后将其《准予免税购进出口卷烟证明》转交给卷烟生产企业，卷烟生产企业据此向主管税务机关申报办理免税手续。

3. 出口卷烟已免税证明开具。已准予免税购进的卷烟，卷烟生产企业需以不含消费税、增值税的价格销售给出口企业，并向主管税务机关报送《出口卷烟已免税证明申请表》。卷烟生产企业的主管税务机关核准免税后，出具《出口卷烟已免税证明》，并直接寄送卷烟出口企业主管税务机关。

4. 出口卷烟免税核销管理。卷烟出口企业（包括购进免税卷烟出口的企业、直接出口自产卷烟的生产企业、委托出口自产卷烟的生产企业）应在免税卷烟报关出口之日次月起至次年 4 月 30 日前的各增值税纳税申报期内，向主管税务机关办理出口卷烟的免税核销手续。

【知识点 4】补办出口退（免）税证明

补办出口退（免）税证明事项是指出口企业或其他单位丢失出口退税有关证明的，可以向原出具证明的税务机关提出书面申请补办。

【知识点 5】作废出口退（免）税证明

作废出口退（免）税证明事项是指出口企业或其他单位需作废出口退税有关证明的，可向原出具证明的税务机关申请作废已出具证明。

【知识点 6】出口货物劳务专用税收票证开具

1. 出口货物劳务专用税收票证开具事项是指纳税人向税务机关申请开具专门用于纳税人缴纳出口货物劳务增值税、消费税或者证明该纳税人再销售给其他出口企业的货物已缴纳增值税、消费税的纸质税收票证。具体票证包括：

2. 《税收缴款书（出口货物劳务专用）》开具。由税务机关开具，专门用于纳税人缴纳出口货物劳务增值税、消费税时使用的纸质税收票证。纳税人以银行经收方式，税务收现方式，或者通过横向联网电子缴税系统缴纳出口货物劳务增值税、消费税时，均使用本缴款书。

3.《出口货物完税分割单》开具。已经缴纳出口货物增值税、消费税的纳税人将购进货物再销售给其他出口企业时，为证明所售货物完税情况，便于其他出口企业办理出口退税，到税务机关换开的纸质税收票证。

四 出口退（免）税分类管理评定

【知识点】出口退（免）税分类管理评定申请

出口退（免）税分类管理评定申请事项是指符合一类出口企业评定条件的纳税人，应于企业纳税信用级别评价结果确定的当月向主管税务机关报送相关资料申请评定为一类出口企业；出口企业因纳税信用级别、海关企业信用管理类别、外汇管理的分类管理等级等发生变化，或者对分类管理类别评定结果有异议的，可以书面向负责评定出口企业管理类别的税务机关提出重新评定出口退（免）税分类管理类别。

>> 第二节 国际税收

一 涉税情况报告

【知识点 1】境内机构和个人发包工程作业或劳务项目备案

境内机构和个人向非居民发包工程作业或劳务项目的，应当自项目合同签订之日起 30 日内，向主管税务机关办理合同备案或劳务项目报告。

境内机构和个人发包工程作业或劳务项目变更的，应于项目合同变更之日起 10 日内，向主管税务机关办理变更报告。

【知识点 2】服务贸易等项目对外支付税务备案

境内机构和个人向境外单笔支付等值 5 万美元以上（不含等值 5 万美元，下同）符合条件的，应向所在地主管税务机关进行税务备案。

外国投资者以境内直接投资合法所得在境内再投资单笔 5 万美元以上的，按照本事项进行税务备案。

【知识点 3】同期资料报告

企业应当依据《中华人民共和国企业所得税法实施条例》第一百一十四条的规定，按纳税年度准备并按税务机关要求提供其关联交易的同期资料。同期资料包括主体文档、本地文档和特殊事项文档。特殊事项文档包括成本分摊协议特殊事项文档和资本弱化特殊事项文档。

【知识点 4】非居民企业间接转让财产事项报告

非居民企业发生间接转让中国应税财产的，交易双方以及被间接转让股权的中国居民企业可以向主管税务机关报告股权转让事项。

【知识点 5】非居民企业股权转让适用特殊性税务处理的备案

非居民企业股权转让选择特殊性税务处理的，应于股权转让合同或协议生效且完成工商变更登记手续 30 日内进行备案。

【知识点 6】境外注册中资控股企业居民身份认定申请

境外注册中资控股企业符合居民企业认定条件的，应向其中国境内主要投资者登记注册地主管税务机关提出居民企业认定申请。

二 涉税申报

【知识点 1】扣缴企业所得税报告

扣缴义务人应当自扣缴义务发生之日起 7 日内向扣缴义务人所在地主管税务机关申报和解缴代扣税款。

【知识点 2】非居民企业企业所得税预缴申报

依照外国（地区）法律成立且实际管理机构不在中国境内，但在中国境内设立机构、场所的非居民企业，在季度终了后 15 日内，向税务机关申报预缴企业所得税。

【知识点3】非居民企业企业所得税年度申报

依照外国（地区）法律成立且实际管理机构不在中国境内，但在中国境内设立机构、场所的非居民企业，应当自年度终了之日起5个月内，向税务机关报送年度企业所得税纳税申报表，并汇算清缴，结清应缴应退税款；在年度中间终止经营活动的，应当自实际经营终止之日起60日内，向税务机关办理当期企业所得税汇算清缴。

【知识点4】关联业务往来年度报告申报

1. 实行查账征收的居民企业和在中国境内设立机构、场所并据实申报缴纳企业所得税的非居民企业，向税务机关报送年度企业所得税纳税申报表时，应当就其与关联方之间的业务往来进行关联申报。

2. 与关联方签订（变更）成本分摊协议的企业应自与签订（变更）之日起30日内，向主管税务机关报送成本分摊协议副本，并在年度企业所得税纳税申报时，进行关联申报。

三 税收优惠

【知识点】非居民纳税人申报享受税收协定待遇

1. 在中国发生纳税义务的非居民纳税人自行判断符合享受协定待遇条件的，可在纳税申报时，或通过扣缴义务人在扣缴申报时，自行享受协定待遇，同时按规定归集和留存相关资料备查，并接受税务机关后续管理。

2. 非居民纳税人享受协定待遇，采取“自行判断、申报享受、相关资料留存备查”的方式办理。非居民纳税人自行判断符合享受协定待遇条件的，可在纳税申报时，或通过扣缴义务人在扣缴申报时，自行享受协定待遇，同时按规定归集和留存相关资料备查，并接受税务机关后续管理。

3. 上述所称“协定”包括税收协定和国际运输协定。国际运输协定包括中华人民共和国政府签署的航空协定、海运协定、道路运输协定、汽车运输协定、互免国际运输收入税收协议或换函以及其他关于国际运输的协定。

4. 上述所称“协定待遇”，是指按照协定可以减轻或者免除按照国内税收法律规定应当履行的企业所得税、个人所得税纳税义务。

5. 上述所称“扣缴义务人”，是指按国内税收法律规定，对非居民纳税人来源于中国境内的所得负有扣缴税款义务的单位或个人，包括法定扣缴义务人和企业所得税法规定的指定扣缴义务人。

6. 非居民纳税人需要享受内地与香港、澳门特别行政区签署的避免双重征税安排待遇的，按照上述规定执行。

四 国际税收证明开具

【知识点】中国税收居民身份证明的开具

企业或个人（以下称申请人）为享受中国政府与其他国家政府签署的税收协定，内地与香港、澳门签署的税收安排以及大陆与台湾签署的税收协议，航空协定税收条款，海运协定税收条款，汽车运输协定税收条款，互免国际运输收入税收协议或者换函的协定待遇，就其构成中国税收居民身份的任一公历年度向主管税务机关申请开具《中国税收居民身份证明》。

五 预约定价安排

【知识点】预约定价安排谈签与执行

预约定价安排的谈签与执行通常经过预备会谈、谈签意向、分析评估、正式申请、协商签署和监控执行6个阶段，包括单边、双边和多边3种类型。预约定价安排一般适用于主管税务机关向企业送达接收其谈签意向的《税务事项通知书》之日所属纳税年度前3个年度每年度发生的关联交易金额4000万元人民币以上的企业。

六 相互协商程序

【知识点1】中国居民（国民）申请启动税务相互协商程序

1. 中国居民（国民）认为缔约对方所采取的措施已经或将会导致不符合

中国政府与其他国家政府签订的避免双重征税协定或内地与香港、澳门签订的避免双重征税安排所规定的征税行为的（不含特别纳税调整事项），可以向税务机关提出申请启动相互协商程序。

2. 境外税务当局拒绝给予非境内注册居民企业税收协定待遇，或者将其认定为所在国家（地区）税收居民的，该企业可向税务机关申请启动税务相互协商程序。

【知识点2】特别纳税调整相互协商程序

1. 根据中国政府与其他国家政府签订的避免双重征税协定，内地与香港、澳门签订的避免双重征税安排的有关规定，国家税务总局可以依据企业申请或者税收协定缔约对方税务主管当局请求启动相互协商程序，与税收协定缔约对方税务主管当局开展协商谈判，避免或者消除由特别纳税调整事项引起的国际重复征税。

2. 相互协商内容包括：

（1）双边或者多边预约定价安排的谈签；

（2）税收协定缔约一方实施特别纳税调查调整引起另一方相应调整的协商谈判。

>> 习题演练

一 单项选择题

1. 对跨境电子商务综合试验区内电子商务出口企业出口未取得有效进货凭证的货物，同时符合规定条件的，试行增值税政策为（　　）。

A. 征税　　B. 免税　　C. 免退税　　D. 免抵退税

【参考答案】B

【答案解析】根据《财政部　税务总局　商务部　海关总署关于跨境电子商务综合试验区零售出口货物税收政策的通知》（财税〔2018〕103 号），对综试区电子商务出口企业出口未取得有效进货凭证的货物，同时符合规定条件的，试行增值税、消费税免税政策。

2. 受托方代理委托方企业出口业务后，须在自货物报关出口之日起至次年（　　）前申请开具《代理出口货物证明》，主管税务机关按规定为其开具。

A. 1 月 15 日　　B. 2 月 15 日　　C. 3 月 15 日　　D. 4 月 15 日

【参考答案】D

【答案解析】根据《全国税务机关纳税服务规范（3.0 版）》，委托出口的货物，受托方须自货物报关出口之日起至次年 4 月 15 日前，向主管税务机关申请开具《代理出口货物证明》，并将其及时转交委托方，逾期的，受托方不得申报开具《代理出口货物证明》。

3. 自 2020 年 1 月 1 日起，享受税收协定待遇的非居民企业，可在纳税申报时，或通过扣缴义务人在扣缴申报时，按规定将相关资料报送税务机关，自行享受协定待遇，并接受税务机关的后续管理，以下属于提交的内容的是（　　）。

A.《非居民纳税人税收居民身份信息报告表》

B.《非居民纳税人享受协定待遇信息报告表》

C. 由协定缔约对方税务主管当局在纳税申报或扣缴申报前一个公历年度开始以后出具的税收居民身份证明

D.《非居民企业股权转让适用特殊性税务处理备案表》

【参考答案】B

【答案解析】根据《非居民纳税人享受协定待遇管理办法》（国家税务总局公告 2019 年第 35 号），非居民纳税人需享受协定待遇的，非居民纳税人自行申报的，自行判断符合享受协定待遇条件且需要享受协定待遇，应在申报时报送《非居民纳税人享受协定待遇信息报告表》，并归集以下留留存备查资料：

（1）由协定缔约对方税务主管当局开具的证明非居民纳税人取得所得的当年度或上一年度税收居民身份的税收居民身份证明；享受税收协定国际运输条款或国际运输协定待遇的，可用能够证明符合协定规定身份的证明代替税收居民身份证明；

（2）与取得相关所得有关的合同、协议、董事会或股东会决议、支付凭证等权属证明资料；

（3）享受股息、利息、特许权使用费条款协定待遇的，应留存证明“受益所有人”身份的相关资料；

（4）非居民纳税人认为能够证明其符合享受协定待遇条件的其他资料。

4. 同期资料应当自税务机关要求的准备完毕之日起保存（　　）年。

A. 3　　B. 5　　C. 7　　D. 10

【参考答案】D

【答案解析】根据《全国税务机关纳税服务规范（3.0 版）》，同期资料应当自税务机关要求的准备完毕之日起保存 10 年。

二 多项选择题

1. 下列属于生产企业被评定为一类出口企业应符合的条件的有（　　）。

A. 企业的生产能力与上一年度申报出口退（免）税规模相匹配

B. 上一年度的年末净资产大于上一年度该企业已办理的出口退税额（不含免抵税额）的 60%

C. 评定时纳税信用级别为 A 级或 B 级

D. 企业内部建立了较为完善的出口退（免）税风险控制体系

【参考答案】ABCD

【答案解析】根据《出口退（免）税企业分类管理办法》，生产企业应同时符合下列条件：①企业的生产能力与上一年度申报出口退（免）税规模相匹配；②近 3 年（含评定当年，下同）未发生过虚开增值税专用发票或者其他增值税扣税凭证、骗取出口退税行为；③上一年度的年末净资产大于上一年度该企业已办理的出口退税额（不含免抵税额）的 60%；④评定时纳税信用级别为 A 级或 B 级；⑤企业内部建立了较为完善的出口退（免）税风险控制体系。

2. 预约定价安排谈签时，有下列（　　）情形之一的，税务机关可以拒绝企业提交正式申请。

A. 预备会谈阶段税务机关和企业无法达成一致意见

B. 预约定价安排申请草案拟采用的定价原则和计算方法不合理，且企业拒绝协商调整

C. 企业拒不提供有关资料或者提供的资料不符合税务机关要求，且不按时补正或者更正

D. 企业拒不配合税务机关进行功能和风险实地访谈

【参考答案】BCD

【答案解析】根据《国家税务总局关于完善预约定价安排管理有关事项的公告》（国家税务总局公告 2016 年第 64 号），有下列情形之一的，税务机关可以拒绝企业提交正式申请：

（1）预约定价安排申请草案拟采用的定价原则和计算方法不合理，且企业拒绝协商调整；

（2）企业拒不提供有关资料或者提供的资料不符合税务机关要求，且不按时补正或者更正；

（3）企业拒不配合税务机关进行功能和风险实地访谈；

（4）其他不适合谈签预约定价安排的情况。

3. 境外中资企业居民身份的认定，采用（　　）和（　　）两种认定形式。

A. 企业自行判定提请税务机关认定

B. 企业自行备案

C. 税务机关调查发现予以认定

D. 省级税务机关判别

【参考答案】AC

【答案解析】根据《境外注册中资控股居民企业所得税管理办法（试行）》（国家税务总局公告 2011 年第 45 号）规定，境外中资企业居民身份的认定，采用企业自行判定提请税务机关认定和税务机关调查发现予以认定两种形式。

三 判断题

1. 纳税人出口货物劳务、发生跨境应税行为，适用免抵退税办法的，在同一申报期内，不能既申报免抵退税又申请办理留抵退税。（　　）

【参考答案】错误

【答案解析】根据《国家税务总局关于办理增值税期末留抵税额退税有关事项的公告》（国家税务总局 2019 年第 20 号）规定，纳税人出口货物劳务、发生跨境应税行为，适用免抵退税办法的，可以在同一申报期内，既申报免抵退税又申请办理留抵退税。

2. 企业因不可抗力无法按期提供同期资料的，应当在不可抗力消除后 60 日内提供同期资料。（　　）

【参考答案】错误

【答案解析】根据《国家税务总局关于完善关联申报和同期资料管理有关事项的公告》（国家税务总局公告 2016 年第 42 号）规定，企业因不可抗力无法按期提供同期资料的，应当在不可抗力消除后 30 日内提供同期资料。

3. 出口企业和其他单位申报出口退（免）税时，需进行退（免）税预申报。主管税务机关确认申报凭证的内容与对应的管理部门电子信息无误后方可受理出口退（免）税申报。（　　）

【参考答案】错误

【答案解析】根据《全国税务机关纳税服务规范（3.0 版）》规定，出口企业和其他单位申报出口退（免）税时，不再进行退（免）税预申报。主管税务机关确认申报凭证的内容与对应的管理部门电子信息无误后方可受理出口退（免）税申报。

>> 文件依据

1. 《国家税务总局关于发布〈出口货物劳务增值税和消费税管理办法〉的公告》（国家税务总局公告 2012 年第 24 号）

2. 《财政部　国家税务总局关于出口货物增值税和消费税政策的通知》（财税〔2012〕39 号）

3. 《国家税务总局关于〈出口货物劳务增值税和消费税管理办法〉有关问题的公告》（国家税务总局公告 2013 年第 12 号）

4. 《国家税务总局关于发布〈特别纳税调查调整及相互协商程序管理办法〉的公告》（国家税务总局公告 2017 年第 6 号）

5.《国家税务总局关于完善预约定价安排管理有关事项的公告》(国家税务总局公告 2016 年第 64 号发布，国家税务总局公告 2018 年第 31 号修改)

6.《国家税务总局关于下发〈全国税务机关出口退（免）税管理工作(2.0 版)〉的通知》(税总发〔2018〕48 号)

7.《国家税务总局关于调整〈中国税收居民身份证明〉有关事项的公告》(国家税务总局公告 2019 年第 17 号)

8.《国家税务总局关于发布〈非居民纳税人享受税收协定待遇管理办法〉的公告》(国家税务总局公告 2019 年第 35 号)

第七章 证明办理

>> 知识架构

- 证明办理
  - 开具税收完税证明
    - 完税证明开具概述　1个知识点
    - 完税证明开具相关要求　1个知识点
  - 开具个人所得税纳税记录
    - 个人所得税纳税记录开具概述　1个知识点
    - 个人所得税纳税记录开具相关要求　1个知识点
  - 转开印花税票销售凭证
    - 转开印花税票销售凭证概述　1个知识点
    - 转开印花税票销售凭证相关要求　1个知识点

>> 第一节 开具税收完税证明

一 完税证明开具概述

【知识点】符合申请开具税收完税证明的情形

税收完税证明是税务机关为证明纳税人已经缴纳税款或者已经退还纳税人税款而开具的凭证。纳税人符合条件的，可以向税务机关申请开具税收完税证明。

纳税人符合下列情形之一的，可以申请开具税收完税证明：

（1）通过横向联网电子缴税系统划缴税款到国库（经收处）后或收到从国库退还的税款后，当场或事后需要取得税收票证的。

（2）扣缴义务人代扣、代收税款后，已经向纳税人开具税法规定或国家税务总局认可的记载完税情况的其他凭证，纳税人需要换开正式完税凭证的。

（3）纳税人遗失已完税的各种税收票证（《出口货物完税分割单》、印花税票和《印花税票销售凭证》除外)，需要重新开具的。

(4) 对纳税人特定期间完税情况出具证明的。

(5) 国家税务总局规定的其他需要为纳税人开具完税凭证情形。

税收完税证明分为表格式和文书式两种。第(1)项、第(2)项、第(3)项以及第(5)项开具的税收完税证明为表格式；第(4)项规定开具的税收完税证明为文书式，文书式税收完税证明不得作为纳税人的记账或抵扣凭证。

第(2)项所称扣缴义务人已经向纳税人开具的税法规定和第(5)项国家税务总局认可的记载完税情况的其他凭证，是指记载车船税完税情况的交强险保单、记载储蓄存款利息所得税完税情况的利息清单等税法或国家税务总局认可的能够作为已完税情况证明的凭证。

第(4)项所称“对纳税人特定期间完税情况出具证明”，是指税务机关为纳税人连续期间的纳税情况汇总开具完税证明的情形。

二 完税证明开具相关要求

【知识点】完税证明开具相关要求

1. 个人所得税纳税人就税款所属期为2019年1月1日(含)以后缴(退)税情况申请开具证明的，税务机关为其开具个人所得税《纳税记录》，不再开具税收完税证明(文书式)。

2. 纳税人遗失《出口货物完税分割单》、印花税票和《印花税票销售凭证》，不能重新开具。

3. 扣缴义务人未按规定为纳税人开具税收票证的，税务机关核实税款缴纳情况后，应当为纳税人开具税收完税证明(表格式)。

4. 纳税人提供加盖开具单位的相关业务章戳并已注明扣收税款信息的“成交过户交割凭单”或“过户登记确认书”，可以向证券交易场所和证券登记结算机构所在地的主管税务机关申请出具《税收完税证明》。

>> 第二节 开具个人所得税纳税记录

一 个人所得税纳税记录开具概述

【知识点】符合申请开具个人所得税纳税记录的情形

纳税人 2019 年 1 月 1 日以后取得个人所得税应税所得并由扣缴义务人向税务机关办理了全员全额扣缴申报，或根据税法规定自行向税务机关办理纳税申报的，不论是否实际缴纳税款，均可以申请开具个人所得税《纳税记录》。

二 个人所得税纳税记录开具相关要求

【知识点】个人所得税纳税记录开具相关要求

1. 个人所得税税款所属期为 2019 年 1 月 1 日（含）以后的，税务机关开具个人所得税《纳税记录》；税款所属期为 2018 年 12 月 31 日（含）以前的，税务机关开具个人所得税《税收完税证明》（文书式）。

2. 个人所得税《纳税记录》涉及纳税人敏感信息，纳税人需妥善保存。

3. 纳税人对个人所得税《纳税记录》存在异议的，可以向该项记录中列明的税务机关申请核实。

4. 税务机关提供两种个人所得税《纳税记录》验证服务。一是通过手机 APP 扫描个人所得税《纳税记录》中的二维码进行验证；二是通过自然人税收管理系统输入个人所得税《纳税记录》中的验证码进行验证。

5. 个人所得税《纳税记录》因不同打印设备造成的色差，不影响使用效力。

6. 个人所得税《纳税记录》不作纳税人记账、抵扣凭证。

>> 第三节 转开印花税票销售凭证

一 转开印花税票销售凭证概述

【知识点】符合转开印花税票销售凭证的情形

纳税人通过横向联网方式完成印花税款的缴纳或退还后，向主管税务机关申请开具《中华人民共和国印花税票销售凭证》（证明凭证）。

二 转开印花税票销售凭证相关要求

【知识点】转开印花税票销售凭证相关要求

税务机关、代售人销售印花税票应当同时开具《印花税票销售凭证》；税务机关印花税票销售人员、代售人向税收票证管理人员办理票款结报缴销时，应当持《印花税票销售凭证》一并办理。

>> 习题演练

一 单项选择题

1. 以下纳税人当中，可以申请开具税收完税证明的是（　　）。

A. 纳税人要求税务机关开具2018年全年自身纳税情况的

B. 纳税人遗失已完税的《出口货物完税分割单》，申请重新开具的

C. 纳税人损毁印花税票后，申请重新开具的

D. 纳税人遗失《印花税票销售凭证》后，申请重新开具的

【参考答案】A

【答案解析】根据《全国税务机关纳税服务规范（3.0 版）》当中“开具税收完税证明”中“（3）纳税人遗失已完税的各种税收票证（《出口货物完税分割单》、印花税票和《印花税票销售凭证》除外），需要重新开具的。”的相关规定。选项 B、C、D 均不可以申请重新开具。

2. 以下完税凭证当中，其具体形式与相应完税凭证分类一致的是（　　）。

A. 纳税人在取得扣缴义务人开具的记载完税情况的凭证后，要求税务机关换开文书的完税凭证

B. 纳税人通过横向联网电子缴税系统划缴税款到国库后或收到从国库退还的税款后，事后需要税务机关开具文书式的税收票证

C. 纳税人在取得各期完税凭证后，又向税务机关提出出具记载当年完税情况的文书式税收完税证明

D. 扣缴义务人未按规定为纳税人开具税收票证的，纳税人要求税务机关为其开具文书式的税收完税证明

【参考答案】C

【答案解析】扣缴义务人代扣、代收税款后，已经向纳税人开具税法规定或国家税务总局认可的记载完税情况的其他凭证，纳税人需要换开正式完税凭证的，应当为表格式的完税凭证，故选项 A 错误。

纳税人通过横向联网电子缴税系统划缴税款到国库（经收处）后或收到从国库退还的税款后，当场或事后需要取得税收票证的，应当为表格式的完税凭证。故选项 B 错误。

扣缴义务人未按规定为纳税人开具税收票证的，税务机关核实税款缴纳情况后，应当为纳税人开具税收完税证明（表格式），故选项 D 错误。

3. 按照相关规定，从 2019 年 1 月 1 日起，以下税收票证不再作为税收票证管理的是（　　）。

A. 《税收完税证明》（表格式）

B. 《税收完税证明》（文书式）

C. 《税收缴款书（税务收现专用）》

D. 《税收缴款书（银行经收专用）》

【参考答案】B

【答案解析】根据《国家税务总局关于调整部分税收票证管理工作有关事

项的通知》（税总函〔2018〕552 号）规定，《税收完税证明》（文书式）不再作为税收票证管理。

4. 某企业在对单位员工代扣代缴个人所得税之后，未为纳税人开具税收票证，其主管税务机关核实税款缴纳情况后，应当为纳税人开具（　　）。

A. 税收完税证明（表格式）　　B. 税收完税证明（文书式）

C. 税收完税证明（扣缴证明）　　D. 税收缴款书

【参考答案】A

【答案解析】根据《全国税务机关纳税服务规范（3.0 版）》，开具税收完税证明事项的纳税人注意事项：扣缴义务人未按规定为纳税人开具税收票证的，税务机关核实税款缴纳情况后，应当为纳税人开具税收完税证明（表格式）。

5. 李先生任职于 A 市，居住于 B 市。某日，其在 C 市出差时，向当地税务机关申请出具其个人所得税《纳税记录》，在取得《纳税记录》后，其对相关记录有异议。此时以下税务机关当中，要先生应当向其核实的是（　　）。

A. A 市税务机关　　B. B 市税务机关

C. C 市税务机关　　D. 具体异议记录的税务机关

【参考答案】D

【答案解析】根据《全国税务机关纳税服务规范（3.0 版）》，开具税收完税证明事项的纳税人注意事项：纳税人对个人所得税《纳税记录》存在异议的，可以向该项记录中列明的税务机关申请核实。

6. 下列开具税收完税证明的情况，需要报送的办理材料不正确的是（　　）。

A. 纳税人提供的各项资料为复印件的，一定要在复印件上注明“与原件一致”并签章

B. 纳税人使用符合电子签名法规定条件的电子签名，与手写签名或者盖章具有同等法律效力

C. 证券交易场所和证券登记结算机构扣缴证券交易印花税后，需要换开税收完税证明的，报送已注明扣收税款信息的“成交过户交割凭单”或“过户登记确认书”

D. 通过保险机构缴纳车船税后，需要换开税收完税证明的，报送记载车船税完税情况的“交强险”保险单复印件

【参考答案】C

【答案解析】根据《国家税务总局关于证券交易印花税完税凭证有关问题的公告》（国家税务总局公告 2014 年第 60 号）规定，证券交易场所和证券登记结算机构扣缴证券交易印花税，应当在证券公司给参与集中交易的投资者开具的“成交过户交割凭单”、证券登记结算机构或证券公司给办理非集中交易过户登记的投资者开具的“过户登记确认书”中注明应予扣收税款的计税金额、税率和扣收税款的金额，交割单、确认书应加盖开具单位的相关业务章戳。

7. 税收票证管理人员向税务机关税收票证开具人员、扣缴义务人和代征代售人发放视同现金管理的税收票证时，应当拆包发放，并且一般不得超过（　　）的用量。

A. 5 个工作日　　B. 10 个工作日

C. 1 个月　　D. 3 个月

【参考答案】C

【答案解析】根据《税收票证管理办法》（国家税务总局令第 28 号）第三十条规定，税收票证管理人员向税务机关税收票证开具人员、扣缴义务人和代征代售人发放视同现金管理的税收票证时，应当拆包发放，并且一般不得超过一个月的用量。

8. 纳税人遗失已完税的以下凭证时，可以重新开具的是（　　）。

A.《出口货物完税分割单》　　B. 印花税票

C.《印花税票销售凭证》　　D. 税收完税证证明

【参考答案】D

【答案解析】根据《税收票证管理办法》（国家税务总局令第 28 号）第十七条规定，税收完税证明是税务机关为证明纳税人已经缴纳税款或者已经退还纳税人税款而开具的纸质税收票证。其适用范围是：（三）纳税人遗失已完税的各种税收票证（《出口货物完税分割单》、印花税票和《印花税票销售凭证》除外），需要重新开具的。

9. 纳税人通过横向联网方式完成印花税款的缴纳或退还后，向主管税务机关申请开具（　　）。

A. 税收完税证明（表格式）

B. 税收完税证明（文书式）

C. 印花税票

D.《中华人民共和国印花税票销售凭证》(证明凭证)

【参考答案】D

【答案解析】根据《全国税务机关纳税服务规范（3.0 版)》转开印花税票销售凭证事项的业务描述，纳税人通过横向联网方式完成印花税款的缴纳或退还后，向主管税务机关申请开具《中华人民共和国印花税票销售凭证》(证明凭证)。

10. 从 2019 年 1 月 1 日起《税收缴款书（税务收现专用)》不再印刷，由金税三期核心征管系统直接输出打印。按照这一规定，打印出来的票据应当为（　　）。

A. 税收缴款书（税务收现专用)

B. 非印刷税收票证

C. 通用税收缴款书

D. 标准型记账凭证

【参考答案】B

【答案解析】根据《国家税务总局关于调整部分税收票证管理工作有关事项的通知》(税总函〔2018〕552 号）规定，2019 年 1 月 1 日起，税务机关开具的《税收缴款书（税务收现专用)》(印有固定金额的除外）不再印刷，由金税三期核心征管系统直接输出打印。代征人仍向税务机关领用税总函〔2013〕339 号文件规定的印刷制式《税收缴款书（税务收现专用)》。

二 多项选择题

1. 按照内部控制专项制度的规定，以下选项当中，属于凭证管理风险内部控制的有（　　）等事项的工作风险以及由此产生的廉政风险。

A. 票证管理　　B. 发票管理　　C. 档案管理　　D. 证明管理

【参考答案】ABD

【答案解析】根据《国家税务总局关于印发〈税收法制工作风险内部控

制制度（试行）〉等8个内部控制专项制度的通知》（税总发〔2017〕57号）第二十二条规定，凭证管理风险内部控制的内容主要包括：票证管理、发票管理、证明管理等事项的工作风险以及由此产生的廉政风险。

2. 在以下选项当中，属于税收完税证明的作用的选项有（　　）。

A. 证明纳税人需要缴纳税款　　B. 证明纳税人已经缴纳税款

C. 说明需要退还纳税人税款　　D. 证明已经退还纳税人税款

【参考答案】BD

【答案解析】根据《全国税务机关纳税服务规范（3.0版）》，开具税收完税证明的业务描述为：税收完税证明是税务机关为证明纳税人已经缴纳税款或者已经退还纳税人税款而开具的凭证。纳税人符合条件的，可以向税务机关申请开具税收完税证明。

3. 在以下具体形式的表述当中，税收票证可以区分为（　　）。

A. 纸质形式　　B. 数据电文形式

C. 印刷形式　　D. 非印刷形式

【参考答案】AB

【答案解析】根据《税收票证管理办法》（国家税务总局令第28号）第三条规定，税收票证包括纸质形式和数据电文形式。数据电文税收票证是指通过横向联网电子缴税系统办理税款的征收缴库、退库时，向银行、国库发送的电子缴款、退款信息。

4. 以下纸质税收票证的各联次信息与其具体使用的表述当中，正确的有（　　）。

A. 收据联交纳税人作完税凭证

B. 收据联由税务机关、扣缴义务人、代征代售人留存

C. 报查联由税务机关、扣缴义务人、代征代售人留存

D. 报查联由税务机关做会计凭证或备查

【参考答案】AD

【答案解析】根据《税收票证管理办法》（国家税务总局令第28号）第七条规定，纸质税收票证的基本联次包括收据联、存根联、报查联。收据联交纳税人作完税凭证；存根联由税务机关、扣缴义务人、代征代售人留存；报查联由税务机关做会计凭证或备查。

5. 以下选项当中，属于税收完税证明适用范围的选项有（　　）。

A. 纳税人、扣缴义务人、代征代售人通过横向联网电子缴税系统划缴税款到国库（经收处）后或收到从国库退还的税款后，当场或事后需要取得税收票证的

B. 扣缴义务人代扣代收税款后，已经向纳税人开具税法规定或国家税务总局认可的记载完税情况的其他凭证，纳税人需要换开正式完税凭证的

C. 纳税人遗失已完税的《出口货物完税分割单》、印花税票和《印花税票销售凭证》，需要重新开具的

D. 对纳税人特定期间完税情况出具证明的

【参考答案】ABD

【答案解析】根据《税收票证管理办法》（国家税务总局令第 28 号）第十七条规定，纳税人遗失已完税的各种税收票证（《出口货物完税分割单》、印花税票和《印花税票销售凭证》除外），需要重新开具的，税务机关为其开具税收完税凭证。故选项 C 错误。

6. 以下对个人所得税《纳税记录》的使用用途的表述当中，正确的有（　　）。

A. 作为纳税人记账使用　　B. 作为纳税人抵扣凭证使用

C. 不得作为纳税人记账使用　　D. 作为证明已缴税款使用

【参考答案】CD

【答案解析】根据《全国税务机关纳税服务规范（3.0 版）》，开具个人所得税纳税记录当中，个人所得税《纳税记录》不作纳税人记账、抵扣凭证的相关规定。

三　判断题

1. 纳税人申请开具 2019 年第二季度个人所得税纳税情况，工作人员为其开具个人所得税《纳税记录》。（　　）

【参考答案】正确

【答案解析】个人所得税税款所属期为 2019 年 1 月 1 日（含）以后的，

税务机关开具个人所得税《纳税记录》；税款所属期为 2018 年 12 月 31 日（含）以前的，税务机关开具个人所得税《税收完税证明》（文书式）。因此本题正确。

2. 某公司员工在扣缴义务人代扣个人所得税税款并取得相应凭证后，不得再向税务机关申请开具完税凭证。 （ ）

【参考答案】错误

【答案解析】扣缴义务人代扣、代收税款后，已经向纳税人开具税法规定或国家税务总局认可的记载完税情况的其他凭证，纳税人需要换开正式完税凭证的，可以申请开具税收完税证明。因此本题错误。

3. 从 2019 年 1 月 1 日起，《税收完税证明》（文书式）不再作为税收票证管理，不再套印“国家税务总局税收票证监制章”，加盖的税务机关印章为票证专用章。 （ ）

【参考答案】错误

【答案解析】根据《国家税务总局关于明确〈税收完税证明〉（文书式）开具管理有关事项的通知》（税总函〔2018〕628 号）规定，自 2019 年 1 月 1 日起，《税收完税证明》不再作为税收票证管理，不再套印“国家税务总局税收票证监制章”，加盖的税务机关印章由“征税专用章”调整为“业务专用章”。

4. 纳税人 2019 年 1 月 1 日以后取得应税所得并由扣缴义务人向税务机关办理了全员全额扣缴申报，或根据税法规定自行向税务机关办理纳税申报的，只有实际缴纳税款，才可以申请开具《纳税记录》。 （ ）

【参考答案】错误

【答案解析】根据《国家税务总局关于将个人所得税〈税收完税证明〉（文书式）调整为〈纳税记录〉有关事项的公告》（国家税务总局公告 2018 年第 55 号）规定，纳税人 2019 年 1 月 1 日以后取得应税所得并由扣缴义务人向税务机关办理了全员全额扣缴申报，或根据税法规定自行向税务机关办理纳税申报的，不论是否实际缴纳税款，均可以申请开具《纳税记录》。

5. 个人所得税《纳税记录》因不同打印设备造成的色差，为避免影响使用效力，应重新打印直至清晰无色差。 （ ）

【参考答案】错误

【答案解析】根据《全国税务机关纳税服务规范（3.0版）》，开具个人所得税纳税记录事项的纳税人注意事项：个人所得税《纳税记录》因不同打印设备造成的色差，不影响使用效力。

>> 文件依据

1.《国家税务总局关于实施〈税收票证管理办法〉若干问题的公告》（国家税务总局公告2013年第34号）

2.《国家税务总局关于证券交易印花税完税凭证有关问题的公告》（国家税务总局公告2014年第60号）

3.《国家税务总局关于将个人所得税〈税收完税证明〉（文书式）调整为〈纳税记录〉有关事项的公告》（国家税务总局公告2018年第55号）

4.《国家税务总局关于明确税收完税证明（文书式）开具管理有关事项的通知》（税总函〔2018〕628号）

5.《国家税务总局关于公布取消一批税务证明事项以及废止和修改部分规章规范性文件的决定》（国家税务总局令第48号）

第八章 税务注销

>> 知识架构

- 税务注销
  - 清税申报与注销税务登记
    - 清税申报管理　3个知识点
    - 注销税务登记管理　1个知识点
  - 税务注销即时办理
    - 符合税务注销即时办理的情形　1个知识点
    - 免予办理清税证明的情形　1个知识点
    - 税务注销即时办结管理规定　1个知识点
  - 注销扣缴税款登记
    - 注销扣缴税款登记概述　1个知识点
    - 注销扣缴税款登记办理规定　1个知识点

>> 第一节 清税申报与注销税务登记

一 清税申报管理

【知识点 1】清税申报概述

已实行“一照一码”登记模式的纳税人及已实行“两证整合”登记模式的个体工商户向市场监督管理等部门申请办理注销登记前，须先向税务机关申报清税。清税完毕后，税务机关向纳税人出具《清税证明》，纳税人持《清税证明》到原登记机关办理注销。

【知识点 2】清税申报时限管理

查账征收两证整合个体工商户清税申报应当在 20 个工作日内办结。

定期定额个体工商户清税申报应当在 5 个工作日内办结。

税务机关在核查、检查过程中发现涉嫌偷、逃、骗、抗税或虚开发票的，或者需要进行纳税调整等情形的，办理时限中止。

适合即时办结条件的，按本章第二节相关规定办理。

【知识点3】清税申报办理

1. 经过实名信息验证的办税人员，不再提供登记证件、身份证件复印件、上级主管部门批复文件或董事会决议复印件、《项目完工证明》《验收证明》等相关文件复印件、《发票领用簿》等资料。

2. 向市场监管部门申请简易注销的纳税人，符合下列情形之一的，可免予到税务机关办理清税证明：

（1）未办理过涉税事宜的；

（2）办理过涉税事宜但未领用发票、无欠税（滞纳金）及罚款的。

3. 纳税人办理一照一码清税申报，应结清应纳税款、多退（免）税款、滞纳金和罚款，缴销发票和其他税务证件，其中：

（1）企业所得税纳税人办理一照一码清税申报，就其清算所得向税务机关申报并依法缴纳企业所得税。

（2）纳税人未办理土地增值税清算手续的，应在办理一照一码清税申报前进行土地增值税清算。

（3）出口企业应在结清出口退（免）税款后，办理一照一码清税申报。

4. 处于非正常状态纳税人在办理一照一码户清税申报前，需先解除非正常状态，补办申报纳税手续。

5. 被调查企业在税务机关实施特别纳税调查调整期间申请注销税务登记的，税务机关在调查结案前原则上不予办理注销手续。

6. 纳税人办理一照一码户清税申报，无需向税务机关提出终止银税三方（委托）划缴协议。税务机关办结一照一码户清税申报后，银税三方（委托）划缴协议自动终止。

7. 清税申报实行“一窗受理、内部流转、限时办结、窗口出件”的“套餐式”服务模式。

8. 处于非正常状态纳税人办理清税申报，符合以下情形的，税务机关可打印相应税种和相关附加的《批量零申报确认表》，经纳税人确认后，进行批量处理：

（1）非正常状态期间增值税、消费税和相关附加需补办的申报均为零申报的；

（2）非正常状态期间企业所得税月（季）度预缴需补办的申报均为零申报，且不存在弥补前期亏损情况的。

二 注销税务登记管理

【知识点】符合注销税务登记办理的情形

“一照一码”“两证整合”以外的纳税人发生以下情形的，向主管税务机关办理注销税务登记：

1. 因解散、破产、撤销等情形，依法终止纳税义务的；
2. 按规定不需要在市场监督管理机关或者其他机关办理注销登记的，但经有关机关批准或者宣告终止的；
3. 被市场监督管理机关吊销营业执照或者被其他机关予以撤销登记的；
4. 境外企业在中华人民共和国境内承包建筑、安装、装配、勘探工程和提供劳务，项目完工、离开中国的；
5. 外国企业常驻代表机构驻在期届满、提前终止业务活动的；
6. 非境内注册居民企业经国家税务总局确认终止居民身份的。

>> 第二节 税务注销即时办理

一 符合税务注销即时办理的情形

【知识点】符合税务注销即时办理的情形

未办理过涉税事宜的纳税人，主动到税务机关办理清税的，税务机关可根据纳税人提供的营业执照即时出具清税文书。

经人民法院裁定宣告破产，持人民法院终结破产程序裁定书，向税务机关申请办理税务注销的，税务机关即时出具清税文书。

符合下列条件的纳税人在办理税务注销时，税务机关提供即时办结服务，采取“承诺制”容缺办理，即时出具清税文书：

1. 办理过涉税事宜但未领用发票、无欠税（滞纳金）及罚款的纳税人，主动到税务机关办理清税的。

2. 未处于税务检查状态、无欠税（滞纳金）及罚款、已缴销发票及税控专用设备，且符合下列情形之一的：

（1）纳税信用级别为A级和B级的纳税人。

（2）控股母公司纳税信用级别为A级的M级纳税人。

（3）省级人民政府引进人才或经省级以上行业协会等机构认定的行业领军人才等创办的企业。

（4）未纳入纳税信用级别评价的定期定额个体工商户。

（5）未达到增值税纳税起征点的纳税人。

二 免予办理清税证明的情形

【知识点】免予办理清税证明的情形

向市场监管部门申请简易注销的纳税人，符合下列情形之一的，可免予到税务机关办理清税证明：

（1）未办理过涉税事宜的；

（2）办理过涉税事宜但未领用发票、无欠税（滞纳金）及罚款的。

三 税务注销即时办结管理规定

【知识点】税务注销即时办结办理规定

1. 对适用税务注销即办流程的纳税人，资料不齐的，税务机关可在纳税人作出承诺后，采取“承诺制”容缺办理，即时出具清税文书。纳税人应按承诺的时限补齐资料，并办结相关事项。若未履行承诺的，税务机关将对其法定代表人、财务负责人纳入纳税信用D级管理。

2. 纳税人申报办理税务注销前，应结清应纳税款、多退（免）税款、滞纳金和罚款，缴销发票和其他税务证件，其中：

（1）企业所得税纳税人在办理税务注销前，就其清算所得向税务机关申报并依法缴纳企业所得税。

（2）纳税人未办理土地增值税清算手续的，应在申报办理税务注销前进行土地增值税清算。

（3）出口企业应在结清出口退（免）税款后，申报办理税务注销。

3. 处于非正常状态纳税人在申报办理税务注销前，需先解除非正常状态，补办申报纳税手续。

4. 纳税人申报办理税务注销，无需向税务机关提出终止银税三方（委托）划缴协议。税务机关办结税务注销后，银税三方（委托）划缴协议自动终止。

>> 第三节 注销扣缴税款登记

一 注销扣缴税款登记概述

【知识点】注销扣缴税款登记概述

未办理信息报告的扣缴义务人发生解散、破产、撤销以及其他情形，依法终止扣缴义务的，或者已办理信息报告的扣缴义务人未发生解散、破产、撤销以及其他情形，未依法终止纳税义务，仅依法终止扣缴义务的，应当持有关证件和资料向税务机关申报办理注销扣缴税款登记。

二 注销扣缴税款登记办理规定

【知识点】注销扣缴税款登记办理规定

1. 经过实名信息验证的办税人员，不再提供登记证件、身份证件复印件等资料。

2. 已办理信息报告的扣缴义务人发生解散、破产、撤销以及其他情形，依法终止纳税义务的，申报办理税务注销时，不需单独提出申请，税务机关在办理税务注销的同时，注销扣缴税款登记。

>> 习题演练

一 单项选择题

1. 税务机关办理查账征收纳税人申请开具清税证明的时限是（　　）个工作日。

A. 20　　B. 7　　C. 10　　D. 15

【参考答案】A

【答案解析】根据《全国税务机关纳税服务规范（3.0版）》规定，查账征收两证整合个体工商户清税申报应当在20个工作日内办结。

2. 以下情形当中，不可以对开具清税证明的申请进行即时办结的是（　　）。

A. 纳税信用级别为A级和B级的纳税人。

B. 控股母公司纳税信用级别为A级的M级纳税人。

C. 未达到增值税纳税起征点的纳税人。

D. 处于非正常户状态的纳税人

【参考答案】D

【答案解析】根据《全国税务机关纳税服务规范（3.0版）》规定，符合条件的纳税人在办理税务注销时，税务机关提供即时办结服务，采取“承诺制”容缺办理，即时出具清税文书的相关条件。选项D不符合条件，故错误。

3. 办理过涉税事宜但未领用发票、无欠税（滞纳金）及罚款的纳税人，主动到税务机关办理清税，资料齐全的，以下对税务机关出具清税文书的时限表述正确的是（　　）。

A. 税务机关应当即时出具清税证明

B. 税务机关应当于1个工作日内出具清税证明

C. 税务机关应当于5个工作日内出具清税证明

D. 税务机关应当于10个工作日内出具清税证明

【参考答案】A

【答案解析】根据《国家税务总局关于深化“放管服”改革更大力度推进优化税务注销办理程序工作的通知》（税总发〔2019〕64号）规定，从2019年7月1日起，办理过涉税事宜但未领用发票、无欠税（滞纳金）及罚款的纳税人，主动到税务机关办理清税，资料齐全的，税务机关即时出具清税文书。

4. 在以下情形当中，属于纳税人发生时，不需要向主管税务机关申报办理注销税务登记的是（　　）。

A. 因解散、破产、撤销等情形，依法终止纳税义务的

B. 按规定不需要在工商行政管理机关或者其他机关办理注销登记的，但经有关机关批准或者宣告终止的

C. 被工商行政管理机关吊销营业执照或者被其他机关予以撤销登记的

D. 因住所、经营地点变动，不涉及改变税务登记机关的

【参考答案】D

【答案解析】根据《税务登记管理办法》（国家税务总局令第7号）第二十九条规定，纳税人因住所、经营地点变动，涉及改变税务登记机关的，应当在向工商行政管理机关或者其他机关申请办理变更、注销登记前，或者住所、经营地点变动前，持有关证件和资料，向原税务登记机关申报办理注销税务登记。

5. 对于未办理过涉税事宜的纳税人，主动到税务机关办理清税的，在查询相应资料后，便可即时为纳税人出具清税文书，这一资料是指（　　）。

A. 营业执照（正副本）　　B. 法人身份证

C. 营业执照复印件　　D. 经办人身份证

【参考答案】A

【答案解析】根据《国家税务总局关于深化“放管服”改革更大力度推进优化税务注销办理程序工作的通知》（税总发〔2019〕64号）规定，未办理过涉税事宜的纳税人，主动到税务机关办理清税的，税务机关可根据纳税人提供的营业执照即时出具清税文书。

6. 领取营业执照后未开展经营活动，申请注销登记前未发生债权债务的有限责任公司，发生下列情形，可免予到税务机关办理税务注销的是（　　）。

A. 因住所、经营地点变动，涉及改变税务登记机关的

B. 被市场监督管理机关吊销营业执照或者被其他机关予以撤销登记的

C. 办理过涉税事宜但未领用发票、无欠税（滞纳金）及罚款的

D. 外国企业常驻代表机构驻在期届满、提前终止业务活动的

【参考答案】C

【答案解析】根据《国家税务总局关于进一步优化办理企业税务注销程序的通知》（税总发〔2018〕149号）规定，对向市场监管部门申请简易注销的纳税人，符合下列情形之一的，可免予到税务机关办理清税证明，直接向市场监管部门申请办理注销登记：①未办理过涉税事宜的；②办理过涉税事宜但未领用发票、无欠税（滞纳金）及罚款的。

7. 按照规定，以下时限当中，属于定期定额个体工商户清税申报办理时限的是（　　）。

A. 即时办结　　B. 5个工作日　　C. 3个工作日　　D. 2个工作日

【参考答案】B

【答案解析】根据《全国税务机关纳税服务规范（3.0版）》，定期定额个体工商户清税申报应当在5个工作日内办结。

8. 以下对税务机关实施税务注销业务受理及办理时，应当提供“套餐式”服务模式的表述当中，错误的是（　　）。

A. 一斤受理　　B. 内部流转　　C. 限时办结　　D. 窗口出件

【参考答案】A

【答案解析】根据《全国税务机关纳税服务规范（3.0版）》，税务机关在注销业务办理过程当中，实行“一窗受理、内部流转、限时办结、窗口出件”的“套餐式”服务模式。

9. 经人民法院裁定宣告破产的纳税人，持相关资料向税务机关申请税务注销，税务机关即时出具清税文书，按照有关规定核销“死欠”，以上的相关资料是指（　　）。

A. 法人身份证

B. 营业执照复印件

C. 人民法院终结破产程序裁定书

D. 法人身份证、营业执照复印件

【参考答案】C

【答案解析】根据《国家税务总局关于深化“放管服”改革更大力度推进优化税务注销办理程序工作的通知》（税总发〔2019〕64 号）规定，从 2019 年 7 月 1 日起，经人民法院裁定宣告破产的纳税人，持人民法院终结破产程序裁定书向税务机关申请税务注销，税务机关即时出具清税文书，按照有关规定核销“死欠”。

10. 经人民法院裁定宣告破产的纳税人，持人民法院终结破产程序裁定书向税务机关申请税务注销，税务机关在规定的时限内出具清税文书，按照有关规定核销“死欠”，此处的时限是（　　）。

A. 即时　　B. 1 个工作日

C. 5 个工作日　　D. 10 个工作日

【参考答案】A

【答案解析】根据《国家税务总局关于深化“放管服”改革更大力度推进优化税务注销办理程序工作的通知》（税总发〔2019〕64 号）规定，从 2019 年 7 月 1 日起，经人民法院裁定宣告破产的纳税人，持人民法院终结破产程序裁定书向税务机关申请税务注销，税务机关即时出具清税文书，按照有关规定核销“死欠”。

二 多项选择题

1. 以下符合简化税务注销即免予到税务机关办理清税证明的条件有（　　）。

A. 未办理过涉税事宜的纳税人

B. 办理过涉税事宜但未领用发票、无欠税（滞纳金）及罚款的纳税人

C. 有过纳税记录，但存在未清缴税款的纳税人

D. 目前处于非正常经营的纳税人

【参考答案】AB

【答案解析】根据优化税务注销的管理规定，未办理过涉税事宜的纳税人及办理过涉税事宜但未领用发票、无欠税（滞纳金）及罚款的纳税人可以免予到直接到市场管理部门办理注销手续。

2. 以下选项当中，属于申请开具清税证明前提条件的有（　　）。

A. 结清应纳税款　　B. 法定代表人亲自办理

C. 缴销发票及税控专用设备　　D. 无欠税（滞纳金）及罚款

【参考答案】ACD

【答案解析】根据《全国税务机关纳税服务规范（3.0 版）》，纳税人办理一照一码户清税申报，应结清应纳税款、多退（免）税款、滞纳金和罚款，缴销发票和其他税务证件，因此，选项 A、C、D 正确；办理资料当中，仅需要提供经办人身份证件原件，无需法定代表人亲自办理，因此选项 B 错误。

3. 对于已经办理实名认证的“一照一码”纳税人，其在办理清税申报时，以下资料当中，可以无需再向税务机关提供的有（　　）。

A. 登记证件及身份证件复印件

B. 《清税申报表》

C. 《项目完工证明》《验收证明》等相关文件复印件

D. 《发票领用簿》

【参考答案】ACD

【答案解析】根据《国家税务总局关于深化“放管服”改革更大力度推进优化税务注销办理程序工作的通知》（税总发〔2019〕64 号）规定，对已实行实名办税的纳税人，免予提供以下证件、资料：《税务登记证》正（副）本、《临时税务登记证》正（副）本和《发票领用簿》；市场监督管理部门吊销营业执照决定原件（复印件）；上级主管部门批复文件或董事会决议原件（复印件）；项目完工证明、验收证明等相关文件原件（复印件）。

4. 下列关于纳税人办理一照一码户清税申报表述正确的有（　　）。

A. 处于非正常状态纳税人在办理一照一码户清税申报前，必须解除非正常状态

B. 处于非正常状态纳税人在办理一照一码户清税申报前，必须逐月补齐纳税申报

C. 被调查企业在税务机关实施特别纳税调查调整期间申请注销税务登记的，税务机关在调查结案前原则上不予办理注销手续

D. 纳税人办理一照一码户清税申报，无需向税务机关提出终止银税三方（委托）划缴协议

【参考答案】ACD

【答案解析】根据《全国税务机关纳税服务规范（3.0版）》，处于非正常状态纳税人办理一照一码户清税申报，符合以下情形的，税务机关可打印相应税种和相关附加的《批量零申报确认表》，经纳税人确认后，进行批量处理：①非正常状态期间增值税、消费税和相关附加需补办的申报均为零申报的；②非正常状态期间企业所得税月（季）度预缴需补办的申报均为零申报，且不存在弥补前期亏损情况的。

5. 下列关于单位及查账征收个体工商户办理清税注销的说法正确有（　　）。

A. 对未处于税务检查状态、无欠税（滞纳金）及罚款、已缴销增值税专用发票及税控专用设备，且纳税信用级别为A级和B级的纳税人，税务机关提供即时办结服务，采取“承诺制”容缺办理

B. 经人民法院裁定宣告破产的纳税人，持人民法院终结破产程序裁定书，向税务机关申请办理税务注销的纳税人

C. 若在核查检查过程中发生涉嫌偷逃骗抗税或虚开发票等重大事项，办理时限中止，待相关事项办理完毕后方可继续办理注销事宜，办理时限重新计算

D. 未办理过涉税事宜的单位及查账征收个体工商户，符合市场监管部门简易注销条件的，可免予到税务机关办理税务注销，直接向市场监管部门申请办理简易注销

【参考答案】ABD

【答案解析】根据《全国税务机关纳税服务规范（3.0版）》，单位及查账征收个体工商户办理清税注销时，若在核查检查过程中发生以下情形的，办理时限中止，待相关事项办理完毕后方可继续办理注销事宜，办理时限继续计算，而不是重新计算。

三 判断题

1. 纳税人办理一照一码户清税申报的前提之一就是解除原先签订的银税三方（委托）划缴协议，以避免在清税手续办理完成后，发生误扣税款

的问题。 （ ）

【参考答案】错误

【答案解析】根据税务注销的管理规定，纳税人办理一照一码户清税申报，无需向税务机关提出终止银税三方（委托）划缴协议。税务机关办结一照一码户清税申报后，银税三方（委托）划缴协议自动终止。

2. 并不是所有纳税人在办理注销业务时，都应当先到税务机关办理清税申报，再向市场管理部门办理注销手续。 （ ）

【参考答案】正确

【答案解析】纳税人符合简化注销的管理规定时，可以直接到市场管理部门办理注销手续。

3. 已办理信息报告的扣缴义务人发生解散、破产、撤销以及其他情形，依法终止纳税义务的纳税人，需同时申报办理税务注销和注销扣缴税款登记。 （ ）

【参考答案】错误

【答案解析】根据《全国税务机关纳税服务规范（3.0 版）》，已办理信息报告的扣缴义务人发生解散、破产、撤销以及其他情形，依法终止纳税义务的，申报办理税务注销时，不需单独提出申请，税务机关在办理税务注销的同时，注销扣缴税款登记。

4. 被市场监督管理机关吊销营业执照纳税人，应当自营业执照被吊销或者被撤销登记之日起 10 日内，向原税务登记机关申报办理税务注销。（ ）

【参考答案】错误

【答案解析】根据《税务登记管理办法》，不需要在工商行政管理机关或者其他机关办理注册登记的，应当自有关机关批准或者宣告终止之日起 15 日内，持有关证件和资料向原税务登记机关申报办理注销税务登记。

5. 未处于税务检查状态、但有欠税的纳税人在办理税务注销时，若资料不齐，可在其作出承诺后，税务机关即时出具清税文书。 （ ）

【参考答案】错误

【答案解析】根据《国家税务总局关于进一步优化办理企业税务注销程序的通知》（税总发〔2018〕149 号）规定，对向市场监管部门申请一般注销的纳税人，税务机关在为其办理税务注销时，进一步落实限时办结规定。对未处于税务检查状态、无欠税（滞纳金）及罚款、已缴销增值税专用发票及税控专用设备，且符合下列情形之一的纳税人，优化即时办结服务，采取“承诺制”容缺办理，即：纳税人在办理税务注销时，若资料不齐，可在其作出承诺后，税务机关即时出具清税文书。

四 简答题

1. 2019 年 5 月 20 日，纳税人 A 公司向主管税务机关申请注销，但资料不齐，该公司向主管税务机关承诺于 2019 年 6 月 1 日前到税务机关补齐相关资料，税务机关在接收该公司的承诺书后，即时出具了清税证明。至 2019 年 6 月 1 日，该纳税人未向主管税务机关补齐资料，经税务机关尝试与企业相关人员进行沟通，但均无法取得联系。请问此时应当如何办理？

【参考答案】根据《国家税务总局关于进一步优化办理企业税务注销程序的通知》（税总发〔2018〕149 号）规定，纳税人应按承诺的时限补齐资料并办结相关事项。若未履行承诺的，税务机关将对其法定代表人、财务负责人纳入纳税信用 D 级管理。

2. 请简要说明，在税务注销办理过程当中，税务机关应当为纳税人提供的服务为哪些？

【参考答案】

（1）为纳税人提供简化注销、优化注销服务，对符合条件的纳税人提供清税证明即时办结服务；对不符合即时办结清税证明的纳税人，严格按照规定时限开具清税证明。

（2）对符合条件的纳税人在办理清税证明时，提供“容缺服务”。

（3）简化税务注销办理的资料和流程，对已实行实名办税的纳税人，免予提供以下资料：

①《税务登记证》正（副）本、《临时税务登记证》正（副）本和《发票领用簿》；

②市场监督管理部门吊销营业执照决定原件（复印件）；

③上级主管部门批复文件或董事会决议原件（复印件）；

④项目完工证明、验收证明等相关文件原件（复印件）。

（4）对于符合以下条件的纳税人，税务机关可打印相应税种和相关附加的《批量零申报确认表》，经纳税人确认后，进行批量处理：

①非正常状态期间增值税、消费税和相关附加需补办的申报均为零申报的；

②非正常状态期间企业所得税月（季）度预缴需补办的申报均为零申报，且不存在弥补前期亏损情况的。

（5）开设专门窗口。在办税服务厅设置注销业务专门服务窗口，并根据情况及时增加专门服务窗口数量。

（6）提供“套餐式”服务。整合税务注销前置事项，实行“一窗受理、内部流转、限时办结、窗口出件”的“套餐式”服务模式。

（7）强化“首问责任制”和“一次性告知”。纳税人到办税服务厅办理税务注销时，首次接待的税务人员应负责问清情况，区分事项和复杂程度，分类出具需要办理的事项告知书，并做好沟通和辅导工作。

（8）优化内部工作流程和岗责分配。对纳税人办理注销业务涉及多事项的，要创新工作方式，简并优化流程、岗责，实现联动、限时处理。

五 案例分析题

2019 年 9 月 10 日，一名纳税人向税务机关递交了《清税申报表》，申请开具清税证明，由于不符合即时办结的条件，办税服务厅在受理相关资料后，向税源管理部门进行了移交。

税源管理部门在注销核查业务的过程当中，发现纳税人为非正户，要求纳税人接受处罚。由于纳税人在外地忙于业务，在即将到期时，税务机关工作人员中止了该项业务的办理。11 月 10 日，纳税人到当地税务机关接受了处罚，并对就进行了补充申报。

请指出上述案例当中，税务机关的不妥之处。

【参考答案】

1. 税务机关工作人员在受理业务当中，操作不当，没有对纳税人的情况进行核实，便受理这一清税申报。

2. 税务机关工作人员应当在受理纳税人清税申报前，在金税三期系统当中操作“注销税务登记（优化版）”模块，而不是“注销税务登记受理”模块，如发现纳税人存在未办结事项的，应对其进行告知及提醒，以便纳税人进行相应处置。

3. 税务机关工作人员对于纳税人不配合进行处罚而导致即将超期的情况，不应当适用“时限中止”的操作方式，因为这一方式仅适用于“税务机关在核查、检查过程中发现涉嫌偷、逃、骗、抗税或虚开发票的，或者需要进行纳税调整”的情形。

>> 文件依据

1. 《税务登记管理办法》（国家税务总局令第 7 号公布，国家税务总局令第 36 号、第 44 号、第 48 号修改）

2. 《工商总局　税务总局关于加强信息共享和联合监管的通知》（工商企注字〔2018〕11 号）

3. 《国家税务总局关于进一步优化办理企业税务注销程序的通知》（税总发〔2018〕149 号）

4. 《国家税务总局关于深化“放管服”改革更大力度推进优化税务注销办理程序工作的通知》（税总发〔2019〕64 号）

第九章

纳税人权益保护与纳税信用管理

>> 知识架构

- 纳税人权益保护与纳税信用管理
  - 纳税人权益保护概述
    - 纳税人权益保护的概述　2个知识点
    - 纳税人权利与义务　2个知识点
  - 纳税人需求管理
    - 纳税人需求管理概述　1个知识点
    - 纳税人需求管理相关规定　4个知识点
  - 纳税人满意度调查
    - 纳税人满意度调查概述　2个知识点
    - 纳税人满意度调查的管理　3个知识点
  - 纳税人涉税信息查询
    - 涉税信息查询　4个知识点
  - 纳税服务投诉管理
    - 纳税服务投诉概述　1个知识点
    - 纳税服务投诉管理　5个知识点
  - 纳税人法律救济
    - 申请行政复议　2个知识点
    - 税务行政处罚听证　2个知识点
    - 提起行政诉讼　2个知识点
    - 请求国家赔偿　2个知识点
  - 纳税信用评价
    - 纳税信用管理的对象与工作原则　2个知识点
    - 纳税信用管理的工作要求　4个知识点
    - 纳税信用评价结果的确定和公开　2个知识点
    - 纳税信用补评、复评与修复　4个知识点
    - 纳税信用评价结果的应用　5个知识点

>> 第一节 纳税人权益保护概述

一 纳税人权益保护的概述

【知识点1】纳税人权益保护的概念

纳税人权益是指纳税人依法行使的权利和享受的利益。纳税人权益是国家通过宪法和法律法规予以保障的。纳税人的权利是否行使，取决于纳税人的意愿，纳税人既可以行使权利，也可以选择放弃权利。纳税人在行使权利时要遵守宪法和法律的规定，不能侵害国家、社会、集体的利益，也不能损害其他公民或法人的合法权利和自由。

【知识点2】纳税人权益保护的意义

深刻理解保护纳税人权益的重要性，切实做好纳税人权益保护工作，具有重要的现实意义：一是保护纳税人合法权益有利于促进依法行政，加快建设法治政府；二是保护纳税人合法权益有利于激发经济发展的内生动力；三是保护纳税人权益有利于提高纳税人税法遵从度。

二 纳税人权利与义务

【知识点1】纳税人权利与义务的具体内容

为便于纳税人全面了解纳税过程中所享有的权利和应尽的义务，帮助纳税人及时、准确地完成纳税事宜，促进纳税人与税务机关在税收征纳过程中的合作，根据《中华人民共和国税收征收管理法》及其实施细则和相关税收法律、行政法规的规定，国家税务总局发布了《国家税务总局关于纳税人权利与义务的公告》（国家税务总局公告2009年第1号），纳税人权利与义务的具体内容如图9－1、图9－2所示。

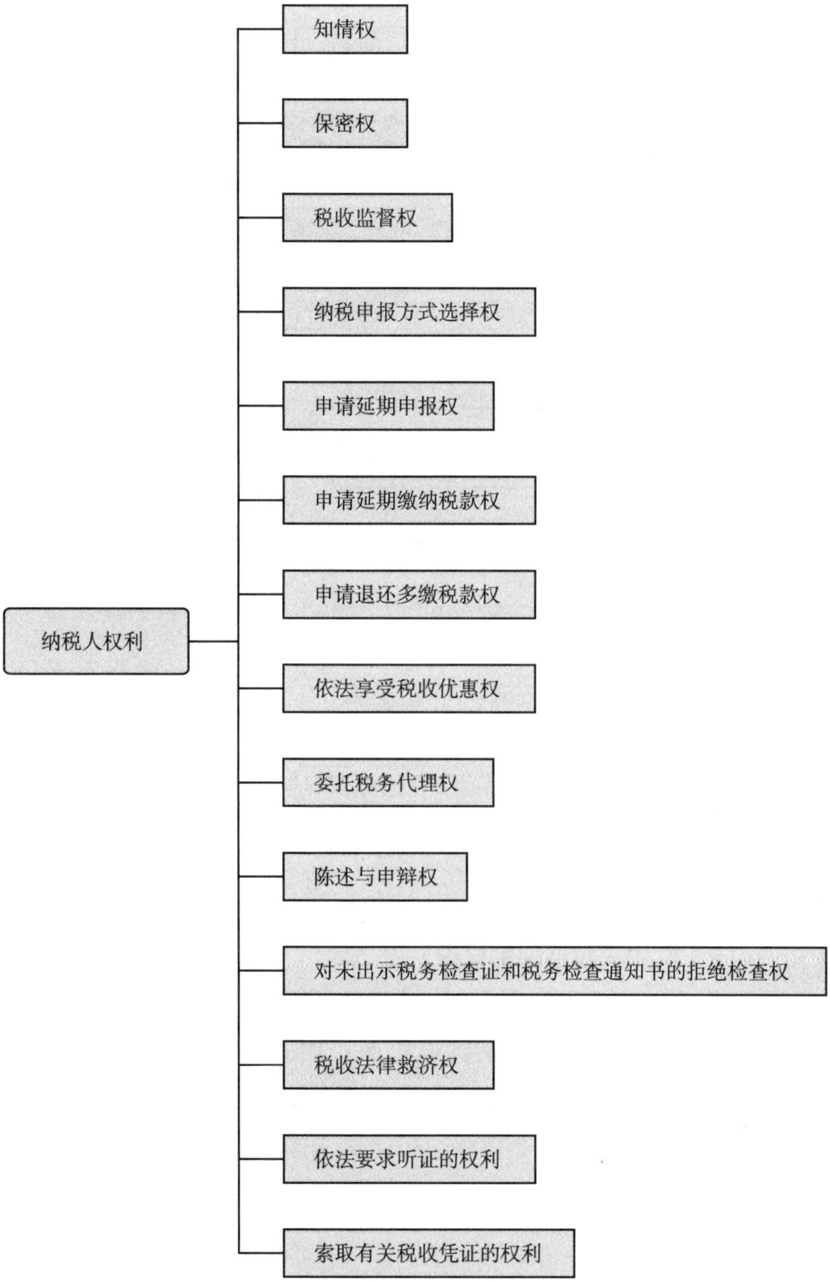

图 9-1 纳税人权利的主要内容

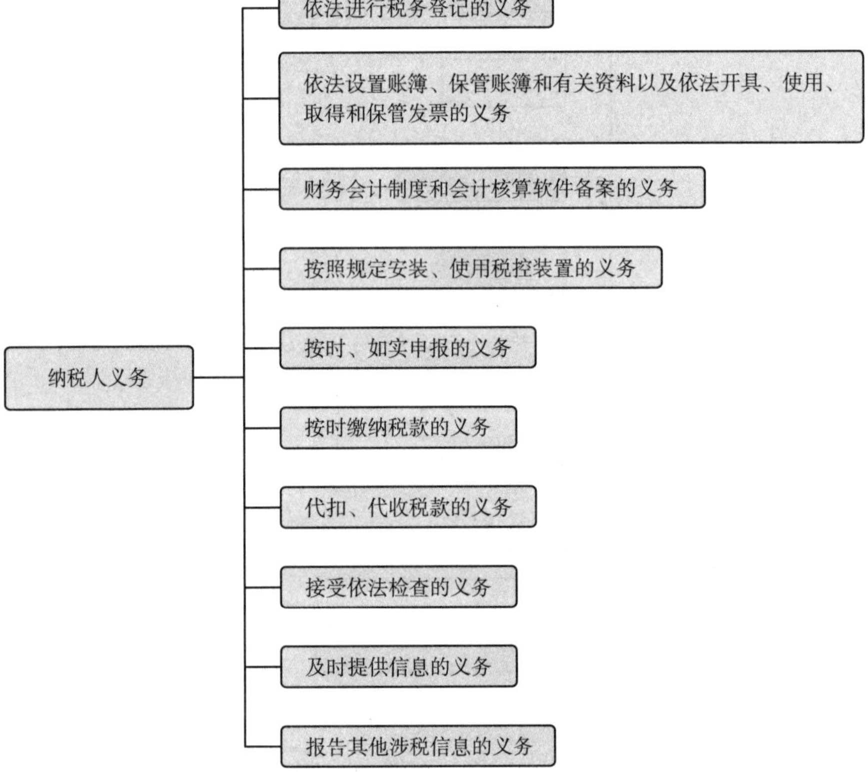

图 9－2　纳税人义务的主要内容

【知识点 2】纳税人权益保护措施

做好纳税人权益保护需要采取以下措施：一是推进办税公开；二是规范执法行为；三是完善税收征纳沟通机制；四是建立税收风险防范机制；五是深化行政审批制度改革；六是加强涉税信息保密；七是畅通侵权救济渠道；八是构建纳税人维权平台；九是强化涉税信息服务和中介机构监管。

>> 第二节 纳税人需求管理

一 纳税人需求管理概述

【知识点】纳税人需求管理工作原则

税务机关对纳税人的需求管理应遵循的原则如图 9－3 所示。

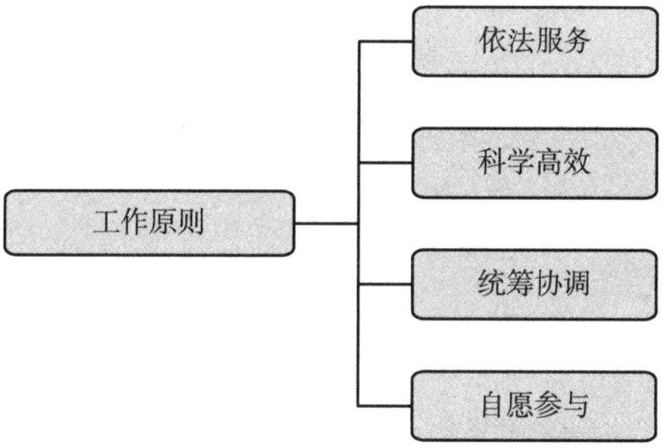

图 9－3　纳税人需求管理应遵循的工作原则

二 纳税人需求管理相关规定

【知识点 1】纳税人需求征集

1. 需求征集对象

税务机关可按地域、规模、行业等要素选择有代表性的纳税人作为定向征集对象，也可根据工作需要将全体纳税人作为非定向征集对象。

2. 征集类型和方式

（1）征集类型分为：全面征集、日常征集和专项征集。

全面征集是税务总局、各省税务机关针对整体税收工作情况开展的较大范围纳税人需求征集，原则上每年开展一次。

日常征集是省以下税务机关对税收管理服务各个环节开展的纳税人需求征集，原则上每半年归集整理一次。

专项征集是各级税务机关结合税收重点工作，针对某一类问题或某个专项工作开展的纳税人需求征集，征集时间根据税收重点工作安排确定。

（2）征集方式分为：互联网智能推送方式征集、电话方式征集、移动终端征集、纸质问卷、外部门信息采集、数据分析提取、座谈会、入户走访、设置意见箱或意见簿收集。

【知识点2】纳税人需求分析

1. 纳税人需求分类（见表9－1）

表9－1 纳税人需求分类

一级分类	二级分类
政策落实	参与制定政策、监督政策落实
征管执法	税款征收、涉税审批、表证单书、征管流程、涉税资料、税务稽查、税收检查、税收处罚
服务规范	税法宣传、纳税咨询、税收辅导、办税时限、服务形式、信用管理、联合办税、涉税中介服务、服务投诉
法律救济	税收听证、行政复议、行政诉讼、行政赔偿
信息化建设	申报软件、发票软件、认证软件、自助办税终端
人员素质	业务水平、廉洁自律
其他	具有较强代表性和个性化的需求等

2. 纳税人需求分析评估

各级税务机关对纳税人需求进行分析评估，分别采取不同的处理方式：

对违反法律、法规、规章有关规定，超越现实资源和条件，反映事实不清等非正当纳税人需求，税务机关不作响应。

对纳税人的正当需求，税务机关在充分参考政策法规、服务资源和职责范围的条件下，提出切实可行的改进工作意见，从重要性和满意度两个方面，形成不同的服务改进策略：立即改进重要性高、满意度低的项目；持续关注重要性和满意度“双低”的项目；稳定发展重要性低满意度高的项目；继续保持重要性和满意度“双高”的项目。

【知识点3】纳税人需求响应

1. 响应机制

税务机关要建立分工负责、分级办理、分类处理的纳税人需求响应机制。

2. 工作时限

对于能够解决的纳税人合理需求，应当按照紧急程度实行分级管理：

（1）对于纳税人在办税服务场所提出的简单合理需求，及时响应或反馈。

（2）对一般涉税需求，应于15个工作日内响应或反馈。

（3）对复杂涉税需求，应于30个工作日内响应或反馈。

（4）对存在困难不能在规定期限内响应或反馈的，经本级税务机关纳税服务部门负责人批准，可以适当延长，并向纳税人说明原因，待条件具备时主动采取措施予以解决。对普遍性、代表性问题的改进措施应向社会公开，接受社会各界监督。

各级税务机关应按照档案管理规定，对征集的纳税人需求资料归档保存，保存期限为3年。

【知识点4】纳税人结果运用

纳税人结果运用主要包括：①改进工作；②辅助决策；③定期公开。

>> 第三节 纳税人满意度调查

一 纳税人满意度调查概述

税务部门作为国家重要的经济管理和行政执法部门，面对的是广大纳税人群体，如何提升纳税人的满意度和获得感，是当前检验税收工作成效的重要标准。同时，根据税收遵从理论，纳税人的满意度越高，相应的主动遵从及诚信纳税的意愿就更强，税务机关征管的质效也就越高，因此，提升纳税人的满意度将直接作用于税收征管本身，促进税收征管现代化各项工作目标的高效实现。

【知识点1】纳税人满意度调查的类型

纳税人满意度调查的类型如图9－4所示。

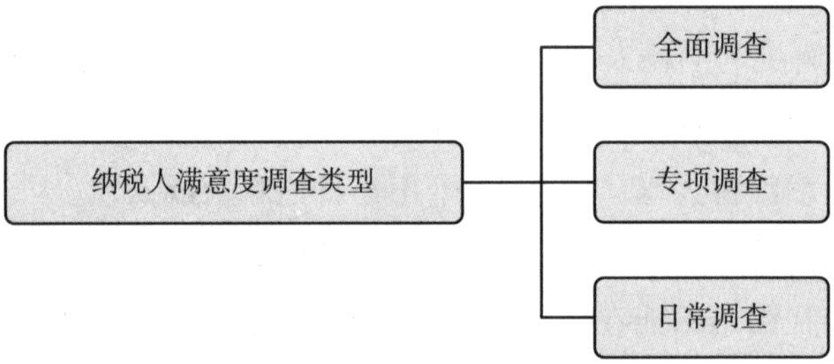

图9－4　纳税人满意度调查的类型

税务总局、省税务机关围绕税收工作重点，开展覆盖省、市、县三个层级税务机关、涉及多项调查指标的全面调查。全面调查每两年一次，由税务总局、省税务机关决定是否开展全面调查，市以下税务机关不得自行开展全面调查。

【知识点2】纳税人满意度调查的方式

各级税务机关根据税收工作现状，可自行组织或委托第三方专业机构对税务机关在政务公开、纳税服务、涉税审批、税收征管、税务检查、法律救济、廉政建设等方面情况开展纳税人满意度调查。调查可采用电话、网络、信函、入户走访、窗口服务评价等方式开展。相关方式的调查在同一年度内最多只能进行一次。调查过程遵循纳税人自愿原则，保证调查结果客观、真实、公正。

二　纳税人满意度调查的管理

【知识点1】纳税人满意度调查的指标及评分标准

1. 调查指标

调查指标主要包括各级税务机关在政策落实、规范执法、服务质效、信息化建设、廉洁自律等方面的情况。

2. 评分标准

采用赋值评分或非评分方式进行统计。赋值评分一般采用百分制，对不同评价项赋以不同分值，根据纳税人所选评价项确定得分。非评分方式一般采用百分占比、文字描述等方式展现调查内容和结果。

【知识点2】纳税人满意度调查的实施

1. 制定方案。调查方案包括调查目的、类型、指标、方式、时间、区域、样本类型、样本数量、调查要求和职责分工等内容。

2. 调查准备。开展培训，使调查人员了解熟悉调查指标和调查方法。在正式调查前可开展预调查，检验调查方案，提高调查质量。

3. 调查实施。各地税务机关或第三方专业机构应根据调查方案开展纳税人满意度调查。

4. 统计汇总。调查结束后，对调查数据进行计算、汇总和复核，确保调查结果准确归集对应调查指标和被调查单位。

5. 数据分析。按照调查指标、层级、单位等口径开展数据分类分析、同比分析、趋势分析等，归纳梳理共性问题。

6. 形成报告。调查报告包括纳税人满意度总体情况、成效、存在问题、整改要求以及工作预判与建议等内容。

7. 资料归档。各级税务机关应按照档案管理规定，对纳税人满意度调查资料归档保存，保存期限为5年。

8. 其他。对委托第三方专业机构开展调查的，各级税务机关须与第三方专业机构签署协议，确保纳税人信息安全，调查资料、获取数据及成果所有权归属税务机关。各级税务机关应对受托方实施过程监督，确保调查过程有效、公正和真实。调查费用达到政府采购限额标准的，按照政府采购相关规定执行。

日常调查可结合实际情况适当简化调查方案及调查准备工作。

【知识点3】纳税人满意度调查的结果运用

纳税人满意度调查的结果运用如图9－5所示。

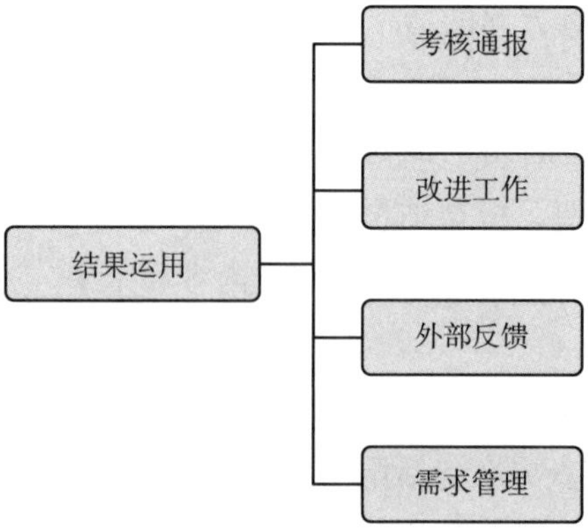

图9-5　纳税人满意度调查的结果运用

>> 第四节 纳税人涉税信息查询

涉税信息查询

【知识点1】社会公众涉税公开信息查询

1. 税务机关按照办税公开要求的范围、程序和时限，公开相关涉税事项和具体规定向社会公众提供查询服务。社会公众可以通过报刊、网站、信息公告栏等公开渠道查询税收政策、重大税收违法案件信息、非正常户认定信息等依法公开的涉税信息。

2. 税务机关应当对公开涉税信息的查询途径及时公告，方便社会公众查询。省、市税务机关通过税务网站和相关媒体，县税务机关通过公告栏、电子显示屏等渠道，按照办税公开要求的范围、程序和时限，公开相关事项，并及时更新维护。税务机关应在办税服务厅、自助办税终端、税务网站或新媒体等设置自助查询区域或窗口。

【知识点2】纳税人涉税信息查询

1. 纳税人涉税信息查询即税务机关依照法律法规的规定，向纳税人提供的自身涉税信息查询服务。

2. 纳税人可以通过网站、客户端软件、自助办税终端等渠道，经过有效身份认证和识别，自行查询税费缴纳情况、纳税信用评价结果、涉税事项办理进度等自身涉税信息。

3. 纳税人无法自行获取所需自身涉税信息，可以向税务机关提出书面申请，税务机关应当在本单位职责权限内予以受理。所需资料为《涉税信息查询申请表》和纳税人本人（法定代表人或主要负责人）有效身份证明原件及复印件，如授权他人委托查询时还需要报送经办人员有效身份证明原件及复印件和由纳税人本人（法定代表人或主要负责人）签章的授权委托书。

4. 纳税人书面申请查询，要求税务机关出具书面查询结果的，税务机关应当出具《涉税信息查询结果告知书》。纳税人对查询结果有异议，可以向税务机关申请核实，并将核实结果告知纳税人。税务机关确认涉税信息存在错误，应当及时进行信息更正。

5. 办理时限：20 个工作日内办结。

【知识点 3】第三方涉税保密信息查询

1. 第三方涉税保密信息查询指税务机关根据法律法规规定，依申请向人民法院、人民检察院、公安机关、审计机关、抵押权人、质权人等单位和个人提供的涉税保密信息查询服务。

2. 税务机关在本单位职责权限内，按照法律法规规定向查询申请单位或个人提供有关纳税人的涉税保密信息。

人民法院、人民检察院、公安机关和审计机关向税务机关提出查询申请时需提供以下材料：

（1）《纳税人、扣缴义务人涉税保密信息查询申请表》；

（2）单位介绍信；

（3）查询人有效身份证明原件。

抵押权人、质权人申请查询纳税人欠税有关情况时需提供以下材料：

（1）《纳税人、扣缴义务人涉税保密信息查询申请表》；

（2）合法有效的抵押合同或者质押合同的原件；

（3）查询人本人有效身份证明原件。

授权其他人员代为查询的，还需提供委托人本人签字的委托授权书和代理人的有效身份证明原件。

3. 税务机关收到查询申请资料后，核对资料是否齐全、是否符合法定形式、填写内容是否完整，符合的，转交下一环节复核；不符合的，当场一次性提示申请人应补正资料或不予受理原因。负责复核的人员应对申请查询的事项进行复核，对符合查询条件的，交由有关部门按照申请内容提供相关信息；对不符合查询条件的，退回受理部门，由受理部门告知申请人。负责提供信息的部门，应根据已复核的查询申请内容，及时检索、整理有关信息，并按规定程序交查询受理部门。受理部门应在履行相关手续后将有关信息交给申请人。税务机关根据申请人查询信息的内容，确定查询信息提供的时间和具体方式。税务机关对申请人申请查询涉税信息的申请资料应专门归档管理，保存期限为 3 年。

4. 办理时限：20 个工作日内办结。

【知识点 4】纳税人涉税保密信息管理

1. 纳税人涉税保密信息，是指税务机关在税收征收管理工作中依法制作或者采集的，以一定形式记录、保存的涉及纳税人商业秘密和个人隐私的信息。主要包括纳税人的技术信息、经营信息和纳税人、主要投资人以及经营者不愿公开的个人事项。

纳税人的税收违法行为信息不属于保密信息范围。

2. 对于纳税人的涉税保密信息，税务机关和税务人员应依法为其保密。除下列情形外，不得向外部门、社会公众或个人提供：

（1）按照法律、法规的规定应予公布的信息；

（2）法定第三方依法查询的信息；

（3）纳税人自身查询的信息；

（4）经纳税人同意公开的信息。

3. 根据法律、法规的要求和履行职责的需要，税务机关可以披露纳税人的有关涉税信息，主要包括：根据纳税人信息汇总的行业性、区域性等综合涉税信息、税收核算分析数据、纳税信用等级以及定期定额户的定额等信息。

>> 第五节 纳税服务投诉管理

一 纳税服务投诉概述

【知识点】纳税服务投诉管理工作原则

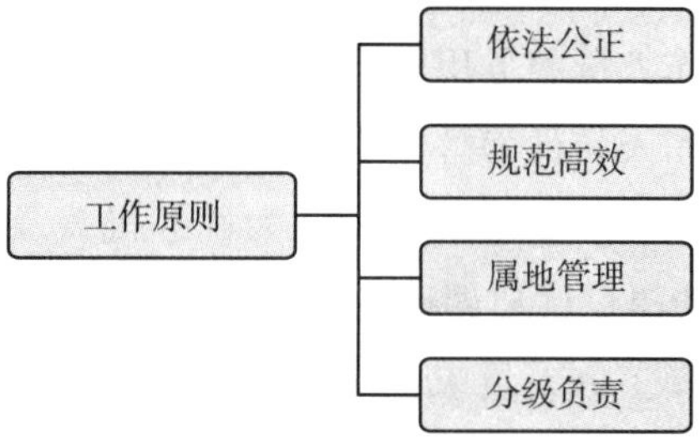

图9－6 纳税服务投诉管理的工作原则

二 纳税服务投诉管理

【知识点1】纳税服务投诉管理相关要求

1. 纳税人进行纳税服务投诉需遵从税收法律、法规、规章、规范性文件，并客观、真实地反映相关情况，不得隐瞒、捏造、歪曲事实，不得侵害他人合法权益。

2. 税务机关及其工作人员在办理纳税服务投诉事项时，不得徇私、偏袒，不得打击、报复，并应当对投诉人信息保密。

3. 各级税务机关的纳税服务部门是纳税服务投诉的主管部门，负责纳税服务投诉的接收、受理、调查、处理、反馈等事项。需要其他部门配合的，由纳税服务部门进行统筹协调。

4. 各级税务机关应当配备专职人员从事纳税服务投诉管理工作，保障纳税服务投诉工作的顺利开展。

【知识点2】纳税服务投诉范围

1. 纳税服务投诉包括：

（1）纳税人对税务机关工作人员服务言行进行的投诉。

（2）纳税人对税务机关及其工作人员服务质效进行的投诉。

（3）纳税人对税务机关及其工作人员在履行纳税服务职责过程中侵害其合法权益的行为进行的其他投诉。

2. 对服务言行的投诉，是指纳税人认为税务机关工作人员在履行纳税服务职责过程中服务言行不符合文明服务规范要求而进行的投诉。具体包括：

（1）税务机关工作人员服务用语不符合文明服务规范要求的。

（2）税务机关工作人员行为举止不符合文明服务规范要求的。

3. 对服务质效的投诉，是指纳税人认为税务机关及其工作人员在履行纳税服务职责过程中未能提供优质便捷的服务而进行的投诉。具体包括：

（1）税务机关及其工作人员未准确掌握税收法律法规等相关规定，导致纳税人应享受未享受税收优惠政策的。

（2）税务机关及其工作人员未按规定落实首问责任、一次性告知、限时办结、办税公开等纳税服务制度的。

（3）税务机关及其工作人员未按办税事项“最多跑一次”服务承诺办理涉税业务的。

（4）税务机关未能向纳税人提供便利化办税渠道的。

（5）税务机关及其工作人员擅自要求纳税人提供规定以外资料的。

（6）税务机关及其工作人员违反规定强制要求纳税人出具涉税鉴证报告，违背纳税人意愿强制代理、指定代理的。

3. 侵害纳税人合法权益的其他投诉，是指纳税人认为税务机关及其工作人员在履行纳税服务职责过程中未依法执行税收法律法规等相关规定，侵害纳税人的合法权益而进行的其他投诉。

4. 投诉内容存在以下情形的，不属于纳税服务投诉的范围：

（1）违反法律、法规、规章有关规定的。

（2）针对法律、法规、规章和规范性文件规定进行投诉的。

（3）超出税务机关法定职责和权限的。

（4）不属于《纳税服务投诉管理办法》（国家税务总局公告 2019 年第 27 号）投诉范围的其他情形。

【知识点 3】纳税服务投诉提交与受理

1. 纳税人可以通过网络、电话、信函或者当面等方式提出投诉。

2. 纳税人对纳税服务的投诉，可以向本级税务机关提交，也可以向其上级税务机关提交。

3. 纳税人进行纳税服务投诉原则上以实名提出。

4. 纳税人进行实名投诉，应当列明下列事项：

（1）投诉人的姓名（名称）、有效联系方式。

（2）被投诉单位名称或者被投诉个人的相关信息及其所属单位。

（3）投诉请求、主要事实、理由。

纳税人通过电话或者当面方式提出投诉的，税务机关在告知纳税人的情况下可以对投诉内容进行录音或者录像。

5. 已就具体行政行为申请税务行政复议或者提起税务行政诉讼，但具体行政行为存在不符合文明规范言行问题的，可就该问题单独向税务机关进行投诉。

6. 纳税服务投诉符合规定的投诉范围且属于下列情形的，税务机关应当受理：

（1）纳税人进行实名投诉，且投诉材料符合《纳税服务投诉管理办法》（国家税务总局公告 2019 年第 27 号）第十七条要求。

（2）纳税人虽进行匿名投诉，但投诉的事实清楚、理由充分，有明确的被投诉人，投诉内容具有典型性。

7. 属于下列情形的，税务机关不予受理：

（1）对税务机关已经处理完毕且经上级税务机关复核的相同投诉事项再次投诉的。

（2）对税务机关依法、依规受理，且正在办理的服务投诉再次投诉的。

（3）不属于投诉范围的其他情形。

8. 税务机关收到投诉后应于 1 个工作日内决定是否受理，并按照“谁主管、谁负责”的原则办理或转办。

9. 对于不予受理的实名投诉，税务机关应当以适当形式告知投诉人，并说明理由。逾期未告知的，视同自收到投诉后 1 个工作日内受理。

10. 上级税务机关认为下级税务机关应当受理投诉而不受理或者不予受理的理由不成立的，可以责令其受理。

上级税务机关认为有必要的，可以直接受理应由下级税务机关受理的纳税服务投诉。

11. 纳税人的同一投诉事项涉及两个以上税务机关的，应当由首诉税务机关牵头协调处理。首诉税务机关协调不成功的，应当向上级税务机关申请协调处理。

12. 纳税人就同一事项通过不同渠道分别投诉的，税务机关接收后可合并办理。

13. 税务机关应当建立纳税服务投诉事项登记制度，记录投诉时间、投诉人、被投诉人、联系方式、投诉内容、受理情况以及办理结果等有关内容。

14. 各级税务机关应当向纳税人公开负责纳税服务投诉机构的通信地址、投诉电话、税务网站和其他便利投诉的事项。

【知识点 4】纳税服务投诉的调查与处理

1. 税务机关调查处理投诉事项，应依法依规、实事求是、注重调解，化解征纳争议。

2. 税务机关调查人员与投诉事项或者投诉人、被投诉人有利害关系的，应当回避。

3. 调查纳税服务投诉事项，应当由两名以上工作人员参加。一般流程为：

（1）核实情况。查阅文件资料，调取证据，听取双方陈述事实和理由，必要时可向其他组织和人员调查或实地核查。

（2）沟通调解。与投诉人、被投诉人确认基本事实，强化沟通，化解矛盾，促进双方就处理意见形成共识。

（3）提出意见。依照有关法律、法规、规章及其他有关规定提出处理意见。

4. 税务机关对各类服务投诉应限期办结。对服务言行类投诉，自受理之日起 5 个工作日内办结；服务质效类、其他侵害纳税人合法权益类投诉，自受理之日起 10 个工作日内办结。

5. 属于下列情形的，税务机关应快速处理，自受理之日起3个工作日内办结。

（1）税务机关及其工作人员未准确掌握税收法律法规等相关规定，导致纳税人应享受未享受税收优惠政策的。

（2）自然人纳税人提出的个人所得税服务投诉。

（3）自然人缴费人提出的社会保险费和非税收入征缴服务投诉。

（4）涉及其他重大政策落实的服务投诉。

6. 服务投诉因情况复杂不能按期办结的，经受理税务机关纳税服务部门负责人批准，可适当延长办理期限，最长不得超过10个工作日，同时向转办部门进行说明并向投诉人做好解释。

7. 属于下列情形的，税务机关可即时处理：

（1）纳税人当场提出投诉，事实简单、清楚，不需要进行调查的。

（2）一定时期内集中发生的同一投诉事项且已有明确处理意见的。

8. 纳税人当场投诉事实成立的，被投诉人应当立即停止或者改正被投诉的行为，并向纳税人赔礼道歉，税务机关应当视情节轻重给予被投诉人相应处理；投诉事实不成立的，处理投诉事项的税务机关工作人员应当向纳税人说明理由。

9. 调查过程中发生下列情形之一的，应当终结调查，并向纳税人说明理由：

（1）投诉事实经查不属于纳税服务投诉事项的。

（2）投诉内容不具体，无法联系投诉人或者投诉人拒不配合调查，导致无法调查核实的。

（3）投诉人自行撤销投诉，经核实确实不需要进一步调查的。

（4）已经处理反馈的投诉事项，投诉人就同一事项再次投诉，没有提供新证据的。

（5）调查过程中发现不属于税务机关职责范围的。

10. 税务机关根据调查核实的情况，对纳税人投诉的事项分别作出如下处理：

（1）投诉情况属实的，责令被投诉人限期改正，并视情节轻重分别给予被投诉人相应的处理。

（2）投诉情况不属实的，向投诉人说明理由。

11. 税务机关应在规定时限内将处理结果以适当形式向投诉人反馈。反馈时应告知投诉人投诉是否属实，对投诉人权益造成损害的行为是否终止或改正；不属实的投诉应说明理由。

12. 投诉人对税务机关反馈的处理情况有异议的，税务机关应当决定是否开展补充调查以及是否重新作出处理结果。

13. 投诉人认为处理结果显失公正的，可向上级税务机关提出复核申请。上级税务机关自受理之日起，10个工作日内作出复核意见。

14. 税务机关及其工作人员阻拦、限制投诉人投诉或者打击报复投诉人的，由其上级机关依法依规追究责任。

15. 投诉人捏造事实、恶意投诉，或者干扰和影响正常工作秩序，对税务机关、税务人员造成负面影响的，投诉人应依法承担相应责任。

【知识点5】纳税服务投诉的指导与监督

1. 上级税务机关应当加强对下级税务机关纳税服务投诉工作的指导与监督，督促及时、规范处理。

2. 各级税务机关对于办理纳税服务投诉过程中发现的有关税收制度或者行政执法中存在的普遍性问题，应当向有关部门提出合理化建议。

3. 各级税务机关应当积极依托信息化手段，规范流程、强化监督，不断提高纳税服务投诉处理质效。

>> 第六节 纳税人法律救济

一 申请行政复议

【知识点1】税务行政复议受理范围

税务行政复议的范围包括：

1. 征税行为，包括确认纳税主体、征税对象、征税范围、减税、免税、退税、抵扣税款、适用税率、计税依据、纳税环节、纳税期限、纳税地点和税款征收方式等具体行政行为，征收税款、加收滞纳金，扣缴义务人、受税务机关委托的单位和个人作出的代扣代缴、代收代缴、代征行为等。

2. 行政许可、行政审批行为。

3. 发票管理行为，包括发售、收缴、代开发票等。

4. 税收保全措施、制执行措施。

5. 行政处罚行为，包括罚款；没收财物和违法所得以及停止出口退税权行为。

6. 不依法履行职责的行为，包括颁发税务登记；开具、出具完税凭证；行政赔偿；行政奖励以及其他不依法履行职责的行为。

7. 资格认定行为。

8. 不依法确认纳税担保行为。

9. 政府信息公开工作中的具体行政行为。

10. 纳税信用等级评定行为。

11. 通知出入境管理机关阻止出境行为。

12. 其他具体行政行为。

【知识点2】税务行政复议的管理

1. 申请期限

申请人可以在知道税务机关作出具体行政行为之日起60日内提出行政复议申请。因不可抗力或者被申请人设置障碍等原因耽误法定申请期限的，申请期限的计算应当扣除被耽误时间。

2. 申请方式

申请人申请行政复议，可以书面申请，也可以口头申请；口头申请的，复议机关应当当场记录申请人的基本情况、行政复议请求、申请行政复议的主要事实、理由和时间。

二 税务行政处罚听证

【知识点1】税务行政处罚听证的提出

税务机关对公民作出2000元以上（含本数）罚款或者对法人或者对其他

组织作出1万元以上（含本数）罚款的行政处罚之前，应当向当事人送达《税务行政处罚事项告知书》，告知当事人已经查明的违法事实、证据、行政处罚的法律依据和拟将给予的行政处罚，并告知其有要求举行听证的权利。

【知识点2】税务行政处罚听证的要求

1. 要求听证的当事人，应当在《税务行政处罚事项告知书》送达后3日内向税务机关书面提出听证；逾期不提出的，视为放弃听证权利。当事人要求听证的，税务机关应当组织听证。

2. 税务机关应当在收到当事人听证要求后15日内举行听证，并在举行听证的7日前将《税务行政处罚听证通知书》送达当事人，通知当事人举行听证的时间、地点，听证主持人的姓名及有关事项。当事人由于不可抗力或者其他特殊情况而耽误提出听证期限的，在障碍消除后5日以内，可以申请延长期限。申请是否准许，由组织听证的税务机关决定。

三 提起行政诉讼

【知识点1】涉税行政诉讼受理范围

与税务工作关联性较强的行政诉讼范围有：

1. 对暂扣或者吊销许可证和执照、责令停产停业、没收违法所得、没收非法财物、罚款、警告等行政处罚不服的。

2. 对限制人身自由或者对财产的查封、扣押、冻结等行政强制措施和行政强制执行不服的。

3. 申请行政许可，行政机关拒绝或者在法定期限内不予答复，或者对行政机关作出的有关行政许可的其他决定不服的。

4. 对征收、征用决定及其补偿决定不服的。

5. 申请行政机关履行保护人身权、财产权等合法权益的法定职责，行政机关拒绝履行或者不予答复的。

6. 认为行政机关违法集资、摊派费用或者违法要求履行其他义务的。

7. 认为行政机关侵犯其他人身权、财产权等合法权益的。

此外，公民、法人或者其他组织认为行政行为所依据的国务院部门和地方人民政府及其部门制定的规章以外的规范性文件不合法，在对行政行为提起诉讼时，可以一并请求对该规范性文件进行审查。人民法院在审理行政案件中，发现上述规范性文件不合法的，不作为认定行政行为合法的依据，向制定机关提出处理建议。

【知识点2】涉税行政诉讼的管理

当事人起诉必须符合以下条件：一是原告必须是行政行为的相对人以及其他与行政行为有利害关系的公民、法人或者其他组织。二是有明确的被告。三是有具体的诉讼请求和事实根据。四是属于人民法院受案范围和受诉人民法院管辖。

原告提起诉讼，还应遵循以下要求：一是依照法定的程序起诉。一般情况下，原告既可以直接向法院起诉，也可以先选择申请行政复议，对复议决定不服的再向法院起诉，但当法律、法规规定应当先向行政机关申请复议的，必须先经过行政复议。二是在法定期限内提起诉讼。三是应当向人民法院递交起诉状，并按照被告人数提出副本。书写起诉状确有困难的，可以口头起诉由人民法院记入笔录，出具注明日期的书面凭证，并告知对方当事人。

四 请求国家赔偿

【知识点1】涉税国家赔偿受理范围

1. 行政机关及其工作人员在行使行政职权时有下列侵犯人身权情形之一的，受害人有取得赔偿的权利：

（1）违法拘留或者违法采取限制公民人身自由的行政强制措施的。

（2）非法拘禁或者以其他方法非法剥夺公民人身自由的。

（3）以殴打、虐待等行为或者唆使、放纵他人以殴打、虐待等行为造成公民身体伤害或者死亡的。

（4）违法使用武器、警械造成公民身体伤害或者死亡的。

（5）造成公民身体伤害或者死亡的其他违法行为。

2. 行政机关及其工作人员在行使行政职权时有下列侵犯财产权情形之一的，受害人有取得赔偿的权利：

（1）违法实施罚款、吊销许可证和执照、责令停产停业、没收财物等行政处罚的。

（2）违法对财产采取查封、扣押、冻结等行政强制措施的。

（3）违法征收、征用财产的。

（4）造成财产损害的其他违法行为。

3. 属于下列情形之一的，国家不承担赔偿责任：

（1）行政机关工作人员与行使职权无关的个人行为。

（2）因公民、法人和其他组织自己的行为致使损害发生的。

（3）法律规定的其他情形。

【知识点2】涉税国家赔偿的管理

1. 要求赔偿应当递交申请书，申请书应当载明下列事项：

（1）受害人的姓名、性别、年龄、工作单位和住所，法人或者其他组织的名称、住所和法定代表人或者主要负责人的姓名、职务。

（2）具体的要求、事实根据和理由。

（3）申请的年、月、日。

赔偿请求人书写申请书确有困难的，可以委托他人代书；也可以口头申请，由赔偿义务机关记入笔录。

赔偿请求人不是受害人本人的，应当说明与受害人的关系，并提供相应证明。

赔偿请求人当面递交申请书的，赔偿义务机关应当当场出具加盖本行政机关专用印章并注明收讫日期的书面凭证。申请材料不齐全的，赔偿义务机关应当当场或者在5日内一次性告知赔偿请求人需要补正的全部内容。

2. 赔偿义务机关应当自收到申请之日起2个月内，作出是否赔偿的决定。赔偿义务机关作出赔偿决定，应当充分听取赔偿请求人的意见，并可以与赔偿请求人就赔偿方式、赔偿项目和赔偿数额依照国家赔偿规定进行协商。

赔偿义务机关决定赔偿的，应当制作赔偿决定书，并自作出决定之日起10日内送达赔偿请求人。

赔偿义务机关决定不予赔偿的，应当自作出决定之日起10日内书面通知赔偿请求人，并说明不予赔偿的理由。

赔偿义务机关在规定期限内未作出是否赔偿的决定，赔偿请求人可以自期限届满之日起 3 个月内，向人民法院提起诉讼。

>> 第七节 纳税信用评价

一 纳税信用管理的对象与工作原则

【知识点 1】纳税信用管理的对象

1. 纳税信用管理适用于已办理税务登记，从事生产、经营并适用查账征收的独立核算企业、个人独资企业和个人合伙企业。个人独资企业和个人合伙企业的个人所得税征收方式为查账征收。查账征收是指企业所得税征收方式为查账征收。

2. 自 2018 年 4 月 1 日起，新增下列企业参与纳税信用评价：

（1）从首次在税务机关办理涉税事宜之日起时间不满一个评价年度的企业（简称新设立企业）。评价年度是指公历年度，即 1 月 1 日至 12 月 31 日。

（2）评价年度内无生产经营业务收入的企业。

（3）适用企业所得税核定征收办法的企业。

扣缴义务人、自然人纳税信用管理办法由国家税务总局另行规定。个体工商户和其他类型纳税人的纳税信用管理办法由省税务机关制定。

【知识点 2】纳税信用管理的工作原则

纳税信用管理遵循客观公正、标准统一、分级分类、动态调整的原则。

二 纳税信用管理的工作要求

【知识点 1】纳税信用信息采集

纳税信用信息包括纳税人信用历史信息、税务内部信息、外部信息三部分。

【知识点2】纳税信用评价的方式

纳税信用评价采取年度评价指标得分和直接判级方式。评价指标包括税务内部信息和外部评价信息。

年度评价指标得分采取扣分方式。纳税人评价年度内经常性指标和非经常性指标信息齐全的，从100分起评；非经常性指标缺失的，从90分起评。非经常性指标缺失是指：在评价年度内，税务管理系统中没有纳税评估、大企业税务审计、反避税调查或税务稽查出具的决定（结论）文书的记录。直接判级适用于有严重失信行为的纳税人。

【知识点3】纳税信用评价的周期

纳税信用评价周期为一个纳税年度。所谓纳税年度为自然年，即公历1月1日起至12月31日止。

有下列情形之一的纳税人，不参加本期的评价：

（1）因涉嫌税收违法被立案查处尚未结案的。

（2）被审计、财政部门依法查出税收违法行为，税务机关正在依法处理，尚未办结的。

（3）已申请税务行政复议、提起行政诉讼尚未结案的。

（4）其他不应参加本期评价的情形。

【知识点4】纳税信用级别的确定

1. 纳税信用级别设A、B、M、C、D四级

A级纳税信用为年度评价指标得分90分及以上的；

B级纳税信用为年度评价指标得分70分及以上不满90分的；

C级纳税信用为年度评价指标得分40分及以上不满70分的；

D级纳税信用为年度评价指标得分不满40分或者直接判级确定的。

未发生《纳税信用管理办法（试行）》（国家税务总局公告2014年第40号）第二十条所列失信行为的下列企业适用M级纳税信用：

（1）新设立企业。

（2）评价年度内无生产经营业务收入且年度评价指标得分70分以上的企业。

2. 不能评为A级的情形

有下列5种情形之一的纳税人，本评价年度不能评为A级。

（1）实际生产经营期不满3年的。

从纳税人向税务机关申报主营业务收入和申报缴纳相关税款之日起至评价年度12月31日止不满3年。

主要考虑信用是长期的积累。经统计分析，纳税人经营存续期平均在3～5年，纳税人实际经营后有一个适应期和成长期，依法遵从能力会随着存续时间延伸而提升。实际生产经营期自纳税人向税务机关申报主营业务收入和申报缴纳相关税款之日起计算。

（2）上一评价年度纳税信用评价结果为D级的。

该规定与《纳税信用管理办法（试行）》（国家税务总局公告2014年第40号）第三十二条中，对D级纳税人采取的管理措施第七项是对应的，是对严重失信行为的一项管理措施。

（3）非正常原因一个评价年度内，增值税连续3个月或者累计6个月零申报、负申报的。

正常原因，是指季节性生产经营、享受政策性减免税等正常情况。非正常原因是除上述原因外的其他原因。按季申报视同连续3个月。

（4）不能按照国家统一的会计制度规定设置账簿，并根据合法、有效凭证核算，向税务机关提供准确税务资料的。

（5）其他不得评为A级的情形。

①由非正常户直接责任人员在认定为非正常户之前注册登记或已负责经营的企业，不得评为A级。

②由D级纳税人的直接责任人员在被评价为D级之前注册登记或者已负责经营的企业，不得评为A级。

直接责任人包括：法定代表人（负责人）、财务负责人、出纳以及作为企业正式职员的财务人员、办税人员等。财务人员、办税人员无证据表明其负有直接责任的，不视为直接责任人。不作为企业正式职员的代理记账、代理办税人员，在发现委托人走逃（或无法办理受托办税业务）后的首个申报期内向税务机关书面报告的，或者无证据表明其负有直接责任的，不视为直接责任人。

3. 直接判为 D 级的情形

有下列 10 种情形之一的纳税人，本评价年度直接判为 D 级。

（1）存在逃避缴纳税款、逃避追缴欠税、骗取出口退税、虚开增值税专用发票等行为，经判决构成涉税犯罪的。

以判决结果在税务管理系统中的记录日期确定判 D 级的年度，同时按照《纳税信用管理办法（试行）》（国家税务总局公告 2014 年第 40 号）第二十五条规定调整期以前年度信用记录。

（2）存在前项所列行为，未构成犯罪，但偷税（逃避缴纳税款）金额 10 万元以上且占各税种应纳税总额 10% 以上，或者存在逃避追缴欠税、骗取出口退税、虚开增值税专用发票等税收违法行为，已缴纳税款、滞纳金、罚款的。

以处理结果（税务机关出具的税务处理决定书）在税务管理系统中的记录日期确定判 D 级的年度，同时按照《纳税信用管理办法（试行）》（国家税务总局公告 2014 年第 40 号）第二十五条规定调整其以前年度信用记录。

纳税评估、大企业税务审计、反避税调查补税的比例，参照下列公式计算。

$$\text{偷税（逃避缴纳税款）金额占各税种应纳税总额比例}=\frac{\text{一个纳税年度中的各税种补税总额}}{\text{该纳税年度各税种应纳税总额}}$$

（3）在规定期限内未按税务机关处理结论缴纳或者足额缴纳税款、滞纳金和罚款的。以该情形在税务管理系统中的记录日期确定判 D 级的年度。

（4）以暴力、威胁方法拒不缴纳税款或者拒绝、阻挠税务机关依法实施税务稽查执法行为的。以该情形在税务管理系统中的记录日期确定判 D 级的年度。

（5）存在违反增值税发票管理规定或者违反其他发票管理规定的行为，导致其他单位或者个人未缴、少缴或者骗取税款的。以该情形在税务管理系统中的记录日期确定判 D 级的年度。

（6）提供虚假申报材料享受税收优惠政策的。以该情形在税务管理系统中的记录日期确定判 D 级的年度。

（7）骗取国家出口退税款，被停止出口退（免）税资格未到期的。在评价年度内，被停止出口退（免）税资格未到期。根据税务管理系统中的记录信息确定。

（8）有非正常户记录或者由非正常户直接责任人员注册登记或者负责经营的。

有非正常户记录，是指在评价年度 12 月 31 日为非正常状态。由非正常户直接责任人员注册登记或者负责经营的，是指由非正常户直接责任人员在认定为非正常户之后注册登记或负责经营的企业直接判为 D 级，在认定为非正常户之前注册登记或已负责经营的企业，不直接判为 D 级。

（9）由 D 级纳税人的直接责任人员注册登记或者负责经营的。由 D 级纳税人的直接责任人员在被评价为 D 级之后注册登记或者负责经营的企业（直接判为 D 级），在被评价为 D 级之前注册登记或者负责经营的企业，不直接判为 D 级。

（10）存在税务机关依法认定的其他严重失信情形的。

三 纳税信用评价结果的确定和公开

【知识点 1】纳税信用评价结果的确定

1. 纳税信用评价结果的确定和发布遵循谁评价、谁确定、谁发布的原则。

2. 每年年度终了后，税务机关根据纳税人纳税信用信息，运用统一的评价指标和评价方式，对纳税人上一年度的纳税信用状况进行评价。每年 4 月确定上一年度纳税信用评价结果，并向社会公布年度纳税信用 A 级纳税人名单。从 2018 年 4 月 1 日起，对首次在税务机关办理涉税事宜的新设立企业，税务机关应及时进行纳税信用评价。

办税服务厅为纳税人提供纳税信用评价信息的自我查询服务。税务机关按照守信激励、失信惩戒的原则，对不同信用级别的纳税人实施分类服务和管理。

【知识点 2】纳税信用评价结果的公开

税务机关对纳税信用评价结果，按分级分类原则，依法有序开放。纳税信用信息的发布主要有四种渠道：社会共享、政务共享、有限共享和依申请查询。目前，税务机关按下列4项要求公开纳税信用评价结果：

1. 主动公开A级纳税人名单及相关信息。

2. 根据社会信用体系建设需要，以及与相关部门信用信息共建共享合作备忘录、协议等规定，逐步开放B、M、C、D级纳税人名单及相关信息。

3. 定期或者不定期公布重大税收违法案件信息。具体办法见《国家税务总局关于〈公布重大税收违法案件信息公布办法〉的公告》（国家税务总局公告2018年第54号）。

4. 在评价结果公布前（每年1—4月），发现评价为A级的纳税人有以下两种情形的，其评价结果不予公布：

（1）发现评价为A级的纳税人已注销或被税务机关认定为非正常户的，其评价结果不予公布；

（2）发现评价结果为A级的纳税人有动态调整情形的，其评价结果不予公布。

四 纳税信用补评、复评与修复

【知识点1】纳税信用补评

纳税人因涉嫌税收违法被立案查处尚未结案；被审计、财政部门依法查出税收违法行为，尚未办结；已申请税务行政复议、提起行政诉讼尚未结案等原因未予纳税信用评价，可待上述情形解除后，向主管税务机关申请补充评价。纳税人对未予纳税信用评价的原因有异议，与可向主管税务机关申请补充评价。

主管税务机关确认是否符合补评条件，不予补评的应告知纳税人不予补评的原因，符合补评条件的按规定开展补评工作。办税服务厅向纳税人反馈纳税信用评价信息或提供自我查询服务。税务机关按月发布补评产生的A级纳税人信息。本事项应在15个工作日内办结。

【知识点2】纳税信用复评

纳税人对纳税信用评价结果有异议，可在纳税信用评价结果确定的当年内书面向主管税务机关申请复核。纳税人应于 12 月 31 日前申请上一年度评价结果复评。

主管税务机关确认是否符合复评条件，不予复评的应告知纳税人不予复评的原因，符合复评条件的按规定开展复评工作。办税服务厅向纳税人反馈纳税信用复评信息或提供复评结果的自我查询服务。税务机关按月发布复评产生的 A 级纳税人变动情况。本事项应在 15 个工作日内办结。

【知识点 3】纳税信用级别动态调整

税务机关对纳税人的纳税信用级别实行动态调整。开展动态调整的方法和程序包括：

1. 因税务检查等发现纳税人以前评价年度存在直接判为 D 级情形的，主管税务机关应调整其相应评价年度纳税信用级别为 D 级，并记录动态调整信息，该 D 级评价不保留至下一年度。对税务检查等发现纳税人以前评价年度存在需扣减纳税信用评价指标得分情形的，主管税务机关暂不调整其相应年度纳税信用评价结果和记录。

企业（包括新设立企业）发生《纳税信用管理办法（试行）》（国家税务总局公告 2014 年第 40 号）第二十条所列失信行为的，税务机关应及时对其纳税信用级别进行调整，并以适当的方式告知。

2. 主管税务机关按月开展纳税信用级别动态调整工作。主管税务机关完成动态调整工作，并为纳税人提供动态调整信息的自我查询服务。

3. 主管税务机关完成动态调整工作后，于次月初 5 个工作日内将动态调整情况层报至省税务机关备案，并发布 A 级纳税人变动情况通告。省税务机关据此更新税务网站公布的纳税信用评价信息，于每月上旬将 A 级纳税人变动情况汇总报送税务总局。

4. 纳税信用年度评价结果发布前，主管税务机关发现纳税人在评价年度存在动态调整情形的，应调整后再发布评价结果。

纳税人信用评价状态变化时，税务机关可采取适当方式通知、提醒纳税人。税务机关按月发布 A 级纳税人变动情况。税务机关按月采集纳税信用评价信息时，发现纳税人出现信用评价状态发生变化情形的，可通过邮件、短信、微信等方式，通知、提醒纳税人，并视纳税信用评价状态变化趋势采取相应的服务和管理措施，促进纳税人诚信自律，提高税法遵从度。

【知识点4】纳税信用修复

纳入纳税信用管理的企业纳税人，符合下列条件之一的，可在规定期限内向主管税务机关申请纳税信用修复。

（1）纳税人发生未按法定期限办理纳税申报、税款缴纳、资料备案等事项且已补办的。

（2）未按税务机关处理结论缴纳或者足额缴纳税款、滞纳金和罚款，未构成犯罪，纳税信用级别被直接判为D级的纳税人，在税务机关处理结论明确的期限期满后60日内足额缴纳、补缴的。

（3）纳税人履行相应法律义务并由税务机关依法解除非正常户状态的。

五 纳税信用评价结果的应用

【知识点1】激励措施和惩戒措施

税务机关按照守信激励，失信惩戒的原则，对不同信用级别的纳税人实施分类服务和管理。A级纳税人在发票领用、出口退税、日常办税等多方面享受优惠和便利，D级纳税人在发票申领、出口退税、接受税务稽查等方面受到严格限制和管理，促进纳税人诚信自律，提高税法遵从度。

1. 对A级纳税人的激励措施

（1）主动向社会公告年度A级纳税人名单。

（2）一般纳税人可单次领取3个月的增值税发票用量，需要调整增值税发票用量时即时办理。

（3）普通发票按需领用。

（4）连续3年被评为A级信用级别（简称3连A）的纳税人，除享受以上措施外，还可以由税务机关提供绿色通道或专门人员帮助办理涉税事项。

（5）税务机关与相关部门实施的联合激励措施，以及结合当地实际情况采取的其他激励措施。

2. 对B级纳税人的管理和服务

对纳税信用评价为B级的纳税人，税务机关实施正常管理，适时进行税收政策和管理规定的辅导，并视信用评价状态变化趋势，选择性地采用对纳税信用评价为 A 级纳税人的激励措施。在国家税务总局《出口退（免）税企业分类管理办法》中，纳税信用级别为 B 级和 B 级以上，是评定出口退税企业管理类别一类的必要条件。

3. 对纳税信用评价为 M 级的企业，税务机关实行下列激励措施：

（1）取消增值税专用发票认证。

（2）税务机关适时进行税收政策和管理规定的辅导。

4. 对 C 级纳税人的管理和服务

对纳税信用评价为 C 级的纳税人，税务机关应依法从严管理和提供及时的提示、警示和辅导，并视信用评价状态变化趋势，选择性地采用对纳税信用评价为 D 级纳税人采取的管理措施。在国家税务总局《出口退（免税企业分类管理办法》中，出口企业上一年度内纳税信用级别为 C 级和 C 级以上，是评定出口退税企业管理类别三类的必要条件。

5. 对 D 级纳税人的管理

（1）公开 D 级纳税人及其直接责任人员名单，对直接责任人员注册登记或者负责经营的其他纳税人纳税信用直接判为 D 级。关联 D 只保留一年，次年度根据《纳税信用管理办法（试行）》（国家税务总局公告 2014 年第 40 号）规定重新评价但不得评为 A 级。

（2）增值税专用发票领用按辅导期一般纳税人政策办理，普通发票的领用实行交（验）旧供新、严格限量供应。

（3）加强出口退税审核。

（4）加强纳税评估，严格审核其报送的各种资料。

（5）列入重点监控对象，提高监督检查频次，发现税收违法违规行为的，不得适用规定处罚幅度内的最低标准。

（6）将纳税信用评价结果通报相关部门，建议在经营、投融资、取得政府供应土地、进出口、出入境、注册新公司、工程招投标、政府采购、获得荣誉、安全许可、生产许可、从业任职资格、资质审核等方面予以限制或禁止。

（7）D 级评价保留 2 年，第 3 年纳税信用不得评价为 A 级。

（8）税务机关与相关部门实施的联合惩戒措施，以及结合实际情况依法采取的其他严格管理措施。

【知识点2】“银税互动”助力小微企业发展

大力实施纳税信用A级企业联合激励。按照促进大众创业、万众创新的部署要求，税务总局联合银监会在全国开展“银税互动”助力小微企业发展活动，将纳税信用成功转化为企业的融资资本，缓解了小微企业融资难问题，实现了“企业有发展、银行有效率、纳税更诚信”的良性互动。

【知识点3】深化和规范“银税互动”

根据《国家税务总局　中国银行保险监督管理委员会关于深化和规范“银税互动”工作的通知》（税总发〔2019〕113号）规定：

1. 深挖合作潜能，充分发挥“银税互动”的普惠效能。

（1）扩大“银税互动”受惠企业范围。银行业金融机构（以下简称银行）逐步将申请“银税互动”贷款的受惠企业范围由纳税信用A级和B级企业扩大至M级企业。

（2）积极推进银税数据直连。各省应结合本地实际情况，加快推进税务和银行之间“省对省”数据直连工作机制。

（3）创新“银税互动”信贷产品。

2. 严禁第三方乱收费，规范“银税互动”正常秩序。

3. 加强安全管理，促进“银税互动”健康发展。

（1）确保“银税互动”信用信息安全。

（2）维护企业合法权益。

（3）规范信用信息共享范围。

4. 多方联动，共同营造“银税互动”良好氛围。

【知识点4】重大税收违法案件当事人联合惩戒

1. 惩戒对象

（1）当事人为自然人的，惩戒的对象为当事人本人。

（2）当事人为企业的，惩戒的对象为企业及其法定代表人、负有直接责任的财务负责人。

（3）当事人为其他经济组织的，惩戒的对象为其他经济组织及其负责人、负有直接责任的财务负责人。

（4）当事人为负有直接责任的中介机构及从业人员的，惩戒的对象为中介机构及其法定代表人或负责人，以及相关从业人员。

2. 惩戒措施

（1）强化税务管理，通报有关部门（纳税信用级别直接判为D级，适用《纳税信用管理办法（试行）》（国家税务总局公告2014年第40号）关于D级纳税人的管理措施）；

（2）阻止出境；

（3）限制担任相关职务；

（4）金融机构融资授信参考；

（5）禁止部分高消费行为；

（6）通过企业信用信息公示系统向社会公示；

（7）限制取得政府供应土地；

（8）强化检验检疫监督管理；

（9）禁止参加政府采购活动；

（10）禁止适用海关认证企业管理；

（11）限制证券期货市场部分经营行为；

（12）限制保险市场部分经营行为；

（13）禁止受让收费公路权益；

（14）限制政府性资金支持；

（15）限制企业债券发行；

（16）限制进口关税配额分配；

（17）通过主要新闻网站向社会公布；

（18）其他。

【知识点5】信用信息共享交换

税务机关依托全国信用信息共享平台，用纳税信用信息对接社会信用信息，形成纳税信用管理大数据，构筑纳税信用管理大格局。

>> 习题演练

一 单项选择题

1. 2009 年 11 月 6 日，国家税务总局发布了《纳税人权利与义务的公告》，明确了纳税人的权利有（　　）项。

A. 10　　B. 11　　C. 14　　D. 15

【参考答案】C

【答案解析】根据国家税务总局发布的《纳税人权利与义务的公告》（国家税务总局公告 2009 年第 1 号）规定，纳税人权利有 14 项。

2. 某纳税人 A 领取营业执照后，其财务人员拨打了 12366 纳税服务热线，询问办理税务的相关手续，工作人员向其详细告知了办理程序和需要提交的资料。这体现了纳税人的（　　）。

A. 知情权　　B. 保密权

C. 税收监督权　　D. 税收法律救济权

【参考答案】A

【答案解析】知情权是指纳税人有权了解国家税收法律、行政法规的规定以及与纳税程序有关的情况，包括：现行税收法律、行政法规和税收政策规定；办理税收事项的时间、方式、步骤以及需要提交的资料；应纳税额核定及其他税务行政处理决定的法律依据、事实依据和计算方法；与税务机关在纳税、处罚和采取强制执行措施时发生争议或纠纷时，可以采取的法律救济途径及需要满足的条件。

3. 申请退还多缴税款权是指纳税人超过应纳税额缴纳的税款，税务机关发现后将自发现之日起（　　）日内办理退还手续。

A. 5　　B. 10　　C. 30　　D. 60

【参考答案】B

【答案解析】超过应纳税额缴纳的税款，税务机关发现后，将自发现之日起 10 日内办理退还手续；如纳税人自结算缴纳税款之日起 3 年内发现的，可以向税务机关要求退还多缴的税款并加算银行同期存款利息。税务机关将自接到纳税人退还申请之日起30日内查实并办理退还手续，涉及从国库中退库的，依照法律、行政法规有关国库管理的规定退还。

4. 按照国家税务总局关于加强纳税人需求管理工作的通知，对一般涉税需求，应于（　　）响应或反馈。

A. 15日内　　B. 15个工作日内

C. 20日内　　D. 20个工作日内

【参考答案】B

【答案解析】对纳税人提出的简单需求，及时反馈；对一般涉税需求，应于15个工作日内响应或反馈；对复杂涉税需求，应于30个工作日内响应或反馈。

5. 某县税务机关纳税服务部门负责人正在制订2020年纳税服务需求管理年度工作计划，根据纳税服务需求管理的规定，下列不由县级税务机关开展的是（　　）。

A. 按地域、规模、行业等要素选择有代表性的纳税人作为定向征集对象

B. 将全体纳税人作为非定向征集对象

C. 开展纳税人需求专项征集

D. 开展纳税人需求全面征集

【参考答案】D

【答案解析】《国家税务总局关于加强纳税人需求管理工作的通知》（税总发〔2016〕128号）规定："全面征集是税务总局、各省税务机关针对整体税收工作情况开展的较大范围纳税人需求征集，原则上每年开展一次。"

6. 纳税人的同一投诉事项涉及两个以上税务机关的，应当由（　　）牵头协调处理。

A. 上级税务机关　　B. 首诉税务机关

C. 后诉税务机关　　D. 省级税务机关

【参考答案】B

【答案解析】纳税人的同一投诉事项涉及两个以上税务机关的，应当由首诉税务机关牵头协调处理。首诉税务机关协调不成功的，应当向上级税务机

关申请协调处理。

7. 关于纳税服务投诉税务机关对服务质效类的投诉，应自受理之日（　　）内办结。

A. 3个工作日　　B. 5个工作日

C. 10个工作日　　D. 15个工作日

【参考答案】C

【答案解析】税务机关对各类服务投诉应限期办结。对服务言行类投诉，自受理之日起5个工作日内办结；服务质效类、其他侵害纳税人合法权益类投诉，自受理之日起10个工作日内办结。

8. 申请人最迟在知道税务机关作出具体行政行为之日起（　　）日内提出行政复议申请。

A. 10　　B. 30　　C. 60　　D. 90

【参考答案】C

【答案解析】申请人可以在知道税务机关作出具体行政行为之日起60日内提出行政复议申请。

9. 下列行为中属于“必经复议”的受案范围是（　　）。

A. 税务机关作出的税收保全措施

B. 税务机关作出的强制执行措施

C. 税务机关作出的征税行为

D. 税务机关作出的阻止出境行为

【参考答案】C

【答案解析】税务机关作出的征税行为复议前置，然后才能诉讼。

10. 纳税信用指标不包括（　　）。

A. 纳税人信用历史信息　　B. 税务内部信息

C. 外部信息　　D. 纳税人关联方信息

【参考答案】D

【答案解析】纳税信用评价指标包括信用历史信息、税务内部信息、外部信息。

11. 纳税信用年度评价指标得分40分及以上不满70分的，为（　　）。

A. A级　　B. B级　　C. C级　　D. D级

【参考答案】C

【答案解析】A 级纳税信用为年度评价指标得分 90 分以上的；B 级纳税信用为年度评价指标得分 70 分以上不满 90 分的；C 级纳税信用为年度评价指标得分 40 分以上不满 70 分的；D 级纳税信用为年度评价指标得分不满 40 分或者直接判级确定的。

12. 纳税人信用历史信息包括（　　）、评价年度之前的优良信息记录、评价年度之前的不良信息记录等三部分。

A. 税务登记信息　　B. 基本信息

C. 人员信息　　D. 经营信息

【参考答案】B

【答案解析】纳税人信用历史信息包括基本信息和评价年度之前的纳税信用记录，以及相关部门评定的优良信用记录和不良信用记录。

13. 纳税信用等级评价中，本评价年度不能评为 A 级的是（　　）。

A. 实际生产经营期不满 5 年的

B. 上一评价年度纳税信用评价结果为 C 级的

C. 增值税连续 3 个月或累计 6 个月零申报、负申报的

D. 上一评价年度纳税信用评价结果为 D 级的

【参考答案】D

【答案解析】有下列情形之一的纳税人，本评价年度不能评为 A 级：实际生产经营期不满 3 年的；上一评价年度纳税信用评价结果为 D 级的；非正常原因一个评价年度内增值税连续 3 个月或者累计 6 个月零申报、负申报的；不能按照国家统一的会计制度规定设置账簿，并根据合法、有效凭证核算，向税务机关提供准确税务资料的。

14. 根据纳税信用评价等级的管理规定，A 级纳税人信用为年度评价指标得分 90 分及以上的。下列情形中，纳税人在本评价年度不能评为 A 级的是（　　）。

A. 小李的公司成立 3 年，实际生产经营期 2 年

B. 某公司上一评价年度纳税信用评价结果是 C 级

C. 小姜的公司因为会计离职，无人申报做账，其增值税申报连续 2 个月零申报，并在第 3 个月恢复正常申报，并对前面属期报表进

行了更正

D. 小王的公司按照国家统一的会计制度规定设置账簿，并根据合法、有效凭证核算，向税务机关提供准确的税务资料

【参考答案】A

【答案解析】根据《纳税信用管理办法（试行）》（国家税务总局公告2014年第40号）规定，实际生产经营不满3年的纳税人不能在本评价年度评为A级。

15. 为建立促进诚信纳税机制，税务机关对纳税人的纳税信用级别实行动态调整。下列关于纳税信用级别动态调整的说法不正确的是（　　）。

A. 因税务检查等发现纳税人以前评价年度存在直接判为D级情形的，主管税务机关应调整其相应评价年度纳税信用级别为D级，该D级评价保留至下一年度

B. 主管税务机关按月开展纳税信用级别动态调整工作

C. 主管税务机关完成动态调整工作后，于次月初5个工作日内将动态调整情况上报至省税务机关备案，并发布A级纳税人变动情况通告

D. 纳税信用年度评价结果发布前，主管税务机关发现纳税人在评价年度存在动态调整情形的，应调整后再发布评价结果

【参考答案】A

【答案解析】根据《国家税务总局关于完善纳税信用管理有关事项的公告》（国家税务总局公告2016年第9号）规定，因税务检查等发现纳税人以前评价年度存在直接判为D级情形的，主管税务机关应调整其相应评价年度纳税信用级别为D级，并记录动态调整信息，该D级评价不保留至下一年度。

16. A公司是增值税一般纳税人，因经营需要想一次领取3个月的增值税发票用量，该公司的纳税信用等级应达到（　　）。

A. A级　　B. B级　　C. C级　　D. D级

【参考答案】A

【答案解析】《国家税务总局关于按照纳税信用等级对增值税发票使用实行分类管理有关事项的公告》（国家税务总局公告2016年第71号）规定，纳税信用A级的纳税人可一次领取不超过3个月的增值税发票用量，纳税信用

B 级的纳税人可一次领取不超过 2 个月的增值税发票用量。以上两类纳税人生产经营情况发生变化，需要调整增值税发票用量，手续齐全的，按照规定即时办理。

17. 某企业 2017 年纳税信用评价级别为 B 级，2018 年纳税信用评价级别为 B 级，2019 年 6 月税务稽查发现其 2017 年存在偷税行为，偷税金额达 50 万元，并占各税种应纳税总额 20% 以上，并进行了补缴税款、滞纳金和罚款处理。其 2017、2018 年度的纳税信用级别应为（　　）。

A. B 级、B 级　　B. B 级、D 级

C. D 级、B 级　　D. D 级、D 级

【参考答案】C

【答案解析】根据《纳税信用评价指标和评价方式（试行）》（国家税务总局公告 2014 年第 48 号）关于"涉税违法被行政处罚"评价指标的规定，存在偷税行为，未构成犯罪，但偷税（逃避缴纳税款）金额 10 万元以上且占当年各税种应纳税总额 10% 以上，已缴纳税款、滞纳金和罚款的，纳税信用评价直接判为 D 级。

根据《国家税务总局关于完善纳税信用管理有关事项的公告》（国家税务总局公告 2016 年第 9 号）规定，因税务检查等发现纳税人以前评价年度存在直接判为 D 级情形的，主管税务机关应调整其相应评价年度纳税信用级别为 D 级。该 D 级评价不保留至下一年度。

18. 纳税人向税务机关申请税收法律救济的主要形式不包括（　　）。

A. 提请行政处罚听证　　B. 提起行政诉讼

C. 提请行政复议　　D. 申请行政赔偿

【参考答案】B

【答案解析】纳税人向税务机关申请税收法律救济的主要形式不包括提起行政诉讼。

19. 按照《纳税信用管理办法（试行）》（国家税务总局公告 2014 年第 40 号）规定，下列不属于应予纳税信用 A 级纳税人的激励措施的是（　　）。

A. 主动向社会公告年度 A 级纳税人名单

B. 一般纳税人可单次领取 3 个月的增值税发票用量

C. 普通发票按需领用

D. 除专项、专案检查以及金税协查等检查外，两年内可以免除税务检查

【参考答案】D

【答案解析】按照《纳税信用管理办法（试行）》（国家税务总局公告2014年第40号）规定，税务机关应主动向社会公告年度A级纳税人名单，一般纳税人可单次领取3个月的增值税发票用量，普通发票按需领用。

20. 纳税人的权利不包括（　　）。

A. 知情权、保密权、税收监督权

B. 纳税申报方式选择权、申请延期申报权、申请延期缴纳税款权、申请退还多缴税款权、依法享受税收优惠权

C. 委托税务代理权、陈述与申辩权、税收法律救济权、对未出示税务检查证和税务检查通知书的拒绝检查权

D. 检举权、索取行政赔偿权、隐私权

【参考答案】D

【答案解析】依据《国家税务总局关于纳税人权利与义务的公告》（国家税务总局公告2009年第1号）相关规定。

二 多项选择题

1. 下列属于纳税人权利的有（　　）。

A. 索取有关税收凭证　　B. 代扣、代收税款

C. 陈述与申辩　　D. 委托税务代理

【参考答案】ACD

【答案解析】选项B属于纳税人义务。

2. 下列属于纳税人需求分析的内容有（　　）。

A. 政策落实需求　　B. 征管执法需求

C. 法律救济需求　　D. 税收筹划需求

【参考答案】ABC

【答案解析】纳税人需求包括政策落实、征管执法、服务规范、法律救济、信息化建设、人员素质和其他需求。

3. 纳税人需求管理工作的原则包括（　　）。

A. 依法服务　　B. 统筹协调

C. 全员参与　　D. 科学高效

【参考答案】ABD

【答案解析】选项 C 应为自愿参与，以遵循自愿为准则，尊重纳税人合法权益，税务机关开展纳税人需求征集工作，不得违背纳税人意愿强制其参与，也不得以任何形式频繁打扰纳税人。

4. 涉税信息查询是税务机关提供的权益保护的服务措施，根据涉税业务实际，可分为（　　）。

A. 社会公众涉税公开信息查询　　B. 纳税人涉税信息查询

C. 第三方涉税保密信息查询　　D. 税收案件处理结果查询

【参考答案】ABC

【答案解析】涉税信息查询是税务机关提供的权益保护的服务措施，根据涉税业务实际，可分为社会公众涉税公开信息查询、纳税人涉税信息查询和第三方涉税保密信息查询。

5. 纳税人可以通过网站、客户端软件、自助办税终端等渠道，经过有效身份认证和识别，可以自行查询的涉税信息包括（　　）。

A. 自身税费缴纳情况　　B. 自身纳税信用评价结果

C. 客户的税费缴纳情况　　D. 客户涉税事项办理进度

【参考答案】AB

【答案解析】纳税人可以通过网站、客户端软件、自助办税终端等渠道，经过有效身份认证和识别，自行查询税费缴纳情况、纳税信用评价结果、涉税事项办理进度等自身涉税信息。

6. 下列属于对服务质效投诉的有（　　）。

A. 对税务机关及其工作人员未按规定落实首问责任的投诉

B. 对税务机关未能向纳税人提供便利化办税渠道的投诉

C. 对税务机关工作人员服务用语不符合文明服务规范的投诉

D. 对税务机关及其工作人员擅自要求纳税人提供规定以外资料的投诉

【参考答案】ABD

【答案解析】选项 C 属于对服务言行的投诉。

7. 下列投诉中，税务机关不予受理的有（　　）。

A. 纳税人虽进行匿名投诉

B. 对税务机关已经处理完毕且经上级税务机关复核的相同投诉事项再次投诉的

C. 对税务机关依法、依规受理，且正在办理的服务投诉再次投诉的

D. 对申请税务行政复议的具体行政行为的投诉

【参考答案】BCD

【答案解析】纳税人虽进行匿名投诉，但投诉的事实清楚、理由充分，有明确的被投诉人，投诉内容具有典型性的应当受理。

8. 税务机关调查人员与（　　）有利害关系的，应当回避。

A. 投诉事项　　B. 投诉人　　C. 被投诉人　　D. 受理机关

【参考答案】ABC

【答案解析】税务机关调查人员与投诉事项或者投诉人、被投诉人有利害关系的，应当回避。

9. 税务机关应自受理之日起 3 个工作日内办结的投诉事项有（　　）。

A. 税务机关及其工作人员未准确掌握税收法律法规等相关规定，导致纳税人应享受未享受税收优惠政策的投诉

B. 自然人纳税人提出的个人所得税服务投诉

C. 企业提出的非税收入征缴服务投诉

D. 涉及其他重大政策落实的服务投诉

【参考答案】ABD

【答案解析】选项 C 应为自然人缴费人提出的社会保险费和非税收入征缴服务投诉。

10. 调查过程中应当终结调查的投诉情形有（　　）。

A. 投诉事实经查不属于纳税服务投诉事项的

B. 投诉内容不具体

C. 投诉人自行撤销投诉

D. 调查过程中发现不属于税务机关职责范围的

【参考答案】AD

【答案解析】选项 B 投诉内容不具体，无法联系投诉人或者投诉人拒不配

合调查，导致无法调查核实的；选项 C 投诉人自行撤销投诉，经核实确实不需要进一步调查的。

11. 下列属于纳税服务投诉范围的有（　　）。

A. 对税务机关工作人员服务言行进行的投诉

B. 对税务机关及其工作人员服务质效进行的投诉

C. 针对法律、法规、规章和规范性文件规定进行的投诉

D. 对税务机关及其工作人员在履行纳税服务职责过程中侵害其合法权益的行为进行的投诉

【参考答案】ABD

【答案解析】纳税服务投诉包括：纳税人对税务机关工作人员服务言行进行的投诉；纳税人对税务机关及其工作人员服务质效进行的投诉；纳税人对税务机关及其工作人员在履行纳税服务职责过程中侵害其合法权益的行为进行的其他投诉。

12. 下列情形中，国家不承担赔偿责任的有（　　）。

A. 行政机关工作人员与行使职权无关的个人行为

B. 因公民、法人和其他组织自己的行为致使损害发生的

C. 行政机关及其工作人员在行使行政职权时造成公民身体伤害

D. 行政机关及其工作人员在行使行政职权时违法征收、征用财产

【参考答案】AB

【答案解析】选项 C、D 属于赔偿范围。

13. 纳税信用等级评价中，以下在本评价年度直接判为 D 级的有（　　）。

A. 由 D 级纳税人的直接责任人员在被评价为 D 级之前注册登记的企业

B. 在规定期限内未按税务机关处理结论缴纳或者足额缴纳税款、滞纳金和罚款并在评价年度记录

C. 在评价年度 12 月 31 日为非正常状态

D. 由非正常户直接责任人员在认定为非正常户之后注册登记或负责经营的企业

【参考答案】BCD

【答案解析】选项 A 由 D 级纳税人的直接责任人员在被评价为 D 级之后

注册登记的企业。

14. 纳税人需要申请纳税信用补评的，可以填写《纳税信用补评申请表》，向主管税务机关申请补充纳税信用评价，下列情形解除后，可以申请补充纳税信用评价的有（　　）。

A. 纳税人因涉嫌税收违法被立案查处尚未结案的

B. 纳税人因被审计、财政部门依法查出税收违法行为，税务机关正在依法处理，尚未办结的

C. 纳税人已申请税务行政复议、提起行政诉讼尚未结案的

D. 对当期评价结果有异议的

【参考答案】ABC

【答案解析】根据《国家税务总局关于明确纳税信用补评和复评事项的公告》（国家税务总局公告2015年第46号）规定，纳税人因《纳税服务投诉管理办法》第十七条第三、四、五项所列情形解除，或对当期未予评价有异议的，可填写《纳税信用补评申请表》，向主管税务机关申请补充纳税信用评价。《纳税信用管理办法（试行）》第十七条第三、四、五项为因涉嫌税收违法被立案查处尚未结案的；被审计、财政部门依法查出税收违法行为，税务机关正在依法处理，尚未办结的；已申请税务行政复议、提起行政诉讼尚未结案的。

15. 税务机关对纳税信用评价为A级的纳税人采取一定的激励措施，以促进企业依法诚信纳税。下列选项中属于对A级纳税人激励措施的有（　　）。

A. 一般纳税人可单次领取3个月的增值税发票用量，需要调整增值税发票用量时即时办理

B. 由税务机关提供绿色通道或专门人员帮助办理涉税事项

C. 主动向社会公告年度A级纳税人名单

D. 普通发票按需领用

【参考答案】ACD

【答案解析】根据《纳税信用管理办法（试行）》（国家税务总局公告2014年第40号）第二十九条规定，连续3年被评为A级信用级别（简称3连A）的纳税人，可以由税务机关提供绿色通道或专门人员帮助办理涉税事项。

16. 纳税人需求征集的类型有（　　）。

A. 全面征集　B. 日常征集　C. 专项征集　D. 电话征集

【参考答案】ABC

【答案解析】依据《国家税务总局关于加强纳税人需求管理工作的通知》（税总发〔2016〕128 号）的相关规定。

17. 纳入纳税信用管理的企业纳税人，符合下列条件（　　）之一的，可在规定期限内向主管税务机关申请纳税信用修复。

A. 纳税人发生未按法定期限办理纳税申报、税款缴纳、资料备案等事项且已补办的

B. 未按税务机关处理结论缴纳或者足额缴纳税款、滞纳金和罚款，未构成犯罪，纳税信用级别被直接判为 D 级的纳税人，在税务机关处理结论明确的期限期满后 60 日内足额缴纳、补缴的

C. 纳税人履行相应法律义务并由税务机关依法解除非正常户状态的

D. 纳税人因被审计、财政部门依法查出税收违法行为，税务机关正在依法处理，已经办结的

【参考答案】ABC

【答案解析】根据《国家税务总局关于纳税信用修复有关事项的公告》（国家税务总局公告 2019 年第 37 号）规定，纳入纳税信用管理的企业纳税人，符合下列条件之一的，可在规定期限内向主管税务机关申请纳税信用修复。①纳税人发生未按法定期限办理纳税申报、税款缴纳、资料备案等事项且已补办的。②未按税务机关处理结论缴纳或者足额缴纳税款、滞纳金和罚款，未构成犯罪，纳税信用级别被直接判为 D 级的纳税人，在税务机关处理结论明确的期限期满后 60 日内足额缴纳、补缴的。③纳税人履行相应法律义务并由税务机关依法解除非正常户状态的。

18. 以下属于纳税信用评价信息的有（　　）。

A. 纳税人逾期申报记录

B. 纳税人欠税 5 万元以上纳税人处置其不动产或大额资产之前未向税务机关报告

C. 纳税人在工商部门完成股权转让变更登记或其他涉税变更登记，未向税务机关报告相关信息

D. 纳税人生产假冒伪劣产品被工商部门曝光

【参考答案】ABC

【答案解析】纳税信用信息包括纳税人信用历史信息、税务内部信息、外部信息。其中税务内部信息包括经常性指标信息和非经常性指标信息，选项A“纳税人逾期申报记录”属于经常性指标信息。

外部信息包括外部参考信息和外部评价信息，外部评价信息是指从相关部门取得的影响纳税人纳税信用评价的指标信息。选项B、C属于外部评价信息。可参见《纳税信用评价指标和评价方式（试行）》（国家税务总局公告2014年第48号）外部评价指标相关内容。

19. 根据《国家税务总局关于纳税信用评价有关事项的公告》，增设了M级的信用级别。对M级纳税人，税务机关实行的激励措施包括（　　）。

A. 取消增值税专用发票认证

B. 每三年减少1次税务稽查次数

C. 税务机关适时进行税收政策和管理规定的辅导

D. 增加50%的增值税发票使用量

【参考答案】AC

【答案解析】参见《国家税务总局关于纳税信用评价有关事项的公告》（国家税务总局公告2018年第8号）。

20. 税务机关应当对纳税人投诉的具体事项进行调查、核实。调查过程中应当充分听取投诉人、被投诉人的意见，查阅相关文件资料，调取有关证据，必要时可实地核查。调查过程中发生下列情形之一的（　　），应当终结调查。

A. 投诉事实经查不属于纳税服务投诉事项的

B. 投诉内容不具体，无法联系投诉人或者投诉人拒不配合调查，导致无法调查核实的

C. 投诉人自行撤销投诉，经核实，确实不需要进一步调查的

D. 税务机关领导要求终结调查的

【参考答案】ABC

【答案解析】参见《纳税服务投诉管理办法》（国家税务总局公告2019年第27号发布）。

三 判断题

1. 需求日常征集是各级税务机关对税收管理服务各个环节开展的纳税人需求征集，原则上每年归集整理一次。 （ ）

【参考答案】错误

【答案解析】日常征集是省以下税务机关对税收管理服务各个环节开展的纳税人需求征集，原则上每半年归集整理一次。

2. 纳税满意度调查全面调查每两年一次，由国家税务总局、省税务机关决定是否开展全面调查，市以下税务机关可以自行开展全面调查。 （ ）

【参考答案】错误

【答案解析】全面调查每两年一次，由国家税务总局、省税务机关决定是否开展全面调查，市以下税务机关不得自行开展全面调查。

3. 纳税人满意度调查可采用电话、网络、信函、入户走访、窗口服务评价等方式开展。相关方式的调查在同一年度内最多只能进行一次。调查过程需管辖纳税人全面参与，保证调查结果客观、真实、公正。 （ ）

【参考答案】错误

【答案解析】调查可采用电话、网络、信函、入户走访、窗口服务评价等方式开展。相关方式的调查在同一年度内最多只能进行一次。调查过程遵循纳税人自愿原则，保证调查结果客观、真实、公正。

4. 纳税人对纳税服务的投诉，应只向本级税务机关提交。 （ ）

【参考答案】错误

【答案解析】纳税人对纳税服务的投诉，可以向本级税务机关提交，也可以向其上级税务机关提交。

5. 纳税人通过电话或者当面方式提出投诉的，税务机关可以对投诉内容进行录音或者录像。 （ ）

【参考答案】错误

【答案解析】纳税人通过电话或者当面方式提出投诉的，税务机关在告知纳税人的情况下可以对投诉内容进行录音或者录像。

6. 对征收税款行为既可以直接向法院起诉，也可以先选择申请行政复议，

对复议决定不服的再向法院起诉。（　　）

【参考答案】错误

【答案解析】对征收税款行为需先选择申请行政复议，对复议决定不服的再向法院起诉。

7. 市级以上税务机关的纳税服务管理部门具体办理纳税服务投诉事项，负责受理、调查、处理纳税服务投诉。（　　）

【参考答案】错误

【答案解析】根据《纳税服务投诉管理办法》（国家税务总局公告2019年第27号）第七条规定，各级税务机关的纳税服务部门是纳税服务投诉的主管部门，负责纳税服务投诉的接收、受理、调查、处理、反馈等事项。需要其他部门配合的，由纳税服务部门进行统筹协调。

8. 因税务检查等发现纳税人以前评价年度需扣减信用评价指标得分或者直接判级的，税务机关应按规定调整其本年度纳税信用评价结果和记录。（　　）

【参考答案】错误

【答案解析】应按规定调整其以前年度纳税信用评价结果和记录。

9. 对纳税人提出的复杂涉税需求，应于60个工作日内响应或反馈。（　　）

【参考答案】错误

【答案解析】依据《国家税务总局关于加强纳税人需求管理工作的通知》（税总发〔2016〕128号）相关规定。

10. 已就具体行政行为申请税务行政复议或者提起税务行政诉讼，且被依法受理的，可以同时进行纳税服务投诉。（　　）

【参考答案】错误

【答案解析】已就具体行政行为申请税务行政复议或者提起税务行政诉讼，且被依法受理的，税务机关不予受理纳税服务投诉。

四 简答题

1. 请简述纳税服务投诉中，税务机关不予受理的情形。

【参考答案】纳税服务投诉属于下列情形的，税务机关不予受理：

（1）对税务机关已经处理完毕且经上级税务机关复核的相同投诉事项再

次投诉的。

（2）对税务机关依法、依规受理，且正在办理的服务投诉再次投诉的。

（3）不属于投诉范围的其他情形。

（4）已就具体行政行为申请税务行政复议或者提起税务行政诉讼，但具体行政行为存在不符合文明规范言行问题的，可就该问题单独向税务机关进行投诉。

2. 请根据《国家税务总局　中国银行保险监督管理委员会关于深化和规范“银税互动”工作的通知》（税总发〔2019〕113 号），回答如何深挖合作潜能，充分发挥“银税互动”普惠效能。

【参考答案】

（1）扩大“银税互动”受惠企业范围。银行业金融机构逐步将申请“银税互动”贷款的受惠企业范围由纳税信用 A 级和 B 级企业扩大至 M 级企业。

（2）积极推进银税数据直连。各省应结合本地实际情况，加快推进税务和银行之间“省对省”数据直连工作机制。

（3）创新“银税互动”信贷产品。

五　案例分析题

1. 2019 年 4 月 18 日是 4 月申报期最后一天，B 市 A 区税务局办税服务厅熙熙攘攘，前来办理纳税申报的人络绎不绝。纳税人员小王因公司第一季度企业所得税申报出现问题，前来申报窗口咨询工作人员小刘。

“请问我们公司第一季度符合小型微利企业税收优惠政策，报表怎么填呢？”纳税人小王问道。

“你公司符合小型微利企业税收优惠政策，在申报前需先进行小型微利企业税收优惠政策备案，您是否已经备案？”工作人员小刘问道。

“没有。”纳税人小王回答道。

因申报期即将截止，为避免逾期申报，小王在工作人员小刘的指导下按不享受优惠政策的情形填写了季度所得税申报表，并缴纳了税款。

次日，小王向同行咨询得知，小型微利企业税收优惠政策的享受无须进行备案。小王认为公司的合法权益受到了损害，直接向 B 市税务局进行投诉，

B 市税务局于当天将投诉事项转办 A 区税务局，A 区税务局于 4 月 22 日对该投诉进行了审查并受理，并安排工作人员李某进行调查核实。经调查该投诉事项属实，于是对小刘进行了批评教育，责令其于 4 月 26 日前向纳税人赔礼道歉并检讨。4 月 29 日 A 区税务局将投诉处理结果书面上报了市局。市局于同日将最终结果反馈至办税人员小王。（假定 4 月均为工作日）

在上述纳税服务投诉处理过程中，有哪些不当之处，并简述理由。

【参考答案】

（1）纳税人 4 月 19 日进行了投诉，A 区税务局于 4 月 22 日才审查受理，超过了规定的 1 个工作日期限。

（2）A 区仅安排李某一人进行调查，违反了《纳税服务投诉管理办法》规定的“调查处理纳税服务投诉事项，应当由两名以上工作人员参加”。

（3）4 月 29 日投诉事项处理结束，超过规定的时间限制。该类投诉属于对小微企业税收优惠政策落实不到位的投诉，应在 3 个工作日内办结。

2. 某企业系一般纳税人，2015 年开始生产经营，2019 年有发生纳税评估。

（1）若企业 2019 年 1—3 月有非正常原因增值税连续零申报，无其他扣分项目，2019 年纳税信用评价级别应为什么级？

（2）若该企业 2019 年 9 月未按规定期限缴纳已申报增值税 160 元，无其他扣分项目。当年纳税信用评价级别应为什么级别？

（3）若 2017 年该企业纳税信用级别为 D 级，则 2018 年纳税信用评价级别应为什么级别？2019 年纳税信用评价级别可以评为 A 级吗？

（4）若纳税评估发现企业在 2017 年有虚开增值税专用发票的行为，2019 年纳税信用评价级别应为什么级别？2017 年信用级别应当怎么处理？

【参考答案】

（1）2019 年有发生纳税评估，该纳税人起评分为 100 分，2019 年 1—3 月有非正常原因增值税连续零申报，税信用评价指标得分减除 11 分，2019 年度税信用评价指标得分 89 分，故 2019 年度该纳税人纳税信用评价级别为 B 级。

依据：《国家税务总局关于发布〈纳税信用管理办法（试行）〉的公告》（国家税务总局公告 2014 年第 40 号）；《国家税务总局关于发布〈纳税信用评价指标和评价方式（试行）〉的公告》（国家税务总局公告 2014 年第 48 号）

（2）2019 年有发生纳税评估，该纳税人起评分为 100 分，2019 年 9 月未按规定期限缴纳已申报增值税 160 元 A 级，税信用评价指标得分减除 5 分，2019 年度税信用评价指标得分 95 分，故 2019 年度该纳税人纳税信用评价级别为 A 级。

依据：《国家税务总局关于发布〈纳税信用管理办法（试行）〉的公告》（国家税务总局公告 2014 年第 40 号）；《国家税务总局关于发布〈纳税信用评价指标和评价方式（试行）〉的公告》（国家税务总局公告 2014 年第 48 号）

（3）该纳税人 2017 年纳税信用级别为 D 级，上一评价年度按照评价指标被评价为 D 级的企业，本评价年度保留 D 级评价，次年不得评为 A 级。因此 2018 年该纳税人纳税信用级别 D 级，2019 年不予评 A 级。

依据：《国家税务总局关于明确纳税信用管理若干业务口径的公告》（国家税务总局公告 2015 年第 85 号）

（4）该纳税人 2017 年有虚开增值税专用发票的行为，属于直接判 D 的行为，因此应将该纳税人 2017 年纳税信用评价级别调整为 D 级，2019 年纳税信用评价级别为 D 级。

依据：《国家税务总局关于发布〈纳税信用管理办法（试行）〉的公告》（国家税务总局公告 2014 年第 40 号）；《国家税务总局关于完善纳税信用管理有关事项的公告》（国家税务总局公告 2016 年第 9 号）

>> 文件依据

1.《国家税务总局关于纳税人权利与义务的公告》（国家税务总局公告 2009 年第 1 号）

2.《国家税务总局关于发布《纳税信用管理办法（试行）》的公告》（国家税务总局公告 2014 年第 40 号）

3.《国家税务总局关于明确纳税信用管理若干业务口径的公告》（国家税务总局公告 2015 年第 85 号）

4.《国家税务总局关于完善纳税信用管理有关事项的公告》（国家税务总局公告 2016 年第 9 号）

5.《国家税务总局关于发布《涉税信息查询管理办法》的公告》（国家税务总局公告 2016 年第 41 号）

6.《国家税务总局关于加强纳税人需求管理工作的通知》（税总发〔2016〕128 号）

7.《国家税务总局关于纳税信用评价有关事项的公告》（国家税务总局公告 2018 年第 8 号）

8.《国家税务总局关于修订《纳税服务投诉管理办法》的公告》（国家税务总局公告 2019 年第 27 号）

9.《国家税务总局关于纳税信用修复有关事项的公告》（国家税务总局公告 2019 年第 37 号）

第十章 宣传咨询

>> 知识架构

宣传咨询	税收宣传	税收政策宣传	2个知识点
		办税流程宣传	2个知识点
		热点问题宣传	2个知识点
		重点专题宣传	2个知识点
		税收宣传月宣传	2个知识点
	培训辅导	新办纳税人培训辅导	2个知识点
		税收专项培训辅导	2个知识点
	咨询服务	电话咨询	2个知识点
		互联网咨询	2个知识点
		面对面咨询	2个知识点
	12366纳税服务	12366热线概述	2个知识点
		12366热线主要工作内容	5个知识点

>> 第一节 税收宣传

按照《中华人民共和国税收征收管理法》的规定，税务机关应当广泛宣传税收法律、行政法规，普及纳税知识，无偿地为纳税人提供纳税咨询服务。其具体内容包括税收政策宣传、办税流程宣传、热点问题宣传、重点专题宣传和税收宣传月宣传等内容。

一 税收政策宣传

【知识点 1】税收政策宣传的概念

税收政策宣传，是指税务机关对税收政策及解读进行宣传。

【知识点2】税收政策宣传相关工作要求

1. 省、市税务机关通过税务网站，县税务机关通过办税服务厅公告栏、电子显示屏等渠道发布税收政策文件及解读，并及时更新维护。

2. 省、市税务机关纳税服务部门根据实际情况制作宣传资料，并及时将本级制作和上级下发的宣传资料发放至下一级税务机关，县税务机关1个工作日内将接收的宣传资料通过办税服务厅发放。

二 办税流程宣传

【知识点1】办税流程宣传的概念

办税流程宣传，是指税务机关对涉税事项的办理渠道、报送资料、办理程序、办理方法等进行宣传。

【知识点2】办税流程宣传相关工作要求

1. 纳税服务部门接收业务主管部门或上级纳税服务部门提供的办税流程相关资料。无需补充说明的，于接收当日进入对外发布核准环节；需要补充说明的，由纳税服务部门商业务主管部门确定。

2. 纳税服务部门于接收后1个工作日内完成对外发布核准。

3. 收到经发布核准的资料后1个工作日内，省、市税务机关通过税务网站，县税务机关通过办税服务厅公告栏、电子显示屏等渠道发布办税流程宣传资料，并及时更新维护。

4. 省、市税务机关纳税服务部门根据实际情况制作宣传资料，并及时将本级制作和上级下发的宣传资料发放至下一级税务机关，县税务机关1个工作日内将接收的宣传资料通过办税服务厅发放。

三 热点问题宣传

【知识点1】热点问题宣传的概念

热点问题宣传，是指税务机关对纳税人咨询频率较高的问题进行宣传。

【知识点2】热点问题宣传相关工作要求

1. 纳税服务部门于每月初的5个工作日内收集、筛选上月咨询频率较高的热点问题，整理答案并提交业务主管部门审核。

2. 业务主管部门5个工作日内完成热点问题及答案的审核并传递纳税服务部门。

3. 纳税服务部门于接收后的1个工作日内完成对外发布核准。

4. 收到经发布核准的资料后1个工作日内，省、市税务机关通过税务网站，县税务机关通过办税服务厅公告栏、电子显示屏等渠道发布热点问题并及时更新维护。

5. 省、市税务机关纳税服务部门根据实际情况制作宣传资料，并及时将本级制作和上级下发的宣传资料发放至下一级税务机关，县税务机关1个工作日内将接收的宣传资料通过办税服务厅发放。

四 重点专题宣传

【知识点1】重点专题宣传的概念

重点专题宣传，是指税务机关根据工作计划、税收政策和管理制度（体制）变化及纳税人需求情况，组织实施特定主题的税法宣传活动。

【知识点2】重点专题宣传相关工作要求

1. 税务机关根据工作计划、税收政策或制度变动、纳税人需求情况启动特定主题的税法宣传工作，制订重点专题宣传工作方案，明确宣传任务、目标、渠道、方式、步骤和分工等事项。

2. 税务机关通过办税服务厅、纳税人学堂、互联网、媒体等渠道，以教学讲座、税企座谈会、媒体通气会、在线访谈等多种形式开展多方位宣传，并进行效果评估，持续改进。

五 税收宣传月宣传

【知识点1】税收宣传月宣传的概念

税收宣传月宣传，是指税收宣传月宣传是指在每年4月的全国税收宣传月期间，税务机关通过多种渠道、多种形式对社会公众进行的普及性税收宣传活动。

【知识点2】税收宣传月相关工作要求

1. 税务机关制订实施方案，根据“税收宣传月主题”明确时间、任务、目标、方式、渠道、步骤和分工等事项。

2. 税务机关按照实施方案组织实施，注重面向社会公众，加强公众参与和交流互动，增进公众对税务部门和税务工作的理解和支持。

>> 第二节 培训辅导

税务机关组织实施的税收宣传按照内容与形式区分，可以分为新办纳税人培训辅导和税收专项培训辅导。

一 新办纳税人培训辅导

【知识点1】新办纳税人培训辅导的概念

新办纳税人培训辅导，是指税务机关组织新办纳税人开展税收基本知识、相关税收政策、办税流程、软件操作、税控设备操作等方面的学习培训和互动交流，增强纳税人的纳税意识，提高其办税能力。

【知识点2】新办纳税人培训辅导相关工作要求

1. 在纳税人办理设立登记时，提示有关培训事项，引导纳税人积极参加纳税人学堂培训。

2. 制订新办纳税人综合培训计划，明确培训内容、培训对象、教师组成、培训时间及地点等事项。

3. 县税务机关通过实体纳税人学堂开展对新办纳税人的培训辅导。纳税人自愿报名，免费参加培训。

4. 实体纳税人学堂应根据工作计划或纳税人需求举办新办纳税人培训，培训通知应至少提前一周在网络纳税人学堂发布。

5. 实体纳税人学堂培训期间应发放培训资料并开展互动问答；网络纳税人学堂应根据政策变动及时更新课件，并提供下载服务。

6. 采取问卷调查、在线留言、课堂反馈等形式，收集纳税人意见，根据纳税人的实际需求和关注热点，编制、调整教学培训计划。

二 税收专项培训辅导

【知识点 1】税收专项培训辅导的概念

税收专项培训辅导，是指税务机关根据税收政策变化、纳税人需求、重点工作和阶段性工作，组织纳税人开展税收专题培训辅导。

【知识点 2】税收专项培训辅导相关工作要求

1. 县税务机关通过实体纳税人学堂开展税收专项培训辅导。

2. 制订税收专项培训计划，明确培训内容、培训对象、教师组成、培训时间及地点等事项。

3. 通过办税服务厅、网络纳税人学堂等渠道发放培训通知，纳税人自愿报名，免费参加培训。

4. 实体纳税人学堂培训期间应发放培训资料并开展互动问答。网络纳税人学堂应根据政策变动及时更新课件，并提供下载服务。

5. 采取问卷调查、在线留言、课堂反馈等形式，收集纳税人意见，并根据纳税人的实际需求和关注热点，编制、调整教学培训计划。

>> 第三节 咨询服务

为满足纳税人的各项涉税服务需求，税务机关应当通过对外公开的咨询服务电话、互联网渠道解答公众和纳税人提出的涉税问题，同时应当强化面对面咨询服务的相关管理。

一 电话咨询

【知识点 1】电话咨询的概念

电话咨询，是指税务机关通过对外公开的咨询服务电话解答公众和纳税人提出的涉税问题。

【知识点 2】电话咨询相关工作要求

1. 县税务机关对外公开咨询电话，在工作时间内提供涉税咨询服务。

2. 提供咨询服务时应使用规范用语。

3. 不能即时答复的涉税问题，5 个工作日内回复；不能按期回复的，应在回复期限内向咨询人说明。

4. 咨询电话出现故障，短时间内不能恢复正常的，应及时向社会公告，并采取应急措施。

二 互联网咨询

【知识点 1】互联网咨询的概念

互联网咨询，是指税务机关通过互联网络为公众和纳税人提供涉税咨询服务。

【知识点2】互联网咨询相关工作要求

1. 税务机关在互联网对外公开平台上设置智能咨询、在线咨询、网上留言等功能，为纳税人提供涉税咨询服务。

2. 对网上留言提出的涉税问题，1 个工作日内作出响应。可以即时答复的问题即时答复；不能即时答复的涉税问题，5 个工作日内回复。

3. 不能按期回复的，应在回复期限内向咨询人说明。

4. 有条件的地区可通过手机 APP、即时通信软件等方式为纳税人提供涉税咨询服务。

三 面对面咨询

【知识点1】面对面咨询的概念

面对面咨询，是指税务机关为公众和纳税人提供面对面咨询服务。

【知识点2】面对面咨询相关工作要求

1. 办税服务厅设置咨询服务岗位，提供面对面咨询服务。

2. 对不能即时答复的涉税问题，记录后转下一环节处理，并在 5 个工作日内回复。

3. 不能按期回复的，在回复期限内向咨询人说明。

>> 第四节 12366 纳税服务

12366 是全国税务系统统一的特服电话号码，旨在为纳税人提供涉税咨询、办税指引、投诉举报、涉税查询和税法宣传等服务。

一 12366 热线概述

【知识点 1】12366 热线工作目标

按照相关工作定位，12366 热线的工作目标是围绕“涉税咨询的重要平台、宣传政策的重要阵地、办税服务的重要载体、锻炼干部的重要基地、展示形象的重要窗口”五个定位，建成集纳税咨询、税法宣传、办税服务、投诉受理、需求管理、纳税人满意度调查六项功能于一体的综合性、品牌化纳税服务平台，将 12366“听得见的纳税服务”提升为“能问、能查、能看、能听、能约、能办”的“六能”型综合办税服务平台。

【知识点 2】12366 热线功能定位

12366 热线的功能定位是：1 号接入（业务通用 12366 一个号码），2 级保障（国家和省级两级中心），3 线互通（热线、网线、无线），6 能平台（能问、能查、能看、能听、能约、能办），6 心服务（用心倾听、耐心解答，诚心交流、真心互动，精心分析、贴心推送）。

二 12366 热线主要工作内容

12366 热线通过电话、互联网、传真等渠道为纳税人提供咨询、税费信息查询、接受纳税人投诉、接受税务机关和税务人员税收违法行政行为举报、收集意见建议等服务。

【知识点 1】咨询服务相关工作要求

12366 热线主要负责解答纳税人关于国家税收法律、行政法规、纳税程序以及社会保险费和税务机关管辖的非税收入征管有关问题，引导投诉举报。不提供税收策划、各类社会性涉税考试辅导，也不进行涉税学术研究、探讨。不属于受理范围的，咨询员应主动告知纳税人不予受理的理由。

12366 咨询员应通过 12366 税收知识库或 12366 智能咨询库查找答复依据并答复纳税人，对于经内部流转不能答复的问题，本级 12366 主管部门能够处理的，应当在 5 个工作日内处理，紧急的工单应根据实际需要在限定时限内办结。

本级 12366 主管部门不能处理的工单，属于要本级业务部门答复的疑难问题，本级业务部门应在 5 个工作日内予以答复，本级业务部门不能答复的向同级业务部门处理，对于业务部门不能够解释和明确的疑难问题且未上报至税务总局的，省级 12366 主管部门应在问题产生之日起 1 个工作日内省级业务部门办理，承办部门应自形成工单之日起 5 个工作日内答复省 12366 主管部门。对于业务部门不能够解释和明确的疑难问题且未上报至税务总局的，12366 主管部门应在收到反馈意见后 1 个工作日内制作《12366 热线疑难问题提交单》提交至 12366 国家级中心。

【知识点 2】税费信息查询相关工作要求

纳税人通过电话、网络、现场、传真等方式提出查询需求，12366 热线在按规定可查询范围内为纳税人提供税费信息查询服务。税费信息查询包括人工查询和自助查询，自助查询服务是指 12366 热线预先在 IVR 系统录制语音、文本信息，纳税人利用电话机键盘输入进行选择，或利用语音识别技术在智能咨询平台自行根据语音提示获得税费信息的查询服务，以及通过 12366 纳税服务平台相关栏目获得税费信息的查询服务。

【知识点 3】接受纳税服务投诉相关工作要求

接受纳税服务投诉，是指 12366 热线接受纳税人对于税务机关及其工作人员在履行纳税服务职责过程中未提供规范、文明的纳税服务或者侵犯其合法权益而向税务机关进行的投诉，并转给相关部门处理。

【知识点 4】接受涉税违法举报相关工作要求

纳税人税收违法行为举报分为纳税人一般税收违法行为举报和纳税人轻微税收违法行为举报。12366 热线通过举报专岗接受纳税人税收违法行为举报，并实现举报事项的记录转办和归口查询。

纳税人一般税收违法行为举报，是指举报人（含单位、个人）对纳税人、扣缴义务人涉嫌偷税，逃避追缴欠税，骗税，虚开、伪造、非法提供、非法取得发票，以及其他税收违法行为进行的举报，业务上属于稽查部门职责范围。纳税人一般税收违法行为举报，应当辅导举报人以书面形式向稽查局举报中心进行举报。

纳税人轻微税收违法行为举报，是指举报人（含单位、个人）对应开具而未开具发票、未申报办理税务登记和其他轻微税收违法行为进行的举报，业务上属于被举报的纳税人或扣缴义务人主管税务机关负责征管业务的部门的职责范围。

【知识点5】收集意见建议相关工作要求

12366咨询员通过电话、网络、现场以及传真等渠道提供纳税（缴费）服务时，应认真登记纳税人对税收工作以及社会保险费和税务机关负责的非税收入征管工作的意见和建议。记录应确保内容完整、语言简洁、表述准确。

>> 习题演练

一 单项选择题

1. 以下不属于12366热线“六能”功能的是（　　）。

A. 能问　　B. 能看　　C. 能听　　D. 能传

【参考答案】D

【答案解析】“六能”是指“能问、能查、能看、能听、能约、能办”。

2. 以下表述中，为2019年税收宣传月主题的是（　　）。

A. 落实减税降费　促进经济高速发展

B. 聚焦营改增试点　助力供给侧改革

C. 落实减税降费　促进经济高质量发展

D. 优化税收营商环境　助力经济高质量发展

【参考答案】C

【答案解析】根据《国家税务总局关于开展第28个全国税收宣传月活动的通知》（税总函〔2019〕85号）规定，税务总局决定以“落实减税降费，促进经济高质量发展”为主题，在2019年4月1日至5月20日期间集中开展第28个全国税收宣传月活动。

3. 税务机关对外公开的其他咨询服务电话，以下关于人工涉税（费）咨询服务时段的表述，正确的是（　　）。

A. 工作时间内

B. 工作日9：00～17：00

C. 工作日8：00～17：00

D. 每天9：00～12：00，13：00～17：00

【参考答案】A

【答案解析】根据《全国税务机关纳税服务规范（3.0版）》，税务机关对外公开的其他咨询服务电话，在工作时间内为纳税（缴费）人提供人工涉税（费）咨询服务。

4. 以下税收宣传事项中，属于县（区）级税务机关应当实施的是（　　）。

A. 税收政策宣传资料的制作

B. 通过税务网站发布办税流程宣传资料

C. 对咨询频率较高的热点问题进行上报

D. 通过各种渠道实施重点专题宣传

【参考答案】D

【答案解析】对于税收政策宣传，要求省、市税务机关纳税服务部门根据实际情况制作宣传资料，并及时将本级制作和上级下发的宣传资料发放至下一级税务机关，县税务机关1个工作日内将接收的宣传资料通过办税服务厅发放。因此选项A错误。

对于办税流程宣传，要求收到经发布核准的资料后1个工作日内，省、市税务机关通过税务网站，县税务机关通过办税服务厅公告栏、电子显示屏等渠道发布办税流程宣传资料并及时更新维护。因此选项B错误。

对于热点问题宣传，要求纳税服务部门每月初5个工作日内收集、筛选上月咨询频率较高的热点问题，整理答案并提交业务主管部门审核。业务主管部门5个工作日内完成热点问题及答案的审核并传递纳税服务部门。因此选项C错误。

对于重点专题宣传，要求税务机关通过办税服务厅、纳税人学堂、互联网、媒体等渠道，以教学讲座、税企座谈会、媒体通气会、在线访谈等多种形式开展多方位宣传，并进行效果评估，持续改进。此处的“税务机关”包含县（区）级税务机关，因此选项 D 正确。

5. 对于纳税人咨询 12366 热线产生的疑难问题，以下关于处理机制的表述正确的是（　　）。

A. 对于在 12366 税收知识库或 12366 智能咨询库无法查找答案的疑难问题，应当转本级税务机关相关部门进行处理

B. 省以下 12366 主管部门不能处理的疑难问题，本级业务部门应在 5 个工作日内予以答复

C. 各省 12366 主管部门转省级业务部门办理的疑难问题，承办部门应在 10 个工作日内予以答复

D. 由各省 12366 主管部门向省级业务部门转办的疑难问题，应由其答复或请示税务总局相关业务部门给予答复

【参考答案】B

【答案解析】12366 咨询员应通过 12366 税收知识库或 12366 智能咨询库查找答复依据并答复纳税人，对于经内部流转不能答复的问题，本级 12366 主管部门能够处理的，应当在 5 个工作日内处理，本级 12366 主管部门不能处理的，才转相关部门办理。因此选项 A 错误。

本级 12366 主管部门不能处理的工单，属于要本级业务部门答复的疑难问题，本级业务部门应在 5 个工作日内予以答复。因此选项 B 正确。

对于业务部门不能够解释和明确的疑难问题且未上报至税务总局的，省 12366 主管部门应在问题产生之日起 1 个工作日内省级业务部门办理，承办部门应自形成工单之日起 5 个工作日内答复省 12366 主管部门。因此选项 C 错误。

对于业务部门不能够解释和明确的疑难问题且未上报至税务总局的，12366 主管部门应在收到反馈意见后 1 个工作日内制作《12366 热线疑难问题提交单》提交至 12366 国家级中心。可见，疑难问题可由省级业务部门上报税务总局，也可通过 12366 国家级中心上报税务总局。因此选项 D 错误。

6. 为提高面对面咨询服务的工作质效，以下选项岗位属于应当在办税服务厅设置并专门实施面对面咨询服务的是（　　）。

A. 咨询服务岗位　　B. 导税咨询岗位

C. 综合服务岗位　　　　D. 面对面服务岗位

【参考答案】A

【答案解析】根据《全国税务机关纳税服务规范（3.0 版）》，在办税服务厅设置咨询服务岗位，提供面对面咨询服务。

7. 根据 12366 热线管理相关规定，各地 12366 热线应当在工作时间为纳税人提供人工咨询服务，同时建立智能咨询体系，为纳税人提供相应的智能咨询服务。以下关于智能咨询服务的工作时长表述当中，正确的是（　　）。

A. 7 小时　　　　B. 8 小时

C. 24 小时　　　　D. 与人工咨询服务同步

【参考答案】C

【答案解析】《国家税务总局关于印发〈全国税务系统进一步优化税收营商环境行动方案（2018 年—2022 年）〉的通知》（税总发〔2018〕145 号）规定，加强 12366 网上咨询与热线咨询相互融合，搭建智能咨询平台，拓展 12366 受理渠道。建立智能咨询库，实现 24 小时咨询服务。

8. 以下选项当中，属于税法宣传最终目的是（　　）。

A. 促进税款应缴尽缴　　　　B. 提高纳税人税法遵从度

C. 促进税收政策全面知晓　　　　D. 促进税收政策全面落实

【参考答案】B

【答案解析】根据规定，税法宣传的最终目的是提高纳税人税法遵从度。

9. 为确保 12366 热线顺利运转，提升答复准确率，各地税务机关应当设置一定的热线上线准备时间，其准备时间为（　　）。

A. 最多 15 分钟　　　　B. 最多 30 分钟

C. 最多 45 分钟　　　　D. 根据实际情况而定

【参考答案】B

【答案解析】根据《全国税务机关纳税服务规范（3.0 版）》，省税务机关开通 12366 纳税服务热线，提供涉税（费）咨询服务。12366 纳税服务热线工作时间与当地税务机关工作时间一致，包括上线准备时间和人工服务时间。上线准备时间最多为 30 分钟。

10. 税务机关向纳税人提供电话咨询服务当中，对不能即时回复的咨询，应当在（　　）内进行答复。

A. 1 个工作日　　B. 3 个工作日

C. 5 个工作日　　D. 规定时限

【参考答案】D

【答案解析】根据《全国税务机关纳税服务规范（3.0 版）》，电话咨询的办理时间分为两种：一是能即时答复的即时答复；二是不能即时答复的按规定时限回复。

二 多项选择题

1. 以下对各级税务机关税收宣传工作的组织与实施的表述中，正确的有（　　）。

A. 为强化税收宣传工作，各级税务机关均应当根据实际情况制作宣传资料

B. 为增强各部门对税收宣传工作的重视，各级税务的各个部门都应当根据实际情况制作宣传资料

C. 各级税务机关可以根据自身实际情况，对上级税务机关发放的办税资料进行补充说明

D. 办税流程宣传的主要内容包括涉税事项的办理渠道、报送资料、办理程序、办理方法等内容

【参考答案】CD

【答案解析】省、市税务机关纳税服务部门根据实际情况制作宣传资料，并及时将本级制作和上级下发的宣传资料发放至下一级税务机关，县税务机关 1 个工作日内将接收的宣传资料通过办税服务厅发放。故选项 A、B 错误。

办税流程宣传，是指税务机关对涉税事项的办理渠道、报送资料、办理程序、办理方法等进行宣传。纳税服务部门接收业务主管部门或上级纳税服务部门提供的办税流程相关资料。无需补充说明的，于接收当日进入对外发布核准环节；需要补充说明的，由纳税服务部门商业务主管部门确定。故选项 C、D 正确。

2. 以下税收违法行为举报，应当辅导举报人以书面形式向稽查局举报中心进行举报，而不应当由 12366 受理的有（　　）。

A. 纳税人存在逃避追缴欠税行为

B. 纳税人存在应开具而未开具发票的行为

C. 纳税人存在非法印制、转借、倒卖、变造或者伪造完税凭证的行为

D. 纳税人存在虚开发票行为

【参考答案】ACD

【答案解析】纳税人一般税收违法行为举报，应当辅导举报人以书面形式向稽查局举报中心进行举报。纳税人一般税收违法行为举报，是指举报人（含单位、个人）对纳税人、扣缴义务人涉嫌偷税，逃避追缴欠税，骗税，虚开、伪造、非法提供、非法取得发票，以及其他税收违法行为进行的举报，业务上属于稽查部门职责范围。

3. 按照“二维码”一次性告知的工作管理规定，以下税务机关纳税服务主管部门中，负责根据梳理的业务内容和存放网址，利用相关软件编码生成二维码图标的有（　　）。

A. 税务总局　　B. 省税务机关

C. 市级税务机关　　D. 各级税务机关

【参考答案】AB

【答案解析】根据《国家税务总局关于做好“二维码”一次性告知工作的通知》（税总函〔2015〕678 号），税务总局和省税务机关纳税服务主管部门根据梳理的业务内容和存放网址，利用相关软件编码生成二维码图标。

4. 以下咨询服务渠道中，属于涉税（费）咨询的主要渠道的有（　　）。

A. 电话咨询　　B. 邮件咨询

C. 面对面咨询　　D. 互联网咨询

【参考答案】ACD

【答案解析】根据《全国税务机关纳税服务规范（3.0 版）》，涉税（费）咨询渠道包括电话咨询、互联网咨询和面对面咨询。

5. 在咨询服务的主渠道之一网络咨询当中，以下选项属于其具体形式的有（　　）。

A. 智能咨询　　B. 在线咨询

C. 网上留言咨询　　D. 邮件咨询

【参考答案】ABC

【答案解析】根据《全国税务机关纳税服务规范（3.0版）》，税务机关在互联网对外公开平台上设置智能咨询、在线咨询、网上留言等功能，为纳税（缴费）人提供涉税（费）咨询服务。

6. 根据对外公开电话管理的相关规定，以下选项属于税务机关对外公开电话的有（　　）。

A. 政府信息公开工作机构联系电话、税务部门联系电话

B. 纳税咨询、纳税服务投诉电话

C. 税收违法行为举报电话、税务干部违纪举报电话

D. 办税服务厅值班领导的手机号码

【参考答案】ABC

【答案解析】根据国家税务总局关于税务系统对外公开电话管理的相关规定，税务机关根据部门职能分工，实行对外公开电话的分类管理，包括：①政府信息公开工作机构联系电话。②纳税咨询、纳税服务投诉电话，包括12366纳税服务热线和县级税务机关对外公开的咨询服务电话。③税收违法行为举报电话。④税务干部违纪举报电话。⑤税务部门联系电话。⑥纳税人端税务软件支持电话。

7. 以下关于办税事项“二维码”一次性告知的相关表述当中，正确的有（　　）。

A. 各地自行制作的“二维码”一次性告知事项与税务总局统一制定的事项中一致的部分，可以宣传、使用税务总局统一制定的“二维码”

B. 落实“二维码”一次性告知工作已列入纳税人满意度调查和明察暗访内容

C. 二维码中“全国统一事项”是指税务总局根据《全国税务机关纳税服务规范》对服务事项进行梳理，就全国通行事项统一制发二维码

D. 二维码中“地方适用事项”是指各级税务机关对地方业务进行梳理，自行生成供本地纳税人使用的二维码

【参考答案】ABC

【答案解析】根据《国家税务总局关于做好“二维码”一次性告知工作

的通知》（税总函〔2015〕678 号）规定，地方适用事项，是指省税务机关对地方业务进行梳理，自行生成供本地纳税人使用的二维码。

8. 税务机关提供咨询服务时应耐心听取纳税人的提问，判断其是否属于涉税咨询服务受理范围。属于咨询受理范围的，认真做好解答工作；不属于咨询受理范围的，（　　）。

A. 主动告知纳税人该问题不属于税务机关答复范畴

B. 主动告知纳税人不予受理的理由

C. 尽量引导纳税人向确定的部门进行咨询

D. 引导纳税人自行查询受理部门，避免错误引导

【参考答案】BC

【答案解析】根据《全国税务机关纳税服务规范（3.0 版）》，提供咨询服务时应耐心听取纳税（缴费）人的提问，判断其是否属于涉税（费）咨询服务受理范围。属于咨询受理范围的，认真做好解答工作；不属于咨询受理范围的，主动告知纳税（缴费）人不予受理的理由，并尽量进行引导。

9. 按照 12366 税（费）信息查询的工作要求，纳税人可以通过有关渠道向税务机关提出查询需求，12366 纳税服务在按规定可查询范围内为纳税人提供税费信息查询服务，在这一表述当中的相关渠道主要有（　　）。

A. 电话　　B. 网络　　C. 现场　　D. 传真

【参考答案】ABCD

【答案解析】根据《全国税务机关纳税服务规范（3.0 版）》，纳税人通过电话、网络、现场、传真等方式提出查询需求，12366 纳税服务在按规定可查询范围内为纳税人提供税费信息查询服务。

10. 对于 12366 运行过程当中发现的疑难问题，应当形成《12366 热线疑难问题提交单》交相关部门进行答复，以下关于这一事项处理的表述当中，错误的有（　　）。

A. 本级 12366 主管部门不能处理的工单，属于要本级业务部门答复的疑难问题，本级业务部门应在 10 个工作日内予以答复

B. 本级业务部门不能答复的向同级业务部门处理，对于业务部门不能够解释和明确的疑难问题且未上报至税务总局的，省级 12366 主管部门应在问题产生之日起 1 个工作日内省级业务部门办理

C. 对于业务部门不能够解释和明确的疑难问题且未上报至税务总局的，省 12366 主管部门应在问题产生之日起 1 个工作日内省级业务部门办理，承办部门应自形成工单之日起 5 个工作日内答复省 12366 主管部门

D. 对于业务部门不能够解释和明确的疑难问题且未上报至税务总局的，12366 主管部门应在收到反馈意见后 3 个工作日内制作《12366 热线疑难问题提交单》提交至 12366 国家级中心

【参考答案】AD

【答案解析】根据 12366 热线试行管理的相关规定，本级 12366 主管部门不能处理的工单，属于要本级业务部门答复的疑难问题，本级业务部门应在 5 个工作日内予以答复，本级业务部门不能答复的向同级业务部门处理，对于业务部门不能够解释和明确的疑难问题且未上报至税务总局的，省 12366 主管部门应在问题产生之日起 1 个工作日内省级业务部门办理，承办部门应自形成工单之日起 5 个工作日内答复省 12366 主管部门。对于业务部门不能够解释和明确的疑难问题且未上报至税务总局的，12366 主管部门应在收到反馈意见后 1 个工作日内制作《12366 热线疑难问题提交单》提交至 12366 国家级中心。

三 判断题

1. 热点问题宣传是指税务机关对纳税人咨询频率较高的问题进行宣传。具体由纳税服务部门每月初 5 个工作日内收集、筛选上月咨询频率较高的热点问题，整理答案并进行发布。（　）

【参考答案】错误

【答案解析】热点问题宣传是指税务机关对纳税人咨询频率较高的问题进行宣传。纳税服务部门于每月初的 5 个工作日内收集、筛选上月咨询频率较高的热点问题，整理答案并提交业务主管部门审核。

2. 重点专题宣传是指税务机关根据工作计划，开展的重点针对涉税事项的办理渠道、报送资料、办理程序、办理方法的宣传。（　）

【参考答案】错误

【答案解析】重点专题宣传是指税务机关根据工作计划、税收政策和管理

制度（体制）变化及纳税人需求情况，组织实施特定主题的税法宣传活动。

3. 为强化税收培训辅导效果，税务机关应当根据纳税人实际情况，对纳税人组织多轮次的税收政策、办税流程、热点问题、重点问题培训辅导。（　　）

【参考答案】错误

【答案解析】税务机关应当针对不同行业或不同类型纳税人开展分类培训辅导，但不应当将按照税收政策、办税流程、热点问题、重点问题进行分类进行单独培训辅导。

4. 在对新办纳税人的培训辅导当中，税务机关应当着重开展税收基本知识、相关税收政策、办税流程、软件操作、税控设备操作等方面的学习培训和互动交流，增强纳税人的纳税意识，提高其办税能力。（　　）

【参考答案】正确

【答案解析】新办纳税人培训辅导是指税务机关组织新办纳税人开展税收基本知识、相关税收政策、办税流程、软件操作、税控设备操作等方面的学习培训和互动交流，增强纳税人的纳税意识，提高其办税能力。

5. 为便于纳税人电话咨询相关问题，各级税务机关业务处、科（股）室、办税服务厅均应当设立对外咨询电话并纳税人提供权威、准确的税收政策咨询和办税指引服务。（　　）

【参考答案】错误

【答案解析】根据对外办公电话设立的相关规定，县税务机关对外公开咨询电话，在工作时间内提供涉税咨询服务。

6. 在咨询辅导过程当中，无论是电话咨询、网络咨询或是面对面咨询，凡是不能即时答复的涉税问题，均应当记录后转下一环节处理，并在 5 个工作日内回复。（　　）

【参考答案】正确

【答案解析】根据咨询辅导的相关规定，电话咨询、网络咨询、面对面咨询对于疑难问题的处置要求均一致，即不能即时答复的涉税问题，均应当记录后转下一环节处理，并在 5 个工作日内回复。

7. 对于 12366 热线遇到的疑难问题，业务部门不能够解释和明确的疑难问题且未上报至税务总局的，省级 12366 主管部门可以通过 12366 国家级中心向税务总局上报。（　　）

【参考答案】正确

【答案解析】根据 12366 工作流程当中疑难问题处置的相关规定。

8. 每年 4 月的全国税法宣传月期间，税务机关应通过多种渠道、多种形式对社会公众进行的普及性税收宣传活动。（　　）

【参考答案】错误

【答案解析】每年 4 月的全国税收宣传月期间，税务机关应通过多种渠道、多种形式对社会公众进行的普及性税收宣传活动。正确提法应当为“税收宣传月”。

9. 为确保 12366 热线顺利运转，提升答复准确率，各地税务机关应当设置一定的热线上线准备时间，这一时间不包含在与当地税务机关工作时间一致的人工服务时间当中。（　　）

【参考答案】正确

【答案解析】根据《全国税务机关纳税服务规范（3.0 版）》，电话咨询的基本规范中提到：省税务机关开通 12366 纳税服务热线，提供涉税（费）咨询服务。12366 纳税服务热线工作时间与当地税务机关工作时间一致，包括上线准备时间和人工服务时间。上线准备时间最多为 30 分钟。

>> 文件依据

1.《国家税务总局关于印发〈税务系统首问责任制度（试行）〉的通知》（税总发〔2014〕59 号）

2.《国家税务总局关于加强纳税人学堂建设的通知》（税总函〔2014〕562 号）

3.《国家税务总局关于印发〈12366 纳税服务升级总体方案（试行）〉的通知》（税总发〔2015〕110 号）

4.《国家税务总局关于做好“二维码”一次性告知工作的通知》（税总函〔2015〕678 号）

5.《国家税务总局关于完善办税服务相关制度的通知》（税总发〔2016〕41 号）

第十一章 文明服务

>> 知识架构

文明服务
- 服务环境
  - 办税服务厅整体布局与标识体系　2个知识点
  - 办税服务厅区域及窗口设置　2个知识点
- 纳税服务制度
  - 纳税服务制度概述　1个知识点
  - 纳税服务制度具体规定　16个知识点
- 纳税服务素养
  - 个人着装及容貌修饰　2个知识点
  - 日常工作当中的纳税服务素养　10个知识点

>> 第一节 服务环境

一 办税服务厅整体布局与标识体系

办税服务厅整体布局要协调一致，统一办税服务标识，地面和其他设备设施的颜色及风格应与整体布局相协调，突出清新、舒适、美观、大方的效果。

【知识点1】办税服务厅外部标识

1. 标识类别

（1）横向标识。办税服务厅原则上应选用横向标识。横向标识位于办税服务厅正门上方醒目位置。

（2）竖向标识。因客观原因确实无法应用横向标识的办税服务厅，可选用竖向标识。竖向标识位于办税服务厅正门侧方。

（3）立式标识。因客观原因确实无法应用横向标识的办税服务厅，经有关部门批准后，可选用于户外矗立的立式标识。

2. 标识元素

办税服务厅标识由名称、图案、颜色等元素组成。(具体内容略)

3. 标识应用场所

车辆购置税办税场所、契税办税场所、自助办税场所、基层税务所（分局)、农村乡镇设置的办税服务场所，应统一使用国家税务总局规定的办税服务厅外部标识，名称为“办税服务厅”或“办税服务室”。

【知识点2】办税服务厅内部标识

1. 标识基本元素

(1) 颜色。

办税服务厅内部各类标识底色统一为古蓝色，文字色为白色。

(2) 字体。

中文字体为方正大黑简体，英文字体为 Times New Roman。

2. 标识主要类别

办税服务厅内部标识是引导和方便纳税人办税，传递税务机关纳税服务理念的视觉识别系统。其主要类别有：背景墙标识、窗口标识、功能区标识、服务设施标识、标识材质。

二 办税服务厅区域及窗口设置

【知识点1】办税服务厅服务区域设置

办税服务厅设有办税服务区、咨询辅导区、自助办税区和等候休息区等功能区域。也可根据信息化建设状况、纳税人办税现状、场地规模、工作量、人流量等实际需求进行合理增并、适当调整，条件不允许的办税服务厅可适当合并功能区，有其他需要的也可增设特色区域。设在政务中心的办税服务场所按上述要求或当地政务中心的要求设置功能区域。

【知识点2】办税服务厅服务窗口设置

办税服务区可设置综合服务、发票管理、申报纳税三类窗口或综合服务、发票管理两类窗口并明确各岗位工作职责。有条件的地方实行“一窗式”服务，可以灵活采取错峰申报、调整窗口功能分流措施，及时疏导纳税人。

>> 第二节 纳税服务制度

一 纳税服务制度概述

【知识点】纳税服务制度概述

税务机关为进一步优化纳税服务，提高办税服务质量和效率，通过完善各项纳税服务制度，推进办税便利化改革，提高纳税人税法遵从度和满意度。本书服务制度主要介绍税务机关常见的首问责任制、限时办结制度、预约服务制度、延时服务制度、一次性告知制度、导税服务制度、领导值班制度、24 小时自助办税制度、办税公开制度、最多跑一次制度、跨区域办理制度、无纸化免填单办理服务、实名办税制度、新办纳税人“套餐式”服务制度、办税服务厅突发事件应急处理制度等服务制度。

二 纳税服务制度具体规定

【知识点 1】首问责任制

首问责任制的业务范围包括涉税业务办理、涉税业务咨询、纳税服务投诉和税收工作建议。纳税人到税务机关或通过电话等方式办理涉税事项、寻求涉税帮助时，首位接洽的税务工作人员应热情接待，认真倾听，不得推诿、敷衍、拖延或者拒绝。首问责任人对职责范围内的涉税事项应按规定办理或答复；对不属于首问责任人职责范围的涉税事项，应为纳税人进行有效指引；不属于本税务机关职责范围的涉税问题，向纳税人说明，并给予必要帮助。

税务机关在落实首问责任制时，应做好以下工作：

1. 建立登记台账和收件回执制度

首问责任人对不能现场办理的涉税事项应建立登记台账和收件回执。登记内容包括：接洽时间、纳税人名称、联系方式、首问事项、首问责任人、承办人和办理答复时间等相关信息。回执内容包括：首问责任人姓名、联系方式、承诺办理或答复时限、监督投诉电话等。

2. 实行过程监控

税务机关应积极探索运用信息化手段，加强对首问责任事项办理过程的监控，实行痕迹管理，实现首问事项受理、转办、承办、反馈的闭环式管理。

【知识点2】限时办结制度

限时办结制度，是指税务机关对纳税人发起的非即办事项，应在规定的时限内办结或答复的制度。税务机关在落实限时办结制度时，应做好以下工作：

1. 公开办理时限

税务机关应通过税务网站，办税服务厅电子显示屏或者触摸屏、公告栏等渠道公开相关事项的办理时限。税务人员在受理非即办事项时，应告知纳税人办理时限。

2. 延期办理情况

因客观原因，不能按期办结需要延期的事项，应当由受理部门分管领导批准后，在办理时限到期之前告知纳税人，并明确延期办理时限。

3. 限时办理监控

税务机关应运用信息化手段，加强对非即办事项的管理和监控，对临近办理时限的涉税事项进行预警提醒。对无合理原因超时办结的事项，应明确延误环节和责任人，并进行责任追究。

【知识点3】预约服务制度

预约服务制度，是指税务机关与纳税人约定在适当的工作时间办理涉税事项的制度。预约服务内容包括涉税事项办理、税收政策咨询以及省税务机关确定的其他事项。预约服务可以由纳税人发起，也可以由税务机关发起，服务时间由双方协商约定。税务机关在落实预约服务制度时，应做好以下工作：

1. 拓宽预约服务渠道

税务机关应完善办税服务厅、官方网站、12366 纳税服务热线以及移动办税平台的预约功能，为纳税人提供线上、线下多元化的预约服务渠道，方便纳税人预约。

2. 推行错峰预约服务

错峰预约服务，是指由税务机关发起，错峰为纳税人办理涉税事项的预约服务。税务机关可以根据申报期办税业务量峰值高低、办税事项集中度等情况向纳税人提出错峰预约。税务机关不得强制要求纳税人接受错峰预约。纳税人接受错峰预约办税时，税务机关应安排绿色通道快速为纳税人办理涉税事宜。

3. 预约服务变更

对已受理的预约事项，税务机关不得单方面解除。因特殊情况确需解除预约的，税务机关应当与纳税人协商并重新安排预约时间。对超过预约时间而未到场的，视为纳税人主动放弃预约服务。

【知识点4】延时服务制度

延时服务制度，是指税务机关对已到下班时间正在办理涉税事宜或已在办税服务场所等候办理涉税事项的纳税人提供延时办税的服务制度。税务机关在落实延时服务制度时，应做好以下工作：

1. 延时服务提示

临近下班时间，税务机关应根据办税服务场所纳税人等候情况，预测纳税人需要等候时间，并在纳税人等候或取号时，及时提醒纳税人预计办理时间，由纳税人自愿选择是否继续等候办理。

2. 延时服务特例

延时服务中，对短时间内无法办结的涉税事项，税务机关可在征得纳税人同意后，留存纳税人涉税资料及联系方式，待业务办理完结后，通知纳税人领取办理结果。

3. 延时服务权益

税务机关应建立延时服务登记台账，记录提供延时服务工作人员的工作时长。对提供延时服务累计超过一定时长的，应合理安排相关人员调休。调休时间应避开办税高峰期。

【知识点5】一次性告知制度

纳税人咨询涉税事项时，工作人员应一次性告知其咨询事项的依据、时限、程序和所需的全部资料。受理纳税人涉税事项时，对资料不齐全或不符合要求的，工作人员应一次性告知需补充的资料及内容；对不予办理的涉税事项要说明理由、依据等。一次性告知可通过书面或口头方式进行，行政许可事项必须书面告知。

实施二维码一次性告知服务，二维码作为主动税收宣传有效载体，可承载内容包含“全国统一事项”“地方适用事项”的办税事项、业务专题政策、全国咨询热点问答等。税务机关制作二维码图标并在办税服务厅、门户网站等办税服务平台放置。

【知识点6】导税服务制度

办税服务厅应为纳税人提供准确、快捷的导税服务。办税服务厅在税款征收期内设置导税台，配备导税人员；在非税款征收期或办税服务厅延伸点不设置导税台和导税人员的，根据实际情况提供导税服务。导税人员负责引导纳税人到相关的服务区域或窗口办理各类涉税事项；辅导纳税人正确填写相关表格和涉税资料；指引纳税人正确使用自助办税设备，解答纳税人办税咨询。

【知识点7】领导值班制度

办税服务厅实行领导值班制，值班领导由县税务机关领导和相关股（室）负责人轮流担当，并设置领导值班标识。值班领导负责部门间协调；负责处理值班期间发生的突发事件，组织实施应急预案；接受纳税人咨询或投诉。值班领导在值班期间要坚守工作岗位，并填写值班日志。

【知识点8】24小时自助办税制度

24小时自助办税制度，是指税务机关通过网上办税平台、移动办税平台、12366纳税服务热线、自助办税终端等渠道向纳税人提供24小时自助办理涉税事项的制度。税务机关在落实24小时自助办税制度时，应做好以下工作：

1. 完善24小时自助办税功能

（1）完善网上办税和移动办税平台功能。

（2）完善12366纳税服务热线功能。

（3）完善自助办税终端功能。

2. 自助办税终端部署

自助办税终端可部署在税务机关24小时自助办税厅（点），也可配置在银行、邮政等单位的24小时自助服务区。各地可结合本地自然条件、纳税人数量、纳税人类型以及需求偏好，合理确定24小时自助办税终端的配置数量。

【知识点9】办税公开制度

办税公开是税务机关依据国家法律、法规的规定，在税收征收、管理、检查和实施税收法律救济过程中，依照一定的程序和形式，向纳税人公开相关涉税事项和具体规定。

税务机关应公开税务机构和职责、纳税人权利和义务、税收政策、税务行政许可项目、税务行政审批事项、办税程序、欠缴税款信息、信用级别为A级的纳税人名单、税务行政处罚标准、服务承诺、办公时间、咨询和投诉举报监督电话等事项。对于国家秘密和涉及国家安全的信息、依法受保护的商业秘密和个人隐私，以及法律法规禁止公开的事项，不得公开。省、市税务机关通过税务网站，办税服务厅通过公告栏、电子显示屏等渠道公开办税公开事项。

【知识点10】最多跑一次制度

办税事项“最多跑一次”，是指纳税人办理《办税事项“最多跑一次”清单》范围内事项，在资料完整且符合法定受理条件的前提下，最多只需要到税务机关跑一次。

【知识点11】跨区域办理制度

1. 同城通办、省内通办的区域和业务范围由省税务机关确定。

2. 同城通办是通过数据信息互通、前台后台贯通、内部外部联通，打破纳税人涉税事项属地办理的限制，根据各地办税服务厅设置、人员配备、地域特点，以业务发生频率高的涉税事项为切入点，对纳入同城通办的服务事项，执行统一的办税流程、服务标准和资料报送要求。

3. 省内通办按照税收预算级次和收入归属不变的原则，在纳税人主管税务机关不改变的前提下，通过提升税收核心征管系统等信息系统权限，利用办税服务厅、自助办税终端渠道为纳税人提供不受主管税务机关区域限制的办税服务。

4. 全国通办，是指跨省（自治区、直辖市、计划单列市）经营企业，可以根据办税需要就近选择税务机关申请办理4类14项异地涉税事项。主要包括：

（1）涉税信息报告类。具体包括存款账户账号报告、财务会计制度及核算软件备案报告。

（2）申报纳税办理类。具体包括欠税人处置不动产或大额资产报告、纳税人合并分立情况报告、发包出租情况报告、企业年金职业年金扣缴报告。

（3）优惠备案办理类。具体包括增值税优惠备案、消费税优惠备案、印花税优惠备案、车船税优惠备案、城市维护建设税优惠备案、教育费附加优惠备案。

（4）证明办理类。具体包括完税证明开具、开具个人所得税完税证明。

5. 依法应当进行处理的涉税违法行为涉及的相关办税事项不纳入通办范围。

【知识点12】无纸化免填单办理服务

1. 无纸化免填单办理服务，是指以信息化建设为依托，对纳税人档案信息进行数字化、科学化管理，对纳税申报、发票办理等实现无纸化服务。

2. 免填单清册（见表11－1）。

表11－1　　免填单清册

业务类别	表证单书名称
一、税务登记	1.《纳税人首次办税补充信息表》
	2.《扣缴义务人登记表》
	3.《变更税务登记表》
	4.《注销税务登记申请审批表》
	5.《停业复业报告书》
	6.《税务证件挂失报告表》
	7.《纳税人存款账户账号报告表》

续表

业务类别	表证单书名称
一、税务登记	8.《财务会计制度及核算软件备案报告书》
	9.《文化事业建设费登记表》
二、税务认定	10.《增值税一般纳税人资格登记表》
	11.《增值税一般纳税人选择简易办法征收备案表》
	12.《税务资格备案表》
三、发票办理	13.《纳税人领用发票票种核定表》
	14.《代开增值税专用发票缴纳税款申报单》
	15.《发票挂失/损毁报告表》
四、申报纳税	16.《纳税人合并（分立）情况报告书》
	17.《退（抵）税申请表》
	18.《委托银行代缴税款三方协议》
	19.《委托划转税款协议书》
五、优惠办理	20.《退（抵）税申请审批表》
	21.《纳税人减免税备案登记表》
	22.《石脑油、燃料油消费税退税资格备案表》
	23.《企业所得税优惠事项备案表》
六、证明开具	24.《外出经营活动税收管理证明》

【知识点 13】实名办税制度

实名办税是对纳税人的办税人员（包括税务代理人）身份确认的制度。办税人员在办理涉税事项时提供有效个人身份证明，税务机关采集、比对、确认其身份信息后，办理涉税事项。

【知识点 14】新办纳税人“套餐式”服务制度

1. 新办纳税人“套餐式”服务一般应包括以下 10 个涉税事项：网上办税服务厅开户、登记信息确认、财务会计制度及核算软件备案、纳税人存款账户账号报告、增值税一般纳税人登记、发票票种核定、增值税专用发票最高开票限额审批、实名办税、增值税税控系统专用设备初始发行、发票领用。

2. 新办纳税人“套餐式”服务线上主要业务处理流程如下：工商部门在三证合一系统录入纳税人登记信息—外部信息交换平台获取登记信息—核心征管系统将登记信息写入登记库—网上办税系统纳税人开户—网上办税系统纳税人填写申请表单—网上办税系统税务端集中处理—核心征管系统将相关业务信息写入数据库—网上办税系统生成业务办理结果的消息提醒。

【知识点 15】提醒服务制度

1. 提醒服务，是指在纳税人发生纳税义务或履行税收法律责任之前，主管税务机关通过有效方式对纳税人办理各项涉税事项进行提醒的服务措施。

2. 主管税务机关提供的提醒服务主要内容应涵盖事前、事中和事后三个环节，具体包括新办业户提醒、办税事项提醒、税收预警提醒、纳税人权利提醒、其他涉税事项提醒等。

3. 主管税务机关应根据实际情况，对不同类型的纳税人和不同的涉税事宜采取不同的提醒方式。主要方式有以下几种：①口头告知；②发放纳税提醒卡、通知单；③召开专题会议；④新闻媒体公告；⑤其他方式。

【知识点 16】办税服务厅突发事件应急处理制度

1. 办税服务厅突发事件，是指突然发生，影响办税服务厅正常办税秩序，造成生命财产损失，危害公共安全，需要采取应急处置措施予以应对的事件。

2. 办税服务厅突发事件可分为以下三类：

（1）办税秩序类。

（2）系统故障类。

（3）其他类。

3. 突发事件应急处置原则包括：

（1）以人为本。

（2）预防为主。

（3）果断处置。

4. 办税服务厅应急处置基本要求

基层税务机关应成立办税服务厅应急工作领导小组，统一负责指挥、控制、协调突发事件的处置。

基层税务机关应定期对办税服务厅相关人员进行应急处置培训和应急演练，并根据各类突发事件防范和处置的需要，做好相关设备、设施及其他物资的配备、储备和维护，增强防范意识，提高应对能力。

5. 办税服务厅突发事件应对策略

（1）办税秩序类突发事件的应对策略。

办税秩序类突发事件包括办税拥堵和现场冲突两种。应针对不同情况进行及时处置。

①办税拥堵的应对策略。

办税服务厅发生排队拥堵时，值班领导应及时做好现场秩序的维护和拥堵原因识别。通过增加导税人员、调整窗口功能、增设办税窗口、增辟等候休息区等方式，引导或分流办税人员，防止出现秩序混乱的情况。发生严重拥堵时，办税服务厅负责人应及时报告办税服务厅应急工作领导小组。

②现场冲突的应对策略。

办税服务厅发生人员冲突时，值班领导应第一时间介入，引导相关人员到安静场所进行沟通。认真倾听，安抚相关人员的情绪，并对相关人员的抱怨或投诉妥善进行处理，避免冲突升级。当相关人员情绪失控时，要做好隔离和疏散工作，必要时向公安部门报案并做好现场处置。办税服务厅工作人员要加强自我保护、自我克制，避免与办税人员发生肢体冲突。税务机关要妥善处理后续事宜并进行舆情监控。

（2）系统故障类突发事件的应对策略。

由于计算机软件、硬件，电力或网络系统等升级或突发故障等原因导致涉税业务不能正常办理时，办税服务厅负责人应第一时间上报突发事件应急领导小组，并启动应急预案。办税服务厅应配合有关技术部门尽快解决，并做好现场秩序维护和办税人员的解释疏导工作。利用显示屏、公告栏、电话、短信、微信等方式提醒纳税人合理安排办税时间。对短时间内不能解决故障的，通过手工处理或发放二次优先卡、提供延时服务等方式，待故障修复后及时为纳税人办理相关事宜。

（3）其他类突发事件的应对策略。

涉及公共安全、自然灾害等其他类突发事件发生时，第一处置人应在第一时间报告相关部门及应急工作领导小组。同时在当地政府统一领导下，按照相关应急预案积极部署应对。

①群体性事件处置。

办税服务厅发生群体性事件时，办税服务厅负责人应立即报告办税服务厅应急工作领导小组，启动应急预案，必要时及时向当地公安机关报警，并配合公安部门做好现场处置。工作人员应尽快组织办税服务厅内其他纳税人撤离现场，安排人员保护重要岗位和重要资料。

②其他突发事件处置。

当地震发生时，办税服务厅负责人应按照《国家突发公共事件总体应急预案》和《国家地震应急预案》相关要求，指挥办税服务厅内人员紧急疏散、有序撤离、检查伤情、稳定情绪，及时向办税服务厅应急工作领导小组负责人报告。

当洪涝灾害发生时，办税服务厅负责人应按照《国家突发公共事件总体应急预案》相关要求，要迅速组织办税服务厅内人员安全转移，在有安全保障的前提下切断电源，及时向办税服务厅应急工作领导小组负责人报告。

当火灾发生时，办税服务厅负责人应及时发出火灾信息并立即向消防部门报警，同时向办税服务厅应急工作领导小组负责人报告。火灾初起，办税服务厅负责人在有安全保障的前提下切断电源，组织人员使用消防器材灭火，抢救重要涉税资料，迅速引导办税服务厅内人员有序撤离、逃生。

6. 办税服务厅突发事件事后管理

办税服务厅突发事件发生后，应按照税务系统舆情管理相关要求和程序，依法依规做好信息发布。未经许可，任何个人不得擅自发布事件相关信息。突发事件结束后，应及时将事件相关情况报上级主管税务机关备案，并总结经验教训，加强防范，完善应急预案。

对在处置工作中预警及时、处置妥善，有效保障生命财产安全的单位和个人，应依据相关规定给予表彰和奖励。对在工作中玩忽职守、处置不当，导致事件发生或扩大，造成重大损失或恶劣影响的单位和个人，应依照相关规定，视其情节和危害程度，给予党纪政纪处分或移交司法机关处理。

>> 第三节 纳税服务素养

一 个人着装及容貌修饰

【知识点 1】着装的规范

对于税务工作人员的着装规范，国家税务总局是有明文规定的。具体可以参照国家税务总局关于“着装风纪”的相关规定，主要有以下 7 个方面：

1. 各级税务机关要重视和加强对税务着装人员着装风纪的管理工作，并将此纳入考核范围，严格管理。

2. 各级税务机关要成立专门的着装风纪管理领导小组。负责贯彻落实国家税务总局税务着装有关政策规定，指导本单位税容风纪管理工作；定期组织税容风纪的检查和抽查。

3. 税务着装人员必须严格遵守着装风纪，执行公务时必须按规定穿着统一制发的税务制服。服装穿着要整洁适体，扣好衣扣、领钩，不得披衣、敞怀、挽袖、卷裤腿；标志要完整清晰，佩戴端正，保持良好的税务执法形象。

4. 税务人员着装要统一规范。服装必须成套穿着，系税务专用领带；不准制服、便服混穿，不准不同季节的制服混穿；大檐帽和冬帽与衣服的穿戴要一致；鞋子颜色式样与衣服的搭配应协调；着冬装、春秋装时佩戴硬肩章，着夏装时佩戴软肩章，硬、软肩章不得混戴，帽徽佩戴要端正。

5. 税务人员在公共场所要自觉维护税务人员荣誉。着装执行公务时，不准吃零食、吸烟、酗酒；不准勾肩搭背、嬉戏打闹。除执行公务外，严禁着税务制服进入营业性歌舞厅夜总会等娱乐场所。

6. 税务着装人员要爱护税务服装和标志，不准任意拆改服装样式、不准借给他人穿戴，更不准送人或变卖。

7. 为了着装整齐一致，各单位可根据本地区气温变化情况，确定统一的季节换装时间。

上述内容对税务制式服装应该什么时候穿，应该怎样穿等都一一作了规定。除此之外，再需补充强调以下七点：

1. 工作人员因特殊情况（如怀孕、受伤等），不便于穿着制服，经办税服务厅负责人同意着便装上岗的，应做到庄重得体。

2. 办税服务场所工作人员在非工作时间不得穿着税务制服。

3. 领带的长度。领带过长，显得拖沓，太短，显得拘谨。正常的领带长度是到腰带的3/4处，如果腰带上有金属扣，领带的尖端遮到金属扣下端沿即可。天气凉了，需要穿毛衣、背心时，领带一律压在毛衣、背心等里面。

还要注意毛衣、背心的下摆切不可塞进裤子里面，以免臃肿不堪。

4. 领带夹的使用。领带夹的首要功能是实用价值，起到使领带与衬衣固定起来的作用。所以，领带夹的位置一般在衬衣的第三与第四颗纽扣之间。

5. 衣襟的处理。长袖衬衣配领带敞穿时，衣襟一律收束在腰带里面。

6. 长裤的处理。长裤一般以裤脚接触脚背，达到皮鞋后帮的一半为佳。裤线要清晰、笔直。裤扣要扣好，拉链全部拉严。

7. 鞋袜的处理。穿制服一定要配皮鞋，千万不能穿凉鞋、布鞋、旅游鞋等，而且皮鞋要擦亮。黑色皮鞋可配各种颜色的服装，其他色彩的皮鞋要与制服的颜色相同或接近才能相配。配袜子也有应讲究，不可忽略。袜子的色彩应采用与皮鞋相同或接近的颜色。穿制服时，不宜用白袜子配黑皮鞋，男士忌穿女士常用的肉色丝袜。

【知识点2】容貌修饰

1. 头发的修饰

头发的修饰要注意：①整洁，达到无头屑、无油垢、无异味的“三无标准”；②头发宜短不宜长；③不宜留“鬓角”；④发型应当规范，避免过分新潮、怪异的“个性化”发型；⑤一律不能染夸张彩发。

2. 面部的修饰

面部的修饰要注意仪容整洁干净，不要蓬头垢面，保持面部的干净，注意体毛的修剪，注意眼部的修饰。

3. 化妆的原则

办税服务场所工作人员，应适度化妆，提升个人的自信的同时，还能体现出对服务对象的尊重。在化妆上应恪守：①化妆要自然；②化妆要协调；③化妆要避人。

二 日常工作当中的纳税服务素养

【知识点1】站姿的规范

正确的站立姿势应是：端正、庄重，具有稳定性，做到腰不弯，背不驼，腹不挺，头正、肩平、臂垂、腿直，给人以静态美感。

要谨防不雅站姿：

1. 上身：歪着脖子、斜着肩或一肩高一肩低、弓背、挺着腹、撅臀或身体依靠其他物体等。

2. 手脚：两腿弯曲、叉开很大以及在一般情境中双手叉腰、双臂平端或抱在胸前、两手插在口袋，手夹香烟或双手背在背后等。

3. 动作：搔头抓痒，摆弄衣带、发辫、咬指甲等。

【知识点2】坐姿的规范

坐姿是办税服务场所工作人员最重要的人体姿态，接待纳税人或需要就座为纳税人提供服务时，坐姿要端正、稳重、自然、大方。就座时要选择在客人的左侧座位就座。尽量“左进左出”，也即从椅子的左侧入座，左侧离座。入座时，要走到座位前面再转身，然后右脚向后退半步，轻稳地坐下，收右脚。

要避免不良坐姿：

1. 就座时前倾后仰，或是歪歪扭扭，脊背弯曲，头过于前倾，耸肩。

2. 两腿过于叉开或长长地伸出去，萎靡不振地瘫坐在椅子上。

3. 坐下后随意挪动椅子，在正式场合跷二郎腿、抖腿。

4. 为了表示谦虚，故意坐在椅子边上，身体萎缩前倾地与人交谈。

5. 大腿并拢，小腿分开，或双手放在臀下，腿脚不停地抖动。

6. 就座时将双腿搭放到桌子、茶几等上面。

7. 保持良好的坐立姿态，不做趴伏桌面等懒散不雅姿势。

【知识点3】介绍的规范

介绍顺序分别是：

1. 把职务低者介绍给职务高者；

2. 把地位低者介绍给地位高者；

3. 把年轻者介绍给年长者；

4. 把客人介绍给主人；

5. 把男士介绍给女士；

6. 把迟到者介绍给早到者。

【知识点4】握手的规范

1. 握手的次序。握手次序应把握尊者优先和女士优先的原则，其次序是：上级、长辈、女士。具体说，在上下级之间，一般由上级先伸手，下级再相握。长辈与晚辈之间，应是长辈主动先伸手，晚辈立即反应。在男性与女性之间，应由女士先大方地伸手，男士有礼貌地响应。在表示祝贺、慰问的特殊场合，下级、晚辈、男士也可先伸手。主客之间：迎客时，主人先伸手，以示欢迎；告别时，客人应先伸手，表示感谢，若由主人先伸手，就有逐客之意。

2. 握手的动作：对方伸手后，应迅速迎上去，但避免很多人互相交叉握手，注意力度（2 公斤左右的力最佳），避免上下过分地摇动。

3. 握手的时间长度：礼节性的握手，时间一般以 1 ~ 3 秒为宜。

4. 握手的部位：同性之间，可以握满；异性之间，只握手掌的 2/3，即握到食指的根部。

5. 握手的禁忌：不能用左手；与异性握手不可用双手；不能戴墨镜、不能戴帽子、不能戴手套；不要在与人握手时递给对方冷冰冰的指尖；不在握手时长篇大论，或过分热情地点头哈腰。此外，面对一群客人，无论男女，要一视同仁地伸出洁净的右手，不能顾此失彼，冷落任何一人。

【知识点5】引导的规范

正确的引导方法和引导姿势。

（1）在走廊的引导方法。接待人员在纳税人二三步之前，配合步调，让纳税人走在内侧。

（2）在楼梯的引导方法。当引导纳税人上楼时，应该让纳税人走在前面，接待人员走在后面；若是下楼时，应该由接待人员走在前面，纳税人在后面；上下楼梯时，接待人员应该注意客人的安全。

（3）在电梯的引导方法。引导纳税人乘坐电梯时，接待人员先进入电梯，待纳税人进入后关闭电梯门；到达时，接待人员按“开”的按钮，让纳税人先走出电梯。

【知识点6】接递手势的规范

1. 接递手势在纳税服务工作中经常使用。我们需要把握的递交物品的三原则是：安全、便利、尊重。

2. 为纳税人提供资料或递、接有关证件、单据时动作要稳妥，不得丢、投、甩、扯、抢，避免动作过快或过于迟缓等问题。若递交书本、文件，要尽量双手递上，让文字正向朝着对方，使对方一目了然，不能只顾自己方便而让他人接过书本文件后再倒转一下才看清文字。

3. 若递刀、递笔给他人，就必须“授人以柄”，千万不要把刀尖、笔尖对着他人递过去，要令人有安全感并使对方很方便地接住，还要等对方接稳后才能松手，这就是尊重他人的表现。

4. 端茶递水最好双手递上，注意不要溅湿他人；要讲究卫生，捧茶杯的手不要触及杯口上沿，避免客人喝水时嘴唇碰到手指接触过的地方。

5. 递交物品时一般要求和颜悦色，不应用手敲打桌面提醒纳税人。递接的同时说：“请接好”“请用茶”“请收好”之类的礼貌语，还要注意目光的交流，双方最好处于“平视”状态，尽量避免“俯视”时的傲慢、施舍之意或“仰视”时的畏惧、讨好之态。

【知识点7】电话礼仪的规范

1. 接听电话遵循“铃响不过三”的原则。电话铃声响一声就去接，一则容易掉线，二则对方可能没有思想准备，容易受惊。电话铃声超过三声，有怠慢对方的嫌疑。所以，铃响两声到三声去接最合适。

2. 打电话时，话筒与自己口部最规范的距离是2～3厘米。过近，声音可能会大得刺激对方的耳膜；过远，可能影响听的效果。

3. 把握“通话3分钟”原则。公务电话，简洁明了，开门见山，不要过多敷衍。

4. 拿起放下，动作要轻。幅度过大，发出的响声过大，既是对服务对象的不尊重，也可能干扰到办税服务厅其他工作人员的工作。

5. 不打无准备的电话。需要电话约谈时，拨电话前，所有必备的文件资料都放在电话旁，并准备笔记本、钢笔，随时记录重要信息。拿起听筒前，应明白通话后该说什么，思路要清晰，要点应明确。

6. 谁先挂掉电话。一般情况下，尊者优先挂掉电话。平等情况下，由主叫方先挂掉电话。作为服务一方，尽量让被服务的一方先挂掉电话。

7. 电话掉线了，由谁主动连上。一般情况，位卑的一方、主叫方主动连线。特殊情况，如信号原因、手机没电等，由责任方主动连线。

【知识点8】纳税服务沟通技巧

1. 有效表达技巧

（1）使用纳税人易懂、清晰准确的话语。

（2）使用简单明了的礼貌用语。

（3）使用生动得体的问候语。

（4）合理使用赞美。

（5）规范服务用语。

（6）禁用服务禁忌语言。

2. 积极倾听技巧

倾听的重要意义：

（1）获取重要信息。

（2）激发谈话兴趣。

（3）防止主观偏见。

【知识点9】冲突处理

1. 冲突的过程

按照冲突发生及发展的规律，冲突的过程如图11－1所示：

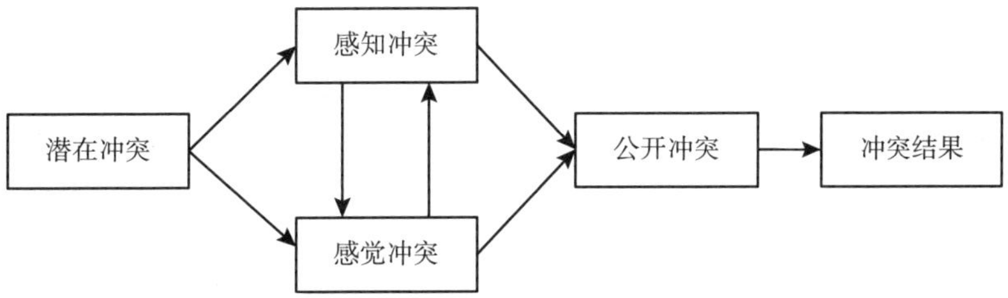

图 11－1　冲突的发生及发展

2. 冲突处理方式，即回避、对抗、妥协、迎合及合作。

【知识点 10】纳税服务情绪管理

1. 四种基本情绪，即快乐、愤怒、恐惧和悲哀。

2. 管理情绪的方法

纳税服务工作岗位人员需积极采取多种方法管理自身情绪。具体情绪管理方法如图 11－2 所示：

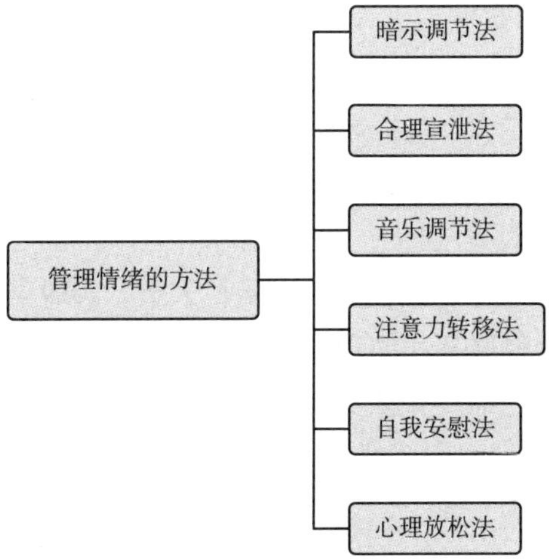

图 11－2　情绪管理的方法

>> 习题演练

一 单项选择题

1. 为了方便纳税人可以使用税务机关提供的计算机等设备办理涉税事项，办税服务厅设置的区域是（　　）。

A. 自助办税区　　B. 咨询辅导区
C. 办税服务区　　D. 休息等候区

【参考答案】A

【答案解析】自助办税区，是纳税人通过自助办税设备、设施自行办理涉税事项的区域。

2. 某县税务局拟对该县一处办税服务厅进行重新装修，在对服务厅内部背景墙的设计中，背景墙标识应采用的样式为（　　）。

A. 税徽＋为国聚财　执法为民　　B. 税徽＋为国聚财　为民收税
C. 税徽＋执法为国　为民收税　　D. 税徽＋执法为民　为国聚财

【参考答案】B

【答案解析】办税服务厅有背景墙的，背景墙标识采用“税徽＋为国聚财　为民收税”的样式。

3. 小王是某区县税务局办税服务厅导税人员，2019 年 5 月底，一位纳税人来到小王所在的办税服务厅办理发票人工认证业务，此时办理发票人工认证业务的纳税人较多，需要排队办理。在叫号机取号后，小王应指引该纳税人到的区域是（　　）。

A. 办税服务区　　B. 咨询辅导区
C. 自助办税区　　D. 等候休息区

【参考答案】D

【答案解析】办税服务厅设置以下功能区域：——办税服务区，是为纳税人办理涉税事项的区域。——咨询辅导区，是受理纳税人咨询、进行办税辅导的区域。咨询辅导区应设置咨询服务岗，并视纳税人数量配备专职或兼职人员。——自助办税区，是纳税人通过自助办税设备、设施自行办理涉税事项的区域。——等候休息区，是纳税人等候办理涉税事项的区域。

4. 小李是某办税服务厅主任，最近接待了几位客人，接待过程中介绍客人的礼仪符合规范的是（　　）。

A. 小王，这是稽查局的张局长，这是我的同事小王

B. 李总，这是我们局的王局长，这是××公司的李总

C. 小于（男），这是稽查局的林女士，这是我的同事小于

D. 王局，这是××公司的伍总（迟到），这是我们局的王局长

【参考答案】D

【答案解析】介绍顺序分别是：把职务低者介绍给职务高者；把地位低者介绍给地位高者；把年轻者介绍给年长者；把客人介绍给主人；把男士介绍给女士；把迟到者介绍给早到者。

5. 小董是某办税服务厅主任，在接待纳税人时下列做法符合规范的是（　　）。

A. 在走廊里接待人员应在纳税人二三步之后，配合步调，让纳税人走在内侧

B. 引导纳税人上楼时，应该让纳税人走在后面，小董走在前面

C. 引导纳税人乘坐电梯时，小董先进入电梯，待纳税人进入后关闭电梯门

D. 引导纳税人下楼时，应该由纳税人走在前面，小董在后面

【参考答案】C

【答案解析】选项A，接待人员应在纳税人二三步之前；选项B，引导纳税人上楼时，应该让纳税人走在前面；选项D，引导纳税人下楼时，应该由纳税人走在后面。

6. 关于纳税服务礼仪中的握手礼仪，下列说法正确的是（　　）。

A. 迎接纳税人时，纳税人先伸手

B. 送别纳税人时，税务干部先伸手

C. 在男性与女性之间，应由男士先伸手

D. 在上下级之间，一般由上级先伸手

【参考答案】D

【答案解析】握手次序应把握尊者优先和女士优先的原则，其次序是：上级、长辈、女士。具体说，在上下级之间，一般由上级先伸手，下级再相握。长辈与晚辈之间，应是长辈主动先伸手，晚辈立即反应。在男性与女性之间，应由女士先大方地伸手，男士有礼貌地响应。

7. 解决纳税服务冲突的方法中，把对方的需求放在高于自己的位置，以求维持和谐的人际关系，是一种合作但不自信的处理方式。这种处理方式是（　　）。

A. 回避　　B. 合作　　C. 妥协　　D. 迎合

【参考答案】D

【答案解析】回避是不自信且不合作型；妥协是基本合作和较自信型。

8. 小李是一名纳税服务热线咨询员，有一天，某纳税人来电咨询红字专用发票事宜，小李耐心地解释，可纳税人听后不停地抱怨："就你们这种做法，太折腾人了，我要到中央告你们。"小李感到很委屈，但一想到纳税人并不是针对我们具体的某个人，并不是对我的服务不满意，只是因为和我直接联系而把怒气发到我身上的。这么想后，就不会徒增烦恼了。小李这种管理情绪的方法是（　　）。

A. 暗示调节法　　B. 合理宣泄法

C. 自我安慰法　　D. 心理放松法

【参考答案】A

【答案解析】是自己给自己输送积极信号，以此来调整自己的心态，改变自己的情绪。

9. 在季度纳税申报高峰期，虽然下班时间已过，办税服务场所工作人员仍坚守完成最后一个纳税人的涉税事项办理。这种服务属于（　　）。

A. 延时服务　　B. 预约服务

C. 限时服务　　D. 导税服务

【参考答案】A

【答案解析】每月申报期间因业务量过大需要延长办公时间的属于延时服务。

10. 纳税人王某到某区联合办税服务厅咨询导税岗询问销项税额如何记账的问题，导税咨询员小陈没有回答也没有按规定指引纳税人到业务对应的承办部门，这违背了（　　）。

A. 一次性告知　　B. 一站式服务

C. 全程服务　　D. 首问责任制

【参考答案】D

【答案解析】根据《税务系统首问责任制（试行）》（税总发〔2014〕59号）第七条第（一）项规定，对不属于首问责任人职责范围的涉税事项，首问责任人应将纳税人指引到涉税业务对应的承办部门，由承办部门指定承办人，该承办人承接首问责任。

11. 依“特事特办”“急事急办”的原则，纳税人遇到特殊情况时，可以提出预约服务。对于预约服务以下说法正确的是（　　）。

A. 预约服务只能由纳税人发起

B. 预约服务可以由纳税人发起，也可以由税务机关发起

C. 对已受理的预约事项，发生特殊情况的经上级税务机关批准，可以单方面解除

D. 对超过预约时间而未到场的纳税人，税务机关要按照相关制度要求对纳税人实行延时服务

【参考答案】B

【答案解析】根据《国家税务总局关于完善办税服务相关制度的通知》（税总发〔2016〕41号）规定：“预约服务可以由纳税人发起，也可以由税务机关发起，服务时间由双方协商约定。”

12. 某日，办税服务厅内纳税人正有序地排号办理业务。此时，一名老人突发疾病晕倒在地，第一个发现他的是咨询导税人员小申，她马上与另一名工作人员小刘一起将老人搀扶到座椅上休息，然后立即向值班主任和值班局领导做了报告。在本次突发事件中第一知情人应该是（　　）。

A. 办税服务厅值班领导　　B. 咨询导税人员小申

C. 办税服务厅值班主任　　D. 另一名工作人员小刘

【参考答案】B

【答案解析】《办税服务厅突发事件应急管理办法（试行）》（国税发〔2012〕106号）第八条规定，突发事件发生时，首先发现的税务工作人员为

第一知情人。

13. 纳税人拨打办税服务厅咨询电话，向咨询员小张咨询企业所得税的问题，但小张对此问题了解得不很透彻，此时小张正确的做法是（　　）。

A. 告知纳税人这个问题他不会，让纳税人找别人咨询

B. 不讲问题重点，不解决实质问题，蒙混过关

C. 告知纳税人此问题需要进一步确认，留下纳税人联系方式，承诺回复时限

D. 让纳税人拨打12366

【参考答案】C

【答案解析】按照首问责任规定，不能当场办理或答复的咨询，应对纳税人的涉税事项和联系方式进行登记，并按有关规定，限时办结或限时答复。首问责任人负责跟踪办理情况，并于办结后及时向纳税人反馈。

14. 下列说法不符合税容礼仪规范和标准的是（　　）。

A. 头发整洁，梳理整齐，没有染异色头发

B. 女性税务人员化妆淡雅、适度、庄重

C. 女性税务人员佩戴夸张的耳环，手涂艳丽的指甲油

D. 为纳税人提供服务时，面带微笑

【参考答案】C

【答案解析】女性税务人员工作时间不得佩戴夸张的耳环，不得涂抹艳丽的指甲油。

15. 办税服务厅实行领导值班制，值班领导由（　　）轮流担当，并设置领导值班标识。

A. 办税服务厅窗口人员

B. 局领导

C. 业务骨干

D. 县税务机关领导和相关股（室）负责人

【参考答案】D

【答案解析】办税服务厅实行领导值班制，值班领导由县税务机关领导和相关股（室）负责人轮流担当，并设置领导值班标识。

16. 限时服务的办理时限（　　）计算，涉税事项必须在规定的时限内

办结或回复。

A. 自纳税人的提交之日起

B. 自办税服务厅正式受理之日起

C. 自责任部门接到之日起

D. 自办税服务厅登记之日起

【参考答案】B

【答案解析】限时服务的办理时限自办税服务厅正式受理之日起计算，涉税事项必须在规定的时限内办结或回复。

17. 办税服务厅发生排队拥堵时，（　　）应及时做好现场秩序的维护和拥堵原因识别。

A. 窗口人员　　B. 青年志愿者

C. 值班领导　　D. 主管局领导

【参考答案】C

【答案解析】办税服务厅发生排队拥堵时，值班领导应及时做好现场秩序的维护和拥堵原因识别。

18. 对于国家秘密和涉及国家安全的信息、依法受保护的商业秘密和个人隐私，以及法律法规禁止公开的事项（　　）。

A. 可以公开　　B. 有选择在公开

C. 不得公开　　D. 经申请公开

【参考答案】C

【答案解析】对于国家秘密和涉及国家安全的信息、依法受保护的商业秘密和个人隐私，以及法律法规禁止公开的事项，不得公开。

19. “放管服”是全面深化改革的重要内容。某税务机关近期晒出了首批纳税人 100 项“最多跑一次”项目清单，承诺纳税人到税务机关办事，只要材料齐全，最多跑一次。此举体现的趋势是（　　）。

A. 税收征管职能在不断减少

B. 税务机关求真务实的工作作风在变化

C. 纳税人权利在进一步扩大

D. 税务行政执法自由裁量权的具体量化

【参考答案】B

【答案解析】体现税务机关求真务实的工作作风在变化。

20. 下列关于握手次序的说法，错误的是（　　）。

A. 在上下级之间，一般由上级先伸手，下级再相握

B. 在男性与女性之间，应由女士先大方地伸手，男士有礼貌地响应

C. 告别时，主人应先伸手，表示感谢

D. 长辈与晚辈之间，应是长辈主动先伸手，晚辈立即反应

【参考答案】C

【答案解析】告别时，客人应先伸手，表示感谢；若由主人先伸手，就有逐客之意。

21. 以下涉税业务中，不属于首问责任制相关规定范围的业务是（　　）。

A. 对纳税人提供涉税咨询服务

B. 对纳税人提供涉税业务办理服务

C. 接受纳税人的纳税服务投诉

D. 接受纳税人的税收违法行为检举

【参考答案】D

【答案解析】根据《国家税务总局关于印发〈税务系统首问责任制度（试行）〉的通知》（税总发〔2014〕59号）第四条规定，纳入首问责任制的业务范围包括：涉税业务办理、涉税业务咨询、纳税服务投诉和税收工作建议。纳税人对于税收违法行为的检举和干部违法违纪行为的举报以及信访事项，依据有关专门规定处理。

22. 下列关于首问责任制度的表述中，错误的是（　　）。

A. 按照首问责任制的相关规定，首问责任人务必完成纳税人的涉税咨询或涉税业务

B. 首问责任人是指纳税人到税务机关办理涉税事项时，首位接洽的税务工作人员

C. 首问责任制适用于各级税务机关及其工作人员

D. 纳税人的信访事项不属于首问责任制的业务范围

【参考答案】A

【答案解析】根据《国家税务总局关于印发〈税务系统首问责任制度（试行）〉的通知》（税总发〔2014〕59号）规定，首问责任制是指首问责任

人为纳税人办理或有效指引纳税人完成办理涉税事项的责任制度。

二 多项选择题

1. 各类办税服务场所应当统一使用国家税务总局规定的办税服务厅外部标识，名称包括（　　）。

A. 办税服务厅　　B. 纳税服务厅

C. 办税服务室　　D. 办税服务处

【参考答案】AC

【答案解析】根据《国家税务总局关于进一步统一规范办税服务场所标识的通知》（税总函〔2014〕299号）规定，各基层税务所（分局），农村、乡镇的办税服务室或征收点，车辆购置税办税场所，统一使用该《通知》规定的标识图案和颜色，名称可视情况称为“办税服务厅”或“办税服务室”。

2. A县税务局近期需要对几处旧的服务场所进行重新改造，新建办税服务厅外部标识可以采用的样式有（　　）。

A. 横向标识　　B. 竖向标识

C. 平面标识　　D. 立式标识

【参考答案】ABD

【答案解析】办税服务厅外部标识分为横向标识、竖向标识、立式标识三种。标识的字体、颜色、图案应与国家税务总局相关规定保持一致。

3. 税务机关应当为纳税人提供优质的导税服务。下列选项中，属于导税人员职责的有（　　）。

A. 引导纳税人到相关的服务区域或窗口办理涉税事项

B. 辅导纳税人填写涉税资料

C. 指引纳税人使用自助办税设施

D. 接受纳税人的投诉

【参考答案】ABC

【答案解析】导税人员负责引导纳税人到相关的服务区域或窗口办理各类涉税事项；辅导纳税人正确填写相关表格和涉税资料；指引纳税人正确使用自助办税设备。

4. 以下关于一次性告知表述正确的有（　　）。

A. 一次性告知可通过书面或口头方式进行

B. 行政许可事项可通过书面或口头方式进行

C. 行政许可事项必须书面告知

D. 一次性告知必须以书面方式进行

【参考答案】AC

【答案解析】一次性告知可通过书面或口头方式进行，行政许可事项必须书面告知。

5. 办税服务厅发生人员冲突时，办税服务厅工作人员要加强（　　），避免与办税人员发生肢体冲突。

A. 自我保护　　B. 自我克制　　C. 自我隔离　　D. 自我减压

【参考答案】AB

【答案解析】办税服务厅工作人员要加强自我保护，自我克制，避免与办税人员发生肢体冲突。

6. 以下关于延时服务正确表述的有（　　）。

A. 办税服务厅下班时间已到，工作人员已受理的涉税事项尚未办结，主动延长工作时间，直至涉税事项办结

B. 办税服务厅下班时间已到，对仍在办税服务厅等候办理涉税事项的人员主动延长工作时间，直至将等候人员的涉税事项办理完毕

C. 办税服务厅下班时间已到，工作人员应该主动延长工作时间，为忘记取号的纳税人将涉税事项办结

D. 办税服务厅下班时间已到，对刚赶到的纳税人，工作人员应主动提供延时服务

【参考答案】AB

【答案解析】办税服务厅下班时间已到，工作人员已受理的涉税事项尚未办结，主动延长工作时间，直至涉税事项办结。办税服务厅下班时间已到，对仍在办税服务厅等候办理涉税事项的人员主动延长工作时间，直至将等候人员的涉税事项办理完毕。

7. 税务人员在为纳税人提供服务时，要求统一着装、庄重得体、规范整洁。下列关于税务人员着装规范的说法正确的有（　　）。

A. 工作时间内不能便装，如有特殊情况，如怀孕、受伤等，不便于穿着税务制服的，经纳税服务部门负责人同意，可穿便服上岗，并做到庄重得体

B. 着长袖衬衣（内衣）时，下摆要扎于裤内，不得外露

C. 穿着税务制服时，要扣好所有衣扣，不得披衣、敞怀、挽袖、卷裤腿

D. 公务场合夏天男性可穿短袖衬衫配西裤，女性穿衬衫加套裙

【参考答案】ABC

【答案解析】不准制服、便服混穿，不准不同季节的制服混穿。

8. 纳税服务礼仪的要点主要包括“三到”“三声”，其中“三声”是指（　　）。

A. 来有迎声　　B. 问有答声

C. 去有送声　　D. 咨询有答复声

【参考答案】ABC

【答案解析】纳税服务礼仪中的“三声”是指“来有迎声、问有答声、去有送声”，“三到”包括“眼到、口到、意到”。

9. 以下不属于办税规范用语的有（　　）。

A. 您好！请问我可以帮您什么？

B. 去那边，不在这里办。

C. 喂！那个谁！

D. 我不知道，你问别人去！

【参考答案】BCD

10. 以下描述，符合接待规范的有（　　）。

A. 对纳税人提出的问题认真倾听，按“首问责任制”要求办理或有效指引

B. 工作电话铃响后尽快接听，记录重要内容，不可先行或强行挂断电话

C. 对于不属于职责范围内的事项可以不予回答

D. 临时关闭服务窗口时，应摆放“暂停服务”标识牌

【参考答案】ABD

【答案解析】选项C，对于不属于职责范围内的事项应引导纳税人到相应部门。

三 判断题

1. 超过预约时间而未到场的，工作人员应当主动与纳税人协商解决，并重新安排预约时间。（　　）

【参考答案】错误

【答案解析】对超过预约时间而未到场的，视为纳税人主动放弃预约服务。

2. 自助办税区是纳税服务的主体区域。（　　）

【参考答案】错误

【答案解析】办税服务区是纳税服务的主体区域。

3. 全程服务是办税服务厅通过内部衔接机制，为纳税人提供包括受理、承办、回复等环节的服务，使纳税人到税务机关办理涉税业务原则上只需要到办税服务厅一个窗口，实现“窗口办理、内部流转、限时办结、窗口出件”的“一站式”服务。（　　）

【参考答案】正确

【答案解析】全程服务是办税服务厅通过内部衔接机制，为纳税人提供包括受理、承办、回复等环节的服务，使纳税人到税务机关办理涉税业务原则上只需要到办税服务厅一个窗口，实现“窗口办理、内部流转、限时办结、窗口出件”的“一站式”服务。

4. 办税服务厅突发事件应急处置原则是：以人为本、预防为主、果断处置。（　　）

【参考答案】正确

【答案解析】办税服务厅突发事件应急处置原则是：以人为本、预防为主、果断处置。

5. 突发事件的应急预案应该包罗万象，坚决做到一个预案包揽一切。（　　）

【参考答案】错误

【答案解析】突发事件应急预案应针对某类特定的突发事件制定特定的预案，不可一个预案包揽一切。

6. 免填单服务中，纳税人不进行任何申请及操作。（　　）

【参考答案】错误

【答案解析】免填单服务中，由税务机关工作人员打印税务文书，经办税人员核对、修订、补充并签字确认后，按规定程序办理涉税事项。

7. 办税服务厅发生排队拥堵时，可以通过增加导税人员、调整窗口功能、增设办税窗口或分流办税人员，防止出现秩序混乱的情况。（　　）

【参考答案】正确

8. 办税服务厅一般设置办税服务区、咨询辅导区、自助办税区和等候休息区等功能区域，各地不得进行调整。（　　）

【参考答案】错误

【答案解析】办税服务厅设有办税服务区、咨询辅导区、自助办税区和等候休息区等功能区域。也可根据信息化建设状况、纳税人办税现状、场地规模、工作量、人流量等实际需求进行合理增并、适当调整，条件不允许的办税服务厅可适当合并功能区，有其他需要的也可增设特色区域。

9. 预约服务只能由纳税人发起，不能由税务机关发起。（　　）

【参考答案】错误

【答案解析】预约服务可以由纳税人发起，也可以由税务机关发起，服务时间由双方协商约定。

10. 首问责任制度是指纳税人到税务机关或通过电话等方式办理涉税事项或寻求涉税帮助时，首位接洽的税务工作人员为纳税人办理或有效指引纳税人完成办理涉税事项的制度。（　　）

【参考答案】正确

【答案解析】根据《税务机关首问责任制度（试行）》（税总发〔2014〕59 号）规定，首问责任制度是指纳税人到税务机关或通过电话等方式办理涉税事项或寻求涉税帮助时，首位接洽的税务工作人员为纳税人办理或有效指引纳税人完成办理涉税事项的制度。

四　简答题

1. 结合工作实际，谈谈因征纳冲突、设备故障、系统故障等导致办税过程停止或无法办税此类办税中断情形应如何处理？

【参考答案】办税中断时应立即启动应急预案，逐级上报，同时办税服务厅应采取以下举措：

（1）办税中断预期短时间内恢复正常的，应对纳税人做好解释工作，请纳税人稍作等候，并提供延时服务。预计短时间内不能恢复正常的，应启动预约服务，及时疏导和分流办税服务厅现场的纳税人。纳税人提供的资料齐全、准确，税务机关应先予手工受理，并留下纳税人涉税申请资料和联系方式，约定前来办理的时间，疏导纳税人离开现场，待故障排除后加班处理或予以通知。

（2）系统故障不能在短时间内恢复正常的，应根据国家税务总局网络安全和信息化领导小组关于规范征管软件问题报送和对外信息发布的要求和国家税务总局办公厅关于规范业务停办事件提示和报告格式的要求，按规定程序在办税服务厅发布规范格式的公告通知。

2. 2019 年 10 月申报期最后一天，恰逢自助办税系统瘫痪，实名办税系统无法登陆，纳税人大量涌入办税服务厅，排队如长龙，业务量大并且不断地有纳税人咨询问题，由于排队时间过长，业务办理时间严重超出正常上下班时间，而此时又出现纳税人大声喧哗、焦躁甚至投诉，此时你应该怎么办？

【参考答案】及时疏导纳税人、及时汇报领导、落实首问责任制、服从领导安排、做好安抚纳税人工作、协助领导做好辅助工作、窗口人员积极办理业务、态度端正、语气和蔼，从以上方面解答即可。

五 案例分析题

某征收期最后一日上午，某办税服务厅内，墙上的挂钟显示此时时间为 8 时 55 分，虽未到上班时间，但办税服务厅门口已有 10 多位纳税人在等候，9 点整，办税服务厅工作人员已着装整齐地坐在各自的工位处，李某急匆匆地跑进来，大声嚷道："一大早就堵车，气死我了"，说完把包往桌子上一放，看到拥到工位前的纳税人已有两三位，急匆匆地换上制服上衣，下半身仍是牛仔裤，便打开电脑，准备办公。可电脑怎么也打不开，正在着急，桌子上的电话铃声响起，李某接起电话便说："你找谁?"对方在电话中也不知是说了什么，只听李某说："这个事情不清楚，你打我们局办公室的电话，问问他们。"说完就挂断了电话。因为是征期最后一日，来办税的人特别多，11 时 55 分，办税服务厅又急匆匆地进来一位纳税人，说是要申报税款。其他工作人员都已不在工作岗位，李某着急去学校接孩子，就对纳税人说："现在已经下班了，你下午再来吧。"那位纳税人满脸的不高兴，说道："我大老远地跑过来了，你就帮我办了吧。"李某坚持说道："已过下班时间，你下午再来吧。"

通过上述事例，请你结合相关规定，谈谈李某在工作中要存在哪些问题，应该怎样解决?

【参考答案】李某在工作中主要存在如下问题：①着装不规范，制服与便装混穿；②应该严格遵守考勤纪律制度，不应迟到；③没有做好岗前准备，没有检查各类办公用品、计算机等电子设备是否正常运行；④接听电话语气生硬，服务用语不规范；⑤没有履行首问责任制；⑥没有为纳税人提供延时服务。

解决措施如下：①按规定统一着装；②认真做好岗前准备工作，检查各类办公用品、计算机等设备是否正常运行，如果发现问题，应及时和有关部门取得联系，尽快解决；③接听纳税人电话咨询时，要做到语气平和，表达清晰，使用规范用语；④应认真履行首问责任制；⑤遵守工作纪律，不迟到、不早退；⑥主动延长工作时间，对仍在办税服务厅等候办理涉税事项的纳税人要主动延长工作时间，为纳税人提供延时服务。

>> 文件依据

1.《国家税务总局关于统一使用办税服务厅标识有关问题的通知》（国税发〔2008〕29 号）

2.《国家税务总局关于进一步规范办税服务厅内部标识有关问题的通知》（国税函〔2009〕524 号）

3.《国家税务总局关于印发《办税服务厅突发事件应急管理办法（试

行)》的通知》(国税发〔2012〕106 号)

4.《国家税务总局关于印发《税务系统首问责任制度(试行)》的通知》(税总发〔2014〕59 号)

5.《国家税务总局关于完善办税服务相关制度的通知》(税总发〔2016〕41 号)

6.《国家税务总局关于推行办税无纸化免填单服务的通知》(税总发〔2016〕103 号)

7.《国家税务总局关于推行实名办税的意见》(税总发〔2016〕111 号)

8.《国家税务总局关于跨省经营企业涉税事项全国通办的通知》(税总发〔2017〕102 号)

9.《国家税务总局关于推行新办纳税人“套餐式”服务的通知》(税总函〔2017〕564 号)

10.《国家税务总局关于发布《办税事项“最多跑一次”清单》的公告》(国家税务总局公告 2018 年第 12 号)

11.《国家税务总局关于推行办税事项“最多跑一次”改革的通知》(税总发〔2018〕26 号)

《纳税服务》 调查问卷

感谢您抽出宝贵时间，协助我们完成本次问卷调查。本次问卷旨在了解本书的使用情况，为后续修改完善本书内容，提高编写质量提供参考。感谢您的大力支持！

填写人姓名：	联系电话：
单位及所从事岗位：	
电子邮箱或其他联系方式：	

一、请对本书作出整体评价（请在相应选项后打“√”）。

A. 非常满意　　B. 满意　　C. 一般　　D. 不满意

二、请列出具体错漏及需要修订的部分（可另附页）。

三、对本书内容、结构方面有何意见或建议？

四、请列出本书再版修订时需要注意的问题。

五、请列出其他有助于本书改进提高的意见或建议。

请将您对本书的意见和建议发送至邮箱：ywnlcs@163.com，或与 QQ：2676857559 联系。